Jacoby | Zivilprozessrecht

Zivilprozessrecht

begründet von
Dr. iur. Dr. h.c. Dr. h.c. Fritz Baur
weiland Professor an der Universität Tübingen

ab der 7. Auflage fortgeführt von
Dr. Wolfgang Grunsky
em. Professor an der Universität Bielefeld, Rechtsanwalt
Richter am OLG a. D.

ab der 17. Auflage alleine fortgeführt von
Dr. Florian Jacoby
Professor an der Universität Bielefeld

17., überarbeitete Auflage 2020

Verlag Franz Vahlen

Zitiervorschlag: *Jacoby* ZivilProzR Rn.

www.vahlen.de

ISBN Print 978 3 8006 6259 3
ISBN E-Book 978 3 8006 6388 0

Wilhelmstraße 9, 80801 München
Druck: Druckhaus Nomos
In den Lissen 12, 76547 Sinzheim

Satz: Jung Crossmedia Publishing GmbH Gewerbestraße 17, 35633 Lahnau
Umschlaggestaltung: Martina Busch Grafikdesign, Homburg Saar

Gedruckt auf säurefreiem, alterungsbeständigem Papier
(hergestellt aus chlorfrei gebleichtem Zellstoff)

Vorwort

Die Neuauflage führt das erfolgreiche Konzept des Werkes fort. Der einprägsame Text wird durch eine Vielzahl von Fall- und Formulierungsbeispielen sowie Übersichten veranschaulicht. So soll insbesondere Studierenden und Referendaren ermöglicht werden, sich im Zivilprozessrecht schnell zurechtzufinden. Gleichzeitig eignet sich das Buch anhand der in den Beispielen verarbeiteten Entscheidungen und der im Kleindruck wiedergegebenen Details zur Vertiefung.

Die Neubearbeitung bringt das Buch auf den Stand von Ende Mai 2020. Aktuelle Gesetzesentwicklungen, Rechtsprechung und Literatur wurden eingearbeitet. Auch wurde an meinem Lehrstuhl die gesamte Darstellung kritisch durchgesehen, um die Lesbarkeit weiter zu verbessern. Für diese wertvolle Unterstützung danke ich ganz besonders meinem Mitarbeiter *Dr. Patrick Noltensmeier* recht herzlich.

Kritik und Anregungen, die dazu beitragen, das Buch weiter zu verbessern, nehme ich dankbar entgegen. Ich bitte darum, entsprechende Hinweise an Florian Jacoby, Universität Bielefeld, Universitätsstr. 25, 33615 Bielefeld, oder einfach per E-Mail an florian.jacoby@uni-bielefeld.de zu richten.

Bielefeld, im Mai 2020 *Florian Jacoby*

Inhaltsübersicht

Inhaltsverzeichnis

Verzeichnis der Parteianträge und Urteilsformeln

Die eckigen Klammern in den Formulierungsbeispielen beinhalten Paragrafenangaben und sonstige erklärende Hinweise, die in der Praxis üblicherweise nicht zu finden sind.

Verzeichnis der Übersichten

Verzeichnis der abgekürzt zitierten Literatur

Münchener Kommentar zum Bürgerlichen Gesetzbuch, 8. Aufl. 2018ff. (zit.: MüKoBGB/*Bearbeiter*)

Münchener Kommentar zur Zivilprozessordnung, 4. Aufl. 2016f. (zit.: MüKoZPO/*Bearbeiter*)

Musielak, H.-J./Voit, W., Kommentar zur Zivilprozessordnung, 16. Aufl. 2019 (zit.: Musielak/Voit/*Bearbeiter*)

Palandt, O., Kommentar zum Bürgerlichen Gesetzbuch, 79. Aufl. 2020 (zit.: Palandt/*Bearbeiter*)

Rosenberg, L./Schwab, K.-H./Gottwald, P., Zivilprozessrecht, 18. Aufl. 2018 (zit.: *Rosenberg/Schwab/Gottwald* ZivilProzR)

Schilken, E., Zivilprozessrecht, 7. Aufl. 2014 (zit.: *Schilken* ZivilProzR)

Stein, F./Jonas, M., Kommentar zur Zivilprozessordnung, 23. Aufl. 2013ff. (zit.: Stein/Jonas/*Bearbeiter*)

Zöller, R., Kommentar zur Zivilprozessordnung, 33. Aufl. 2020 (zit.: Zöller/*Bearbeiter*)

Abkürzungen

aA .... anderer Ansicht
abl. .... ablehnend
AEUV .... Vertrag über die Arbeitsweise der Europäischen Union
AG .... Amtsgericht (e/en/es), Aktiengesellschaft
AktG .... Aktiengesetz
Alt. .... Alternative
Anl. .... Anlage
AO .... Abgabenordnung
ArbGG .... Arbeitsgerichtsgesetz
Art. .... Artikel
AÜG .... Gesetz zur Regelung der Arbeitnehmerüberlassung (Arbeitnehmerüberlassungsgesetz)
Aufl. .... Auflage
AuR .... Arbeit und Recht (Zeitschrift)
AVAG .... Gesetz zur Ausführung zwischenstaatlicher Verträge und zur Durchführung von Abkommen der Europäischen Union auf dem Gebiet der Anerkennung und Vollstreckung in Zivil- und Handelssachen (Anerkennungs- und Vollstreckungsausführungsgesetz)

BAG .... Bundesarbeitsgericht
BAGE .... Amtliche Sammlung der Entscheidungen des Bundesarbeitsgerichts (Amtliche Sammlung)
BayObLG ...... Bayerisches Oberstes Landesgericht
BB .... Betriebs-Berater (Zeitschrift)
BBG .... Bundesbeamtengesetz
Bd. .... Band
BeamtStG ...... Gesetz zur Regelung des Statusrechts der Beamtinnen und Beamten in den Ländern (Beamtenstatusgesetz)
BerHG .... Gesetz über Rechtsberatung und Vertretung für Bürger mit geringem Einkommen (Beratungshilfegesetz)
BetrVG .... Betriebsverfassungsgesetz
BFH .... Bundesfinanzhof
BGB .... Bürgerliches Gesetzbuch
BGBl. .... Bundesgesetzblatt
BGH .... Bundesgerichtshof(s)
BGHSt .... Entscheidungen des BGH in Strafsachen (Amtliche Sammlung)
BGHZ .... Entscheidungen des BGH in Zivilsachen (Amtliche Sammlung)
BORA .... Berufsordnung
BRAO .... Bundesrechtsanwaltsordnung
Brüssel I-VO .... Verordnung (EG) Nr. 44/2001 vom 22. Dezember 2000 des Rates über die gerichtliche Zuständigkeit und die Anerkennung und Vollstreckung von Entscheidungen in Zivil- und Handelssachen
Brüssel Ia-VO ... Verordnung (EU) Nr. 1215/2012 vom 12. Dezember 2012 des Europäischen Parlaments und des Rates über die gerichtliche Zuständigkeit und die Anerkennung und Vollstreckung von Entscheidungen in Zivil- und Handelssachen
Brüssel IIa-VO .. Verordnung (EG) Nr. 2201/2003 vom 27. November 2003 des Rates über die Zuständigkeit und die Anerkennung und Vollstreckung von Entscheidungen in Ehesachen und in Verfahren betreffend die elterliche Verantwortung und zur Aufhebung der Verordnung (EG) Nr. 1347/2000 (EuEheVO)
BSG .... Bundessozialgericht
BT-Drs. .... Bundestagsdrucksache
BVerfG .... Bundesverfassungsgericht
BVerfGE .... Entscheidungen des Bundesverfassungsgerichts (Amtliche Sammlung)
BVerfGG ...... Bundesverfassungsgerichtsgesetz

BVerwG	Bundesverwaltungsgericht
bzgl.	bezüglich
bzw.	beziehungsweise
dh	das heißt
diff.	differenzierend
DNotZ	Deutsche Notar-Zeitschrift
DRiG	Deutsches Richtergesetz
EFTA	European Free Trade Association
EG	Europäische Gemeinschaft
EGBGB	Einführungsgesetz zum Bürgerlichen Gesetzbuch
EGGVG	Einführungsgesetz zum Gerichtsverfassungsgesetz
EGMR	Europäischer Gerichtshof für Menschenrechte
EGZPO	Gesetz, betreffend die Einführung der Zivilprozeßordnung
e.K.	eingetragener Kaufmann
EMRK	Europäische Menschenrechtskonvention
EU	Europäische Union
EuBVO	Verordnung (EG) Nr. 1206/2001 des Rates vom 28. Mai 2001 über die Zusammenarbeit zwischen den Gerichten der Mitgliedstaaten auf dem Gebiet der Beweisaufnahme in Zivil- oder Handelssachen
EuErbVO	Verordnung (EU) Nr. 650/2012 des Europäischen Parlaments und des Rates vom 4. Juli 2012 über die Zuständigkeit, das anzuwendende Recht, die Anerkennung und Vollstreckung von Entscheidungen und die Annahme und Vollstreckung öffentlicher Urkunden in Erbsachen sowie zur Einführung eines Europäischen Nachlasszeugnisses
EuGFVO	Verordnung (EG) Nr. 861/2007 des Europäischen Parlaments und des Rates vom 11. Juli 2007 zur Einführung eines europäischen Verfahrens für geringfügige Forderungen
EuGH	Europäischer Gerichtshof
EuMahnVO	Verordnung (EG) Nr. 1896/2006 des Europäischen Parlaments und des Rates vom 12. Dezember 2006 zur Einführung eines Europäischen Mahnverfahrens
EUR	Euro
EuUnthVO	Verordnung (EG) Nr. 4/2009 des Rates v. 18. Dezember 2008 über die Zuständigkeit, das anwendbare Recht, die Anerkennung und Vollstreckung von Entscheidungen und die Zusammenarbeit in Unterhaltssachen
EuVTVO	Verordnung (EG) Nr. 805/2004 des Europäischen Parlaments und des Rates vom 21. April 2004 zur Einführung eines europäischen Vollstreckungstitels für unbestrittene Forderungen
EuZVO	Verordnung (EG) Nr. 1393/2007 des Europäischen Parlaments und des Rates vom 13. November 2007 über die Zustellung gerichtlicher und außergerichtlicher Schriftstücke in Zivil- oder Handelssachen in den Mitgliedstaaten (»Zustellung von Schriftstücken«) und zur Aufhebung der Verordnung (EG) Nr. 1348/2000 des Rates
EuZW	Europäische Zeitschrift für Wirtschaftsrecht
EWR	Europäischer Wirtschaftsraum
f., ff.	folgende, fortfolgende
FamFG	Gesetz über das Verfahren in Familiensachen und in den Angelegenheiten der freiwilligen Gerichtsbarkeit
FamRZ	Zeitschrift für das gesamte Familienrecht
FGO	Finanzgerichtsordnung
GBO	Grundbuchordnung
GbR	Gesellschaft bürgerlichen Rechts
gem.	gemäß
GG	Grundgesetz für die Bundesrepublik Deutschland
ggf.	gegebenenfalls

GKG .... Gerichtskostengesetz
GmbH .... Gesellschaft mit beschränkter Haftung
GmbHG .... Gesetz betreffend die Gesellschaften mit beschränkter Haftung
GmS-OGB ..... Gemeinsamer Senat der Obersten Gerichtshöfe des Bundes
grds. .... grundsätzlich
GRUR .... Gewerblicher Rechtsschutz und Urheberrecht (Zeitschrift)
GVG .... Gerichtsverfassungsgesetz
GVO .... Gerichtsvollzieherordnung

Hs. .... Halbsatz
HGB .... Handelsgesetzbuch
hM .... herrschende Meinung

idF .... in der Fassung
idR .... in der Regel
iErg .... im Ergebnis
IfSG .... Gesetz zur Verhütung und Bekämpfung von Infektionskrankheiten beim Menschen (Infektionsschutzgesetz)
IGH .... Internationaler Gerichtshof
iHv .... in Höhe von
InsO .... Insolvenzordnung
IPR .... Internationales Privatrecht
IPRax .... Praxis des internationalen Privat- und Verfahrensrechts (Zeitschrift)
iSd .... im Sinne der/des
iSv .... im Sinne von
iVm .... in Verbindung mit

JA .... Juristische Arbeitsblätter (Zeitschrift)
JMBl. .... Justizministerialblatt
JR .... Juristische Rundschau
JURA .... Juristische Ausbildung (Zeitschrift)
JuS .... Juristische Schulung (Zeitschrift)
JustG .... Justizgesetz
JVEG .... Gesetz über die Vergütung von Sachverständigen, Dolmetscherinnen, Dolmetschern, Übersetzerinnen und Übersetzern sowie die Entschädigung von ehrenamtlichen Richterinnen, ehrenamtlichen Richtern, Zeuginnen, Zeugen und Dritten (Justizvergütungs- und entschädigungsgesetz)
JZ............ Juristenzeitung

KapMuG ...... Gesetz über Musterverfahren in kapitalmarktrechtlichen Streitigkeiten (Kapitalanleger-Musterverfahrensgesetz)
Kfz .... Kraftfahrzeug
KG .... Kammergericht, Kommanditgesellschaft
km/h .... Kilometer pro Stunde
krit. .... kritisch
KSchG .... Kündigungsschutzgesetz

LG .... Landgericht (e/en/es)
Lkw .... Lastkraftwagen
LM .... Lindenmaier-Möhring, Nachschlagewerk des Bundesgerichtshofs
LugÜ .... Übereinkommen über die gerichtliche Zuständigkeit und die Anerkennung und Vollstreckung von Entscheidungen in Zivil- und Handelssachen

MDR .... Monatsschrift für Deutsches Recht
mwN .... mit weiteren Nachweisen

NJW .... Neue Juristische Wochenschrift
NJW-RR ...... NJW-Rechtsprechungsreport

Nr.	Nummer
NRW	Nordrhein-Westfalen
NS	Nationalsozialismus
NZA	Neue Zeitschrift für Arbeitsrecht
NZG	Neue Zeitschrift für Gesellschaftsrecht
OHG	offene Handelsgesellschaft
OLG	Oberlandesgericht (e/en/es)
PartGG	Gesetz über Partnerschaftsgesellschaften Angehöriger Freier Berufe (Partnerschaftsgesellschaftsgesetz)
PKH	Prozesskostenhilfe
Pkw	Personenkraftwagen
ProdHaftG	Gesetz über die Haftung für fehlerhafte Produkte (Produkthaftungsgesetz)
RDG	Gesetz über außergerichtliche Rechtsdienstleistungen (Rechtsdienstleistungsgesetz)
Rn.	Randnummer
RG	Reichsgericht
RGSt	Entscheidungen des Reichsgerichts in Strafsachen (Amtliche Sammlung)
RGZ	Entscheidungen des Reichsgerichts in Zivilsachen (Amtliche Sammlung)
Rom I-VO	Verordnung (EG) Nr. 593/2008 des Europäischen Parlaments und des Rates vom 17. Juni 2008 über das auf vertragliche Schuldverhältnisse anzuwendende Recht (Rom I)
Rom II-VO	Verordnung (EG) Nr. 864/2007 des Europäischen Parlaments und des Rates vom 11. Juli 2007 über das auf außervertragliche Schuldverhältnisse anzuwendende Recht (Rom II)
Rom III-VO	Verordnung (EU) Nr. 1259/2010 des Rates vom 20.12.2010 zur Durchführung einer Verstärkten Zusammenarbeit im Bereich des auf die Ehescheidung und Trennung ohne Auflösung des Ehebandes anzuwendenden Rechts (Rom III)
RPfleger	Der Deutsche Rechtspfleger (Zeitschrift)
RPflG	Rechtspflegergesetz
Rspr.	Rechtsprechung
RsprEinhG	Gesetz zur Wahrung der Einheitlichkeit der Rechtsprechung der obersten Gerichtshöfe des Bundes
RVG	Gesetz über die Vergütung der Rechtsanwältinnen und Rechtsanwälte (Rechtsanwaltsvergütungsgesetz)
s.	siehe
S.	Satz/Seite
SGB	Sozialgesetzbuch
SGG	Sozialgerichtsgesetz
sog.	sogenannt (e/er/es)
StGB	Strafgesetzbuch
StPO	Strafprozessordnung
str.	streitig
StVG	Straßenverkehrsgesetz
UKlaG	Gesetz über Unterlassungsklagen bei Verbraucherrechts- und anderen Verstößen (Unterlassungsklagengesetz)
usw	und so weiter
uU	unter Umständen
UWG	Gesetz gegen den unlauteren Wettbewerb
v.	von/versus
Verbraucherrechte-RL	Richtlinie 2011/83/EU des Europäischen Parlaments und des Rates vom 25. Oktober 2011 über die Rechte der Verbraucher
VersR	Versicherungsrecht (Zeitschrift)

vgl. . . . . vergleiche
VO . . . . Verordnung
v.u.g. . . . . vorgelesen und genehmigt
VV . . . . Vergütungsverzeichnis des RVG
VwGO . . . . Verwaltungsgerichtsordnung

WEG . . . . Gesetz über das Wohnungseigentum und das Dauerwohnrecht (Wohnungseigentumsgesetz)

zB . . . . zum Beispiel
ZIP . . . . Zeitschrift für Wirtschaftsrecht
ZivilProzR . . . . . Zivilprozessrecht
ZK . . . . Zivilkammer
ZPO . . . . Zivilprozessordnung
zT . . . . zum Teil

1. Kapitel. Die Funktion des Zivilprozesses: Zivilprozess und materielles Recht

A. Selbsthilfe und Rechtsschutz

Beispiel: V hat dem Transportunternehmer K einen Lastwagen unter Eigentumsvorbehalt auf Raten verkauft (§ 449 BGB). Als K mit der Bezahlung einer Rate im Verzug ist, erfährt V von finanziellen Schwierigkeiten des K. Er möchte ihm den Lkw wegnehmen. V meint, als Eigentümer sei er dazu berechtigt. 1
Er muss sich aber von seinem Rechtsanwalt belehren lassen, dass die Wegnahme ohne Einverständnis des K verbotene Selbsthilfe wäre, da die Voraussetzungen des § 229 BGB (beachte § 231 BGB) nicht vorliegen. V müsse sich an ein Gericht wenden, um – nach Rücktritt vom Kaufvertrag – ein Herausgabeurteil (zu vollstrecken nach § 883) oder – ohne Rücktritt vom Vertrag – ein Zahlungsurteil (zu vollstrecken durch Pfändung nach § 808) zu erwirken. Erst wenn er einen solchen Vollstreckungstitel in der Hand habe, könne er den Gerichtsvollzieher mit der Wegnahme bzw. Pfändung beauftragen.

I. Der Justizgewährungsanspruch

Die **Selbsthilfe** als natürliche Reaktion zur Wahrung eigener Rechte ist nur in engem Rahmen (zB §§ 229, 859 BGB) zulässig. Soweit das Gesetz sie nicht ausdrücklich zulässt, ist sie verboten. Schrankenlose Selbsthilfe würde den **Rechtsfrieden** stören, indem der Überlegene zulasten anderer sein Recht oder das, was er dafür hält, durchsetzte (»Faustrecht«).

Verbietet die Rechtsordnung die Selbsthilfe, muss sie wirkungsvollen Rechtsschutz gewähren, damit die Rechtsunterworfenen ihre privaten Rechte verwirklichen können. Daher verfügen diese über einen **Justizgewährungsanspruch** als öffentlich-rechtlichen Anspruch gegen den Staat auf Ausübung der Rechtspflege. Dieser ist allgemein anerkannt und wird vom BVerfG dem **Rechtsstaatsprinzip** entnommen.[1] Zu seiner Durchsetzung kann das BVerfG angerufen werden (Art. 93 I Nr. 4a GG), so etwa bei einer überlangen Dauer eines Zivilverfahrens (→ Rn. 158). Von diesem Justizgewährungsanspruch sind die Verfahrensgrundrechte der Art. 101 ff. GG zu unterscheiden, die Anforderungen an die Ausgestaltung eines Gerichtsverfahrens stellen.

II. Zivilgerichtsbarkeit

»Die rechtsprechende Gewalt ist den Richtern anvertraut« (Art. 92 GG). Grundlegende Ausgestaltung erfährt die gesamte richterliche Rechtspflege im Gerichtsverfassungsgesetz (GVG). Im Beispiel in → Rn. 1 handelt es sich um die Verwirklichung privater Rechte, die sich aus dem bürgerlichen Recht ergeben. Der Teil der Rechtspflege, der sich mit »bürgerlichen Rechtsstreitigkeiten« (vgl. § 13 GVG) befasst, wird als **Zivilgerichtsbarkeit** bezeichnet. Darin erschöpft sich die Rechtspflegeaufgabe des Staates jedoch nicht. Sie umfasst auch andere Gebiete, wie das Strafrecht und das sonstige 2

1 BVerfGE 54, 277 (291) = NJW 1980, 2179.

öffentliche Recht. Es ist eine rechtspolitische Entscheidung, ob die Rechtsordnung alle diese Aufgaben einer einheitlichen Gerichtsbarkeit anvertraut (»Einheitsgericht«) oder – wie in unserem geltenden Recht (vgl. Art. 95 GG) – verschiedene **Zweige der Gerichtsbarkeit** schafft. Dann bedarf es einer klaren Abgrenzung der Rechtsprechungsaufgaben dieser verschiedenen Gerichtsbarkeiten. Man spricht hier von der Regelung der **Rechtswegzuständigkeit** (→ Rn. 188). Die Zivilgerichtsbarkeit ist kein eigenständiger Zweig, sondern gehört zur ordentlichen Gerichtsbarkeit (→ Rn. 17).

III. Erkenntnis- und Vollstreckungsverfahren

3 Das Beispiel in → Rn. 1 macht deutlich, dass dem Verkäufer mit einer richterlichen Entscheidung über seinen Herausgabe- bzw. Zahlungsanspruch gegen den Käufer allein nicht gedient wäre. Die Rechtsordnung muss auch die zwangsweise Verwirklichung des im Urteil fixierten Rechts ermöglichen. Auf das sog. **Erkenntnisverfahren** muss also, wenn der Schuldner dem Urteil nicht freiwillig nachkommt, das **Vollstreckungsverfahren** (die Zwangsvollstreckung) folgen können.

4 Dies gilt freilich nur dort, wo das Urteil dem Beklagten eine bestimmte Leistung (die Herausgabe des Lkw oder die Zahlung des Restkaufpreises) auferlegt, der Rechtssuchende also nach einem **Leistungsurteil** verlangt hat. Es gibt aber auch Urteile, die die Rechtsverwirklichung selbst – gestaltend – herbeiführen (**Gestaltungsurteile;** am bekanntesten ist die Scheidung, die inzwischen freilich als Beschluss ergeht, → Rn. 289) oder die nur eine Feststellung über ein bestimmtes Rechtsverhältnis treffen (**Feststellungsurteile;** zB über den Bestand eines Vertrags oder die Stellung des Klägers als Eigentümer eines Grundstücks). Gestaltungsurteile bedürfen keiner Vollstreckung (weil »sie sich selbst vollstrecken«), Feststellungsurteile können nicht vollstreckt werden, weil sie keinen Leistungsbefehl an den Beklagten enthalten. Schon aus der Klage muss deutlich werden, was der Kläger will: eine Verurteilung des Beklagten zur Leistung **(Leistungsklage)**, eine rechtsgestaltende Entscheidung **(Gestaltungsklage)** oder schließlich die bloße Feststellung des Bestehens oder Nichtbestehens eines Rechtsverhältnisses (**Feststellungsklage;** Näheres zu den verschiedenen Klagearten → Rn. 277 ff.).

5 Vergegenwärtigt man sich die Definition des **Anspruchs** in § 194 I BGB (»Das Recht, von einem anderen ein Tun oder Unterlassen zu verlangen«), lässt sich schon jetzt feststellen, dass bürgerlich-rechtliche Ansprüche erforderlichenfalls in aller Regel durch Leistungsklage vor Gericht gebracht und durch ein Leistungsurteil realisiert werden müssen. Dies gilt insbesondere auch für Unterlassungsansprüche. Und noch eine weitere wichtige Erkenntnis folgt hieraus: Leistungsurteile müssen so gefasst sein, dass sie durch die **Zwangsvollstreckungsorgane** auch vollstreckt werden können. Das Leistungsurteil darf also nicht lauten: »Der Kläger hat Recht« oder »Der Klage wird stattgegeben«, sondern »Der Beklagte wird verurteilt, an den Kläger den Lkw … (nähere Kennzeichnung) herauszugeben.«

6 Da die Leistung, zu der der Beklagte zu verurteilen ist, sehr verschiedenartig sein kann (Herausgabe, Zahlung, Abgabe einer rechtsgeschäftlichen Erklärung, zB der Auflassung eines Grundstücks, Unterlassung, etwa einer Werbebehauptung), müssen die möglichen Inhalte eines Leistungsurteils und die vom Gesetz zur Verfügung gestellten Vollstreckungsarten miteinander korrespondieren. Die Gliederung des **Zwangsvoll-**

streckungsrechts im 8. Buch der ZPO (§§ 704ff.) wird damit verständlich: »Zwangsvollstreckung wegen Geldforderungen« (§§ 802a–882h) und »Zwangsvollstreckung zur Erwirkung der Herausgabe von Sachen und zur Erwirkung von Handlungen und Unterlassungen« (§§ 883–898). Klagen, Urteile und Zwangsvollstreckungsarten sind also »typisiert«, »genormt«; sie müssen aufeinander abgestimmt sein.

IV. Einstweiliger Rechtsschutz

Erkenntnis- und Vollstreckungsverfahren sind nicht die einzigen Verfahren des Zivilprozesses. Dazu tritt das Sicherungsverfahren, das zu einem **raschen, aber nur vorläufigen Rechtsschutz** führt. Formen dieses einstweiligen Rechtsschutzes sind der **Arrest** als einstweilige Sicherung eines auf Geld gerichteten Anspruchs (§§ 916ff.) und die **einstweilige Verfügung** als einstweilige Sicherung eines nicht auf Geld gerichteten Anspruchs oder einstweilige Regelung eines Rechtszustandes (§§ 935ff.).[2] 7

Beispiel (Arrest): Der überschuldete S hat seine Habe zu Geld gemacht und will sich ins Ausland absetzen. Aufgrund eines vom Gläubiger G erwirkten Arrests gelingt es dem Gerichtsvollzieher, S auf dem Flugplatz abzufangen und das mitgeführte Geld einstweilen sicherzustellen.

Beispiel (Einstweilige Verfügung): Im Beispiel in → Rn. 1 besteht die Gefahr, dass K den Lkw an einen Gutgläubigen veräußert, der dadurch nach § 932 BGB Eigentum erwerben würde. V erwirkt durch einstweilige Verfügung die Sicherstellung (Sequestration, § 938 II) des Fahrzeugs (Sicherung des Herausgabeanspruchs des V).
Die Mieter eines Hauses können sich über die Benutzung der gemeinsamen Waschmaschine nicht einigen. Das Gericht trifft durch einstweilige Verfügung eine vorläufige Regelung (Regelung eines einstweiligen Zustandes, § 940).

Aus der Vorläufigkeit der Regelung ergibt sich, dass auf das Sicherungsverfahren in aller Regel der **Hauptprozess** (zB über den Herausgabeanspruch des Verkäufers gegen den Käufer) folgt (s. § 926).

B. Verfahrensgrundsätze

Für das Erkenntnisverfahren ist gesetzlich vorzugeben, **auf welchem Wege der Richter das Urteil findet** und welchen **Einfluss die Parteien auf die Gestaltung des Verfahrens** nehmen können. Beispielsweise ist zu klären, auf welche Beweismittel sich der Richter bei der Wahrheitsfindung stützen darf. Dem Ansatz, dem Richter selbst die Beantwortung dieser Frage zu überlassen, ihm also die Wahl des – dem jeweiligen Prozessgegenstand angepassten – Verfahrens zu überlassen, stehen verschiedene Erwägungen entgegen. Alle Rechtssuchenden sollen vor Gericht **gleichbehandelt** werden. Damit hängt zusammen, dass der Zivilprozess der Durchsetzung privater Rechte dient. Die Ordnung dieser privatrechtlichen Beziehungen im materiellen Recht wäre gefährdet, wenn ein zu weit gespannter richterlicher Spielraum bei der Gestaltung der konkreten Verfahren faktisch zu verschiedenen Urteilen in gleich gelagerten Fällen führen könnte. 8

2 S. dazu *Huber*, Grundwissen ZPO: Einstweiliger Rechtsschutz durch Arrest und einstweilige Verfügung (Anordnungsverfahren), JuS 2018, 226 sowie *Huber*, Grundwissen ZPO: Einstweiliger Rechtsschutz durch Arrest und einstweilige Verfügung (Rechtsbehelfsverfahren), JuS 2018, 421.

Beispiel: Ohne rechtliche Festlegung eines Erkenntnisverfahrens wäre es denkbar, dass Richter A in seinen Verfahren den Zeugenbeweis generell ablehnt, weil er der Meinung ist, dass die Aussagen von Zeugen so gut wie nie die wirkliche Sachlage wiedergeben. Richter B dagegen vernimmt auch Zeugen. Machen nun zwei Kläger in zwei Prozessen materiell-rechtlich gleich gelagerte Ansprüche geltend, die nur durch Zeugen bewiesen werden können, wäre es möglich, dass Richter A die Klage abweist, während Richter B zu einem dem Kläger günstigen Urteil kommt.

9 Dazu kommt ferner, dass die **Rechtsdurchsetzung** etwa in Form der Zwangsvollstreckung zu einem – möglicherweise ungerechtfertigten – **Einbruch in die Rechtssphäre** des vom Urteil Betroffenen führt. Daher muss – wie für alle staatlichen Eingriffe in die Privatsphäre – der Grundsatz strenger Gesetzmäßigkeit gelten. Dies hat auch im Interesse von Personen zu gelten, die zwar nicht Parteien sind, aber durch den Prozess berührt werden. Als Beispiel lassen sich Zeugen nennen, die vernommen und beeidigt werden sollen, da sie sich durch eine Falschaussage der Strafbarkeit aussetzen würden, oder Nichtparteien, an denen eine Blutgruppenuntersuchung vorgenommen werden soll (vgl. § 372a).

10 Der Gesetzgeber hat also feste, allgemein geltende Regeln, nach denen das gerichtliche Verfahren abläuft, gesetzlich festzulegen. Die gesetzliche Grundlage für den Ablauf des Verfahrens in zivilrechtlichen Streitigkeiten findet sich in der **Zivilprozessordnung.**[3] Da verschiedene Möglichkeiten denkbar sind, in einem gerechten Verfahren zu einem gerechten Urteil zu kommen, hat er sich für bestimmte Grundsätze zu entscheiden, die nach seiner Meinung ein bestmögliches Verfahren gewährleisten. Diese werden als **Verfahrensprinzipien** oder **Prozessrechtsmaximen** bezeichnet. Auf ihrer Grundlage beruhen zahlreiche einzelne Normen des Gesetzes (→ Rn. 84ff.). Ihre Festlegung ist eine rechtspolitische Entscheidung.

Beispiel: Für die Wahrheitsfindung sind zwei Wege denkbar. Entweder der Richter erforscht alle für die Urteilsfindung notwendigen Tatsachen von Amts wegen, also unabhängig davon, was die Parteien dazu sagen und beantragen (sog. Untersuchungsmaxime). Oder die Parteien bestimmen die Tatsachengrundlage des Urteils. Dann hat der Richter nur über die tatsächlichen Behauptungen der Parteien Beweis zu erheben, die zwischen den Parteien streitig sind (sog. Verhandlungsmaxime, → Rn. 96ff.). Der Gesetzgeber hat sich im Zivilprozess grundsätzlich (in einzelnen Punkten bestehen Ausnahmen) für die Verhandlungsmaxime entschieden, im Straf- und Verwaltungsprozess dagegen für die Untersuchungsmaxime.

11 Die Forderung, dass das Verfahren sich nach allgemein geltenden, im Gesetz normierten Regeln zu richten habe, gilt nicht nur für das Erkenntnisverfahren, sondern auch für das Eilverfahren und das Vollstreckungsverfahren. Das **Eilverfahren** (Arrest und einstweilige Verfügung) ist ein **beschleunigtes Erkenntnisverfahren.** Deshalb ist seine Regelung im 8. Buch der ZPO, das die Zwangsvollstreckung behandelt, irreführend. Entsprechend gelten auch im Sicherungsverfahren im Allgemeinen die für das Erkenntnisverfahren maßgeblichen Grundsätze, freilich mit dem wesentlichen Unterschied, dass für die dringend und schnell benötigte Entscheidung des Gerichts **nicht voller Beweis der umstrittenen tatsächlichen Behauptungen** gefordert wird, sondern nur deren Glaubhaftmachung (vgl. § 920 II). Dies bedeutet, dass dem Richter nur eine gewisse Wahrscheinlichkeit bezüglich der Richtigkeit der behaupteten Tatsachen vermittelt werden muss (vgl. § 294).

3 Gesetz v. 30.1.1877 idF der Bekanntmachung v. 5.12.2005 (BGBl. 2005 I 3202).

Ganz anders ist die Situation im **Vollstreckungsverfahren.** Hier geht es nicht mehr um die Erkenntnis dessen, was in einem Streit rechtens ist, sondern um die Vollstreckung des vom Gericht als Recht Erkannten, also des Urteils. Hier gelten daher teilweise andere Grundsätze als im Erkenntnis- und im Sicherungsverfahren. Sie werden bestimmt durch das Vollstreckungsinteresse des Gläubigers einerseits und das Schutzbedürfnis des Schuldners (keine ungerechtfertigte Vollstreckung – Rücksicht auf soziale Belange) andererseits. 12

C. Verfahrenszweck

Der Zivilprozess ist ein gesetzliches, auf bestimmten Grundsätzen beruhendes Verfahren, das die **Durchsetzung privater Rechte durch gerichtliche Entscheidung** gewährleistet. Das Verfahren bezweckt also in erster Linie den **Individualschutz** durch die Möglichkeit, subjektive materielle Rechte zu verwirklichen. Durch diese Leistung dient es gleichzeitig – quasi mittelbar – aber auch dem Rechtsfrieden und legitimiert das **Selbsthilfeverbot.** Schließlich bedeuten Verfahren zu **grundsätzlichen Rechtsfragen** eine Erprobung der Rechtsordnung und ermöglichen die (richterliche) **Rechtsfortbildung,** insbesondere in der Revisionsinstanz (→ Rn. 696ff.). 13

2. Kapitel. Gerichte und Organe der Rechtspflege

A. Das Gericht

Beispiel: G hat seiner Meinung nach zu viel Steuern bezahlt. Das Finanzamt ist gegenteiliger Auffassung. G weiß, dass er sich an ein Gericht wenden muss, wenn er zu seinem Recht kommen will, aber an welches? An ein AG oder LG (etwa weil er einen Anspruch aus ungerechtfertigter Bereicherung oder wegen Amtspflichtverletzung bei der Berechnung der Steuer geltend macht) oder an ein Finanzgericht, weil es um steuerliche Fragen geht? (→ Rn. 26) 14

I. Verfassungsrechtliche Stellung

Der IX. Abschnitt des GG ist mit »**Die Rechtsprechung**« überschrieben. Aus dem Zusammenhang mit Art. 20 II 2 GG geht hervor, dass »die rechtsprechende Gewalt« ein von den Organen der Gesetzgebung und der vollziehenden Gewalt (Regierung, Verwaltung) nach Aufgaben (funktionell) und nach Organisation getrennter staatlicher Bereich ist **(Grundsatz der Gewaltenteilung).** Die damit festgelegte Eigenständigkeit der sog. Dritten Gewalt bedeutet, dass Eingriffe des Parlaments, der Regierung und Verwaltung in die rechtsprechende Tätigkeit der Gerichte verboten sind. Sie bedeutet nicht, dass die rechtsprechende Gewalt außerhalb des Staates steht. Auch die Gerichte sind an die vom Parlament erlassenen Gesetze, an die aufgrund gesetzlicher Ermächtigung erlassenen Rechtsverordnungen, an sonstige Rechtsnormen (zB Satzungen, Tarifverträge), an das Gewohnheitsrecht sowie an Verwaltungsakte gebunden. 15

Von der Rechtsprechung ist die **Justizverwaltung** zu trennen. Diese wird durch den jeweiligen Gerichtspräsidenten (bei einem kleineren AG der Amtsgerichtsdirektor) ausgeübt. Er ist Richter und zugleich Leiter der Behörde Gericht und kümmert sich insbesondere um die Dienstaufsicht über Richter und anderes Gerichtspersonal in formeller Hinsicht: Der Gerichtspräsident kann Weisungen erteilen, sofern sie sich auf Aufgaben der Justizverwaltung nach § 4 II Nr. 1 DRiG beziehen. Er kann jedoch nicht die Entscheidungen der Richter inhaltlich beaufsichtigen (s. § 26 II DRiG).

II. Gerichtsbarkeiten

Der einheitlichen rechtsprechenden Gewalt entspricht nicht eine einheitliche Gerichtsbarkeit. Diese ist vielmehr durch Art. 95 GG nach der Eigenart der zu entscheidenden Rechtsstreitigkeiten in **fünf selbstständige Fachgerichtsbarkeiten** aufgegliedert (s. dazu die Übersicht 1 nach → Rn. 59). Ferner lassen sich anhand der organisatorischen Trägerschaft **Gerichte des Bundes** (BVerfG, oberste Gerichte des Bundes, Art. 95 GG) und **Gerichte der Länder** (s. die Übersicht 1) unterscheiden. Die sog. Justizhoheit ist also zwischen Bund und Ländern aufgeteilt. Dass die Vielzahl der Gerichte der Landeshoheit unterfällt, wirkt sich bei der Finanzierung aus, die insoweit Ländersache ist. Hingegen folgt die Zuständigkeit des Bundes, die Gerichtsverfassung und das gerichtliche Verfahren auch insoweit bundeseinheitlich zu regeln, als es sich um Gerichte der Länder handelt, aus Art. 74 I Nr. 1 GG. Schließlich ist zwischen dem **Gericht als organisatorischer Einheit** (»das LG Düsseldorf«) und dem **Gericht im prozessualen Sinn** (»die 2. Zivilkammer des LG Düsseldorf«) zu trennen. 16

III. Zivilgerichtsbarkeit

17 Die Entscheidung bürgerlicher Rechtsstreitigkeiten fällt in die Rechtswegzuständigkeit der **ordentlichen Gerichtsbarkeit.** Diese Bezeichnung erklärt sich historisch. Sie stammt aus einer Zeit, in der die ordentliche die einzige Gerichtsbarkeit war, die mit persönlich und sachlich unabhängigen Richtern besetzt war.

1. Funktionelle Zuständigkeit der Spruchkörper

18 Üblicherweise wird gesagt, dass sich die ordentliche Gerichtsbarkeit gliedert in die streitige Zivilgerichtsbarkeit, die freiwillige Gerichtsbarkeit und die Strafgerichtsbarkeit. Dies ist zumindest missverständlich. Denn die ordentliche Gerichtsbarkeit ist eine organisatorisch einheitliche Gerichtsbarkeit. Ihr sind verschiedene Aufgaben zugewiesen, die von verschiedenen Rechtsprechungskörpern unter Anwendung verschiedener materiell-rechtlicher Gesetze in verschiedenen Verfahren zu bewältigen sind. Richtig ist daher, in funktioneller Hinsicht zwischen den **Aufgaben der Rechtsprechungskörper** zu unterscheiden.

19 Rechtsprechungskörper innerhalb einzelner Gerichte, die bürgerliche Rechtsstreitigkeiten nach den Vorschriften des bürgerlichen Rechts im Verfahren der ZPO zu entscheiden haben, bilden die sog. **streitige Zivilgerichtsbarkeit.** Hingegen stellen die Rechtsprechungskörper, denen die Entscheidung von Strafsachen nach den Vorschriften des Strafrechts im Verfahren der StPO übertragen ist, die sog. **Strafgerichtsbarkeit** dar.

> **Beispiel:** Am LG, das gerichtsorganisatorisch eine Einheit ist, »werden (als Rechtsprechungskörper) Zivil- und Strafkammern gebildet« (§ 60 GVG). Ein konkreter zivilrechtlicher Streit wird also zB durch die 1. Zivilkammer des LG Stuttgart, besetzt mit den Richtern A, B, C, entschieden (zum Einzelrichter beim LG → Rn. 36).

2. Freiwillige Gerichtsbarkeit

20 Die »Freiwillige Gerichtsbarkeit« bildet ebenfalls keine eigene, gesonderte Gerichtsbarkeit (weder außerhalb noch innerhalb der ordentlichen Gerichtsbarkeit), sondern sie bezeichnet eine besondere – neben der ZPO stehende – Verfahrensordnung im Bereich der ordentlichen Gerichtsbarkeit, und zwar der Zivilgerichtsbarkeit (vgl. § 13 GVG). Manche Zivilkammern des LG befassen sich also auch mit Angelegenheiten der freiwilligen Gerichtsbarkeit, aber sie wenden dann nicht die ZPO, sondern das Gesetz über das Verfahren in Familiensachen und in den Angelegenheiten der freiwilligen Gerichtsbarkeit (FamFG) an.

21 Zur Charakterisierung dieser Gerichtsbarkeit hilft die Bezeichnung »freiwillig« nicht. Im Unterschied zu den ZPO-Verfahren ist vielmehr zu betonen, dass überwiegend keine Streitigkeiten den Verfahrensgegenstand bilden. Es handelt sich um **Verfahren verwaltender Art** wie insbesondere Fürsorgesachen (Betreuung, Vormundschaft, elterliche Sorge) und Registerverfahren (Handels-, Vereinsregister und Grundbuch). In diesen und weiteren Fällen hat der Gesetzgeber den Gerichten Verwaltungsverfahren zur Erledigung zugewiesen, regelmäßig aus **historischen Gründen,** teils um der **Intensität** der dem Bürger **drohenden Eingriffe** Rechnung zu tragen. Mit der Zuweisung zu den Gerichten geht dann zugleich die Anwendung des FamFG einher. Dar-

über hinaus hat der Gesetzgeber aber auch klassische Streitverfahren aufgrund von **Praktikabilitätserwägungen** dem Verfahren nach dem FamFG unterstellt. Das gilt namentlich für familienrechtliche Streitigkeiten, worauf schon der Name des Verfahrensgesetzes hindeutet.

Beispiel: Im Verfahren der ZPO vor dem LG, in dem der Beklagte auf Zahlung eines Kaufpreises in Anspruch genommen wird, stellt das Gericht fest, dass dieser sich in einem die freie Willensbestimmung ausschließenden Zustand krankhafter Störung der Geistestätigkeit befindet (vgl. § 104 Nr. 2 BGB). Diese Feststellung kann zu einer Abweisung der Klage mangels Prozessfähigkeit des Beklagten (§ 52 ZPO iVm §§ 104f. BGB) als unzulässig oder mangels wirksamen Vertrags (§ 105 I BGB) als unbegründet führen. Darüber hinaus muss das Gericht erwägen, Mitteilung an das AG zu machen, damit das Betreuungsgericht im Verfahren nach dem FamFG über die Anordnung einer Betreuung nach Maßgabe von § 1896 BGB beschließt.

IV. Instanzenzug

Die **Gerichte der ordentlichen Zivilgerichtsbarkeit** sind nach dem GVG in drei Instanzen untergliedert. 22

Gerichte der **ersten Instanz** sind das AG und das LG. Diese werden auch als **»Eingangsgerichte«** bezeichnet, weil jeder Rechtsstreit in Zivilsachen entweder beim AG oder LG seinen »Eingang« finden, beginnen muss. Gerichte **zweiter Instanz** (prägnant: Berufungsgerichte) sind grundsätzlich das LG (auf Berufung gegen ein Urteil des AG) und das OLG (auf Berufung gegen ein Urteil des LG). Gericht **dritter Instanz** ist der BGH als Revisionsgericht, gleich ob das Berufungsurteil von OLG oder LG stammt.

V. Rechtsprechungskörper

Das GVG regelt, wie die Gerichte zu besetzen, dh welche Rechtsprechungskörper zu bilden sind. Ferner bestimmt es die **Aufgabenverteilung** zwischen den einzelnen Rechtsprechungskörpern. 23

1. Besetzung

Beim AG bilden die von **Einzelrichtern** nach § 22 I GVG gebildeten Abteilungen den Spruchkörper. Beim LG ist Spruchkörper die **Zivilkammer.** Diese ist entweder mit drei Berufsrichtern (§§ 60, 75 GVG) oder mit einem Einzelrichter (§ 348) besetzt. Nicht zwingend vorgeschrieben ist am LG die Bildung einer **Kammer für Handelssachen,** die aus einem Berufsrichter und zwei ehrenamtlichen Richtern besteht (§§ 93, 105 GVG). Beim OLG werden **Zivilsenate** gebildet. Diese sind besetzt mit drei Berufsrichtern (§§ 116, 122 GVG). Unter bestimmten Voraussetzungen überträgt die Kammer ihre Entscheidung einem Einzelrichter (§ 526). Spruchkörper des BGH sind Zivilsenate, besetzt mit fünf Berufsrichtern (§§ 130, 139 GVG). 24

2. Geschäftsverteilung

Im Wege der Geschäftsverteilung wird vorab nach **abstrakten Kriterien** (Sachgebiete, Reihenfolge der Eingänge, räumliche Gliederung des Gerichtsbezirks, Anfangsbuchstaben der Parteien) bestimmt, welcher Rechtsprechungskörper desselben Gerichts für einen konkreten Prozess zuständig ist und wie dieser Körper zu besetzen ist. Nur so wird in Ergänzung der gesetzlichen Zuständigkeitsbestimmungen der Verfassungs- 25 garantie des gesetzlichen Richters (Art. 101 I 2 GG, → Rn. 26) entsprochen. Die Geschäftsverteilung ist den Gerichten als **Selbstverwaltungsaufgabe** übertragen (§ 21 e GVG). Es entscheidet das Präsidium des Gerichts, das sich nach § 21 a GVG zusammensetzt. Der **Geschäftsverteilungsplan** ist jährlich im Voraus aufzustellen (§ 21 e I 2 GVG). Für die Verteilung der Geschäfte innerhalb des Spruchkörpers gilt das Gleiche, nur dass hier die Verteilung grundsätzlich durch Beschluss aller dem Spruchkörper angehörenden Berufsrichter und nur bei Stimmengleichheit durch das Präsidium erfolgt (§ 21 g I GVG).

VI. Der gesetzliche Richter

26 Nach Art. 101 I 2 GG darf niemand seinem gesetzlichen Richter entzogen werden. Dieses **Verfahrensgrundrecht** verlangt nach Rechtssätzen, die im Voraus nach abstrakten Kriterien festlegen, welcher oder welche Richter zur Entscheidung über eine dann eingereichte Klage berufen ist oder sind. Solche Bestimmungen enthalten das GVG und für den Zivilrechtsstreit die ZPO, die die sachliche und örtliche Zuständigkeit der Gerichte und das Verfahren bei der »personellen und sachlichen Geschäftsverteilung regeln«[1]. Anhand der gesetzlichen Bestimmungen und des Geschäftsverteilungsplans kann zweifelsfrei der für den Einzelfall zuständige gesetzliche Richter ermittelt werden. Im Einzelnen wird der gesetzliche Richter bestimmt anhand der Regelungen der **Rechtswegzuständigkeit** (→ Rn. 188 ff.), der **sachlichen Zuständigkeit** (→ Rn. 197 ff.), der **örtlichen Zuständigkeit** (→ Rn. 203 ff.) und des **Geschäftsverteilungsplans des Gerichts** (→ Rn. 25).

Im Beispiel in → Rn. 14 ist nicht der Rechtsweg zur ordentlichen (Zivil-)Gerichtsbarkeit, sondern der zur Finanzgerichtsbarkeit eröffnet, weil es sich bei einer Überzahlung von Steuern um eine Abgabenangelegenheit iSv § 33 I Nr. 1, II FGO iVm § 3 AO handelt.

Beispiel: K aus Köln hat B aus Berlin ein Darlehen in Höhe von 8.000 EUR gewährt. B weigert sich, dieses zurück zu zahlen, sodass K Klage erhebt.
Nach §§ 71 I, 23 GVG ist nicht das AG, sondern das LG sachlich zuständig, nach §§ 12 f. ist jedenfalls das LG Berlin am allgemeinen Gerichtsstand des B örtlich zuständig. Schließlich muss der Geschäftsverteilungsplan des LG Berlin festlegen, welche Zivilkammer des LG Berlin zur Entscheidung berufen und welcher der drei Richter der berufenen Zivilkammer Berichterstatter ist oder ob ein Einzelrichter der Zivilkammer zuständig ist und gegebenenfalls welcher.

27 Werden im Einzelfall die Vorschriften über den gesetzlichen Richter verletzt, ist das **Urteil** zwar **nicht nichtig,** aber es kann mit Berufung und Revision (vgl. § 547 Nr. 1), letztlich mit der Verfassungsbeschwerde an das BVerfG (§ 90 I BVerfGG) angefochten werden.

Beispiel: Der im Wege der Vorabentscheidung anzurufende EuGH (Art. 267 AEUV, → Rn. 735) ist gesetzlicher Richter iSd Art. 101 I 2 GG. Wird dieser pflichtwidrig nicht angerufen, kann die unterliegende Prozesspartei dies aufgrund eines Verstoßes gegen Art. 101 I 2 GG mit der Verfassungsbeschwerde rügen.[2]

1 BVerfGE 2, 307 (319 f.) = NJW 1953, 1177; BVerfGE 17, 294 = NJW 1964, 1020.
2 BVerfG NJW 1988, 1459.

B. Der Richter

I. Grundsätze und richterliche Unabhängigkeit

»Die rechtsprechende Gewalt wird durch **Berufsrichter** und durch **ehrenamtliche Richter** ausgeübt« (§ 1 DRiG). Letztere treten im Bereich der Zivilgerichtsbarkeit nur als sog. Handelsrichter in den Kammern für Handelssachen in Erscheinung (§ 105 GVG). Die Rechtsverhältnisse der Richter – die Befähigung zum Richteramt (Grundsatz des **»rechtsgelehrten Richtertums«**), ihre Berufung in das Richteramt, dessen Beendigung, die besonderen Richterpflichten – werden durch das Deutsche Richtergesetz (DRiG) auf der Grundlage der Art. 97, 98 GG geregelt. 28

Verfassungsrang hat die **sachliche Unabhängigkeit** des Richters. Bei Ausübung der Rechtsprechung ist er nur an Gesetz und Recht gebunden und keinerlei Weisungen unterworfen. Er entscheidet allein nach seiner Rechtsüberzeugung. Ist er überzeugt, ein Gesetz sei verfassungswidrig, muss er den Prozess aussetzen und die Frage dem BVerfG nach Art. 100 I GG vorlegen **(Normverwerfungsmonopol).** Ein Richter ist grundsätzlich auch nicht an die Rechtsprechung des BGH gebunden (sog. **Präjudizien**). Eine Ausnahme bildet § 563 II, nach dem das Berufungsgericht an die rechtliche Auffassung des Revisionsgerichts gebunden ist (→ Rn. 717). Dieser Grundsatz gilt für Richter aller Art, dh vor allem auch für ehrenamtliche Richter. 29

Die **persönliche Unabhängigkeit** im Sinne der Unabsetzbarkeit und Unversetzbarkeit kommt hingegen nur den »hauptamtlich und planmäßig angestellten Richtern« zu (Art. 97 II GG; §§ 30–37 DRiG). Dennoch stehen Richter in einem öffentlich-rechtlichen Dienst- und Treueverhältnis zu dem Staat als ihrem **Dienstherrn,** in dem sie bestimmten Weisungen unterworfen werden können. 30

Beispiel: Der Dienstherr kann einen Richter anweisen, die Geschäftsverteilung nicht dadurch zu unterlaufen, dass er bestimmte ihm nicht genehme Fälle unbearbeitet lässt.[3]
Auch nicht von der richterlichen Unabhängigkeit gedeckt ist die Frage eines Richters an einen Prozessbeteiligten, »ob dieser ihn nicht verstehen wolle oder zu dumm sei, ihm zu folgen«[4].

II. Sicherung der richterlichen Unparteilichkeit

Die Objektivität **(Unparteilichkeit)** des Richters im konkreten Rechtsstreit wird von der ZPO durch die Institute der Ausschließung und Ablehnung gesichert. 31

1. Ausschließungsgründe

Die Ausschließungsgründe lassen sich durch die Stichworte »Eigeninteresse« (§ 41 Nr. 1–4) und – mögliches – »Vorurteil« (§ 41 Nr. 5–8) kennzeichnen. Ein ausgeschlossener Richter darf **keine Amtshandlung in dem konkreten Prozess** vornehmen. Nimmt er dennoch eine solche vor, ist die Entscheidung zwar nicht unwirksam, wohl aber mit Berufung und Revision (§ 547 Nr. 2) sowie nach Rechtskraft des Urteils durch Nichtigkeitsklage im Wiederaufnahmeverfahren (§ 579 I Nr. 2) anfechtbar. 32

3 *Papier* NJW 1990, 8 (13).
4 BGH NJW 2006, 1674.

2. Ablehnung

33 Die Ablehnung eines Richters durch eine Partei ist wegen **Besorgnis der Befangenheit** (»... Grund, der geeignet ist, Misstrauen gegen die Unparteilichkeit eines Richters zu rechtfertigen«) und bei Vorliegen eines **Ausschließungsgrundes** möglich (§ 42). Über den Ablehnungsantrag entscheidet das mit der Sache befasste Gericht, wobei der abgelehnte Richter nicht mitwirkt (Einzelheiten § 45). Der mit Erfolg abgelehnte Richter steht einem ausgeschlossenen gleich.

Dem Zweck des Ablehnungsrechts entsprechend ist die **Sicht der ablehnenden Partei** maßgebend, die jedoch der objektiven Beurteilung hinsichtlich der Erheblichkeit der geltend gemachten Gründe durch das Gericht unterliegt.

Beispiel: Eine Partei lehnt einen Richter zu Recht ab, wenn dieser die gegnerische Partei außerhalb des Prozesses beraten hat. Zu Unrecht lehnt sie ihn ab, wenn der Richter im Prozess dadurch aber seiner Aufklärungspflicht nachgekommen ist (§ 139).
Die Ablehnung ist nicht gerechtfertigt, wenn der Richter derselben politischen Partei angehört wie die gegnerische Partei.[5] Anders zu beurteilen ist es aber wohl dann, wenn es sich um einen Rechtsstreit mit parteipolitischem Gegenstand (zB Widerruf von Behauptungen im Wahlkampf) handelt.

Umstritten ist, ob eine Ablehnung wegen Besorgnis der Befangenheit dann gerechtfertigt ist, wenn der Richter den **Beklagten auf ein Leistungsverweigerungsrecht hinweist,** das dieser (bzw. sein Anwalt) bisher offenbar übersehen und deshalb nicht geltend gemacht hat. Der BGH hat dies für einen Hinweis auf die Verjährung bejaht.[6] Letztlich ist die Frage für den Ausgang des Prozesses deswegen ohne große Bedeutung, weil der Beklagte die Einrede auch bei erfolgreicher Ablehnung dem anstelle des abgelehnten tretenden neuen Richters gegenüber geltend machen wird (die inzwischen erworbene Kenntnis kann nicht ungeschehen gemacht werden), womit der Kläger den Prozess auf jeden Fall verliert, weshalb er von der Ablehnung letztlich nichts hat.

34 Ein Richter, der sich für befangen hält **(Selbstablehnung),** darf gem. § 48 seine Mitwirkung im konkreten Fall erst versagen, wenn das zuständige Gericht den Ablehnungsgrund gebilligt hat.

III. Funktionen

35 Das Gesetz kennt bestimmte Begriffe für verschiedene Funktionen eines Richters.

Zum Güterichter nach § 278 V → Rn. 68, 815.

1. Einzelrichter

36 Das LG entscheidet in erster Instanz entweder durch die Zivilkammer in der Besetzung mit drei Richtern oder durch den Einzelrichter. Dieser Einzelrichter ist dann »das Gericht«. Er führt den Rechtsstreit von der Klage bis zum Urteil. Die Entscheidung durch den Einzelrichter ist der Regelfall (§ 348 I 1).

Ausnahmen sind allerdings insbesondere für Streitigkeiten aus bestimmten Sachgebieten (zB Bauvertrag, Arzthaftungsprozesse) vorgesehen (§ 348 I 2), wobei der Ausnahmekatalog ziemlich willkürlich wirkt. Auch in derartigen Streitigkeiten hat die Zivilkammer die Sache jedoch auf den Einzelrichter zu übertragen, wenn die Sache weder besondere Schwierigkeiten aufweist noch grundsätzliche Bedeutung hat (§ 348 a I).

---

5 BVerfGE 11, 1 (3) = BeckRS 1960, 282.
6 BGHZ 156, 269 = NJW 2004, 164.

Im **Berufungsverfahren** ist ebenfalls die Möglichkeit einer Einzelrichterentscheidung vorgesehen (§ 526 I). Anders als beim erstinstanzlichen Verfahren vor dem LG handelt es sich dabei aber um **keine originäre Zuständigkeit des Einzelrichters.** Erforderlich ist vielmehr, dass die Sache dem Einzelrichter durch Beschluss des Gerichts zur Entscheidung übertragen wird. 37

2. Vorsitzender

Ein **Kollegialgericht** hat einen Vorsitzenden. Dessen **Aufgabe** ist die Vorbereitung und Leitung der mündlichen Verhandlung (§§ 273 II, 136). Bei den Entscheidungen des Kollegialgerichts, die in geheimer Beratung und Abstimmung gefasst werden, zählt seine Stimme indes nicht mehr als die der Beisitzer (§ 196 I GVG). 38

3. Berichterstatter

Berichterstatter ist der Bearbeiter des Rechtsstreits in einem Kollegialgericht. Er hat keine besonderen verfahrensrechtlichen Befugnisse, sondern **bereitet das Verfahren gutachterlich vor** und **entwirft** nach der mündlichen Verhandlung die **schriftliche Fassung des Urteils.** Im Gesetz ist die Figur des Berichterstatters nur am Rande vorgesehen (§ 197 GVG zum Ablauf der Beratung). In der Praxis hat sie sich eingebürgert, um die übrigen Mitglieder des Gerichts zu entlasten. Der Berichterstatter wird nach § 21g I GVG durch Geschäftsverteilungsbeschluss des Spruchkörpers vor Beginn des Geschäftsjahrs bestimmt. 39

4. Beauftragter Richter

Der beauftragte Richter ist ein Mitglied des entscheidenden Kollegialgerichts, dem ein einzelner Verfahrensabschnitt zur Erledigung übertragen ist, zB die Zeugenvernehmung (§§ 361, 355 I 2, 375). 40

Beispiel: Anlässlich einer Beweisaufnahme vor dem beauftragten Richter der Zivilkammer des LG (§ 361) schließen die Parteien in Abwesenheit ihrer Rechtsanwälte einen Prozessvergleich (§ 794 I Nr. 1). Dieser Prozessvergleich ist wirksam, da vor dem beauftragten und ersuchten Richter kein Anwaltszwang (→ Rn. 244) gilt (§ 78 III).

5. Ersuchter Richter

Der ersuchte Richter ist stets ein **Amtsrichter,** der im Wege der **Rechtshilfe** (§§ 156ff. GVG) um Vornahme einer richterlichen Handlung (zB um Vernehmung eines weit vom Sitz des Prozessgerichts wohnenden Zeugen zur Kostenersparnis) gebeten wird (§ 362; ferner § 278 V 1). 41

C. Der Rechtspfleger

Der Rechtspfleger erfüllt Aufgaben der Rechtspflege, die nicht »Rechtsprechung«, sondern **verwaltender Art** sind. Diese Aufgabenverteilung gibt die Verfassung vor, wenn Art. 92 GG die Rechtsprechung den Richtern vorbehält. Einfach-gesetzlich werden die funktionellen Zuständigkeiten des Rechtspflegers in §§ 3, 20ff. des **Rechtspflegergesetzes** (RPflG) bestimmt. Der Schwerpunkt seiner Aufgaben im Bereich der Zivilgerichtsbarkeit liegt in der – nicht der Streitentscheidung, sondern primär der 42

Fürsorge oder Registrierung dienenden – freiwilligen Gerichtsbarkeit (→ Rn. 20). Von den in der ZPO vorgesehenen gerichtlichen Verrichtungen sind ihm vor allem das Mahnverfahren (Erlass eines Mahn- und Vollstreckungsbescheids) sowie weite Bereiche des Kostenrechts und der Zwangsvollstreckung übertragen.

Gegen Entscheidungen des Rechtspflegers sind die allgemeinen **Rechtsmittel** zulässig (§ 11 I RPflG). Ist nach den allgemeinen Vorschriften kein Rechtsmittel gegeben, kann der Richter im Wege der sog. Erinnerung angerufen werden (§ 11 II RPflG). Dadurch wird sichergestellt, dass – wie es Art. 19 IV GG fordert – eine Entscheidung durch den Richter erlangt werden kann und der Rechtspfleger, der zur Exekutive, nicht zur Judikative gehört, nicht das letzte Wort hat.[7]
Voraussetzungen für die Ernennung sind ein dreijähriger Vorbereitungsdienst und bestandene Prüfung für den gehobenen Justizdienst (§ 2 RPflG). Dem Rechtspfleger kommt eine – allerdings nur beschränkte (§ 5 RPflG) – sachliche Unabhängigkeit zu (§ 9 RPflG).

D. Der Urkundsbeamte

43 Bei jedem Gericht besteht eine **Geschäftsstelle,** die mit Urkundsbeamten besetzt wird (§ 153 GVG). Der Urkundsbeamte ist verantwortlich unter anderem für die Führung des **Sitzungsprotokolls** (§§ 159ff.), für die Entgegennahme von Erklärungen zu **Protokoll** der Geschäftsstelle (zB §§ 117 I, 496, 920 III), für Ladungen und Zustellungen im **Amtsbetrieb** (§§ 274 I, 168 I) sowie für die **Aktenführung.**

I. Protokollaufzeichnung

44 Das Protokoll wird über den Verlauf der mündlichen Verhandlung aufgenommen (§ 159). Sein **Inhalt** ist in § 160 festgelegt.

Es umfasst etwa Ort und Datum der Verhandlung, die Namen der Richter und die Bezeichnung des Rechtsstreits, die Anträge der Parteien, die Zeugenaussagen oder Ergebnisse der richterlichen Inaugenscheinnahme. § 160a gestattet die in der Praxis übliche Aufzeichnung auf einem Diktiergerät.

45 Die **Parteien** haben nach § 162 das Protokoll zu **genehmigen.** Wichtig ist, dass die Beachtung der für die mündliche Verhandlung vorgeschriebenen Förmlichkeiten (zB welche Prozessbeteiligten anwesend waren, welche Richter mitgewirkt haben) nur durch das Protokoll nachgewiesen werden kann (§ 165, s. auch § 314 S. 2). Der Inhalt des Protokolls hat für andere Vorgänge und Erklärungen die **Beweiskraft einer öffentlichen Urkunde** (§§ 415, 417, 418). Gegen den Inhalt des Protokolls ist nur der Nachweis der Fälschung zulässig.

Beispiel: Der Rechtsanwalt des Beklagten hat erkannt, dass das Protokoll zugunsten seines Mandanten unrichtig ist: Aus dem Protokoll geht ein Verfahrensfehler hervor, den das Gericht tatsächlich nicht begangen hat. Er beruft sich auf den Inhalt des Protokolls. Der BGH hat dies für das Strafverfahren als rechtsmissbräuchlich angesehen.[8]

II. Zustellung

46 Die Zustellung soll sicherstellen, dass ein Schriftstück sicher zur **Kenntnis des Adressaten** kommt und dass der **Nachweis des Zugangs beurkundet** wird (§§ 166ff.). Zu-

7 BVerfGE 101, 397 = NJW 2000, 1018.
8 BGH NJW 2006, 3579 (3580ff.), wo die Rechtslage insoweit jedoch keine andere ist (§ 274 S. 2 StPO).

zustellen ist insbesondere die Klage. Erst mit Zustellung ist die Klage erhoben (§ 253 I) und die Rechtshängigkeit eingetreten (§ 261 I). Zudem sind etwa zuzustellen die Einlegung der Rechtsmittel (§§ 521 I, 550 II) und das Urteil selbst (§ 317 I). Zugestellt wird nicht das Original, sondern eine Ausfertigung oder beglaubigte Abschrift.

Die Zustellung erfolgt regelmäßig **von Amts wegen** (»Amtsbetrieb«; § 166 II) durch die Geschäftsstelle (§ 168 I 1). Diese bedient sich in der Praxis der Post. Auf Betreiben der Parteien (»Parteibetrieb«) wird durch den Gerichtsvollzieher (§ 192 I; → Rn. 51) zugestellt, der die Zustellung in der Praxis regelmäßig ebenfalls durch die Post vornehmen lässt (§§ 193, 194). Auch die Zustellung von Anwalt zu Anwalt ist nach § 195 möglich.

Beispiel: Mit der Verkündung des Urteils ist es erlassen. Das Gericht kann sein Urteil nicht mehr abändern (§ 318). Die Rechtsmittelfrist aber läuft erst von der Zustellung des Urteils an (§§ 517, 548, 569 I 2), die von Amts wegen erfolgt (§§ 166 II, 317 I); erst von diesem Augenblick an ist eine Zwangsvollstreckung zulässig (§ 750 I).

III. Ladung

Die Ladung bedeutet die **Aufforderung** an die Parteien, zu einem **Termin** etwa zur mündlichen Verhandlung oder zur Beweisaufnahme zu **erscheinen** (§ 214). Die Ladung erfolgt **von Amts wegen** durch die Geschäftsstelle (§ 274, § 497 I), ist aber dann nicht erforderlich, wenn der Termin in einer verkündeten Entscheidung enthalten ist (§ 218). 47

So kann das Gericht beschließen und verkünden: »Termin zur Fortsetzung der mündlichen Verhandlung wird bestimmt auf …«.

Zwischen der Ladung und dem Termin muss ein bestimmter Zeitraum liegen, §§ 217, 604 II, die sog. **Ladungsfrist.** 48

Beispiel: Der Beklagte erscheint nicht in dem Termin der mündlichen Verhandlung. Unter den Voraussetzungen des § 331 ergeht gegen ihn ein Versäumnisurteil (→ Rn. 480ff.). Die rechtzeitige Ladung ist nach § 335 I Nr. 2 Voraussetzung.

Von der Ladungsfrist ist die **Einlassungsfrist** zu unterscheiden. Dies ist die Frist, die dem Beklagten bleiben muss, um sich auf die Klage »einzulassen«, dh zu ihr Stellung zu nehmen (§ 274 III). 49

Die Einlassungsfrist beträgt **zwei Wochen** (§ 274 III), die Ladungsfrist eine Woche im Anwaltsprozess (dh in Verfahren, in denen die Vertretung der Partei durch einen Anwalt zwingend vorgeschrieben ist, § 78 I), sonst drei Tage (§ 217).

Die Berechnung der Fristen bestimmt sich nach den §§ 221–238. Die Heilung eines Fristversäumnisses ist bei einer Notfrist durch **Wiedereinsetzung in den vorigen Stand** möglich. Voraussetzung ist, dass die Partei ohne ihr Verschulden an der Fristwahrung verhindert war (§ 233; → Rn. 476). Die in § 233 genannten **Notfristen** sind nur die im Gesetz ausdrücklich als solche bezeichneten, § 224 I 2 (zB § 339 I, → Rn. 475; § 517, → Rn. 674). 50

E. Der Gerichtsvollzieher

51 Die Legaldefinition des Gerichtsvollziehers findet sich in § 154 GVG. Demnach sind es die »mit den **Zustellungen, Ladungen** und **Vollstreckungen** zu betrauenden Beamten«. Er handelt bei Ausführung dieser Aufgaben selbstständig und neutral (vgl. zur Neutralität § 155 GVG). Die bereits angesprochene (→ Rn. 46) Zustellung auf Betreiben der Parteien ist im Erkenntnisverfahren sein Haupttätigkeitsfeld. Hierbei wird er aufgrund eines verfahrensrechtlichen Auftrags öffentlich-rechtlich tätig. Nur rudimentär regelt die Aufgaben des Gerichtsvollziehers die Gerichtsvollzieherordnung (GVO).

F. Der Rechtsanwalt

52 Auch der Rechtsanwalt ist wichtiger **Teil der Rechtspflege.**

I. Anwaltszwang

53 Ein prägnantes Kennzeichen der Zivilgerichtsbarkeit ist der sog. Anwaltszwang. Vor LG, OLG und BGH müssen sich die Parteien durch einen Rechtsanwalt vertreten lassen (§ 78 I), sog. **Anwaltsprozess.** Eine örtliche Beschränkung wie ehemals beim Lokalisationsprinzip gilt nicht mehr, sodass ein Rechtsanwalt vor jedem LG und OLG auftreten kann. Indessen unterliegt die Zulassung zur Rechtsanwaltschaft beim BGH nach §§ 162ff. BRAO erheblichen Beschränkungen. Dort darf nur ein kleiner Kreis sog. BGH-Anwälte auftreten.[9]

II. Rechtsverhältnisse

54 Bei der Beurteilung der Rechtsstellung des Anwalts ist seine berufsrechtliche Stellung vom Verhältnis zu seinem Mandanten zu unterscheiden.

1. Berufsrechtliche Stellung

55 Die berufsrechtliche Stellung des Anwalts ist in der Bundesrechtsanwaltsordnung (BRAO) geregelt. Der Rechtsanwalt ist ein unabhängiges Organ der Rechtspflege und übt einen freien Beruf aus. Er benötigt zur Zulassung die Befähigung zum Richteramt. Die **Zulassung** findet durch die **Rechtsanwaltskammer** (§ 6 I, 12 I BRAO) statt. Sie darf nicht mit dem Argument versagt werden, es gebe genügend Rechtsanwälte (»freie Advokatur«).

Die Berufsvertretung wird durch die Rechtsanwaltskammern wahrgenommen (§§ 60ff. BRAO). Bei Pflichtverletzungen eines Mitglieds urteilt die **Anwaltsgerichtsbarkeit** (§§ 113ff. BRAO). Deren Maßnahmen können bis zur Ausschließung aus der Rechtsanwaltschaft reichen (§ 114 I Nr. 5 BRAO).

56 Es können nicht nur **natürliche Personen,** sondern auch **Rechtsanwaltsgesellschaften** mit beschränkter Haftung zur Beratung und Vertretung in Rechtsangelegenheiten zugelassen werden (§ 59c I BRAO).

9 Zur Zulässigkeit dieser Beschränkung BGH NJW 2005, 2304.

Eine in der Praxis beliebte Gesellschaftsform für den Zusammenschluss von Rechtsanwälten zur gemeinsamen Berufsausübung ist eine **Partnerschaftsgesellschaft** nach dem PartGG. Gegenüber einer Gesellschaft bürgerlichen Rechts hat die Partnerschaft insbesondere haftungsrechtliche Vorteile. So haften Partner, die nicht mit der Betreuung eines Mandats befasst waren, grundsätzlich nicht unmittelbar selbst für Beratungsfehler des Betreuers (§ 8 II PartGG). § 8 IV PartGG eröffnet überdies den Partnern die Errichtung einer PartG, bei der nur das Gesellschaftsvermögen den Gläubigern haftet. Voraussetzungen sind freilich das Bestehen einer Berufshaftpflichtversicherung und das Auftreten im Rechtsverkehr mit einem Zusatz, der auf die beschränkte Haftung hindeutet.

2. Mandatsverhältnis

Das Rechtsverhältnis des Rechtsanwalts zu seinem Mandanten ist ein auf eine **Geschäftsbesorgung gerichteter Dienstvertrag** (§ 675 BGB). Im Einzelfall kann es sich auch um einen **Werkvertrag** handeln, zB bei der Erstellung eines Rechtsgutachtens. Daneben hat der Mandant seinem Anwalt **Vollmacht** zu erteilen (→ Rn. 247). 57

Ein Rechtsanwalt hat keine Verpflichtung zur Übernahme eines Mandats, ausgenommen bei Beiordnung, etwa im Prozesskostenhilfeverfahren (§ 48 BRAO).

Die Vergütung ist durch die Sätze des **Rechtsanwaltsvergütungsgesetzes** (RVG) genormt (→ Rn. 820). **Gebührenvereinbarungen** sind allerdings nach Maßgabe von §§ 3a ff. RVG zulässig. In der Praxis wird mitunter der Anwalt nach Stundensätzen vergütet. Grundsätzlich nicht erlaubt ist die Vereinbarung eines Erfolgshonorars gem. § 49b II BRAO. 58

Nach § 4a I 1 RVG ist eine Vereinbarung im Einzelfall aber möglich, »wenn der Auftraggeber aufgrund seiner wirtschaftlichen Verhältnisse bei verständiger Betrachtung ohne die Vereinbarung eines Erfolgshonorars von der Rechtsverfolgung abgehalten würde«[10].

Für eigenes Verschulden und Verschulden seiner Angestellten haftet der Rechtsanwalt nach den allgemeinen Grundsätzen wegen **Verletzung seiner vertraglichen Pflichten** (§ 280 BGB). Für Verstöße gegen **Vorschriften des Prozessrechts** gegenüber dem Gericht und der anderen Partei durch den Prozessbevollmächtigten gilt § 85 II, sodass etwa eine durch den Rechtsanwalt versäumte Frist von dem Mandanten versäumt ist. Im Innenverhältnis schuldet der Rechtsanwalt seinem Mandanten Schadensersatz bei schuldhafter Fristversäumnis. 59

Beispiel: Rechtsanwalt R hat den Beklagten B erstinstanzlich vor dem LG vertreten. B ist verurteilt worden und beauftragt R mit der Einlegung der Berufung. R versäumt die Berufungsfrist. In dem dann von B gegen R geführten Schadensersatzprozess muss das Gericht prüfen, ob die Berufung im Falle ihrer Rechtzeitigkeit Erfolg gehabt hätte. Denn nur wenn dies der Fall ist, hat B einen Schaden erlitten (**»hypothetischer Inzidentprozess«**).

§ 85 II gilt nur für das Verschulden des Anwalts selbst gegenüber dem Gericht, nicht für dessen Angestellte. Allerdings ist zu beachten, dass der Anwalt diese ordnungsgemäß überwacht haben muss, da sonst doch eigenes Verschulden vorliegt.

Literatur: *Gruschwitz,* Kleine Fristenkunde ZPO, JuS 2012, 1090; *Huber,* Grundwissen – Zivilprozessrecht: Richterablehnung, JuS 2017, 211; *Hupka/Kämpfer,* Die Zustellung im Zivilverfahren JA 2012, 448; *Schreiber,* Ausschließung und Ablehnung des Richters im Zivilprozess, JURA 2011, 744.

10 BVerfG NJW 2007, 979; vgl. zur verfassungsrechtlichen Gebotenheit dieser Ausnahme aufgrund des Gebots der Gewährung effektiven Rechtsschutzes → Rn. 1.

Übersicht 1:

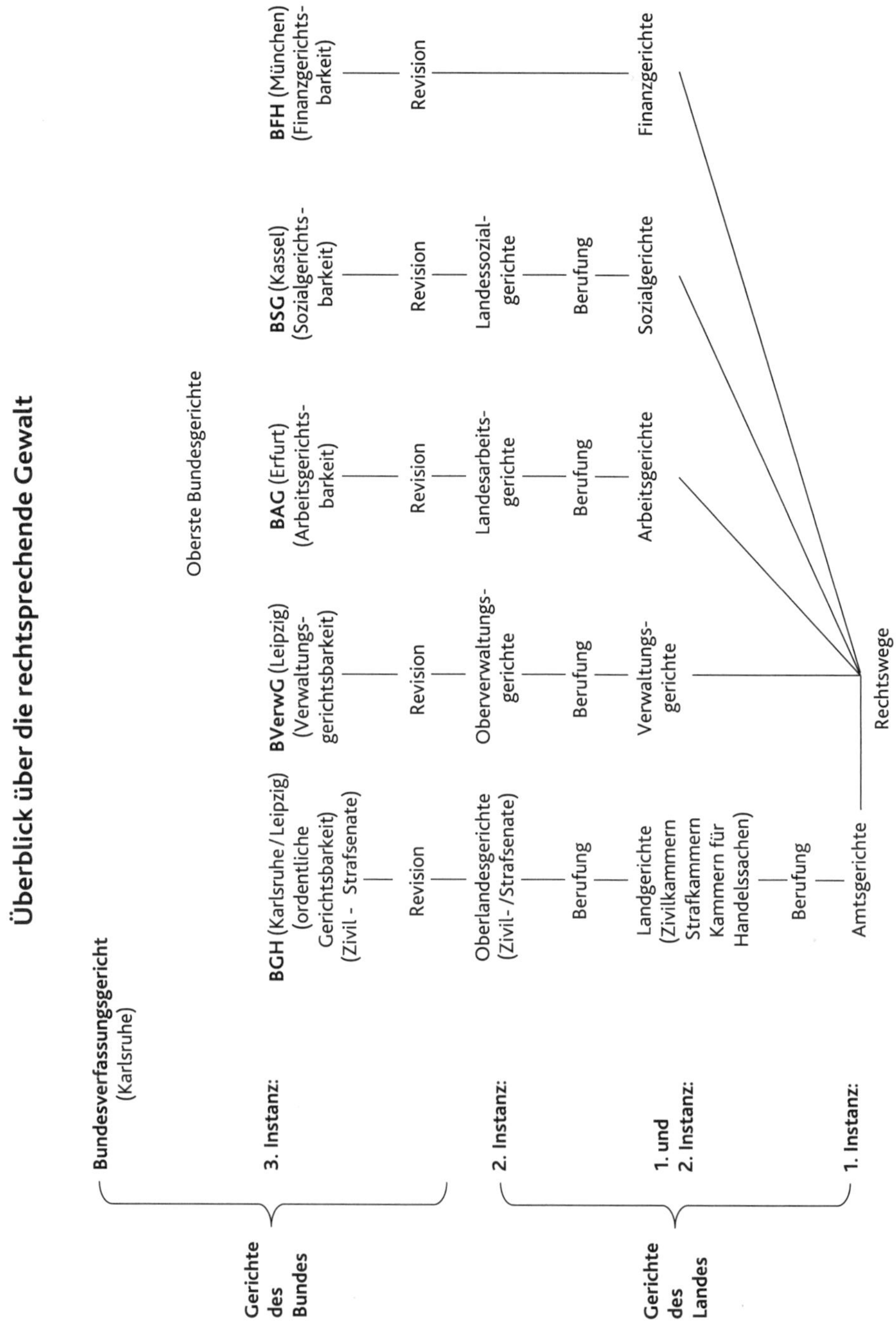
Überblick über die rechtsprechende Gewalt
Oberste Bundesgerichte
Gerichte des Bundes
Bundesverfassungsgericht (Karlsruhe)
3. Instanz:
BGH (Karlsruhe / Leipzig) (ordentliche Gerichtsbarkeit) (Zivil - Strafsenate)
BVerwG (Leipzig) (Verwaltungs-gerichtsbarkeit)
BAG (Erfurt) (Arbeitsgerichts-barkeit)
BSG (Kassel) (Sozialgerichts-barkeit)
BFH (München) (Finanzgerichts-barkeit)
Revision
Revision
Revision
Revision
Revision
Gerichte des Landes
2. Instanz:
Oberlandesgerichte (Zivil- / Strafsenate)
Oberverwaltungs-gerichte
Landesarbeits-gerichte
Landessozial-gerichte
Berufung
Berufung
Berufung
Berufung
1. und 2. Instanz:
Landgerichte (Zivilkammern Strafkammern Kammern für Handelssachen)
Verwaltungs-gerichte
Arbeitsgerichte
Sozialgerichte
Finanzgerichte
Berufung
1. Instanz:
Amtsgerichte
Rechtswege

3. Kapitel. Überblick über den Gang eines Verfahrens

Beispiel: Der Maschinenbauer K aus Augsburg klagt gegen den Kaufmann B aus Karlsruhe auf Kaufpreiszahlung aus dem Kauf einer Maschine zum Kaufpreis von 70.000 EUR. B will nicht zahlen und behauptet, die Maschine sei mangelhaft, er sei daher mit Recht vom Vertrag zurückgetreten (§§ 437 Nr. 2, 323 I BGB). K hingegen behauptet, die Maschine sei tadellos, zudem verlangt er Zinsen für den Zeitraum seit Mahnung des B. K hatte B eine Zahlungsfrist bis zum 28.2. gesetzt. 60

A. Die Klageerhebung

Voraussetzung für das Tätigwerden des Gerichts ist die wirksame Erhebung einer Klage. 61

I. Parteien

Kläger K und Beklagter B sind **parteifähig** (§ 50 I: wer rechtsfähig ist, ist auch parteifähig, dh er kann Partei im Prozess sein). Beide sind auch **prozessfähig** (§ 52: wer bürgerlich-rechtlich voll geschäftsfähig ist, kann auch die Parteirechte im Prozess selbstständig – also unabhängig von gesetzlichen Vertretern wie Eltern oder Vormund – ausüben). Jeder muss aber einen Rechtsanwalt als seinen Bevollmächtigten bestellen (Anwaltszwang, § 78 I; → Rn. 53; Ausnahme beim AG). Ohne Anwalt sind die Parteien vor dem LG nicht »**postulationsfähig**«, sie können also nicht selbst Prozesshandlungen vornehmen. 62

II. Gericht

Der Anwalt des Klägers hat zu prüfen, welches Gericht sachlich (AG oder LG) und örtlich **zuständig** ist. Zuständig ist hier das LG Karlsruhe, in dessen Bezirk sich der Wohnsitz des B befindet (§§ 12, 13). Bei diesem Gericht reicht der Anwalt des K die Klage ein, wobei er sich bezüglich des Inhalts der Klageschrift an § 253 II, III hält. 63

Die Klage wird dem Beklagten durch die **Geschäftsstelle** der nach dem Geschäftsverteilungsplan zuständigen Zivilkammer des LG **zugestellt** (§ 168 I, → Rn. 46). Erst damit, und nicht etwa schon mit der Einreichung der Klageschrift beim Gericht, ist die Klage erhoben (§ 253 I) und die **Rechtshängigkeit** der Sache begründet (§ 261 I; zu den Wirkungen der Rechtshängigkeit → Rn. 304 ff.). 64

Sofern der Vorsitzende einen sog. **frühen ersten Verhandlungstermin** bestimmt, ist der Beklagte gleichzeitig zur mündlichen Verhandlung zu laden (§ 274 II), wobei die Wahrung der Ladungsfrist (→ Rn. 48) zu beachten ist. Zum frühen ersten Termin und der Alternative eines schriftlichen Vorverfahrens (§ 272 II) → Rn. 134 f. 65

III. Klageerwiderung

66 Es folgt die Klageerwiderung durch den Rechtsanwalt des **Beklagten.** Diese ist jedoch nicht zwingend vorgeschrieben. Zwar kann das Gericht dem Beklagten dafür eine Frist setzen (§§ 275 I, 276 I), doch folgt aus der Nichteinhaltung der Frist kein Stillstand des Verfahrens. Der Beklagte riskiert allenfalls, dass sein Vorbringen als verspätet zurückgewiesen wird (→ Rn. 161), bzw. beim schriftlichen Vorverfahren, dass gegen ihn Versäumnisurteil ergeht (§ 331 III).

IV. Vorbereitung der mündlichen Verhandlung

67 Hat sich das Gericht durch Klage und Klageerwiderung einen gewissen Überblick über den Rechtsstreit verschafft, trifft es durch den Vorsitzenden oder Berichterstatter alle **Anordnungen zur Vorbereitung der mündlichen Verhandlung** (§ 273). So kann es das persönliche Erscheinen der Parteien (§ 273 II Nr. 3; s. auch § 141) oder – im Beispiel in → Rn. 60 wegen des umstrittenen Mangels wichtig – die Ladung eines Sachverständigen anordnen, der die Maschine zu besichtigen und darüber ein Gutachten zu erstatten hat (§ 273 II Nr. 4). Das Gutachten kann vom Gericht auch schon vor der mündlichen Verhandlung eingeholt werden (§ 358a S. 2 Nr. 4). Ziel dieser Maßnahmen ist es, den Rechtsstreit tunlichst in einem Verhandlungstermin, dem sog. **Haupttermin,** zu erledigen (s. § 272 I).

B. Die mündliche Verhandlung

I. Güteverhandlung

68 Vor der mündlichen Verhandlung muss grundsätzlich eine **Güteverhandlung** stattfinden. Sie ist nur dann entbehrlich, wenn entweder bereits ein Einigungsversuch vor einer außergerichtlichen Gütestelle stattgefunden hat, oder wenn eine Güteverhandlung erkennbar aussichtslos erscheint (§ 278 II). Ziel der Güteverhandlung ist es, eine einverständliche Beilegung des Rechtsstreits zu fördern.

Rechtspolitisch ist die obligatorische Güteverhandlung wenig sinnvoll, weil das Gericht ohnehin in jeder Lage des Verfahrens auf eine gütliche Beilegung des Rechtsstreits bedacht sein muss (§ 278 I). In der Praxis haben es die Gerichte an Versuchen, eine gütliche Einigung der Parteien zustande zu bringen auch nicht fehlen lassen. Dafür, dass die Bereitschaft zu einer Einigung durch eine besondere Güteverhandlung gesteigert wird, spricht wenig.

Eine eigenständige Bedeutung kommt der Güteverhandlung allerdings zu, wenn das Gericht die Parteien dafür an den **Güterichter** zur Mediation verweist (§ 278 V; → Rn. 815). Der Güterichter ist ein neutraler, entsprechend ausgebildeter Richter, der den Streit nicht entscheiden darf, sondern die Beteiligten in einem strukturierten Verfahren zur einvernehmlichen Konfliktbereinigung zu leiten versucht.

II. Mündliche Verhandlung

69 Sofern die Güteverhandlung zu keinem Erfolg führt, soll sich die **mündliche Verhandlung** unmittelbar anschließen (§ 279 I). Sie wird vom Vorsitzenden eröffnet und

geleitet (§ 136 I). Ihm obliegt die Aufrechterhaltung der Ordnung in der Sitzung (sog. Sitzungspolizei, §§ 176–183 GVG). Die Rechtsanwälte stellen im Namen der von ihnen vertretenen Parteien die **Anträge** (§ 137 I).

Im Beispiel in → Rn. 60 beantragt der Anwalt des K, B zur Zahlung von 70.000 EUR nebst Zinsen in Höhe von neun Prozentpunkten über dem jeweiligen Basiszinssatz (§ 288 II BGB) seit dem 1.3. (Verzugsbeginn) zu verurteilen, während der Anwalt des B den Antrag stellt, die Klage abzuweisen.

Das Gericht erörtert mit den Parteien und deren Anwälten den **Sachverhalt** (§ 139 I). 70

Dabei stellt sich heraus, dass B den – angeblichen – Mangel rechtzeitig gerügt hat (§ 377 HGB).

III. Das Verhalten des Beklagten

Es ist aber nicht zwingend, dass der Anwalt des Beklagten **Klageabweisung** beantragt. 71
Denkbar ist auch, dass er nicht erscheint oder den Klageanspruch anerkennt.

1. Säumnis des Beklagten

Erscheinen der Beklagte und sein Rechtsanwalt **im Termin nicht** oder erscheint der 72
Beklagte zwar, aber ohne Rechtsanwalt (→ Rn. 53), ergeht auf **Antrag** des klägerischen Anwalts unter bestimmten Voraussetzungen (→ Rn. 481 ff.) ein Versäumnisurteil (§ 331).

2. Anerkenntnis des Beklagten

Geht der Anwalt des Beklagten davon aus, dass aufgrund der Mangelfreiheit der Ma- 73
schine ein Zahlungsanspruch besteht, wird er den Anspruch **anerkennen.** Dann ergeht ohne weitere Sachprüfung ein sog. Anerkenntnisurteil (§ 307), → Rn. 407 ff.

3. Klageabweisung

Im Beispiel in → Rn. 60 wird der Anwalt des Beklagten **Klageabweisung** beantragen. 74
Er gesteht zwar zu, dass ein Kaufvertrag über die Maschine geschlossen und als Kaufpreis 70.000 EUR vereinbart worden seien (**Geständnis,** für das Gericht bindend, § 288 I). Er bestreitet auch nicht ausdrücklich, dass die Maschine rechtzeitig geliefert worden sei (**Nichtbestreiten,** ebenfalls für das Gericht bindend, § 138 III), macht aber geltend, dass die Maschine einen Mangel gehabt habe und B deshalb vom Vertrag zurückgetreten sei. B sei daher nicht zur Zahlung verpflichtet. Er macht also eine **Einrede** (im prozessualen Sinn) geltend, die in der Diktion des bürgerlichen Rechts eine rechtsvernichtende Einwendung ist: Der Kaufpreisanspruch des K habe zwar zunächst bestanden, sei aber durch den wirksamen Rücktritt erloschen. Der Anwalt des K bestreitet, dass der Mangel besteht.

C. Die Beweisaufnahme

75 Da unter den Parteien streitig geblieben ist, ob die Maschine mangelhaft war und ferner der geladene Sachverständige anwesend ist, beschließt das Gericht sofort die Beweisaufnahme (§ 279 II) durch Vernehmung des Sachverständigen.

Die Beweisaufnahme erfolgt nur über solche Tatsachen, die für die Entscheidung des Rechtsstreits erheblich (**»Schlüssigkeit« der Klage;** → Rn. 528ff.) und zwischen den Parteien streitig sind. Die **Beweismittel** sind **»genormt« (sog. Strengbeweis).** Beweismittel können nur sein: die Inaugenscheinnahme durch das Gericht (§§ 371–372a), die Vernehmung von Zeugen (§§ 373–401), die Begutachtung durch Sachverständige (§§ 402–414), die Vorlage von Urkunden (§§ 415–444) und schließlich die Vernehmung der Partei selbst, die unter engen Voraussetzungen gewissermaßen als Zeuge in eigener Sache aussagen kann (§§ 445–455). Nach **Schluss der Beweisaufnahme** wird die **mündliche Verhandlung fortgesetzt.** Die Parteivertreter können zum Ergebnis der Beweisaufnahme Stellung nehmen (§ 279 III).

Im Beispiel in → Rn. 60 führt der Sachverständige in seinem Gutachten aus, die gelieferte Maschine weise keinen Mangel auf, wovon auch das Gericht aufgrund der Aussage des Sachverständigen überzeugt ist.

D. Das Urteil

I. Tenor

76 Das Gericht beschließt in **geheimer Beratung** (§§ 192–197 GVG) das Urteil und verkündet es dann entweder sofort (§§ 310 I 1 Fall 1, 311 ZPO, § 173 GVG, sog. **Stuhlurteil**) oder – so die Regel in der Praxis – in einem späteren **Verkündungstermin** (§ 310 I 1 Fall 2).

Formulierungsbeispiel: Das Urteil lautet entsprechend dem Antrag des K:

»1. Der Beklagte wird verurteilt, an den Kläger 70.000 EUR nebst Zinsen in Höhe von neun Prozentpunkten über dem jeweiligen Basiszinssatz seit dem 1.3. zu zahlen.
2. Der Beklagte trägt die Kosten des Rechtsstreits [§ 91 I 1].
3. Das Urteil ist vorläufig vollstreckbar gegen Sicherheitsleistung in Höhe von 110% des jeweils zu vollstreckenden Betrags.«

Falsch wäre es, wie folgt zu formulieren: »Der Klage wird stattgegeben«. Hier könnte das Vollstreckungsorgan bei der Zwangsvollstreckung nicht ersehen, was es beizutreiben hat. Der Sinn des sog. Urteilstenors (→ Rn. 629) besteht gerade darin, das Ergebnis des Verfahrens in einer kurzen, aus sich selbst heraus verständlichen Formel zusammenzufassen. Bei Abweisung der Klage lautet der Tenor schlicht »Die Klage wird abgewiesen«. Dieser Tenor bedarf keiner Vollstreckung. Welcher Klageanspruch abgewiesen wurde, kann aus den weiteren Teilen des Urteils entnommen werden.
B kann gegen das Urteil **Berufung** einlegen (§ 511). Das Urteil ist also noch anfechtbar, noch **nicht rechtskräftig.** K soll aber die Möglichkeit haben, das Urteil sofort in das Vermögen des B zu vollstrecken. Denn es ist zu verhindern, dass durch die Einlegung von Rechtsmitteln die Rechtsverwirklichung verschleppt wird. Mit einer solchen **vorläufigen Vollstreckung** nimmt K in Kauf, dass er aus § 717 II **verschuldensunabhängig haftet,** wenn das Urteil des LG aufgehoben wird. K soll daher nur vollstrecken können, wenn er für diesen möglichen Haftungsanspruch aus § 717 II Sicherheit leistet, also Geld hinterlegt oder eine Bankbürgschaft beibringt, auf die B dann zurückgreifen kann (§ 709 S. 1), um seinen Anspruch aus § 717 II zu decken. Die **Sicherheitsleistung** beträgt nicht nur den Betrag, den K voll-

streckt, weil das Gericht auch eine »Kosten- und Schadenspauschale« hinzugerechnet hat. Denn K kann aufgrund des erstinstanzlichen Urteils auch die ihm erwachsenen **Kosten erster Instanz** (etwa 4.000 EUR Anwaltskosten und 2.400 EUR Gerichtkosten) gegen B vollstrecken. Darüber hinaus kann B durch die Vollstreckung ein weiterer Schaden entstehen, den K ihm bei Aufhebung des vollstreckten Urteils ebenfalls ersetzen muss (§ 717 II). Zur Bemessung der Sicherheitsleistung hat sich die Pauschale in Höhe von 110 % des beizutreibenden Betrags eingebürgert.

II. Sach- und Prozessurteil

Das Urteil, das das Gericht im Beispiel aus → Rn. 60 gefällt hat, ist ein **Sachurteil,** so 77
genannt, weil das Gericht in der streitigen Sache selbst entschieden hat. Davon zu unterscheiden ist das **Prozessurteil:** Das Gericht kann nicht »zur Sache« entscheiden, wenn die formalen Voraussetzungen dafür nicht gegeben sind (**Prozessvoraussetzungen** oder **Sachurteilsvoraussetzungen;** → Rn. 375 ff.). Dies wäre zB der Fall, wenn das Gericht zu der Auffassung gelangt, dass es örtlich nicht zuständig ist (und der Kläger auch keinen Antrag auf Verweisung des Rechtsstreits an das zuständige Gericht gestellt hat, § 281) oder dass einer Partei die Prozessfähigkeit fehlt (vgl. § 51).

Formulierungsbeispiel: Ist die Klage unzulässig, lautet der Tenor wie folgt:
»1. Die Klage wird abgewiesen.
2. Der Kläger trägt die Kosten des Rechtsstreits.
3. Das Urteil ist [bezüglich der Kosten zugunsten des Beklagten!] gegen Sicherheitsleistung in Höhe von 110 % des jeweils zu vollstreckenden Betrags vorläufig vollstreckbar.«

III. End- und Zwischenurteil

In den Beispielen aus → Rn. 60 und → Rn. 77 ist das Urteil ein **Endurteil.** Denn das Ur- 78
teil beendet den Prozess für diese Instanz (für das LG). Davon sind die **Zwischenurteile** zu unterscheiden (§ 303). Deren wichtigstes ist das Zwischenurteil über den Grund des Anspruchs **(Grundurteil, § 304).**

Beispiel: Der Kläger K hat gegen den Beklagten B einen Schadensersatzanspruch aus einem Verkehrsunfall (§ 823 I BGB) eingeklagt. B bestreitet den Anspruch dem Grunde (»er sei nicht schuldig«) wie der Höhe (zB sei der geltend gemachte Verdienstausfall überhöht) nach.
Hier kann (nicht: muss) das Gericht zunächst über den Grund des Anspruchs entscheiden. Kommt es zu der Auffassung, B sei zwar schuld an dem Unfall, K treffe aber ein Mitverschulden (§ 254 BGB) in Höhe von einem Drittel, so lautet das Grundurteil:
»Die Klage ist dem Grunde nach in Höhe von zwei Dritteln gerechtfertigt. Im Übrigen wird die Klage abgewiesen.«
Erst jetzt wird über die Höhe des Anspruchs verhandelt und entschieden. Näheres zum Grundurteil → Rn. 621 ff.

E. Die Berufung

Beispiel: Das LG Karlsruhe hat am 22.11. B im Beispiel aus → Rn. 60 zur Kaufpreiszahlung 79
verurteilt. Zwar sei die Maschine mangelhaft, der Mangel habe ihre Tauglichkeit aber nur unerheblich gemindert, sodass B nicht habe zurücktreten können. B geht weiter von einem erheblichen Mangel aus und lässt durch seinen Rechtsanwalt Berufung bei dem OLG einlegen.

Die Berufung muss binnen **Monatsfrist seit Zustellung** des Urteils (→Rn. 46) in bestimmter Form **eingelegt** (§§ 517, 519) und innerhalb einer Frist von **zwei Monaten seit Zustellung** des Urteils (§ 520 II 1) **begründet** werden (§ 520 I). Vor dem Berufungsgericht wird das erstinstanzliche Urteil in rechtlicher und unter bestimmten Voraussetzungen auch tatsächlicher Hinsicht überprüft (→Rn. 671ff.). Das Verfahren entspricht im Wesentlichen dem vor dem LG (§ 525 S. 1).

Das zuständige OLG Karlsruhe weist im Beispiel aus →Rn. 79 die Berufung als unbegründet zurück, weil dieser Mangel die Tauglichkeit der Maschine nur unerheblich gemindert und das LG somit richtig entschieden habe (§§ 437 Nr. 2, 323 V 2 BGB). Der Tenor seines Urteils lautet:

»1. Die Berufung des Beklagten gegen das Urteil der 4. Zivilkammer des LG Karlsruhe v. 22.11.2013 wird zurückgewiesen.
2. Der Beklagte trägt die Kosten des Berufungsverfahrens.
3. Das Urteil ist vorläufig vollstreckbar. Der Beklagte kann die Vollstreckung durch Sicherheitsleistung in Höhe von 110% des aufgrund des Urteils vollstreckbaren Betrags abwenden, wenn nicht der Kläger vor der Vollstreckung Sicherheit in Höhe von 110% des jeweils zu vollstreckenden Betrags leistet.«

Die Kosten des Berufungsverfahrens hat der Beklagte gem. § 97 I zu tragen. Nach § 708 Nr. 10 braucht der Kläger keine Sicherheitsleistung zu erbringen. Hingegen kann der Beklagte durch Sicherheitsleistung die Vollstreckung abwenden (§ 711; s. aber § 713).

F. Die Revision

80 **Beispiel:** B aus dem Beispiel in →Rn. 79 ist hartnäckig und will Revision beim BGH einlegen, obwohl ihm sein Rechtsanwalt abrät, da dem Revisionsgericht die Tatsachenprüfung, ob also ein erheblicher Mangel vorgelegen habe, verwehrt sei. B meint aber, das OLG habe den Rechtsbegriff der »Unerheblichkeit« der Pflichtverletzung (§ 323 V 2 BGB) verkannt, und besteht daher auf seinem Vorhaben.

Nicht jeder, der durch die Entscheidung des Berufungsgerichts belastet ist (technischer Ausdruck: »beschwert ist«), kann Revision einlegen. Die Revision ist vielmehr nur dann statthaft, wenn sie vom OLG oder auf eine Nichtzulassungsbeschwerde hin vom BGH (mit Sitz ebenfalls in Karlsruhe) zugelassen worden ist (§ 543 I). Voraussetzung für die **Zulassung** ist dabei, dass die Sache **grundsätzliche Bedeutung** hat oder eine Entscheidung des Revisionsgerichts zur **Fortbildung des Rechts** oder der **Sicherung einer einheitlichen Rechtsprechung** erforderlich ist (§ 543 II 1; →Rn. 698).

An diesen Voraussetzungen fehlt es in unserem Fall. Mangels Zulassung ist die Revision des B unzulässig, ein Antrag auf Zulassung der Revision durch den BGH hätte keine Aussicht auf Erfolg. Damit ist das Urteil des OLG rechtskräftig.

G. Die Rechtskraft

81 Die **formelle Rechtskraft** (→Rn. 738ff.) eines Urteils ist gegeben, wenn das Urteil nicht mehr mit einem Rechtsmittel anfechtbar ist (§ 705 S. 1). Die formelle Rechtskraft ist Grundlage der **materiellen Rechtskraft** (→Rn. 746ff.). Diese hat zwei Folgen:

Derselbe Rechtsstreit darf zwischen denselben Parteien nicht nochmals zum Gegenstand einer Verhandlung und Entscheidung gemacht werden (**»ne bis in idem«**). Eine solche Klage wäre als unzulässig abzuweisen. **82**

Beispiel: B versucht, den Betrag von 70.000 EUR, den er aufgrund der Urteile des LG und OLG an K bezahlt hat, in einem neuen Prozess unter dem Gesichtspunkt der ungerechtfertigten Bereicherung zurückzubekommen. Das LG wird die Klage als unzulässig abweisen.

Ist die Entscheidung in dem rechtskräftig abgeschlossenen Prozess in einem zweiten Prozess als Vorfrage bedeutsam (**»präjudiziell«**), ist das Gericht des zweiten Prozesses an das Urteil im ersten Prozess gebunden. **83**

Beispiel: K macht in einem zweiten Prozess seinen Verzugsschaden aus §§ 280 I, II, 286 I BGB geltend. Voraussetzung dafür ist, dass B dem K den Betrag von 70.000 EUR wirklich schuldet. Dass dem so ist, hat das Gericht des zweiten Prozesses aus dem rechtskräftigen Urteil einfach zu übernehmen. Dennoch kann dieses Gericht zur Abweisung der Klage kommen, weil etwa ein – über die gesetzlichen Zinsen (§§ 288, 291 BGB) hinausgehender – Schaden nicht nachgewiesen sei.

Zu den teilweise schwierigen Einzelheiten der Wirkungsweise und des Umfangs der Rechtskraft → Rn. 746ff.

Übersicht 2 Überblick über den Gang des Verfahrens

Annahme: Kaufpreisklage K gegen B über 70.000 EUR

I. Klageerhebung:	1. Wer ist Kläger? Ist K parteifähig (§ 50) – prozessfähig (§ 52) – postulationsfähig (§ 78: Anwaltszwang)? 2. Einreichung der Klageschrift durch Anwalt des K bei Gericht (sachlich und örtlich zuständig?) zur Terminsbestimmung (§ 272). 3. Zustellung der Klage mit Ladung an B (§§ 253, 274, 166 II). Damit Klage erhoben; Begründung der Rechtshängigkeit (§ 261 I). Wirkungen der Rechtshängigkeit (§§ 261 ff.). 4. Klageerwiderung durch den Anwalt des B. 5. Vorbereitung der mündlichen Verhandlung durch Gericht (§ 273).
II. Mündliche Verhandlung:	1. Leitung durch Vorsitzenden (§§ 136, 140; §§ 176–180 GVG) – Stellung der Anträge (§ 137) – Prüfung der Prozessvoraussetzungen. 2. Verhalten des B: a) B kann ausbleiben: Versäumnisurteil (§ 331) b) B kann anerkennen: Anerkenntnisurteil (§ 307) c) B kann Klageabweisung beantragen und die Klagetatsachen bestreiten (§ 138 II), nicht bestreiten (§ 138 III), zugestehen (§ 288). B kann seinerseits Einreden (= Einwendungen und Einreden iSd BGB) geltend machen.
III. Beweisaufnahme:	Beweisaufnahme über die streitigen, für den Inhalt der Entscheidung erheblichen (»schlüssigen«) Tatsachen (§§ 355 ff.). Nach Beweisaufnahme Fortsetzung der mündlichen Verhandlung (§§ 370, 279 III).
IV. Urteil:	1. Arten: a) Prozessurteil (»unzulässig«) b) Sachurteil (»begründet« – »unbegründet«) aa) Voll-Endurteil (§ 300)/Teilurteil (§ 301) bb) Zwischenurteil (§§ 303, 304) – Schlussurteil cc) Verzichts- (§ 306), Anerkenntnis- (§ 307) oder Versäumnisurteil (§§ 330 ff.)

	2. Rechtskraft: a) formelle (keine Rechtsmittel mehr möglich, § 705) b) materielle (§ 322): Maßgeblichkeit des Urteils für die Zukunft (»idem« – »inter partes«)
V. **Rechtsmittel** (frist- und formgebunden):	1. Berufung (§§ 511 ff.): zweite Tatsacheninstanz, allerdings mit weitgehender Bindung des Berufungsgerichts an die vom erstinstanzlichen Gericht festgestellten Tatsachen (§ 529 I → Rn. 680 ff.). 2. Revision (§§ 542 ff.): nur Rechtsprüfung (§ 545 I), Zulässigkeit eingeschränkt; nur bei Zulassung wegen grundsätzlicher Bedeutung oder zur Fortbildung des Rechts bzw. der Sicherung einer einheitlichen Rechtsprechung (§ 543).

4. Kapitel. Verfahrensgrundsätze

A. Der Dispositionsgrundsatz

I. Rechtfertigung und Bedeutung

Der Zivilprozess dient der **Durchsetzung privater Rechte** (→ Rn. 2). Das bürgerliche Recht gestattet den Parteien im Rahmen ihrer Privatautonomie eine weitreichende Disposition über ihre Rechte. 84

Beispiel: So kann der Gläubiger G seinem Schuldner S die Schuld erlassen (§ 397 BGB) oder stunden (§ 271 BGB); G und S können einen Vergleich schließen (§ 779 BGB); G kann die Forderung ganz oder teilweise an D abtreten (§ 398 BGB).

Die Privatautonomie setzt sich im Prozess fort: Der **Dispositionsgrundsatz** besagt, dass **die Parteien über Beginn, Gegenstand und Ende des Verfahrens bestimmen** können.

Das gegensätzliche Prinzip ist das **Amtsverfahren** (Offizialgrundsatz). Dort bestimmt grundsätzlich das Gericht über Einleitung, Beendigung und Gegenstand des Verfahrens. 85

Der **Offizialgrundsatz** gilt namentlich in weiten (aber nicht in allen) Teilen der **freiwilligen Gerichtsbarkeit.** So muss zB das Gericht von Amts wegen ein Verfahren einleiten, wenn es erfährt, dass ein Jugendlicher zu verwahrlosen droht (Prüfung, ob eine Maßnahme nach dem SGB VIII [Kinder- und Jugendhilfe], zB Entziehung der elterlichen Sorge, § 1666a II BGB, erforderlich ist). Es leuchtet ein, dass hier die öffentlichen Interessen überwiegen, weshalb das Tätigwerden des Gerichts nicht davon abhängig sein kann, dass einer der Beteiligten einen entsprechenden Antrag stellt. Freilich gilt nicht in allen Zweigen der Rechtspflege, wo das öffentliche Interesse überwiegt, das Amtsprinzip schlechthin. Im Gegenteil ist auch im **Strafprozess** eine (An)-Klage der Staatsanwaltschaft erforderlich (§ 151 StPO), im **Verwaltungsprozess** muss der Betroffene Klage erheben (§§ 42, 43 VwGO). Im weiteren Verlauf dieser Verfahren ist die Dispositionsfreiheit dagegen teilweise eingeschränkt. So können zB im Strafprozess Staatsanwalt und Angeklagter keinen Vergleich schließen.[1]

II. Folgerungen aus dem Dispositionsgrundsatz

Mit seiner Klage **bestimmt** der Kläger **Beginn und Gegenstand** des Verfahrens; auch das **Ende** des Verfahrens können die Parteien herbeiführen oder den **Inhalt** des gerichtlichen Urteils maßgeblich beeinflussen: 86

1. Klage

Grundsätzlich gilt, dass es nicht zu einem **Zivilprozess ohne Erhebung einer Klage** kommt (»Wo kein Kläger, da kein Richter«), § 253. Soweit ein **öffentliches Interesse** an einer Klageerhebung besteht, kann entweder eine staatliche Behörde das Verfahren einleiten (zB § 1316 I Nr. 1 BGB – Eheaufhebungsantrag) oder einem Verband (zB Verbraucherschutzverband) wird gesetzlich ein Klagerecht zugebilligt (sog. Verbandsklage, → Rn. 263 f.). 87

1 Vgl. aber § 257c StPO und dazu BVerfG NJW 2013, 1058.

2. Inhalt

88 Der Kläger bestimmt mit der Klage die **Parteien des Verfahrens,** § 253 II Nr. 1 (vor allem die Person des Beklagten) sowie den **Gegenstand des Prozesses** (§ 253 II Nr. 2).

Nach überwiegender Auffassung[2] wird der Streitgegenstand bestimmt durch den gestellten **Antrag** und den zu seiner Begründung vorgetragenen **Sachverhalt (zweigliedriger Streitgegenstandsbegriff,** ausführlich → Rn. 316), also nicht durch den Antrag allein (eingliedriger Streitgegenstandsbegriff) und auch nicht durch die zur Begründung vorgetragenen materiellen Anspruchsgrundlagen (zB Vertragsverletzung und unerlaubte Handlung).

89 Das Urteil darf dem Kläger **nicht mehr und nichts Anderes** zusprechen, als er beantragt hat (§ 308 I; »ne ultra petita«). Der gleiche Grundsatz gilt bei den Rechtsmitteln (§§ 528, 557 I).

Wohl aber kann das Urteil **weniger** zusprechen, als der Kläger beantragt hat. Es kann also etwa den eingeklagten Betrag nur teilweise zusprechen und die Klage im Übrigen abweisen.

> **Beispiel:** Der Kläger hat beantragt, den Beklagten zur Herausgabe einer Kaufsache zu verurteilen. Statt der beantragten unbedingten Verurteilung des Beklagten, verurteilt das Gericht diesen nur zur Leistung Zug um Zug gegen Erbringung einer vom Kläger geschuldeten Leistung. Dies stellt ein Minus zu der von dem Kläger beantragten unbedingten Verurteilung dar und steht daher mit dem Grundsatz des § 308 I in Einklang.

3. Ende

90 Die Parteien disponieren auch über das Ende des Verfahrens. Der Kläger kann die Klage **zurücknehmen** (§ 269), er kann auf den mit der Klage geltend gemachten Anspruch **verzichten** (§ 306). Auch ein Rechtsmittelkläger kann das Rechtsmittel zurücknehmen (§ 516 I) oder darauf verzichten (§ 515). Der Beklagte kann den Anspruch des Klägers **anerkennen** (§ 307). Die Parteien können den Rechtsstreit durch einen **Prozessvergleich** beenden (§ 794 I Nr. 1) oder ihn gemeinsam für **erledigt erklären** (Kostenfolge des § 91 a; → Rn. 431). In allen diesen Fällen ist das Gericht »machtlos«, auch wenn es das Parteiverhalten für verfehlt hält. Eine andere Frage ist es, ob das Gericht nicht verpflichtet sein kann, die Parteien auf die Unzweckmäßigkeit ihres Verhaltens hinzuweisen, um dadurch zu erreichen, dass die beabsichtigten Dispositionen unterbleiben (→ Rn. 94 und → Rn. 106).

III. Durchbrechung des Dispositionsgrundsatzes

91 Der Dispositionsgrundsatz wird in bestimmten Fällen zum Teil durchbrochen oder modifiziert.

1. Nebenentscheidungen

92 Über **die Kosten** (§§ 91 ff.) wie über **die vorläufige Vollstreckbarkeit** (→ Rn. 76) entscheidet das Gericht stets von Amts wegen, also ohne Anträge der Parteien; s. zur Kostenentscheidung § 308 II.

Beenden die Parteien den Prozess durch einen **Vergleich,** ergeht allerdings keine Kostenentscheidung. Die Parteien können sich dabei auch über die Kosten vergleichen. Ist dies nicht geschehen, gelten die Kosten als gegeneinander aufgehoben (§ 98 S. 1), dh die Gerichtskosten hat jede Partei zur Hälfte zu tra-

2 BGHZ 157, 47 (50) = BeckRS 2004, 944; BGH NJW 2013, 540 Rn. 14.

gen (§ 92 I 2), während die übrigen Kosten (vor allem die Rechtsanwaltshonorare) von jeder Partei selbst getragen werden müssen.

2. Wohnraummiete

Eine erhebliche Einschränkung der Dispositionsfreiheit enthält § 308a für **Räumungsverfahren bei** 93
Wohnraum. Das Gericht hat von Amts wegen über die Fortsetzung eines Mietverhältnisses gemäß den §§ 574ff. BGB zu entscheiden (»Ausprägung des sozialen Zivilprozessrechts«[3]).

3. Richterliche Hinweise

Aus § 139 folgt die **richterliche Frage- und Hinweispflicht.** Es ist zwar an sich Sache 94
der Parteien, die Anträge zu formulieren und zu stellen. Doch § 139 I 2 verpflichtet den Richter, die Parteien auf die **sachdienlichen Anträge** hinzuweisen. Im Interesse einer zügigen Prozessabwicklung ist der Hinweis so früh wie möglich (dh in dem Augenblick, in dem das Gericht die Unzweckmäßigkeit des bisherigen Antrags erkennt) zu erteilen und überdies aktenkundig zu machen (um späteren Diskussionen darüber vorzubeugen, ob und mit welchem Inhalt ein Hinweis erfolgt ist), § 139 IV 1. Der Hinweis darf sich nicht in allgemeinen Bemerkungen erschöpfen (»... wird der Kläger auf die neue Rechtsprechung hingewiesen«), sondern muss **konkret** angeben, was die Partei tun muss, um ihre prozessuale Situation zu verbessern.[4]

Beispiel: Verkäufer V behauptet, ein zwischen ihm und Käufer K geschlossener Kaufvertrag über ein Grundstück sei ebenso wie die Auflassung nichtig, weil er beide Verträge nach § 123 BGB angefochten habe. V klagt gegen K mit dem Antrag, »das Grundstück herauszugeben«. Dieser Antrag allein ist nicht sachdienlich. V muss den K sinnvollerweise auch darauf verklagen, »die Berichtigung des Grundbuches zu bewilligen« (§ 894 BGB). Nur so kann er seine frühere Rechtsstellung wieder in vollem Umfang erlangen. Das Gericht macht ihn darauf aufmerksam.

§ 139 gehört in den Bereich der sog. **»Aktivität des Richters«** im Prozess (→ Rn. 108).

4. Prozessleitung

Eine Durchbrechung des Dispositionsgrundsatzes enthalten auch die Regeln über die 95
von Amts wegen erfolgende Prozessleitung. Diese obliegt dem Vorsitzenden oder dem gesamten Spruchkörper.

Beispiele: Dem Vorsitzenden obliegen die Terminsbestimmung (§ 216), die Terminsänderung (§ 227), die Sitzungspolizei (→ Rn. 69); dem Spruchkörper die Verweisung (→ Rn. 181), die Prozessverbindung (§ 147), die Prozesstrennung (§ 145), die Aussetzung (§ 148ff.; → Rn. 195).

B. Der Verhandlungsgrundsatz

I. Inhalt und Bedeutung

Der Ausdruck »Verhandlungsgrundsatz« ist nichts sagend, weil in jedem Prozess »ver- 96
handelt« wird (das ergibt sich schon aus dem Grundsatz des rechtlichen Gehörs, Art. 103 I GG), aber er ist allgemein gebräuchlich. Was gemeint ist, wird deutlicher, wenn man die Bezeichnungen für den konträren Grundsatz heranzieht: **Untersu-**

3 Vgl. nur MüKoZPO/*Musielak* § 308a Rn. 1.
4 BGH NJW 2002, 3317.

chungsgrundsatz oder Inquisitionsmaxime. Untersuchungsgrundsatz bedeutet, dass das Gericht die Verantwortung für die Tatsachengrundlage seines Urteils hat, also von sich aus und ohne an den Parteivortrag gebunden zu sein, die für die Entscheidung wesentlichen Tatsachen in den Prozess einführt, die Beweismittel (zB Zeugen, Urkunden) heranzieht und auf ihren Wahrheitsgehalt überprüft.

So ist die Situation im Strafprozess und in der freiwilligen Gerichtsbarkeit; vgl. § 26 FamFG: »Das Gericht hat von Amts wegen die zur Feststellung der entscheidungserheblichen Tatsachen erforderlichen Ermittlungen durchzuführen.«

97 Hingegen sind die Parteien im Zivilprozess aufgrund des Verhandlungsgrundsatzes selbst dafür verantwortlich, die **Tatsachen in den Prozess einzuführen** (also vorzutragen), die – nach Prüfung der Richtigkeit – Urteilsgrundlage sein sollen. Das Gericht darf nur solche Tatsachen berücksichtigen, die die Parteien vorgebracht haben. Das wird in der ZPO zwar nicht ausdrücklich angeordnet, liegt aber zahlreichen zentralen Bestimmungen zugrunde, aus denen sich ein Rückschluss auf den Verhandlungsgrundsatz ziehen lässt (insbesondere § 288 für das Geständnis und § 138 III für das Nichtbestreiten; Näheres → Rn. 414, 419).

Beispiele: Eine von keiner Partei vorgetragene Tatsache darf vom Gericht auch nicht als Indiz bei der Beweiswürdigung herangezogen werden.[5]
Bei Hinzuziehung von Akten einer Behörde durch das Gericht dürfen nur solche Aktenteile berücksichtigt werden, auf die sich eine Partei berufen hat.[6]

Ähnlich wie der Dispositionsgrundsatz folgt auch der Verhandlungsgrundsatz aus dem Zweck des Prozesses, der Durchsetzung und Klärung privater Rechtsverhältnisse zu dienen. Er galt dem Reichsgericht[7] als **»oberster Grundsatz der Prozessordnung«**, freilich bedarf er aus verschiedenen Gründen der Modifikation.

II. Folgerungen aus dem Verhandlungsgrundsatz

98 Aus dem Inhalt der Verhandlungen der Parteien ergibt sich die **Grundlage der gerichtlichen Entscheidung:**

1. Beibringungsgrundsatz

99 Tatsachen, die von den Parteien nicht vorgetragen sind, darf das Gericht nicht berücksichtigen. »Das Gericht darf nicht Tatsachen, die irgendwie in der Verhandlung auftauchen, von Amts wegen anstelle derjenigen setzen, die vom Kläger als Stütze seines Antrags vorgetragen werden«[8].

In der Regel wird der Kläger nur Tatsachen vortragen, die seine Klage rechtfertigen, der Beklagte nur solche, die seine Einwendungen oder Einreden stützen. Es kann aber vorkommen, dass eine Partei ihr ungünstige Tatsachen vorträgt (vor allem, wenn sie die Rechtslage nicht richtig übersieht).

Beispiele: Der Kläger klagt den Kaufpreis aus einem Grundstücksverkauf ein, trägt aber selbst vor, dass eine hier erforderliche staatliche Genehmigung bisher nicht erteilt worden sei. Hier ist die Klage nicht schlüssig und damit als unbegründet abzuweisen.[9]

5 BGH MDR 1978, 567.
6 BGH NJW 1994, 3295.
7 RGZ 151, 93 (98).
8 RGZ 151, 93 (98).
9 Ebenso iErg BGH NJW 1984, 128.

Der Beklagte wendet gegen eine Kaufpreisklage ein, er sei wegen eines Sachmangels vom Vertrag zurückgetreten; aus seinem eigenen Vortrag ergibt sich aber, dass er die Sache in Kenntnis des Mangels angenommen hat (§ 442 I 1 BGB). Er ist jedenfalls dann zu verurteilen, wenn sich der Kläger nachträglich diesen Vortrag zu eigen macht. In beiden Fällen ist also der der Partei ungünstige eigene Vortrag vom Gericht zu berücksichtigen.[10]

Aus dem genannten Grundsatz ergibt sich auch, dass der Richter **privates Wissen,** das sich auf die Tatsachengrundlage des Prozesses bezieht, nicht verwerten darf. 100

Beispiel: Hat der Richter den Unfall, um den es im Prozess geht, selbst gesehen, kann er nur als Zeuge auftreten, muss dann aber als Richter ausscheiden (§§ 41 Nr. 5, 48).

2. Sachstand

Tatsächliche Behauptungen einer Partei, die vom Gegner **zugestanden** (§ 288) oder **nicht bestritten** werden (§ 138 III; → Rn. 419), sind vom Gericht ohne weitere Nachprüfung **dem Urteil zugrunde zu legen.** Diese werden in Abgrenzung zu den umstrittenen Behauptungen (Streitstand) als Sachstand bezeichnet (zu offenkundigen Tatsachen, § 291 → Rn. 536). 101

Aus dem Verhandlungsgrundsatz würde sich bei strenger Durchführung auch ergeben, dass das Gericht auf die von der beweisbelasteten Partei benannten **Beweismittel** beschränkt ist. Dieser Satz gilt indes einzig für den Zeugenbeweis: Zeugen darf das Gericht nur vernehmen, wenn eine Partei einen dahingehenden Beweisantrag gestellt hat. Alle übrigen Beweismittel darf das Gericht **von Amts wegen** heranziehen (s. §§ 142, 143 für Urkunden, § 144 für Augenschein und Sachverständige sowie § 448 für die Parteivernehmung), freilich allein zum Beweis solcher Tatsachen, die eine der Parteien vorgetragen hat. 102

Beispiel: Behauptet der Kläger unter Vorlage von Fotografien, die beklagte Straßenbauverwaltung habe die schadhafte Straße nicht ausgebessert, kann das Gericht einen Augenschein von sich aus anordnen (§ 144 I).

Maßnahmen zur Aufklärung des Sachverhalts können schon vor der mündlichen Verhandlung getroffen werden (§ 273 II Nr. 1); → Rn. 67, was in der Praxis eine große Rolle spielt.

3. Vornehmlich gerichtliche Aufgaben

Der Verhandlungsgrundsatz **hindert** das Gericht **nicht,** seine vornehmlichen Aufgaben wahrzunehmen, ohne von den Parteien dabei beeinflusst zu werden: 103

a) Rechtsanwendung

Zu diesen gerichtlichen Aufgaben zählt die Rechtsanwendung, also die Auslegung des geltenden Rechts und seine Anwendung im Einzelfall. 104

Beispiel: Stützt der Kläger die Klage aus Gehilfenhaftung auf §§ 831, 823 BGB, ist das Gericht nicht gehindert, den Schadensersatz aus Verletzung eines Vertrags mit Schutzwirkung für Dritte iVm § 278 BGB zuzusprechen.

10 Einzelheiten str., s. BGH MDR 1969, 995.

Daher ist das Gericht an eine **übereinstimmende Rechtsauffassung der Parteien nicht gebunden.** Sind die Parteien übereinstimmend der Ansicht, dass ein Vertrag trotz Formmangels wirksam sei, hat das Gericht, wenn es zur Auffassung gelangt ist, dass dem nicht so ist, den Vertrag als unwirksam zu behandeln.[11]

b) Beweiswürdigung

105 Zum anderen ist das Gericht in seiner **Beweiswürdigung frei** (§§ 286, 287).

Auch wenn beide Parteien einen Zeugen für glaubwürdig halten, muss das Gericht seiner Aussage nicht folgen, wenn es Gründe für seine Unglaubwürdigkeit hat und im Urteil angibt (§ 286 I 2). Entsprechendes gilt selbstverständlich für die umgekehrte Konstellation, dass beide Parteien den Zeugen für unglaubwürdig halten, während das Gericht von dessen Aussage überzeugt ist.

III. Richterliche Hinweispflicht

106 Ähnlich wie die Dispositionsmaxime (→ Rn. 94) erfährt auch der Verhandlungsgrundsatz eine wesentliche Modifikation durch die richterliche Hinweispflicht (Aufklärungspflicht).

1. Grundlagen

107 Diese Pflicht gilt – wie sich dem Wortlaut des § 139 I entnehmen lässt – bei einem lückenhaften Parteivortrag, aber auch bei einem Parteivortrag, der in sich geschlossen ist, jedoch nicht alle erheblichen Tatsachen enthält.[12]

> **Beispiel:** Kläger K klagt gegen den Beklagten B Schadensersatz aus einem Verkehrsunfall ein und trägt alle Tatsachen vor, die einen Anspruch aus § 823 I BGB begründen sollen, sagt aber nichts zu einer Halterhaftung (§ 7 StVG), die B auch bei einem unverschuldeten Verhalten träfe.

108 Die Hinweispflicht gehört in den Bereich der **»Aktivität des Richters«** im Prozess (→ Rn. 94). Ihr genügen keinesfalls allgemeine und pauschale Hinweise. Vielmehr muss das Gericht die Parteien auf den konkret fehlenden Sachvortrag, den es für entscheidungserheblich hält, unmissverständlich hinweisen.[13] Die Parteien müssen auch die Gelegenheit erhalten, ihren Vortrag entsprechend zu ergänzen, gegebenenfalls ist ihnen eine Schriftsatzfrist einzuräumen (§ 139 V). Kommen die Parteien dem Hinweis nicht nach, darf das Gericht freilich nur auf Grundlage des lückenhaften Parteivortrags entscheiden. Insoweit setzt sich der Verhandlungsgrundsatz durch. Allerdings gilt dies nicht, wenn eine Partei einen Hinweis erkennbar nicht verstanden hat; dann muss das Gericht seinen Hinweis präzisieren.

> **Beispiel:** In BGH NJW 2002, 3317 machte der Kläger erstinstanzlich Lohn aus einem Werkvertrag (§ 631 BGB) geltend. Das Berufungsgericht hatte dann darauf hingewiesen, dass es den Vertrag für eine nach § 9 AÜG unwirksame Arbeitnehmerüberlassung halte. Auch nach diesem Hinweis darf das Gericht die Klage erst abweisen, wenn es den Kläger zuvor darauf hingewiesen hat, dass der in Betracht kommende Bereicherungsanspruch nicht hinreichend substantiiert ist.

11 BGH MDR 1969, 468.
12 BVerfGE 42, 64 = NJW 1976, 1391; aber auch BVerfGE 52, 131 (161) = NJW 1979, 1925.
13 BGH NJW 2002, 3317 (3320).

Die Hinweispflicht wird nicht dadurch begrenzt, dass die Partei auch auf anderem Wege Aufklärung hätte erlangen können. Insbesondere schließt die Vertretung einer Partei durch einen Prozessbevollmächtigten die Hinweispflicht nicht aus. Vielmehr besteht sie jedenfalls dann, wenn der Bevollmächtigte die Rechtslage erkennbar falsch beurteilt.[14] Allerdings bleibt das Gericht zu **Neutralität und Gleichbehandlung** verpflichtet. Eine allzu intensive Aufklärung und Hilfe »zugunsten« einer – vielleicht prozessungewandten – Partei kann den Eindruck der Befangenheit hervorrufen.[15] 109

Beispiele: Befangenheit bei Hinweis des Richters, die Partei könne durch »Flucht in die Säumnis« die Zurückweisung ihres Vorbringens als verspätet vermeiden[16], oder beim Hinweis des Richters, die eingeklagte Forderung sei verjährt[17].

2. Anordnung persönlichen Erscheinens

In engem Zusammenhang mit § 139 steht die Möglichkeit, von Amts wegen »das persönliche Erscheinen einer Partei zur Aufklärung des Sachverhalts« anzuordnen (§ 141 I iVm § 273 II Nr. 3). Davon zu unterscheiden ist die Parteivernehmung nach §§ 445ff. (Partei als Beweismittel; → Rn. 593ff.). 110

Auch kann das Gericht eine Anordnung des persönlichen Erscheinens für die **Güteverhandlung** treffen und weitere Güteversuche (s. § 278 III) unternehmen.

3. Vermeidung von »Überraschungsentscheidungen«

§ 139 I 1 sagt, dass der Richter das Sach- und Streitverhältnis mit den Parteien auch »nach der rechtlichen Seite zu erörtern hat«. Daraus folgt insbesondere, dass der Richter die Parteien im Urteil nicht mit einer Rechtsauffassung überraschen darf, die von der im Prozess zur Sprache gekommenen gänzlich abweicht (§ 139 II).[18] Zu einem »**Rechtsgespräch**« ist der Richter aber nicht verpflichtet.[19] 111

4. Verletzung

Die Verletzung der richterlichen Aufklärungspflicht ist ein Verfahrensmangel und als solcher ein Revisionsgrund (s. § 551 III Nr. 2b). 112

IV. Wahrheits- und Vollständigkeitspflicht

Aus dem Verhandlungsgrundsatz folgt auch die Pflicht der Parteien, wahrheitsgemäß und vollständig vorzutragen (§ 138). 113

1. Grundsatz

Bringt eine Partei unwahre Tatsachen vor, kann das Urteil mit der wirklichen Sach- und Rechtslage in Widerspruch stehen. Ein solcher Widerspruch wird sich nie ganz 114

14 BGHZ 140, 365 (371) = NJW 1999, 1867.
15 S. dazu BVerfGE 42, 64 (78) = NJW 1976, 1391; BVerfGE 52, 131 = NJW 1979, 1925.
16 OLG München NJW 1994, 60.
17 BGHZ 156, 269 = NJW 2004, 164.
18 Dazu etwa BGH NJW 2014, 2796.
19 Str., s. BVerfGE 42, 64 (79) = NJW 1976, 1391; BVerfGE 98, 218 (263); BGHZ 85, 288 (291) = NJW 1983, 867.

vermeiden lassen. Auch wenn das Urteil der »materiellen Wahrheit« entsprechen soll, lässt sich doch nicht verhehlen, dass dieses Ziel im konkreten Streitfall uU aus den verschiedensten Gründen nicht erreicht wird.

2. Wahrheitspflicht

115 § 138 I stellt den Grundsatz der Wahrheitspflicht auf. Keine Partei darf bewusst unwahre Tatsachen vorbringen.[20] Auch darf niemand vom Gegner vorgetragene Tatsachen bewusst der Wahrheit zuwider bestreiten. Es wird also auf das Wissen der Partei um den wahren Sachverhalt abgestellt **(Pflicht zur Wahrhaftigkeit).**[21] Dagegen ist es keine Verletzung der Wahrheitspflicht, wenn die Partei über eine Tatsache selbst keine genaue Kenntnis hat, die Tatsache aber als gegeben behauptet. Nur so kann die Partei nämlich erreichen, dass im Wege der Beweiserhebung eine Klärung versucht wird. Eine **Behauptung »auf Verdacht«** verstößt also nicht gegen § 138 I.[22] Ob dann etwas anderes zu gelten hat, wenn die Partei ihre Behauptung ohne eigene Anhaltspunkte einfach »ins Blaue hinein« oder »auf Geratewohl« vorträgt[23] ist fraglich (eine exakte Abgrenzung der beiden Fallgruppen erscheint nicht möglich). Das kann letztlich aber deshalb dahingestellt bleiben, weil das Gericht der Behauptung auf jeden Fall nachgehen muss und erst anschließend feststellen kann, ob wenigstens »auf Verdacht« oder nur »ins Blaue« vorgetragen worden war.

116 Gleiche Pflichten gelten auch für den **Rechtsanwalt.**[24] Soweit man ein Bestreiten »ins Blaue« für prozessual unbeachtlich hält, muss es auch dem Anwalt der Partei untersagt sein.[25] Falls der Anwalt von der Partei nicht hinreichend informiert ist und deshalb aus eigener Kenntnis zu dem gegnerischen Vorbringen nicht Stellung nehmen kann, muss er notfalls eine Vertagung der Verhandlung oder die Gewährung einer Schriftsatzfrist (§ 283 S. 1) beantragen.

117 **Grenze** der Wahrheitspflicht ist die **Zumutbarkeit;** die Partei muss also nicht eine Tatsache offenbaren, die ein für sie unehrenhaftes oder strafbares Handeln ergeben würde.[26]

Streitig ist, ob die Wahrheitspflicht den **Widerruf eines bewusst unwahren Geständnisses** ermöglicht. § 290 verlangt für die Möglichkeit eines Geständniswiderrufs außer der Unrichtigkeit einen Irrtum der Partei, an dem es bei bewusster Unwahrheit fehlt. Gleichwohl wird häufig die Auffassung vertreten, die Wahrheitspflicht gehe § 290 vor, weshalb der neue Parteivortrag berücksichtigt werden müsse. Demgegenüber ist mit der Rechtsprechung[27] festzuhalten, dass der Widerruf des Geständnisses in § 290 eine abschließende Regelung gefunden hat, die nicht über § 138 I ausgehebelt werden darf. Mit der Wahrheitspflicht kollidiert § 290 im Übrigen deshalb nicht, weil die Bindung an das unwahre Geständnis eine wirksame Sanktion gegen die Verletzung der Pflicht darstellt.

---

20 BGHZ 19, 387 = NJW 1956, 631.
21 BGH LM § 138 ZPO Nr. 4.
22 BGH NJW 2020, 393 Rn. 9f.; NJW 1995, 2111.
23 So BGH NJW 1968, 1233; s. weiter BGH NJW 1995, 2111 (2112).
24 BGHSt 4, 327 = NJW 1953, 1720.
25 OLG Köln NJW-RR 1992, 572.
26 RGZ 156, 269; RGSt 72, 22; s. aber BVerfG NJW 1981, 1431 und *Stürner* NJW 1981, 1757 mwN.
27 BGHZ 37, 154 = NJW 1962, 1395.

3. Vollständigkeit

Jede Partei hat ihre Erklärungen vollständig abzugeben (§ 138 I), gleichgültig ob sie ihr günstig sind oder nicht. Sie braucht aber nicht der anderen Partei das Prozessmaterial zu liefern. Die Abgrenzung im Einzelfall kann schwierig sein.[28] 118

Beispiel: Kläger K klagt gegen den Beklagten B auf Schadensersatz aus einem Verkehrsunfall. K muss den Tatsachenkomplex vollständig vortragen, er braucht aber nicht die Tatsachen vorzutragen, die sein Mitverschulden ergeben. Dies ist Sache des B. Andererseits bezieht sich die Erklärungspflicht des Gegners nur auf die von der anderen Partei im Prozess behaupteten Tatsachen, nicht auf alle ihm im Prozess bekannt gewordenen Tatsachen.[29]

4. Materiell-rechtliche Aufklärungspflichten

Allerdings können sich aus dem materiellen Recht, also Gesetz (zB § 666 BGB), Vertrag oder Treu und Glauben[30] **Auskunfts- oder Rechenschaftslegungspflichten** ergeben.[31] Demnach kommt es auf den Einzelfall an, ob eine Partei verpflichtet ist, bei drohendem Rechtsstreit Beweismaterial zu erhalten und aufzubewahren. 119

5. Folgen der Verletzung

Bewusst unwahres Parteivorbringen hat das Gericht **unberücksichtigt** zu lassen, wenn es als unwahr erkannt wird.[32] Dies gilt auch dann, wenn das Gericht normalerweise daran gebunden wäre, wie im Fall des § 331. Auf eine als unwahr erkannte Parteibehauptung hin kann daher kein Versäumnisurteil ergehen. 120

Beispiel: A klagt gegen B aus Darlehen. In der Beweisaufnahme ergibt sich aus vorgelegten Urkunden und Zeugenaussagen eindeutig, dass das Darlehen bereits zurückgezahlt ist. Wenn B in der letzten mündlichen Verhandlung ausbleibt und A unter Aufrechterhaltung seines ursprünglichen Sachvortrags Versäumnisurteil beantragt, ergeht kein Versäumnisurteil. Die Klage wird vielmehr als unbegründet abgewiesen (sog. unechtes Versäumnisurteil).[33]

Die Verletzung der Wahrheitspflicht kann zum **Schadensersatz** verpflichten, sei es nach § 823 II BGB iVm § 263 StGB, sei es nach § 826 BGB.[34] Dabei ist allerdings die Rechtskraft des Urteils zu beachten. Mit ihr ist es nicht vereinbar, wenn die unterlegene Partei geltend macht, das Urteil sei wegen eines Verstoßes des Gegners gegen die Wahrheitspflicht unrichtig. Ein Schadensersatzanspruch setzt deswegen voraus, dass das Urteil zunächst im Wege eines Wiederaufnahmeverfahrens (→ Rn. 775) beseitigt worden ist. Gegen ein **erschlichenes Urteil** kann der Einwand nach § 826 BGB erhoben werden (→ Rn. 776). Ferner macht sich die täuschende Partei gegebenenfalls wegen Prozessbetrugs nach § 263 StGB strafbar. 121

28 BGH MDR 1967, 475; 1970, 833; ferner → Rn. 119.
29 BGH NJW 1983, 2879.
30 Beispiel bei MüKoBGB/*Krüger* § 260 Rn. 21 ff.
31 Vgl. BGHZ 116, 47 (6) = NJW 1992, 1817; BGH NJW 1990, 3151; krit. dazu *Schlosser* JZ 1991, 599.
32 BGH NJW 1968, 1233.
33 RGSt 72, 115 für die dann relevante Frage nach der Strafbarkeit wegen versuchten Betrugs im Zivilprozess.
34 RGSt 69, 46; 72, 115 und 150.

C. Die Grundsätze der Mündlichkeit, Unmittelbarkeit und Öffentlichkeit

122 Die Grundsätze der Mündlichkeit, Unmittelbarkeit und Öffentlichkeit betreffen die Form der Gewinnung der Entscheidungsgrundlagen. Sie hängen eng miteinander zusammen, bedeuten aber nicht dasselbe: Der Grundsatz der **Mündlichkeit** besagt, dass das Gericht mit den Parteien mündlich verhandeln muss und dass nur das mündlich Vorgetragene Urteilsgrundlage sein kann (Gegensatz: schriftliches Verfahren). Der Grundsatz der **Unmittelbarkeit** verlangt, dass die Verhandlung und Beweisaufnahme vor dem erkennenden Gericht stattfinden, also nicht durch Vermittlung eines anderen Gerichts. Das Prinzip der **Öffentlichkeit** schließlich bedeutet, dass die Verhandlung vor dem erkennenden Gericht jedermann zugänglich sein muss.

Diese Grundsätze decken sich also nicht: Mündlichkeit und Unmittelbarkeit wären auch etwa dann gewahrt, wenn die Verhandlung nicht öffentlich wäre. Das Prinzip der Unmittelbarkeit könnte auch in einem schriftlichen Verfahren verwirklicht sein.

I. Mündlichkeit

123 § 128 stellt den Grundsatz der Mündlichkeit auf.

1. Grundsatz

124 Grundsätzlich hat eine mündliche Verhandlung stattzufinden. Denn nur das mündlich Vorgetragene kann Urteilsgrundlage sein (§ 128 I), also kein Urteil ohne mündliche Verhandlung.[35] Ergänzt wird dieser Grundsatz durch das Prinzip der **Einheit der mündlichen Verhandlung.** Finden mehrere Verhandlungstermine statt, bilden sie gleichwohl nur eine mündliche Verhandlung im Rechtssinne.

a) Zeitpunkt des Vortrags

125 Jede Partei kann bis zum Schluss der mündlichen Verhandlung, auf die das Urteil ergeht, neue Tatsachen, Beweismittel usw in den Prozess einführen (s. aber die »Prozessförderungspflicht« der Parteien im Interesse der Beschleunigung des Verfahrens, → Rn. 159).

Den Gegensatz hierzu bildet die **Eventualmaxime.** Unter ihrer Geltung sind die Parteien verpflichtet, alle Behauptungen usw. auf einmal oder bis zu einem bestimmten Verfahrensabschnitt – sei es auch nur »eventuell«, dh für den Fall, dass es darauf ankommen sollte, was sich derzeit noch nicht beurteilen lässt – vorzubringen. Ein derartig strukturierter Prozess ist deshalb nicht sinnvoll, weil er das Verfahren unnötig aufbläht: Vieles von dem, was am Anfang vorgetragen werden muss, wenn noch nicht abzusehen ist, worauf es letztlich wirklich ankommt, wird sich später als unerheblich erweisen.

b) Beurteilungszeitpunkt

126 Entscheidend für das Urteil ist der Prozessstoff, wie er sich am **Schluss der mündlichen Verhandlung** (also des letzten Verhandlungstermins vor Erlass des Urteils) darstellt. Soweit sich die Rechtslage während des Verfahrens geändert hat (die zunächst nicht fällige Klageforderung ist etwa fällig geworden oder der Beklagte hat die Forde-

35 BGH JZ 1978, 689.

rung inzwischen erfüllt), ist dies im Urteil zu berücksichtigen. Maßgeblich ist also nicht der Augenblick der Klageerhebung, sondern der des Endes der mündlichen Verhandlung. Dementsprechend bezieht sich die Rechtskraft zeitlich auf den letzten Verhandlungstermin; Näheres → Rn. 763ff.

c) Richterwahrnehmung

Das Urteil kann nur von den Richtern gefällt werden, die dem letzten mündlichen Ver- 127
handlungstermin beigewohnt haben (§ 309). Es müssen also die Anträge neu gestellt, das Tatsachenmaterial neu vorgetragen werden, wenn die Richter im Verlauf der Verhandlungstermine gewechselt haben (etwa durch Pensionierung oder Versetzung eines Richters). Dadurch wird sichergestellt, dass jeder an der Entscheidung mitwirkende Richter unmittelbare eigene Anschauung von dem Prozessstoff hat und nicht auf der Grundlage einer nur mittelbaren Kenntnis entscheidet.

2. Ausnahmen und Modifikationen

Obwohl die mündliche Verhandlung den Kern des Zivilprozesses bildet, kennt das 128
Gesetz zahlreiche Ausnahmen.

a) Bezugnahme auf Schriftstücke

In jedem Verfahren ist in bestimmtem Umfang eine Bezugnahme auf Schriftstücke und 129
Schriftsätze möglich (§ 137 III 1); über vorbereitende Schriftsätze s. §§ 129ff., 297.

Die vorbereitenden Schriftsätze kündigen späteres mündliches Vorbringen nur an, während die bestimmenden Schriftsätze (zB Klage, Rechtsmittel) den Prozess unmittelbar gestalten.[36]

b) Schriftliches Verfahren

Im schriftlichen Verfahren, dh ohne Durchführung einer mündlichen Verhandlung, 130
kann in den Fällen des § 128 II und III entschieden werden (praktisch recht häufig); Einzelheiten → Rn. 143. Manchmal ist es dem Gericht auch freigestellt, ob es aufgrund einer mündlichen Verhandlung oder ohne eine solche entscheiden will. Dies gilt in allen Fällen, in denen es in der **Wahl des Gerichts** steht, ob es durch **Urteil** oder durch **Beschluss** entscheidet. Da nach § 128 IV Entscheidungen, die nicht Urteile sind (und damit auch Beschlüsse) ohne mündliche Verhandlungen ergehen können, bedeutet ein Wahlrecht zwischen Urteil und Beschluss, dass das Gericht durch Beschluss, und damit ohne mündliche Verhandlung entscheiden kann. Beispiele: § 522 I 3 (Verwerfung der Berufung als unzulässig), § 922 I 1 (Entscheidung über ein Arrestgesuch).

3. Verstöße

Ein Verstoß gegen den Grundsatz der Mündlichkeit ist als **wesentlicher Verfahrens-** 131
mangel durch Rechtsmittel geltend zu machen, aber kein absoluter Revisionsgrund nach § 547.[37] Eine Heilung solcher Verstöße durch Parteiverzicht (§ 295) ist möglich.[38]

36 Dazu BGHZ 101, 134 (137) = NJW 1987, 2588.
37 BGHZ 17, 118 = NJW 1955, 988.
38 RGZ 115, 222.

4. Die mündliche Verhandlung

132 Der Grundsatz der Mündlichkeit wird durch die Vorschriften über die Vorbereitung und den Verlauf der mündlichen Verhandlung ausgeformt.

a) Haupttermin

133 § 272 I sucht die eine mündliche Verhandlung – entsprechend dem ursprünglichen Leitbild des Gesetzes, aber entgegen vielfacher Praxis – in den Mittelpunkt des Prozesses zu rücken: »Der Rechtsstreit ist in der Regel in einem umfassend vorbereiteten Termin zur mündlichen Verhandlung (Haupttermin) zu erledigen«. Dabei sieht das Gesetz **zwei Wege** vor, zwischen denen der Vorsitzende nach Einreichung der Klageschrift zu wählen hat (§ 272 II).

aa) Früher erster Termin

134 Der Vorsitzende kann einen frühen ersten Termin (§ 272 II) bestimmen, der sowohl der Vorbereitung des Haupttermins wie der Entscheidung des Rechtsstreits dienen kann. Neben der Bestimmung des Termins (§ 274 I) veranlasst der Vorsitzende die Ladung der Parteien unter Beachtung der Einlassungsfrist (§ 274 II, III) und kann den Beklagten zur Klageerwiderung auffordern (§ 275 I).

Zur Gestaltung dieses Termins s. § 275 II–IV und dazu BGHZ 86, 31 (36): Es ist ein »**vollwertiger Termin** ..., der nicht allein das weitere Verfahren vorbereiten, sondern in geeigneten Fällen bereits zum – streitigen – Urteil führen soll«. Ist der Termin erkennbar dazu nicht vorgesehen, handelt es sich um einen sog. Durchlauftermin.[39] In einem solchen Fall darf Parteivorbringen nicht deshalb als verspätet zurückgewiesen werden, weil die Partei es schon bei der Vorbereitung des frühen ersten Termins hätte vortragen können.[40] Der frühe erste Termin ist also kein »Vortermin«, der nur der Vorbereitung des Haupttermins zu dienen hätte. Auch der frühe erste Termin soll möglichst zum **Abschluss des Verfahrens** (durch Urteil, Vergleich usw) führen. Sowohl für den frühen ersten Termin wie für den Haupttermin gelten die allgemeinen Vorschriften, die das Gesetz in den §§ 136ff. für die mündliche Verhandlung enthält. Zusätzliche Bestimmungen finden sich in den §§ 272ff. Scheitert der frühe erste Termin, findet ein Haupttermin statt (§ 275 II).

bb) Schriftliches Vorverfahren

135 Der Vorsitzende kann ein schriftliches Vorverfahren (§ 272 II) mit dem Ziel einer **gründlichen Vorbereitung** (§ 276) **des Haupttermins** veranlassen. Das Vorverfahren hat zunächst den Zweck, die Standpunkte der beiden Parteien vor dem »Haupttermin« im Wechsel von Schriftsätzen zu eruieren. Dabei muss der Beklagte sich binnen zwei Wochen (Notfrist, nicht verlängerbar) **erklären,** ob er sich gegen die **Klage verteidigen will** (§ 276 I 1). Ist das der Fall, muss er die **Klageerwiderung** binnen einer – vom Gericht gesetzten, verlängerbaren (§ 224 II) – Frist von mindestens zwei weiteren Wochen einreichen (§ 276 I 2). Die Frist nach § 276 I 1 ist bedeutsam: Wenn der Beklagte binnen der Zweiwochenfrist nicht erklärt, dass er der Klage entgegentreten wolle, ergeht auf Antrag des Klägers gegen ihn ein Versäumnisurteil im schriftlichen Verfahren (§ 331 III).

Der Erlass eines **Versäumnisurteils** setzt freilich eine **Schlüssigkeitsprüfung** durch das Gericht voraus (→ Rn. 490ff.). Verläuft sie negativ, wird die Klage durch unechtes Versäumnisurteil abgewiesen. Zu beachten ist, dass auch die »Verteidigungsanzeige« des Beklagten im landgerichtlichen Verfahren dem Anwaltszwang unterliegt.

---

39 S. BVerfG NJW 1985, 1149; BGHZ 98, 368 (370) = NJW 1987, 500, vereinzelt auch Durchruftermin.
40 BGHZ 98, 368 = NJW 1997, 500.

Erklärt der Beklagte hingegen ausdrücklich, dass er den Klageanspruch anerkenne, ergeht ohne mündliche Verhandlung ein **Anerkenntnisurteil** (§ 307; näher zum Anerkenntnis → Rn. 407ff.). Erklärt der Beklagte fristgemäß, dass er der Klage entgegentrete, gibt er aber die **Klageerwiderung** nicht innerhalb der gesetzten Frist ab, ist sein verspätetes Vorbringen nur zuzulassen, wenn sich dadurch die Erledigung des Rechtsstreits nicht verzögert oder wenn die Verspätung genügend entschuldigt wird (§ 296 I). Näheres → Rn. 160ff., 167. 136

Ist eine Klageerwiderung eingegangen, kann dem Kläger eine Frist zur Entgegnung gesetzt werden (§ 276 III, § 277 IV), deren Versäumnis wieder eine Präklusionswirkung haben kann (§ 296 I). Ist das **Vorverfahren** durch den – vom Gericht »dirigierten« (§ 139, § 273 II Nr. 1) – Schriftsatzwechsel **abgeschlossen,** bestimmt der Vorsitzende einen **Termin zur mündlichen Verhandlung,** zu dem die Parteien zu laden sind (§ 274 I). 137

cc) Freies Ermessen

Ob der Vorsitzende einen frühen ersten Termin bestimmt oder sich für ein schriftliches Vorverfahren entscheidet, steht in seinem freien Ermessen. Meistens wird er sich dann für einen frühen ersten Termin entscheiden, wenn er eine Möglichkeit sieht, den Prozess schnell beenden zu können, weil etwa offenbar nur Rechtsfragen zu entscheiden sind oder Anhaltspunkte dafür bestehen, dass der Prozess zB durch Versäumnisurteil oder Vergleich rasch erledigt werden kann. Ein früher erster Termin kann aber auch dann sinnvoll sein, wenn der Prozess ungewöhnlich schwierig zu werden droht. Hier kann es sich anbieten, in einem frühen ersten Termin die sich abzeichnenden Schwierigkeiten mit den Parteien zu besprechen und zu klären, worauf es für die Entscheidung in erster Linie ankommen wird. 138

dd) Vorbereitende Maßnahmen

Gleich welchen Weg der Vorsitzende wählt, stets hat das Gericht vorbereitende Maßnahmen zu treffen, um wenn möglich den Abschluss des Prozesses in der mündlichen Verhandlung (dem »frühen ersten Termin« oder dem »Haupttermin«) zu erreichen (§§ 272f., 275). Diese Maßnahmen beziehen sich einmal auf das **Parteivorbringen** (§ 273 II Nr. 1), zum anderen auf die Vorbereitung der **Sachaufklärung** durch persönliche **Anwesenheit der Parteien** (§ 273 II Nr. 3, § 141) oder durch die Herbeischaffung von **Beweismitteln** (§ 273 II Nr. 2, 4 – 5). Es können also vor allem Zeugen und Sachverständige zum Termin geladen und in der mündlichen Verhandlung ohne Anberaumung eines besonderen Beweisaufnahmetermins, aber unter kurzer Angabe des Beweisthemas, vernommen werden. Auch kann das Gericht – wenn zB ein Zeuge auswärts zu vernehmen ist – schon vor der mündlichen Verhandlung einen Beweisbeschluss erlassen und ausführen (§ 358a). 139

Praktisch besonders wichtig sind die Einholung von Auskünften anderer Behörden (sog. **amtliche Auskunft**) und die Beiziehung von behördlichen Akten (§ 273 II Nr. 2), der sog. Beiakten (zB Strafakten oder Grundakten).

Die Anordnung nach §§ 273 II, 275 I trifft der Vorsitzende oder ein von ihm bestimmtes Mitglied des Prozessgerichts – den vorterminlichen Beweisbeschluss nach § 358a erlässt das Gericht dagegen in voller Besetzung.

b) Der Verlauf der mündlichen Verhandlung

140 Die mündliche Verhandlung wird eröffnet und geleitet durch den Vorsitzenden (§ 136 I). Ihm obliegt die sog. **formelle Leitung,** dh die Ordnung des äußeren Prozessablaufs. Bezüglich der Sachleitung unterliegt er bei Beanstandung durch einen Beteiligten der Kontrolle des ganzen Gerichts (§ 140).

141 Nach § 137 I wird die mündliche Verhandlung dadurch eingeleitet, dass die Parteien ihre **Anträge stellen.** Dadurch wird die **Verhandlung »streitig«.** Für eine vor Antragstellung erfolgende Erörterung über die Sach- und Rechtslage zwecks Klärung, ob eine gütliche Beilegung des Rechtsstreits möglich ist, besteht im Haupttermin deswegen kaum je Anlass, weil der mündlichen Verhandlung grundsätzlich eine **Güteverhandlung** vorausgehen muss, in der die Möglichkeit einer einverständlichen Beilegung des Rechtsstreits bereits ausgelotet ist (§ 278 II). Hat im Einzelfall allerdings keine Güteverhandlung stattgefunden, so ist das Gericht nicht daran gehindert, vor der Antragstellung den Streitfall mit den Parteien zu erörtern, um zu klären, ob eine gütliche Regelung möglich ist.

142 **»Streitige Verhandlung«** bedeutet dann: Stellung der Anträge (§ 137 I) sowie Sach- und Rechtsvorträge der Anwälte und der Parteien selbst (§ 137 II, IV), wobei eine Bezugnahme auf Schriftstücke (insbesondere auch auf vorbereitende Schriftsätze) zulässig ist (§ 137 III). Sodann soll sofort die **Beweisaufnahme** stattfinden (§ 279 II), was freilich voraussetzt, dass die Beweismittel präsent sind. Darauf soll unmittelbar die **Entscheidung** des Gerichts (zB – falls nötig – Beweisbeschluss oder Urteil) **verkündet** werden (Einzelheiten s. § 310). Ist ein weiterer Termin zur mündlichen Verhandlung erforderlich, ist die **Verhandlung** zu **vertagen** (§ 227 I 1).

Beachte den Sprachgebrauch des § 227: **»aufgehoben«:** der angesetzte Termin entfällt, ohne dass ein neuer bestimmt wird; **»verlegt«:** der angesetzte Termin findet zu einem anderen Zeitpunkt statt; **»vertagt«:** der stattgefundene Termin wird zu einem späteren Zeitpunkt fortgesetzt. Zum **Protokoll** über die mündliche Verhandlung → Rn. 44.
Die **vorbereitenden Schriftsätze** dienen der Vorbereitung der mündlichen Verhandlung: Gericht wie Gegner sollen wissen, »was kommt«; s. § 282 II mit § 132 und besonders § 297 I 1: Verlesung der Anträge aus den vorbereitenden Schriftsätzen.

c) Durchbrechungen des Mündlichkeitsprinzips

143 In bestimmten Fällen kann das Gericht im sog. schriftlichen Verfahren, also nicht auf der Grundlage einer mündlichen Verhandlung, entscheiden. So können sich beide Parteien mit dem **schriftlichen Verfahren** einverstanden erklären (§ 128 II; praktisch häufig). Trotz des übereinstimmenden Einverständnisses ist das Gericht jedoch nicht gezwungen, im schriftlichen Verfahren zu entscheiden. Es liegt vielmehr in seinem Ermessen, gleichwohl eine mündliche Verhandlung durchzuführen. Die Einverständniserklärung ist nur bei einer wesentlichen Änderung der Prozesslage widerruflich (§ 128 II 1). Das Gericht bestimmt eine Schriftsatzfrist für die Parteien und setzt gleichzeitig den Termin zur Verkündung seiner Entscheidung fest (§ 128 II 2).

Verkündet das Gericht die Entscheidung früher, kann darin ein Verstoß gegen das rechtliche Gehör liegen.[41]
Die Entscheidung des Gerichts muss auch im schriftlichen Verfahren verkündet werden. Zu beachten ist, dass sich die Einverständniserklärung der Parteien trotz Fehlens einer entsprechenden ausdrücklichen

41 BVerfGE 61, 78 = NJW 1982, 2368; BVerfGE 60, 96 = NJW 1982, 1454.

Regelung in § 128 II nur auf die nächste gerichtliche Entscheidung, also zB auf einen Beweisbeschluss, bezieht. Das Ende der den Parteien gesetzten Schriftsatzfrist ist dem Ende der mündlichen Verhandlung gleichzusetzen, sodass spätere Schriftsätze nicht mehr zu berücksichtigen sind.

aa) Nachreichen von Schriftsätzen

Vom schriftlichen Verfahren ist der – praktisch häufige – Fall zu unterscheiden, dass in der mündlichen Verhandlung einer Partei gestattet wird, Schriftsätze nachzureichen. § 283 eröffnet diese Möglichkeit, wenn sich eine Partei in der mündlichen Verhandlung auf ein ihr nicht rechtzeitig mitgeteiltes Vorbringen des Gegners nicht erklären kann. Von dieser besonderen Möglichkeit ist die häufig zu beobachtende Praxis zu unterscheiden, dass beiden Parteien Schriftsatzfrist eingeräumt wird. Diese Verfahrensweise lässt sich nur gem. § 128 II als einvernehmlicher Übergang in das schriftliche Verfahren legitimieren. 144

Nach § 283 S. 2 **sind** rechtzeitig eingegangene Schriftsätze bei der Entscheidung zu berücksichtigen, verspätet eingegangene **können berücksichtigt werden.** Ist die Nachreichung von Schriftsätzen ohne Vorliegen der Voraussetzungen des § 283 gestattet worden, ist trotzdem der nachgereichte Schriftsatz wegen des Grundsatzes des Vertrauensschutzes zu berücksichtigen. Bietet der Inhalt eines nachgelassenen Schriftsatzes dazu Anlass, kommt es zu einer Wiedereröffnung der mündlichen Verhandlung nach § 156 I. Werden Schriftsätze hingegen **ohne jede Gestattung** nachgereicht, was in der Praxis nicht selten ist, sind sie bei der Entscheidung nicht zu berücksichtigen. Je nach der Bedeutung ihres Inhalts kann aber Anlass zur Wiedereröffnung der mündlichen Verhandlung gegeben sein.[42]
Eine weitere Variante ist der **in der mündlichen Verhandlung überreichte Schriftsatz.** Er ist in der Praxis häufig, seine Behandlung ist streitig. Er ist dem mündlichen Vortrag gleichzustellen. Da er aber vielfach neues Material enthält, muss in der Regel dem Gegner die Nachbringung eines Schriftsatzes gestattet werden (§ 283). Nicht selten wird dadurch die mündliche Verhandlung zur Farce. Die Notwendigkeit der Gewährung einer Schriftsatzfrist soll auch nicht durch eine Zurückweisung des Vorbringens in dem überreichten Schriftsatz als verspätet vermieden werden können.[43] Wird die beantragte Schriftsatzfrist trotz Vorliegens der Voraussetzungen von § 283 S. 1 nicht gewährt, kann darin eine verfassungsbeschwerdefähige Verletzung des Anspruchs auf rechtliches Gehör liegen.[44]

bb) Entscheidung nach Aktenlage

Geringe praktische Bedeutung kommt § 251 a und § 331 a (sog. Entscheidung nach Aktenlage) zu. Hier entscheidet das Gericht auch auf Grundlage der in den Akten enthaltenen Schriftsätze. Das **Mündlichkeitsprinzip** wird aber insoweit durchgehalten, als dass in einem früheren Termin mündlich verhandelt worden sein muss (§ 251 a II 1). 145

cc) Ermessen des Gerichts

Zu beachten ist schließlich, dass es in einer Reihe von Fällen (zB § 128 III, § 522 II) im Ermessen des Gerichts steht, ob es eine mündliche Verhandlung anordnet oder nicht (sog. **fakultative mündliche Verhandlung**). 146

Nur bei obligatorischer mündlicher Verhandlung (gleichgestellt ist das schriftliche Verfahren nach § 128 II) entscheidet das Gericht den Rechtsstreit **durch Urteil.** Bei fakultativer mündlicher Verhandlung ergeht die Entscheidung **durch Beschluss,** selbst wenn tatsächlich eine mündliche Verhandlung stattgefunden hat (Ausnahme: § 922 I 1 für die Entscheidung über ein Arrestgesuch). Dies ist wichtig, um das statthafte Rechtsmittel zu bestimmen. Denn gegen Urteile ist die Berufung (Revision), gegen Beschlüsse hingegen die sofortige Beschwerde statthaft.

42 Stein/Jonas/*Thole* ZPO § 283 Rn. 15f.
43 BGHZ 94, 195 (213) = NJW 1985, 1539; BAG NJW 1989, 2213; str.
44 BVerfG NJW 1992, 2144.

II. Unmittelbarkeit

147 Das Gericht, das über die Sache entscheidet (das sog. erkennende Gericht oder Prozessgericht), muss sich selbst ein Bild von der Sache machen. Deshalb hat sowohl die **mündliche Verhandlung** (§ 128 I) wie die **Beweisaufnahme** (§ 355 I) **vor dem erkennenden Gericht** stattzufinden. An der Fällung des Urteils sind nur die **Richter** beteiligt, die an der **letzten mündlichen Verhandlung** (genauer: dem letzten Termin der mündlichen Verhandlung, → Rn. 127) teilgenommen haben (§ 309). Dagegen kann die Verkündung des Urteils durch andere Richter erfolgen (wenn zB zwischen Fällung des Urteils und seiner Verkündung die Besetzung der Kammer gewechselt hat).

148 **Ausnahmsweise** darf die Beweisaufnahme (nicht auch die mündliche Verhandlung, und schon gar nicht die Entscheidung) vor einem ersuchten oder beauftragten Richter stattfinden, aber nur in den durch das Gesetz bestimmten Fällen (§§ 372 II, 375, 402, 434, 451, 479); → Rn. 40f.

Eine »großzügige« Anwendung dieser Ausnahmebestimmungen ist nicht zulässig.[45] Häufig lässt sich diese Art der Vernehmung durch eine schriftliche Aussage des Zeugen (§ 377 III) vermeiden.

149 Die Verletzung des § 309 führt dazu, dass das erkennende Gericht **nicht vorschriftsmäßig** besetzt war, woran sich als Rechtsfolge das Vorliegen eines absoluten Revisionsgrundes (§ 547 Nr. 1) und die Möglichkeit einer Nichtigkeitsklage (§ 579 I Nr. 1) knüpft.

III. Öffentlichkeit

150 Der Grundsatz bezweckt die Stärkung des **Vertrauens in die Rechtspflege,** hat also allgemeine staatspolitische Bedeutung. Er besagt, dass die **Verhandlung** vor dem erkennenden Gericht grundsätzlich für jedermann öffentlich zugänglich ist (§ 169 S. 1 GVG). Rechtspolitisch ist der Grundsatz der Öffentlichkeit deswegen nicht unproblematisch, weil er mit dem **Persönlichkeitsschutz** der Parteien kollidieren kann. Vor allem über die dadurch ermöglichte Medienberichterstattung müssen die Parteien damit rechnen, dass Einzelheiten aus ihrem Leben an die Öffentlichkeit gelangen, die sie lieber für sich behalten hätten. Um dies zu vermeiden, wird gelegentlich die Entscheidung durch ein privates Schiedsgericht vereinbart (Näheres → Rn. 804ff.).

Vom Öffentlichkeitsgrundsatz ist die **Parteiöffentlichkeit** zu unterscheiden, dh das Recht der Parteien, die Prozessakten einzusehen (§§ 299, 760) und der Beweisaufnahme beizuwohnen (§ 357 I). Voraussetzung für die Akteneinsicht **Dritter** (s. § 299 II) ist die Glaubhaftmachung eines rechtlichen Interesses. Daran fehlt es, wenn sich der Dritte durch die Einsicht über die wirtschaftliche Situation einer Partei informieren will, um dieser gegenüber seine Rechte besser verfolgen zu können.[46]

151 Die Öffentlichkeit ist kraft **Gesetzes** oder durch **Gerichtsbeschluss ausgeschlossen** unter den Voraussetzungen der §§ 170–175 GVG. Ein Verstoß gegen den Grundsatz der Öffentlichkeit ist ein absoluter Revisionsgrund (§ 547 Nr. 5), nicht aber ein Grund zur Nichtigkeitsklage nach § 579.

45 OLG Düsseldorf NJW 1976, 1103.
46 KG NJW 1988, 1738.

D. Der Grundsatz der freien richterlichen Beweiswürdigung

I. Einleitung

Der **Grundsatz** der freien richterlichen Beweiswürdigung bedeutet, dass der Richter auf der Grundlage der Verhandlung und Beweisaufnahme »**nach freier Überzeugung** zu entscheiden hat, ob eine tatsächliche Behauptung für wahr oder für nicht wahr zu erachten sei« (§ 286 I 1). Er ist daher grundsätzlich nicht an Beweisregeln gebunden (§ 286 II). 152

Beispiel: In einem Schadensersatzprozess aus einem Verkehrsunfall sagen die Zeugen A und B übereinstimmend aus, dass der beklagte Autofahrer »viel zu schnell gefahren« sei. Der Zeuge C dagegen schätzt die Geschwindigkeit auf »höchstens« 40 km/h. Im Rahmen der freien richterlichen Beweiswürdigung braucht sich das Gericht nicht an die Aussagen der Zeugen A und B zu halten. Vielmehr kann es seinem Urteil die Aussage des C zugrunde legen. Hierbei ist es unerheblich, dass mehr Zeugen zulasten des Beklagten und in der Person von C nur einer zu seinen Gunsten ausgesagt hat.

Bei der richterlichen Beweiswürdigung gibt es **kein Demokratieprinzip,** wonach die Mehrheit maßgeblich ist. Selbst wenn alle Zeugen übereinstimmend aussagen, ist der Richter nicht gezwungen, seinem Urteil die bekundeten Tatsachen zugrunde zu legen. Er kann sogar davon überzeugt sein, dass das Gegenteil des Ausgesagten richtig ist. Der Richter muss aber im Urteil sagen, warum er C glaubt, § 286 I 2 (zB weil C ein erfahrener Autofahrer sei, während A und B noch nie am Steuer eines Pkw gesessen hätten).

Bei der Ermittlung des Schadens und seiner Höhe ist der Richter noch freier gestellt: Er kann – uU ohne Beweisaufnahme (§ 287 I 2) – den Schaden und die Schadenshöhe »nach freier Überzeugung« feststellen (§ 287 I 1); sog. **Schadensschätzung** (Einzelheiten → Rn. 550ff.). 153

Beispiel: Ist im Beispiel aus → Rn. 152 der Pkw des Klägers völlig zerstört worden, kann das Gericht dessen Wert – uU unter Heranziehung entsprechender Tabellen – frei schätzen.

Ausnahmsweise ist der Richter **an gesetzliche Beweisregeln gebunden** (§ 286 II), so zB an die Beweiskraft des Protokolls über die mündliche Verhandlung (§ 165, → Rn. 45) und an den Tatbestand (= Feststellung des Sachverhalts) des Urteils (§ 314). Die Bindung an den Tatbestand des Urteils bedeutet allerdings nur, dass damit der Beweis dafür erbracht ist, was die Parteien in der mündlichen Verhandlung vorgetragen haben, nicht dagegen auch, dass dieser Vortrag inhaltlich richtig ist. Zur Möglichkeit einer Berichtigung des Tatbestandes auf Antrag der Partei s. § 320. Zu Beweisregeln beim Urkundenbeweis → Rn. 585ff. 154

II. Freie Beweiswürdigung und objektive Beweislast

Nicht selten ist der Richter trotz Beweisaufnahme nicht überzeugt, dass die Behauptung einer Partei wahr oder unwahr ist. Es entsteht ein sog. **non liquet** (→ Rn. 548): In einer solchen Situation kann der Richter die Parteien nicht ohne Urteil nach Hause schicken. Er muss ein Urteil zur Sache erlassen. Dieses Urteil ergeht zulasten der Partei, die die Beweislast für die nicht erwiesene tatsächliche Behauptung trägt. Für die Verteilung dieser Beweislast zwischen den Parteien gilt folgende **Grundregel:** »Jede Partei trägt die Beweislast für alle Voraussetzungen einer von ihr in Anspruch genommenen Norm«[47]. 155

47 BGHZ 53, 245 (250) = NJW 1970, 946.

Macht der **Kläger** einen Kaufpreisanspruch geltend, trägt er die Beweislast dafür, dass ein Kaufvertrag mit bestimmtem Inhalt abgeschlossen worden ist **(sog. klagebegründende Tatsachen). Der Beklagte** trägt die Beweislast, wenn er behauptet, er habe den Kaufvertrag nach § 123 BGB angefochten (rechtshindernde Einwendung) oder er habe den Kaufpreis bereits bezahlt (rechtsvernichtende Einwendung) oder der Kläger habe noch nicht geliefert – Einrede des nicht erfüllten Vertrags **(sog. Einwendungs- und Einredetatsachen).** Gelegentlich ordnet das Gesetz eine **Umkehr der Beweislast** an (zB § 477 BGB). Die Gründe hierfür können unterschiedlich sein, wie etwa die größere Nähe einer Partei zum Beweismaterial oder die gewollte Erleichterung der Durchsetzung von Ansprüchen (s. zur Beweislast → Rn. 555ff.).

III. Behauptungslast

156 Von der Beweislast ist die Behauptungslast zu unterscheiden. Nach dieser bestimmt sich, zu wessen Nachteil das Urteil ergeht, wenn die Parteien schon die notwendigen **tatsächlichen Behauptungen nicht aufstellen.** Die Verteilung der Behauptungslast zwischen den Parteien folgt grundsätzlich den Regeln über die Beweislast.

> **Beispiel:** Der Kläger trägt zB – trotz Aufforderung des Gerichts (§ 139) – nichts darüber vor, wann, wo, mit welchem Inhalt der Kaufvertrag abgeschlossen worden sei. Hier ist die Klage als nicht schlüssig (unbegründet) abzuweisen.

Das Urteil, das zB eine Klage als nicht schlüssig abweist oder den Beklagten verurteilt, weil die behauptete Anfechtung nicht bewiesen sei, ist bezüglich der Rechtskraft und der Vollstreckbarkeit genauso wirksam wie ein auf volle richterliche Überzeugung gegründetes Urteil. Es hilft dem Beklagten also nichts, wenn er später Beweismittel für das Vorliegen eines Anfechtungsgrundes findet. Er kann das klagestattgebende Urteil damit nicht mehr aus der Welt schaffen (Ausnahme: Auffinden einer Urkunde, § 580 Nr. 7b; → Rn. 774).

IV. Beweisführungslast

157 Nur geringe praktische Bedeutung hat die sog. **subjektive Beweislast** (Beweisführungslast). Stellt eine Partei zwar die für sie sprechenden tatsächlichen Behauptungen auf, tritt sie aber trotz richterlichen Hinweises keinen Beweis dafür an, kann der Richter auch nicht die von der – nicht beweisbelasteten – Gegenpartei angetretenen Beweise erheben. Zur Möglichkeit des Gerichts, Beweismittel außer dem Zeugenbeweis von Amts wegen heranzuziehen (→ Rn. 102).

E. Der Konzentrationsgrundsatz – Die Beschleunigung des Prozesses

I. Lange Prozessdauer

158 Viele Zivilprozesse dauern zu lang. Die **Ursachen** sind **vielfältig.** Das Gericht kann sich einem großen Geschäftsanfall ausgesetzt sehen. Auch werden komplizierte Prozesse entsprechend der Komplikation der Lebensverhältnisse geführt. Zudem leiden Gerichte unter einer ungenügenden Ausstattung mit Personal und technischen Einrichtungen. Letztlich sorgt aber auch eine unkonzentrierte Prozessführung durch die Parteien (tatsächliches Vorbringen vielfach »tröpfchenweise« in mehreren Schriftsät-

zen) und durch die Gerichte (mehrere Verhandlungs- und Beweisaufnahmetermine, die dann als die eine mündliche Verhandlung fingiert werden; → Rn. 133) für eine Verzögerung der Entscheidung.

Die Parteien eines Prozesses haben indes aus Art. 2 I, 19 IV, 20 III GG sowie Art. 6 I EMRK einen Anspruch auf effektiven Rechtsschutz (→ Rn. 1), mithin darauf, dass es nicht zu überlangen Gerichtsverfahren kommt. Bleibt das Gericht völlig untätig, ist daher bei einer für die Partei unzumutbar langen Untätigkeit des Gerichts eine sog. **Untätigkeitsbeschwerde** zulässig.[48] Ferner sehen §§ 198 ff. GVG einen Rechtsbehelf vor, Beteiligte für Nachteile, die sie wegen einer überlangen Verfahrensdauer erleiden, angemessen zu entschädigen.

II. Konzentrationsgrundsatz

Die »Prozessförderungspflicht« des Gerichts, wie sie insbesondere in § 273 zum Ausdruck kommt, findet ihr Gegenstück in einer **Prozessförderungspflicht der Parteien,** deren Verletzung dadurch sanktioniert wird, dass die säumige Partei mit ihrem verspäteten Vorbringen (= Angriffs- und Verteidigungsmitteln, aber nicht Klageänderung, Widerklage) ausgeschlossen werden kann oder sogar muss (sog. **Präklusion**). 159

1. Grundsatz

Die **allgemeine Regel** über die Versäumung von Fristen enthält § 230: Die Versäumung einer fristgebundenen Prozesshandlung führt zum Ausschluss der Partei mit der Prozesshandlung. In gewissen Fällen besteht jedoch die Möglichkeit der »Wiedereinsetzung in den vorigen Stand«, wenn die Partei an der Säumnis schuldlos war, § 233 (→ Rn. 476 f.). Diese Möglichkeit eröffnet das Gesetz insbesondere bei der Versäumung solcher Fristen, die das Gesetz als Notfrist bezeichnet (zB Berufung: § 517 Hs. 2; Einspruch gegen ein Versäumnisurteil: § 339 I Hs. 2). 160

2. Gerichtlich gesetzte Fristen

Eine besondere Präklusion ordnet § 296 I für den Fall an, dass eine Partei vom Gericht gesetzte Fristen nicht eingehalten hat. Hierher gehören vor allem die Fristen zur Klageerwiderung (s. §§ 275 I, III, 276 I 2, 277 III), aber auch die dem Kläger gesetzte Frist zur Stellungnahme auf die Klageerwiderung (§§ 275 IV, 276 III, § 277 IV). Versäumt der Kläger die Frist, führt dies nach dem Grundsatz des § 296 I zu einer Nichtzulassung des verspäteten Vorbringens. Es ist »... **nur zuzulassen**«, wenn keine Prozessverzögerung eintritt oder im Falle genügender Entschuldigung durch die Partei (= nach objektiv zu bemessenden Grundsätzen habe kein Verschulden vorgelegen). Liegen diese Ausnahmen nicht vor, muss das Vorbringen zurückgewiesen werden. 161

3. Allgemeine Prozessförderungspflicht

Auch **ohne richterliche Fristsetzung** sind Angriffs- und Verteidigungsmittel **in der** mündlichen Verhandlung »zeitig vorzubringen« (§ 282 I) bzw. **vor der** mündlichen Verhandlung »zeitig mitzuteilen« (§ 282 II). Die Präklusion bei **Verstoß** gegen diese allgemeine Prozessförderungspflicht folgt aus § 296 II. Diese Sanktion bei Verstoß gegen § 282 ist allerdings nicht so scharf wie bei der Nichteinhaltung vom Gericht gesetzter Fristen. Die verzögert vorgebrachten Angriffs- und Verteidigungsmittel »... **kön-** 162

48 Vgl. BVerfG NJW-RR 2010, 207 für einen 22 Jahre dauernden Zivilprozess.

nen zurückgewiesen werden, wenn ihre Zulassung nach der freien Überzeugung des Gerichts die Erledigung des Rechtsstreits verzögern würde (→ Rn. 161) und die Verspätung auf grober Nachlässigkeit beruht«. Anders als bei § 296 I besteht also kein Zwang zur Zurückweisung des verspäteten Vorbringens. Außerdem genügt für die Zurückweisung nicht ein einfaches Verschulden der Partei. Die Verspätung muss vielmehr auf grober Nachlässigkeit beruhen.

Beispiel: Die Parteien streiten über die Mangelhaftigkeit der Kaufsache. Dazu liegt das Gutachten eines Sachverständigen aus einem selbstständigen Beweisverfahren (§§ 485 ff.) vor. In der mündlichen Verhandlung erhebt der Kläger Einwendungen gegen das Gutachten und beantragt, den Sachverständigen zur Erläuterung zu laden (§ 411 III). Da das Gericht den Parteien keine hinreichende Frist nach § 411 IV dafür gesetzt hatte, solche Einwendungen vorzubringen (→ Rn. 166), scheidet eine Präklusion nach § 296 I aus. Das Gericht erwägt nun, den Antrag des Klägers nach § 296 II zurückzuweisen. Das wäre indes unzulässig:[49] Ein Verstoß des Klägers gegen § 282 I scheidet aus, weil diese Bestimmung allein an Verhalten »in der mündlichen Verhandlung« anknüpft. Hier hat der Kläger in der Verhandlung sofort den Antrag gestellt, den Sachverständigen zu laden, also nicht verzögert. Ganz allgemein kann Vorbringen im ersten Termin zur mündlichen Verhandlung niemals nach § 282 I verspätet sein, eine solche Verzögerung setzt vielmehr einen Folgetermin voraus. Es liegt aber auch kein Pflichtverstoß »vor der mündlichen Verhandlung« nach Abs. 2 vor, weil diese Regelung verlangt, dass der Gegner voraussichtlich ohne vorherige Erkundigung keine Erklärung abgeben kann. Daran fehlt es bei dem an das Gericht adressierten Antrag.

4. Nichterscheinen einer Partei

163 In den erörterten Zusammenhang gehört schließlich das Nichterscheinen einer Partei in dem zur mündlichen Verhandlung bestimmten Termin **(Terminsversäumung).** Ohne dass es hier auf ein Verschulden der nicht erschienenen Partei ankäme, ergeht als **Sanktion** auf Antrag ein Versäumnisurteil (→ Rn. 480 ff.). Bei Säumnis des Klägers wird seine Klage abgewiesen (§ 330). Der säumige Beklagte wird entsprechend dem Klageantrag verurteilt, sofern der Klagevortrag schlüssig ist (§ 331). Die nicht erschienene Partei hat freilich die Möglichkeit des Einspruchs, der zur Fortsetzung des Prozesses führt (→ Rn. 500 ff.).

5. Einzelheiten

164 Die Präklusionsregelung im Rahmen der Prozessförderungspflicht (→ Rn. 161 f.) ist ein zwiespältiges und daher auch umstrittenes prozessuales Institut. Denn aufgrund der Präklusion wird die Partei mit ihrem verspäteten Vorbringen ausgeschlossen. Dies könnte einen Verstoß gegen den verfassungsrechtlichen Anspruch auf **rechtliches Gehör** darstellen (Art. 103 I GG; → Rn. 171). Auch kann die Präklusion mit verspätetem Vorbringen dazu führen, dass dem Urteil ein unrichtiger oder unvollständiger Sachverhalt zugrunde gelegt wird. Dies könnte dem **Rechtsstaatsprinzip** widersprechen. Ferner ist die Präklusionsregelung des Gesetzes nach den Voraussetzungen und vor allem nach den Wirkungen der Verspätung auslegungsbedürftig. Daher ist der Frage nachzugehen, welche im Gesetz nicht ausdrücklich geregelten Voraussetzungen bei der Präklusion wegen Versäumung einer vom Gericht gesetzten Frist (§ 296 I) sowie bei der Präklusion wegen Verletzung der allgemeinen Prozessförderungspflicht (§§ 296 II, 282 I) zu beachten sind und wie der Begriff der Verzögerung und der des Verschuldens auszulegen (§ 296) ist.

49 BGH NJW 2012, 3787.

a) Verfassungsmäßigkeit

Das BVerfG hat die Verfassungsmäßigkeit der Präklusionsvorschriften im Grundsatz **bejaht.** Das BVerfG kann auch dann nicht eingreifen, wenn die Präklusionsvorschriften durch das Zivilgericht falsch angewendet wurden. Anders ist die Rechtslage freilich dann, wenn die Präklusionsvorschriften offensichtlich unrichtig oder willkürlich angewendet wurden.[50] Dabei ist zu berücksichtigen, dass die Präklusionsvorschriften »wegen der einschneidenden Folgen, die sie für die säumige Prozesspartei nach sich ziehen, strengen **Ausnahmecharakter** haben«[51]. Dieser Gesichtspunkt ist von dem Gericht beachtet, »wenn die betroffene Partei ausreichend Gelegenheit hatte, sich in den ihr wichtigen Punkten zu äußern, dies aber aus von ihr zu vertretenden Gründen versäumt hat«[52]. Insoweit sind auch die weitgehenden gerichtlichen Hinweispflichten (§ 139) zu berücksichtigen (→ Rn. 106ff.). Eine Zurückweisung setzt voraus, dass das Gericht zuvor seinen Pflichten nachgekommen ist und die Partei hinreichend Gelegenheit hatte, auf die Hinweise zu reagieren.[53] 165

b) Fristsetzung

Die Voraussetzung für die zwingende Zurückweisung (bei Fristversäumnis, → Rn. 161) ist nach der Rechtsprechung[54] jedenfalls die **Zustellung** einer von dem **Vorsitzenden unterzeichneten Fristsetzungsverfügung.** Nicht ausreichend ist damit die Unterschrift eines Geschäftsstellenbeamten oder eine nur formlose Mitteilung. Vielmehr ist die Partei über die Folgen der Fristversäumung und der Zurückweisung zu belehren.[55] 166

c) Verzögerung

Ob es bei einer Zulassung des verspäteten Vorbringens zu einer **Verzögerung der Erledigung des Rechtsstreits** kommt, entscheidet sich nach Auffassung des BGH[56] allein danach, »ob der Rechtsstreit bei Zulassung des verspäteten Vorbringens länger dauern würde als bei dessen Zurückweisung« (sog. **absolute Theorie**). Dies ist immer dann der Fall, wenn ein neuer Verhandlungstermin erforderlich wird, dessen es bei rechtzeitigem Vorbringen nicht bedurft hätte. Das Gericht darf bei der Beurteilung der Verzögerung auch keine hypothetischen Erwägungen darüber anstellen, ob der Rechtsstreit bei rechtzeitigem Vorbringen ebenso lange oder gar länger gedauert hätte (sog. **relative Theorie**). Denn »derart hypothetische Erwägungen würden die Funktion der Verspätungsvorschriften herabmindern; auch ist eine sichere Prognose vielfach gar nicht möglich«[57]. 167

Beispiele (in Anlehnung an BGHZ 76, 133 = NJW 1980, 945): Gegen den Beklagten erging ein Vollstreckungsbescheid (§ 699). Der Beklagte legte Einspruch ein. Ihm wurde (ordnungsgemäß und unter Belehrung über die Folgen einer Verspätung) eine Frist von drei Wochen zur Klageerwiderung gesetzt. Die Klageerwiderung indes ging verspätet ein. Sie enthielt einen Beweisantritt zu

50 BVerfGE 75, 302; 60, 1 (6) = NJW 1982, 1453; BVerfGE 69, 126 = NJW 1985, 1149; BVerfGE 69, 148; 81, 264 = NJW 1990, 2373.
51 BVerfGE 69, 145 (149) = NJW 1985, 1150.
52 BVerfGE 69, 145 (149) = NJW 1985, 1150; BVerfGE 81, 264 (273) = NJW 1990, 2373.
53 BVerfG NJW 2000, 945 (946); BGH NJW 2005, 2624.
54 BGHZ 76, 236 = NJW 1980, 1167.
55 BGHZ 86, 218 = NJW 1983, 811; BGHZ 88, 180.
56 BGHZ 75, 138 = NJW 1979, 1988; BGHZ 76, 133 = NJW 1980, 945; BGHZ 76, 236 (239) = NJW 1980, 1167; BGH NJW 2012, 2808 Rn. 12.
57 BGHZ 86, 37; BGHZ 86, 198 = NJW 1983, 1495.

geltend gemachten Mängelrügen. Das LG hat das Vorbringen als verspätet zurückgewiesen und den Vollstreckungsbescheid aufrechterhalten. Hier ist augenscheinlich, dass der Prozess bei rechtzeitigem Vorbringen länger gedauert hätte. Dies ist aber nach Auffassung des BGH bedeutungslos.
Das Gericht setzt dem Beklagten gem. § 276 I 2 eine Frist zur Klageerwiderung bis zum 15.5. und beraumt zugleich für den 15.6. einen Termin zur Hauptverhandlung an. Die Klageerwiderung, mit der der Beklagte sich gegen die Klage verteidigt, geht am 17.5. beim Gericht ein. – Hier kann der Vortrag des Beklagten nicht gem. § 296 I zurückgewiesen werden, da die Überschreitung der Frist zur Klageerwiderung angesichts der erst für den 15.6. terminierten Hauptverhandlung nicht dazu führt, dass ein weiterer Verhandlungstermin erforderlich wird.
Das Gericht setzt dem Beklagten gem. § 276 I 2 eine Frist zur Klageerwiderung bis zum 1.2. Die Klageerwiderung geht am 5.2. beim Gericht ein. Der Beklagte bestreitet darin die anspruchsbegründenden Tatsachen. Das Gericht geht angesichts dieses Vortrags davon aus, zur Feststellung der anspruchsbegründenden Tatsachen ein Sachverständigengutachten einholen zu müssen. Für die Erstellung eines solchen Gutachtens benötigt der Sachverständige zwei Monate. – Auch in diesem Fall kann der Vortrag des Beklagten nicht gem. § 296 I zurückgewiesen werden. Da der Sachverständige für die Erstellung des Gutachtens zwei Monate benötigt, würde ein Verhandlungstermin ohnehin erst nach Erstellung des Gutachtens durchgeführt.[58]

Diese strenge Anwendung der Sanktion der Verzögerung wird freilich in der Rechtsprechung **gemildert,** und zwar einmal dadurch, dass das BVerfG[59] auch die Anwendung eines hypothetischen Kausalverlaufs akzeptiert hat, wenn ohne weitere Erwägungen die Annahme nahe liegt, dass dieselbe Verzögerung auch bei rechtzeitigem Vorbringen eingetreten wäre, wenn also »ohne weiteren Aufwand erkennbar ist, dass die Pflichtwidrigkeit – die Verspätung allein – nicht kausal für die Verzögerung ist. In diesen Fällen ist die Präklusion rechtsmissbräuchlich«[60].
Die Sanktion auf die Verspätung wird ferner dadurch gemildert, dass nach der Rechtsprechung[61] das Gericht verpflichtet ist, auch verspätetes Vorbringen nach Möglichkeit bei den Maßnahmen, die der Vorbereitung der mündlichen Verhandlung dienen (§ 273), noch zu berücksichtigen: »Kann die Verspätung noch durch **zumutbare Maßnahmen des Prozessgerichts** ausgeglichen werden, so ist das verspätete Vorbringen zuzulassen«[62]. Weiter scheidet eine Zurückweisung dann aus, wenn die Verzögerung nicht nur von der Partei, sondern auch vom Gericht mitverursacht worden ist.[63] Schließlich ist bei der Prüfung, ob eine Zurückweisung angebracht ist, die **»richterliche Fürsorgepflicht«** zu beachten.[64]

Hat also im Beispiel in → Rn. 167 oben der Beklagte in seinem verspäteten Schriftsatz die Vernehmung eines Zeugen beantragt (§ 273 II Nr. 4), hat ihn der Vorsitzende zu laden, wenn dies bis zur mündlichen Verhandlung noch möglich ist.

6. Flucht in die Säumnis

168 Hat eine Partei auf eine Fristsetzung verspätet oder bisher noch nicht reagiert, ist sie dann aber im Termin ausgeblieben und daher gegen sie **Versäumnisurteil** ergangen, kann das »verspätete« Vorbringen in der Einspruchsbegründung vorgebracht werden. Die Verspätung entfällt dann deswegen, weil auf den Einspruch hin ohnehin ein weiterer Termin zur mündlichen Verhandlung erforderlich ist (§ 341 a), der so vorbereitet werden kann, dass in ihm auch das verspätete Vorbringen berücksichtigt werden kann (zB wird der verspätet benannte Zeuge jetzt vernommen). Diese sog. »Flucht in die Säumnis«, die es der von einer Zurückweisung bedrohten Partei ermöglicht, durch

58 BGH NJW 2012, 2808 Rn. 14.
59 BVerfGE 75, 302.
60 S. weiter BVerfG NJW 1995, 1417.
61 BVerfGE 81, 264 = NJW 1990, 2373; BGHZ 75, 138 (142) = NJW 1979, 1988; BGH NJW 1980, 1102; 1981, 286; 1996, 528.
62 BGHZ 75, 138 (143) = NJW 1979, 1988; BGH NJW 1987, 499.
63 BVerfG NJW 1992, 680.
64 BVerfGE 75, 183 = NJW 1987, 2003.

Ausbleiben im Termin die Gefahr der Zurückweisung ihres Vorbringens abzuwenden, mag nicht dem Sinn der auf Verfahrensbeschleunigung abzielenden gesetzlichen Regelung entsprechen, wird von der **Rechtsprechung** aber **akzeptiert.**[65] Die »Flucht in die Berufung« wird hingegen grundsätzlich durch die drohende Zurückweisung nach § 531 II versperrt (→Rn. 682ff.).

7. Form der Zurückweisung

Die Zurückweisung erfolgt in den Gründen des **Urteils,** nicht durch Beschluss, nicht durch Teilurteil.[66] Auch ein Zwischenurteil (§ 303) ist nicht zulässig. Hat das Gericht ein verspätetes Vorbringen zu Unrecht zugelassen, kann dies deshalb nicht mit der Revision gerügt werden, weil die durch die Zurückweisung angestrebte Beschleunigungswirkung endgültig nicht mehr zu erreichen ist.[67] **169**

F. Der Anspruch auf rechtliches Gehör

Beispiel: Der Kläger hat Prozesskostenhilfe (§§ 114ff.) für eine Schadensersatzklage gegen die Ärztekammer beantragt, weil ihm – einem Ausländer – freie Assistenzarztstellen nicht nachgewiesen worden seien. Das OLG hat im Beschwerdeverfahren Auskünfte bei Krankenhäusern eingeholt und diese seinem Beschluss zugrunde gelegt, ohne dem Kläger Gelegenheit zur Stellungnahme hierzu zu geben.[68] **170**

I. Rechtsgrundlage

Der Anspruch auf rechtliches Gehör als **prozessuales Grundrecht**[69] ist in Art. 103 I GG und in Art. 6 I EMRK enthalten. Er trägt dazu bei, dass entsprechend der Garantie des **Justizgewährungsanspruchs** (→Rn. 1) Rechtsschutz in einem **fairen Verfahren** gewährt wird.[70] Seine konkrete Ausprägung findet sich in zahlreichen Vorschriften der Prozessgesetze (zB §§ 136 III, 139, 335 I Nr. 3).

II. Inhalt

Es lassen sich vier Elemente des Anspruchs auf Gehör unterscheiden: Das Gericht hat den Beteiligten **171**
(1) Gelegenheit zur **Kenntnisnahme** des Prozessstoffs und
(2) zur **Stellungnahme** zu geben, es hat
(3) eine etwaige **Stellungnahme zur Kenntnis** zu nehmen und
(4) sich damit **auseinander zu setzen.**

Diese Elemente finden sich in verschiedenen wegweisenden Entscheidungen des BVerfG mit verschiedener Betonung wieder, so BVerfGE 29, 345 [347]; 60, 1 [5]; 86, 133 [144f.]; 89, 28 [35]; 89, 381 [392]:

---

65 BGHZ 76, 173 = NJW 1980, 1105; BGH NJW 1981, 286.
66 BGHZ 77, 306 = NJW 1980, 2355.
67 BGH NJW 1991, 1896.
68 BVerfGE 29, 345.
69 BVerfGE 61, 14 (17) = NJW 1982, 2234 – »Prozessgrundrecht«.
70 BVerfGE 61, 14 (17) = NJW 1982, 2234; BVerfGE 53, 219 (222) = BeckRS 1980, 30706576; Zusammenfassung der Rspr. des BVerfG in BVerfGE 78, 123 = NJW 1988, 2787.

»Einer gerichtlichen Entscheidung dürfen nur solche Tatsachen und Beweisergebnisse zugrunde gelegt werden, zu denen sich die Beteiligten **vorher äußern konnten**«; BVerfGE 47, 182 [187]; 49, 252; 51, 126; 54, 86; 60, 120; 63, 80 [85]: »Das Gericht ist verpflichtet, die Ausführungen der Prozessbeteiligten zur Kenntnis zu nehmen und in Erwägung zu ziehen«; BVerfG NJW 2006, 2248 Rn. 16: »Für das Gericht erwächst aus Art. 103 I GG ferner die Pflicht, vor dem Erlass seiner Entscheidung zu prüfen, ob den Verfahrensbeteiligten das rechtliche Gehör auch tatsächlich gewährt wurde.«

Art. 103 I GG soll als Prozessgrundrecht eine Entscheidung sicherstellen, die frei von solchen Verfahrensfehlern ergeht, die ihren Grund in unterlassener Kenntnisnahme und Nichtberücksichtigung des Sachvortrags der Parteien haben.[71] Insbesondere muss das Gericht in den Entscheidungsgründen auf den wesentlichen Kern des Tatsachenvortrags der Parteien eingehen, soweit dieser für den Rechtsstreit von zentraler Bedeutung ist.[72] Der Anspruch auf **rechtliches Gehör** kann allerdings auch dadurch verletzt werden, dass ein Gericht den von einem Verfahrensbeteiligten angetretenen Beweis aus Gründen, die im Prozessrecht keine Stütze finden, nicht erhebt,[73] etwa wenn das Gericht ein Angriffs- oder Verteidigungsmittel aufgrund einer offenkundig fehlerhaften Anwendung der Präklusionsnormen (→ Rn. 161f.) zurückweist.[74] Ebenso liegt eine Verletzung darin, dass das Gericht unter Anmaßung eigener Sachkunde von der Einholung eines Sachverständigengutachtens absieht.[75]

172 Der Grundsatz gilt in **allen Verfahren,** ohne Rücksicht darauf, ob die Verhandlungs- oder die Untersuchungsmaxime gilt.[76] Es genügt aber die Möglichkeit zur Stellungnahme, gleich ob sie mündlich oder schriftlich erfolgen soll. Wenn die Partei von der Möglichkeit keinen Gebrauch gemacht hat, ändert dies nichts daran, dass das rechtliche Gehör gewährt worden ist.

Im Zivilprozess ist zunächst den formell Beteiligten rechtliches Gehör zu gewähren. Das sind in diesem **Zweiparteienprozess** die beiden Parteien, also Kläger und Beklagter. Darüber hinaus können sich Dritte insbesondere im Wege der **Nebenintervention** (§§ 66ff.) beteiligen. Den Beigetretenen steht dann nach Maßgabe der besonderen Vorgaben – vgl. einerseits § 67 für einfache und andererseits § 69 für streitgenössische Nebenintervenienten (→ Rn. 360) – ebenfalls ein Anspruch auf rechtliches Gehör zu. Ausnahmsweise kann das Gericht aus Art. 103 I GG auch verpflichtet sein, einen in seiner Rechtsstellung möglicherweise vom Ergebnis des Verfahrens Betroffenen erst noch beizuladen.[77] Der Kreis der Beizuladenden und deren Befugnisse lassen sich unter Rückgriff auf § 69 bestimmen.[78]

III. Ausnahmen

173 In **Eilfällen** (zB in Arrest- und Einstweiligen Verfügungsverfahren, → Rn. 7) gestattet das Gesetz (§ 937 II) insofern eine Durchbrechung des Grundsatzes, als die Entscheidung ohne vorherige Anhörung eines Beteiligten ergehen kann. Dies muss deswegen möglich sein, weil derartige Maßnahmen weitgehend auf einen **Überraschungseffekt** angewiesen sind, der bei vorheriger Anhörung des Betroffenen nicht mehr gegeben wäre. Art. 103 I GG verlangt in derartigen Fällen jedoch, dass sich der Betroffene nachträglich mit dem Ziel äußern kann, dass die Entscheidung wieder aufgehoben wird (zB auf Einlegung eines Widerspruchs hin, §§ 924, 925). Letztlich geht es also nicht darum, ob rechtliches Gehör zu gewähren ist (dies ist verfassungsrechtlich immer geboten), sondern allein um den Zeitpunkt, in dem dies geschieht (vor oder nach Erlass der Entscheidung?). Zur Durchbrechung durch **Präklusion** → Rn. 164f.

71 BGH NJW 2019, 2607 Rn. 8.
72 BGH NJW 2019, 1754 Rn. 7; NJW-RR 2020, 284 Rn. 12.
73 BVerfGE 53, 205.
74 BGH NJW-RR 2020, 60 Rn. 10.
75 BGH NJW 2019, 2607 Rn. 8ff.
76 BVerfGE 89, 381 (390) = NJW 1994, 1053.
77 BVerfGE 21, 132 (137) = NJW 1967, 492; BVerfGE 60, 7 (12) = NJW 1982, 1635; BVerfGE 89, 381 (390f.) = NJW 1994, 1053.
78 Stein/Jonas/*Jacoby* ZPO vor § 64 Rn. 3.

IV. Sanktionen

Die Partei kann einen Verstoß gegen den Grundsatz des rechtlichen Gehörs hinnehmen (§ 295). Sie kann aber auch ein **Rechtsmittel** (zB Revision) auf den Verstoß stützen. Voraussetzung ist, dass die angefochtene Entscheidung auf diesem Verstoß beruht, also durch ihn beeinflusst sein kann (§ 545 I).[79] Es handelt sich also nicht um einen absoluten Revisionsgrund (§ 547), der stets zur Aufhebung des Urteils führen müsste. Die äußerste Möglichkeit bildet die Anrufung des BVerfG mit der Verfassungsbeschwerde.[80] 174

Allerdings ist die Rüge einer Gehörsverletzung **subsidiär.** Die betroffene Partei muss vorher alle ihr zur Verfügung stehenden prozessualen Möglichkeiten ausschöpfen, um eine Gehörsverletzung zu korrigieren oder zu verhindern.[81] So muss sie etwa auf einen Hinweisbeschluss des Prozessgerichts, in dem dieses auf seine Absicht hinweist, einen Vortrag nicht zu berücksichtigen, Stellung nehmen. Die Partei kann eine Frist zur Stellungnahme nicht verstreichen lassen und anschließend die Verletzung ihres rechtlichen Gehörs rügen.[82]

Freilich wird ein nach der ZPO nicht zulässiges Rechtsmittel »nicht dadurch statthaft …, dass es auf die Behauptung der Verletzung des rechtlichen Gehörs gestützt wird«[83]. Bei Verletzung des Anspruchs auf rechtliches Gehör kann die beschwerte Partei nach § 321a allerdings vor demselben Gericht eine Rüge mit dem Ziel einer Fortführung des Verfahrens erheben, wenn gegen die Entscheidung kein sonstiger Rechtsbehelf (insbesondere kein Rechtsmittel) gegeben ist, sog. **Gehörsrüge.** Dadurch soll vor allem das BVerfG von Verfassungsbeschwerden wegen Verletzung des Art. 103 I GG entlastet werden. Die Gehörsrüge ist innerhalb einer Frist von zwei Wochen nach Kenntnis der Verletzung des rechtlichen Gehörs zu erheben (§ 321a II 1). Erforderlich ist dabei positive Kenntnis von der Verletzung; bloßes Kennenmüssen setzt die Frist nicht in Gang.[84]

Übersicht 3 Verfahrensgrundsätze

Gegenstand	Verfahrensgrundsatz	Folgerungen	Durchbrechungen
Beginn und Ende, Gegenstand des Verfahrens	**Dispositionsgrundsatz** (Gegensatz: Amtsverfahren = Offizialverfahren, zB teilweise freiwillige Gerichtsbarkeit)	1. Klage notwendig (§ 253) 2. Bestimmung des Streitgegenstandes durch den Kläger (§ 308) 3. Ende des Verfahrens durch Klagerücknahme (§ 269), Klageverzicht (§ 306), Anerkenntnis (§ 307), Prozessvergleich (§ 794 Nr. 1)	1. Ehe- und Kindschaftssachen 2. Kosten – vorläufige Vollstreckbarkeit 3. § 308a (Dauer der Fortsetzung eines Mietverhältnisses) 4. § 139 (richterliche Hinweispflicht bzgl. der sachdienlichen Anträge)

79 BGHZ 27, 163 (169) = NJW 1958, 1186.
80 Art. 93 I Nr. 4a GG, §§ 90ff. BVerfGG.
81 BGH NJW-RR 2016, 699 Rn. 4.
82 BGH ZIP 2020, 486 Rn. 16.
83 BVerfGE 60, 96 (98) = NJW 1982, 1454; s. auch BVerfGE 64, 203 = NJW 1983, 2492.
84 BVerfG NJW 2007, 2242 (2244) für den mit § 321a übereinstimmenden § 78a ArbGG; einen Überblick zur Gehörsrüge gibt auch *Huber,* Grundwissen – Zivilprozessrecht: Anhörungsrüge (§ 321a ZPO), JuS 2014, 402.

Gegenstand	Verfahrensgrundsatz	Folgerungen	Durchbrechungen
Einführung der Tatsachengrundlage des Prozesses	**Verhandlungsgrundsatz** (Gegensatz: Untersuchungsgrundsatz = Inquisitionsmaxime, zB freiwillige Gerichtsbarkeit)	1. Tatsachenvortrag durch die Parteien 2. Parteien bestimmen über die Beweisbedürftigkeit (§ 138 III, § 288) 3. Parteien benennen Beweismittel (§ 282). S. aber §§ 142–144: Verwendung aller Beweismittel von Amts wegen mit Ausnahme des Zeugenbeweises	1. Ehe- und Kindschaftssachen 2. § 139 (Richterlicher Hinweis auf Vortrag notwendiger Tatsachen und Bezeichnung von Beweismitteln) 3. Wahrheitspflicht (§ 138 I)
Form der Gewinnung der Entscheidungsgrundlagen	**1. Mündlichkeit** (Gegensatz: Schriftlichkeit)	1. obligatorische mündliche Verhandlung (§ 128 I) 2. notwendige Beteiligung des erkennenden Richters (§ 309)	1. schriftliches Verfahren (§ 128 II) 2. Schriftsätze: § 297 mit §§ 129–133, 137 III
	2. Unmittelbarkeit	mündliche Verhandlung wie Beweisaufnahme vor dem erkennenden Gericht (§§ 128, 309, 355)	beauftragter oder ersuchter Richter (§ 361, § 362)
	3. Öffentlichkeit (Gegensatz: nicht öffentlich)	1. Verhandlung öffentlich (§ 169 S. 1 GVG, allgemeine Öffentlichkeit) 2. Parteiöffentlichkeit (§ 357 I)	Ausschluss der Öffentlichkeit (§§ 170–175 GVG – § 169 S. 2 GVG, § 357)
Beurteilung der Beweismittel	**freie richterliche Beweiswürdigung** (Gegensatz: Beweisregeln)	1. freie Beweiswürdigung (§ 286) 2. Sonderfall Schadensschätzung (§ 287)	§ 286 II (zB § 165, §§ 415–418)
Verfahrensdauer	**Konzentrationsmaxime** (eine mündliche Verhandlung)	1. Konzentration auf einen vorbereiteten Termin (§ 272 f., § 275 f.) 2. Prozessförderpflichten der Parteien (§ 282, § 296)	in der Praxis mehrere mündliche Verhandlungstermine
Schutz der Parteirechte	**Anspruch auf rechtliches Gehör** (Art. 103 I GG, § 139 II; »Prozessgrundrecht«)	1. Justizgewährungsanspruch 2. Recht auf Stellungnahme zum Prozessinhalt 3. Beachtung des Parteivorbringens durch das Gericht	in Eilfällen (zB bei einstweiliger Verfügung, § 937 II)

5. Kapitel. Das zuständige Gericht

A. Allgemeine Grundsätze

Die Vorschriften über die gerichtliche Zuständigkeit machen den im konkreten Fall zuständigen Richter vorhersehbar, verhüten Manipulationen, helfen so die Garantie des gesetzlichen Richters (Art. 101 I 2 GG, → Rn. 26) zu verwirklichen und bewirken ein rationelles Gerichtssystem. 175

I. Arten der Zuständigkeit

Innerhalb der deutschen Gerichtsbarkeit (zur internationalen Zuständigkeit → Rn. 859ff.) ist zu unterscheiden zwischen der **Rechtswegzuständigkeit** (welche der fünf Gerichtsbarkeiten ist zuständig? → Rn. 2, 16), der **sachlichen** Zuständigkeit (ist für die Entscheidung in erster Instanz das AG oder das LG berufen?), der **örtlichen** Zuständigkeit (welches konkrete Gericht ist zuständig?) sowie der **funktionellen Zuständigkeit** (wie ist der Instanzenweg ausgestaltet, wie unterscheiden sich die Bereiche des Richters und des Rechtspflegers?). 176

Beispiel: Wenn K (in München) gegen B (in Hamburg) einen Anspruch über 2.000 EUR aus Kaufvertrag einklagt, ist der ordentliche Rechtsweg gegeben (§ 13 GVG). Sachlich zuständig ist nach der Höhe des Streitwertes ein AG (§ 23 Nr. 1 GVG). Örtlich zuständig ist das AG Hamburg (§§ 12f.). Welcher Richter des AG Hamburg zuständig ist, sagt der Geschäftsverteilungsplan (→ Rn. 25). Will B nach seiner Verurteilung durch das AG Berufung einlegen, ist das übergeordnete LG (Hamburg) zuständig (§ 72 I GVG, funktionelle Zuständigkeit).

II. Prozessvoraussetzung

Die Zuständigkeit, dh die Entscheidungsbefugnis des Gerichts, ist Prozessvoraussetzung, also Voraussetzung einer Sachentscheidung (→ Rn. 376). 177

1. Prüfung von Amts wegen

Die Prüfung der Zuständigkeit erfolgt von Amts wegen. Gelegentlich wird irrig behauptet, eine Prüfung von Amts wegen finde nur bei der ausschließlichen Zuständigkeit statt. Jedoch achtet das Gericht auch bei nicht ausschließlicher Zuständigkeit auf seine Zuständigkeit. Freilich besteht hier die Möglichkeit, dass das zunächst unzuständige Gericht gem. § 39 durch **rügelose Verhandlung** des Beklagten zur Hauptsache zuständig wird. Um dies zu verhindern, muss der Beklagte die Unzuständigkeit des vom Kläger angerufenen Gerichts rügen (§ 282 III). 178

In vielen Bestimmungen schränkt das Gesetz allerdings die Überprüfung einer gerichtlichen Entscheidung über die Zuständigkeit ein (§ 11 zur sachlichen Zuständigkeit; §§ 513 II, 545 II zur sachlichen und örtlichen Zuständigkeit im Rechtsmittelverfahren; § 17a V GVG zur Rechtswegzuständigkeit). Das ist deswegen sachgerecht, weil die Gerichte grundsätzlich gleichwertig sind. Der Rechtsschutz durch ein bestimmtes Gericht ist nicht besser und nicht schlechter als der durch ein anderes Gericht. Eine Ausnahme gilt allerdings dann, wenn die Zulässigkeit des Rechtswegs bereits in erster Instanz von einer Partei gerügt worden ist (§ 17a III 2 GVG), das erstinstanzliche Gericht hierüber aber nicht durch Beschluss entschieden hat. Diese Entscheidung ist dann vom Rechtsmittelgericht nachzuholen.[1]

2. Beurteilungsgrundlage

179 Bei der Entscheidung über die Zuständigkeit ist der allgemeine Grundsatz für sog. **doppelrelevante Tatsachen** zu beachten: Das Vorliegen von Tatsachen, die sowohl für die Zulässigkeit als auch für die Begründetheit gegeben sein müssen, wird für die Zulässigkeitsprüfung unterstellt. Maßgebende Grundlage für die Prüfung der Zulässigkeit ist dann der **Klagevortrag.** Auf dieser Grundlage prüft das Gericht etwa für die Rechtswegzuständigkeit, ob das Begehren des Klägers als bürgerlich-rechtlich oder als öffentlich-rechtlich zu qualifizieren ist.[2] Nur wenn sich die zuständigkeitsbegründenden und die anspruchsbegründenden Tatsachen nicht decken, muss der Kläger den Beweis führen, wenn der Beklagte die zuständigkeitsbegründenden Tatsachen bestreitet.

Beispiele: Klagt der Kläger beim Gericht der unerlaubten Handlung (§ 32), muss er die Tatsachen, aus denen sich eine unerlaubte Handlung ergibt, für die Zuständigkeitsprüfung lediglich schlüssig behaupten. Ob der Beklagte wirklich eine unerlaubte Handlung begangen hat, ist erst bei der Begründetheit der Klage zu prüfen und nicht etwa Voraussetzung für die Zuständigkeit des Gerichts.[3]
Beruft sich der Kläger dagegen auf eine Vereinbarung der Parteien über das zuständige Gericht, muss er im Falle des Bestreitens die Vereinbarung beweisen.

3. Zeitpunkt

180 Die Zuständigkeit muss grundsätzlich spätestens zur Zeit der letzten mündlichen Verhandlung gegeben sein. Allerdings kann ein Gericht, das im Laufe des Prozesses einmal zuständig war, später nicht mehr aus irgendwelchen Gründen unzuständig werden (vgl. § 261 III Nr. 2, § 17 I GVG: **perpetuatio fori**). Wohl kann dagegen die zunächst fehlende Zuständigkeit im Laufe des Verfahrens nachträglich eintreten (zB durch Umzug des Beklagten in den Bezirk des angerufenen Gerichts, s. §§ 12, 13).

4. Verweisung

181 Bejaht das Gericht seine Zuständigkeit, bringt es dies – sofern bestritten – in den Gründen des Endurteils oder in einem Zwischenurteil (§ 280 I) zum Ausdruck. Verneint es seine Zuständigkeit, weist es die Klage nur **ausnahmsweise** durch ein sog. **Prozessurteil** (als unzulässig) ab. Grundsätzlich verweist es den Rechtsstreit an das zuständige Gericht. Diese Verweisung erspart eine neue Klageerhebung. Der Rechtsstreit wird beim Gericht, an das verwiesen wird (sog. Adressatgericht) fortgesetzt. Für diese Verweisung gelten folgende **Grundsätze:**

a) Anwendungsbereich

182 Die Verweisung ist bei der Rechtswegzuständigkeit wie bei der sachlichen und örtlichen Zuständigkeit möglich (§ 17a II GVG, §§ 281, 506).

Keine Verweisung ist die **Abgabe,** so etwa durch einen Amtsrichter des AG an einen anderen desselben AG aufgrund des Geschäftsverteilungsplans.

1 BGH BeckRS 2019, 36032 Rn. 8.
2 BGHZ 133, 240 (243) = NJW 1996, 3012.
3 BGHZ 98, 263 (274) = NJW 1987, 592.

b) Veranlassung

Bei der **Rechtswegzuständigkeit** erfolgt die Verweisung nach § 17a II GVG **von Amts wegen,** dh es bedarf keines Antrags des Klägers. Bei Fehlen der Rechtswegzuständigkeit kann die Klage also nicht als unzulässig abgewiesen werden. Den Parteien ist dabei jedoch rechtliches Gehör zu gewähren (§ 17a II 1 GVG), was insbesondere bedeutet, dass der Kläger die Möglichkeit erhalten muss, darzulegen, dass der gewählte Rechtsweg doch der richtige ist. Die Verweisung wegen **örtlicher oder sachlicher Unzuständigkeit** setzt dagegen einen **Antrag des Klägers** voraus (§ 281 I 1). Der Beklagte kann die Verweisung nicht beantragen. Er ist insoweit deshalb nicht schutzbedürftig, weil die Klage ohne Verweisung wegen Unzuständigkeit des angerufenen Gerichts abzuweisen ist. Dem Beklagten muss jedoch rechtliches Gehör gewährt werden,[4] dh er ist zu dem Verweisungsantrag zu hören. 183

c) Beschluss

Die Verweisung erfolgt durch Beschluss (§ 17a II GVG, § 281 I 1), der auch ohne mündliche Verhandlung ergehen kann (§ 17a IV 1 GVG, § 128 IV). Rechtliches Gehör wird dann meist schriftlich gewährt. Bei einer Verweisung wegen fehlender örtlicher oder sachlicher Zuständigkeit ist der Verweisungsbeschluss **unanfechtbar,** § 281 II 2 (das gilt auch dann, wenn die Verweisung anders als gesetzlich vorgeschrieben durch Urteil erfolgt ist)[5]. Dagegen ist bei einer Rechtswegverweisung die **sofortige Beschwerde** (§ 567 I, → Rn. 723 ff.) gegeben (§ 17a IV 3 GVG). 184

Der Verweisungsbeschluss ist für das Adressatgericht **bindend** (§ 17a II 3 GVG, § 281 II 4). Die Verweisung verändert also die Zuständigkeitsordnung. Mithin ist eine Zurückverweisung ebenso unstatthaft wie die Verweisung an ein drittes Gericht. Allerdings ist die Bindungswirkung auf den **Verweisungsanlass** beschränkt (s. § 17a II 3 GVG). So kann beispielsweise ein Gericht der ordentlichen Gerichtsbarkeit, an das eine Rechtswegverweisung erfolgt ist, den Rechtstreit wegen örtlicher oder funktioneller Unzuständigkeit weiterverweisen.[6] Ebenso hindert die Verweisung wegen örtlicher Unzuständigkeit nicht die Weiterverweisung wegen fehlender sachlicher Zuständigkeit, es sei denn das verweisende Gericht hat auch die sachliche Zuständigkeit des Adressatgerichts geprüft und bejaht.[7] 185

Die Bindungswirkung wird dadurch legitimiert, dass der Rechtsschutz durch unterschiedliche Gerichte grundsätzlich gleichwertig ist (→ Rn. 178) und die Rechtsschutzgewährung nicht durch lange Auseinandersetzungen über die Zuständigkeit der angerufenen Gerichte verzögert werden soll. Indessen sind in **Ausnahmefällen** besonders schwere Fehler der Verweisungsentscheidung (»Willkür«) nicht hinzunehmen. Dann stellte eine Bindung nämlich einen Verstoß gegen die Grundrechte der Beteiligten (Art. 101 I 2, 103 I GG) dar. Die Beeinträchtigung einer Verweisung nach § 281 (sachliche oder örtliche Zuständigkeit) ist für die Beteiligten dabei gravierender, da sie diese grundsätzlich nicht überprüfen lassen können. Anders ist es bei einer Verweisung zu einem Gericht eines anderen Rechtswegs nach § 17a GVG, die den Betei- 186

4 BVerfGE 61, 37 (40) = NJW 1982, 2367.
5 BGH NJW-RR 2000, 1731 (1732).
6 BGH NJW-RR 2011, 1497 Rn. 11; NJW 2002, 2474 (2475).
7 BayObLG NJW-RR 1996, 956.

ligten die Überprüfung durch ein Rechtsmittel offenhält.[8] Wegen dieser **Rügemöglichkeit** scheidet insbesondere eine Durchbrechung der Bindungswirkung mangels Gehörsgewährung aus.[9] Jedenfalls durch Rechtsmittel können die Beteiligten sich Gehör verschaffen. Im Anwendungsbereich des § 281 entfällt bei Verweisungen unter Gehörsverletzung und bei sonst willkürlichen Entscheidungen die Bindungswirkung. Will ein Adressatgericht aus einem solchen Grund den Rechtstreit nicht übernehmen, beruft sich indes das verweisende Gericht auf die Bindungswirkung, ist dieser **negative Zuständigkeitskonflikt,** zu dem es in der Praxis nicht selten kommt, nach § 36 I Nr. 6 durch eine vom übergeordneten Gericht vorzunehmende Zuständigkeitsbestimmung zu lösen.

d) Einheitliches Verfahren

187 Das Verfahren vor dem verweisenden Gericht und dem Adressatgericht bildet eine **Einheit** (wichtig für die Wirkungen der Klageerhebung; s. § 17b I 2 GVG). Die **Mehrkosten,** die durch die Anrufung des unzuständigen Gerichts entstanden sind, hat unabhängig vom Ausgang des Verfahrens stets der Kläger zu tragen (§ 281 III 2; § 17b II 2 GVG).

Formulierungsbeispiel: Die Kostenentscheidung wird nicht im Verweisungsbeschluss, sondern im Endurteil getroffen, beispielsweise folgendermaßen:

»1. Der Beklagte wird verurteilt, an den Kläger 2.500 EUR zu zahlen.
2. Der Beklagte trägt die Kosten des Verfahrens mit Ausnahme der durch die Anrufung des unzuständigen AG Bielefeld entstandenen Kosten. Diese trägt der Kläger.
3. Das Urteil ist vorläufig vollstreckbar [→ Rn. 76 ff.].«

B. Die Rechtswegzuständigkeit

188 Die Vorschriften über die Rechtswegzuständigkeit bestimmen die **zuständige Gerichtsbarkeit** (→ Rn. 2, 16). Grundsätzlich ist entweder der Rechtsweg zu den ordentlichen Gerichten, wenn es sich um eine **»bürgerliche Rechtsstreitigkeit«** (§ 13 GVG) handelt, oder der Verwaltungsrechtsweg eröffnet, wenn eine **»öffentlich-rechtliche Streitigkeit«** (§ 40 I 1 VwGO) vorliegt. Vorrangig zu beachten sind aber spezielle Rechtswegzuweisungen, wie sie auch die Zuständigkeitskataloge in § 51 SGG, § 33 FGO sowie §§ 2 ff. ArbGG für den Rechtsweg zu den **Sozial-, Finanz- und Arbeitsgerichten** enthalten. Das Gericht einer jeden Gerichtsbarkeit entscheidet über die Zulässigkeit des zu ihm beschrittenen Rechtswegs. Diese Entscheidung ist nach Rechtskraft für die Gerichte der anderen Gerichtsbarkeiten bindend (§ 17a I GVG; Grundsatz der Priorität). Eine Verneinung der Rechtswegzuständigkeit führt nach § 17a II 1 GVG auch ohne Antrag des Klägers zu einer Verweisung in den richtigen Rechtsweg, weshalb eine Abweisung der Klage wegen Fehlens der Rechtswegzuständigkeit nicht in Betracht kommt. Der Verweisungsbeschluss ist für das Adressatgericht bindend, aber anfechtbar (§ 17a II 3, IV 3 GVG, → Rn. 184 ff.).

8 BGH FamRZ 2013, 1302 Rn. 9.
9 BGH NJW 2003, 2990.

I. Spezielle Rechtswegzuweisungen

Spezielle Zuweisungen finden sich neben den bereits genannten Katalogen für die Spezialgerichtsbarkeiten (→ Rn. 188) vielfach als **Annex zu materiell-rechtlichen Regelungen.** Folgende Zuweisungen von Materien – die ihrer Natur nach zum Teil öffentlich-rechtlich einzuordnen sind – zur ordentlichen Gerichtsbarkeit gilt es zu kennen: Schadensersatzansprüche auf Geldersatz aus Amtshaftung (Art. 34 S. 3 GG), Streitigkeiten über die Höhe der Enteignungsentschädigung (Art. 14 III GG), aus Aufopferung für das gemeine Wohl (§ 40 II VwGO; § 68 I IfSG), aus öffentlich-rechtlicher Verwahrung und aus der Verletzung öffentlich-rechtlicher Pflichten[10]. Zur Anfechtung von sog. **Justizverwaltungsakten** (→ Rn. 15) s. §§ 23ff. EGGVG. 189

II. Abgrenzung bürgerlicher und öffentlich-rechtlicher Streitigkeiten

Die von § 13 GVG, § 40 VwGO geforderte grundlegende Abgrenzung bestimmt sich danach, ob die **streitentscheidende Norm** dem Privatrecht oder dem öffentlichen Recht zuzuordnen ist.[11] 190

Für das **Privatrecht** ist kennzeichnend die rechtliche **Gleichordnung** der an einem Rechtsverhältnis Beteiligten. »**Öffentlich-rechtlich** ist dagegen das Verhältnis, in dem der einzelne Beteiligte unmittelbar kraft seiner Unterwerfung unter die Gewalt des Staates oder einer sonstigen juristischen Person des öffentlichen Rechts zu dieser öffentlichen Gewalt oder ihren Trägern ... steht«.[12] Mithin handelt es sich um ein Verhältnis der **Über- und Unterordnung.** Die Zuordnung wird also mit der sog. **Subjektions- oder Subordinationslehre** getroffen. Öffentlich-rechtlich ist ein Rechtsverhältnis aber auch dann, wenn die Beteiligten einander zwar gleichgeordnet gegenüberstehen, beide Beteiligte (oder auch nur einer) aber als Träger hoheitlicher Gewalt handeln. Die Bestimmung wird dann ergänzt um die sog. **Subjekts- oder Sonderrechtslehre.** 191

Beispiel: In BGH NJW 1969, 1437 stützte sich der Kläger für sein Verlangen, dass die beklagte Gemeinde die Ausübung eines Notwegrechts zu dulden habe, auf § 917 BGB. Dabei handelt es sich um eine privatrechtliche Norm, sodass der Kläger konsequent vor dem LG Klage erhob. Indessen war das Grundstück der Beklagten, über das der Notweg führen sollte, für den Feuerwehrdienst gewidmet und daher öffentliche Sache. Dann wird das Rechtsverhältnis in Bezug auf diese Sache vorrangig vom öffentlichen Recht beherrscht, sodass sich ein Anspruch auf Duldung nur noch aus dem öffentlichen Recht ergeben kann. Eröffnet war daher allein der Verwaltungsrechtsweg.

1. Einzelfälle

Bei **Verträgen** ist nach der Rechtsprechung entscheidend, »ob der Vertragsgegenstand dem öffentlichen oder dem bürgerlichen Recht zuzurechnen ist«[13]. 192

10 Dazu BGHZ 43, 34 (38) = NJW 1965, 442; § 40 II VwGO.
11 BGHZ 102, 280 (283) = NJW 1988, 2295.
12 BGHZ 35, 175 (177) = NJW 1961, 1524.
13 BGHZ 97, 312 = NJW 1986, 2359.

Beispiele: Vertrag zwischen zwei Gemeinden über die Errichtung einer gemeinsamen Schule; Vertrag zwischen einer Gemeinde und einem Bürger über die Fixierung der Anliegerleistungen. Im Bereich der sog. **Daseinsvorsorge** ist es nach hM dem Staat (Gemeinde usw) überlassen, ob er die Rechtsbeziehungen privatrechtlich oder – so in der Regel – öffentlich-rechtlich regelt.[14]

193 Mit der Klage vor den Zivilgerichten kann nicht auf **Vornahme oder Unterlassung einer Amtshandlung** geklagt werden. Hierfür ist die Verwaltungsgerichtsbarkeit zuständig.

Beispiele: Die Klage eines Arztes vor dem Zivilgericht auf Eintragung in das Ärzteregister einer öffentlich-rechtlichen Körperschaft ist zB unzulässig.[15] Gleiches gilt für die gegen eine Fachhochschule gerichtete Klage auf Unterlassung der Verleihung des Grades »Diplom-Wirtschaftsjurist«[16]. Zulässig ist aber die Klage vor dem Zivilgericht gegen eine öffentlich-rechtliche Rundfunk- und Fernsehanstalt auf Widerruf einer unwahren, beleidigenden Äußerung[17] sowie einer privaten Krankenkasse gegen eine öffentlich-rechtliche Krankenkasse bei Wettbewerbsverstößen.[18]

Erhebliche Zweifel ergeben sich bei Streitigkeiten aus **öffentlichen Subventionen.** Zunächst ist auf die sog. **Zweistufentheorie** zurückzugreifen. Nach dieser ist die Bewilligung der Subvention ein Verwaltungsakt, zuständig ist damit die Verwaltungsgerichtsbarkeit. Die Abwicklung des Vertrags kann öffentlich-rechtlich oder privatrechtlich geregelt sein.[19]

194 **Deliktische Ansprüche** können als Schadensersatzansprüche auf Geldersatz aus Amtshaftung wegen Art. 34 S. 3 GG der ordentlichen Gerichtsbarkeit zugewiesen sein. Es kommen aber auch allgemeine privatrechtlich zu qualifizierende deliktische Ansprüche gegen öffentlich-rechtliche Körperschaften insbesondere wegen der Verletzung von Verkehrssicherungspflichten in Betracht.

Beispiel: In BGHZ 121, 367 = NJW 1993, 1799 war das Grundstück der Kläger von einem Bach teilweise überspült worden, weil dieser Bach infolge von Straßenbauarbeiten erheblich mehr Wasser führte als zuvor. Der Kläger begehrte Wiederherstellung des früheren Zustands seines Grundstücks. Für einen solchen Anspruch auf Naturalrestitution ist der grundsätzlich allein auf Geld gerichtete Anspruch aus Amtshaftung (§ 839 BGB iVm Art. 34 GG) nicht einschlägig. Der Kläger konnte sein Begehren aber auf § 823 I BGB wegen einer möglichen Verletzung der Verkehrssicherungspflicht stützen, die privatrechtlicher Natur ist, sodass der Rechtsweg zu den ordentlichen Gerichten eröffnet war. Zur möglichen Konkurrenz mit öffentlich-rechtlichen Anspruchsgrundlagen → Rn. 196.

---

14 BGHZ 63, 119 (121) = NJW 1975, 106 – Mülldeponie; BGH NJW 1979, 2615: Vertraglich vereinbarte Wasserbelieferung durch Gemeinde.

15 BGH LM § 51 SGG Nr. 1; ferner BGHZ 14, 22.

16 BGH NJW 1998, 546.

17 BGHZ 66, 182 = NJW 1976, 1198; s. aber BGHZ 148, 307 = NJW 2001, 3537: Gegen Äußerungen des Sektenbeauftragten einer Kirche als Körperschaft des öffentlichen Rechts sei der Verwaltungsrechtsweg gegeben.

18 BGHZ 66, 229 = NJW 1976, 1794.

19 BGHZ 57, 130 = NJW 1972, 210; BGHZ 52, 155 = NJW 1969, 1434.

2. Vorfragen

Die Aufgabentrennung zwischen Zivil- und Verwaltungsgerichtsbarkeit bedeutet nicht, dass die eine Gerichtsbarkeit gehindert wäre, Vorfragen aus dem Bereich der anderen Gerichtsbarkeit zu entscheiden. 195

So muss zB das Finanzgericht prüfen, ob der zur Erbschaftssteuer Herangezogene wirklich Erbe geworden ist. Das Zivilgericht kann bei einer Klage aus Amtspflichtverletzung über die Vorfrage entscheiden, ob ein Verwaltungsakt nichtig oder zwar rechtswidrig, aber wirksam ist.[20] Ist freilich über die Vorfrage (zB die Wirksamkeit des Verwaltungsakts) bereits durch die zuständige Gerichtsbarkeit entschieden, bindet dieses Urteil auch die jetzt entscheidende Gerichtsbarkeit.[21] Das Gericht kann abwarten (»aussetzen«), bis das andere Gericht (bzw. die Verwaltungsbehörde) über die bei diesem anhängige Rechtsfrage entschieden hat (§ 148). An einen bestandskräftigen Verwaltungsakt ist das Gericht ebenfalls gebunden. Dies ist allerdings kein Hindernis dafür, eben im Erlass eines rechtswidrigen Verwaltungsaktes eine Amtspflichtverletzung zu sehen, aus der sich für den Bürger ein Schadensersatzanspruch ergibt, der vor den ordentlichen Gerichten geltend gemacht werden kann, wobei diese ihrerseits über die Rechtswidrigkeit des Verwaltungsakts selbst entscheiden.[22]

III. Mehrere Anspruchsgrundlagen

Eine Klage kann sich auf mehrere Anspruchsgrundlagen stützen lassen, die zu verschiedenen Gerichtsbarkeiten gehören. 196

> **Beispiel:** Der Kläger verlangt Schadensersatz mit der Begründung, durch Verschulden eines Beamten des beklagten Staats sei ihm gegenüber die arbeitsrechtliche Fürsorgepflicht verletzt worden. Die Beurteilung des Amtshaftungsanspruchs obliegt der Zivilgerichtsbarkeit, die der Fürsorgepflichtverletzung dem Arbeitsgericht.[23]

Gemäß § 17 II 1 GVG ist innerhalb eines zulässigen Rechtswegs der Rechtsstreit unter allen in Betracht kommenden rechtlichen Gesichtspunkten zu entscheiden (eine Ausnahme gilt nach § 17 II 2 GVG unter anderem für Art. 34 S. 3 GG, dh insoweit können die Verwaltungsgerichte über den Amtshaftungsanspruch auch dann nicht entscheiden, wenn sie für einen anderen rechtlichen Gesichtspunkt, wie etwa den Folgenbeseitigungsanspruch, zuständig sind). Wenn der Kläger seinen Anspruch auf verschiedene Anspruchsgrundlagen stützen kann, die jeweils in unterschiedlichen Rechtswegen zu verfolgen sind, eröffnet § 17 II GVG ihm also die Möglichkeit, zwischen verschiedenen Rechtswegen zu wählen.

Macht der Kläger mit seiner Klage mehrere Ansprüche geltend (objektive Klagehäufung, → Rn. 333 ff.), muss die Rechtswegzuständigkeit allerdings für jeden von ihnen gegeben sein. § 17 II GVG führt insoweit zu keiner Erweiterung der Zuständigkeit des Gerichts;[24] zur Bedeutung von § 17 II GVG bei Aufrechnung des Beklagten mit einer Gegenforderung, die in einen anderen Rechtsweg gehört, → Rn. 402).

20 BGHZ 8, 209 = NJW 1953, 506; BGHZ 21, 294 = NJW 1956, 1401.
21 BGHZ 175, 221 Rn. 10 = BeckRS 2008, 02933.
22 BGHZ 113, 17 = NJW 1991, 1168.
23 BGH NJW 1964, 45.
24 BGHZ 114, 1 (2) = NJW 1991, 1686; BGH NJW 1998, 826.

C. Die sachliche Zuständigkeit

197 Nach den im GVG enthaltenen Vorschriften über die sachliche Zuständigkeit bestimmt sich in der ordentlichen Gerichtsbarkeit das **Eingangsgericht** (→ Rn. 22): AG oder LG.

I. Sachliche Zuständigkeit des Amtsgerichts

1. Streitwert

198 Vermögensrechtliche Ansprüche bis zu 5.000 EUR fallen nach § 23 Nr. 1 GVG streitwertabhängig in die Zuständigkeit des AG, sofern nicht das LG ausschließlich zuständig ist (→ Rn. 201).

2. Spezialzuweisungen

199 Die in § 23 Nr. 2 GVG genannten Streitigkeiten sind ohne Rücksicht auf die Höhe des Streitwerts dem AG zugewiesen. Wichtig ist insbesondere die Zuweisung von Wohnraummietstreitigkeiten durch § 23 Nr. 2 a GVG.

Zudem ist im Rahmen der Rechtshilfe (→ Rn. 41) das AG als Rechtshilfegericht gem. § 157 I GVG zuständig.

II. Sachliche Zuständigkeit des Landgerichts

1. Streitwert

200 Das LG ist sachlich zuständig für die Entscheidung über vermögensrechtliche Ansprüche mit einem Streitwert von mehr als 5.000 EUR (§§ 71 I, 23 Nr. 1 GVG), soweit nicht das AG ohne Rücksicht auf die Höhe des Streitwerts zuständig ist, also zB bei Wohnraummietstreitigkeiten (→ Rn. 199).

2. Spezialzuweisungen

201 Ausschließlich zuständig ist das LG ohne Rücksicht auf die Höhe des Streitwerts in den Fällen, die der Katalog des § 71 II GVG aufführt. Das sind insbesondere Klagen aus Amtshaftung (Nr. 2) und aus solchen Ansprüchen, die Gegenstand eines Kapitalanleger-Musterverfahrens (→ Rn. 266) sein können (Nr. 3).

Entgegen § 71 II Nr. 1 GVG ist für Klagen aus dem Beamtenverhältnis (auch für vermögensrechtliche) stets der Verwaltungsrechtsweg gegeben (§ 54 BeamtStG, § 126 BBG, §§ 46, 71 DRiG). Die von § 71 II Nr. 4 GVG genannten Verfahren werden nicht nach der ZPO, sondern dem FamFG (→ Rn. 20) durchgeführt.

III. Streitwertbestimmung

202 Die für die sachliche Zuständigkeit wichtige **Bestimmung des Streitwerts** erfolgt durch das Gericht (§§ 2, 3), und zwar entweder in den Urteilsgründen oder durch einen gesonderten Beschluss. Bei Geldforderungen ist deren behaupteter Betrag maßgebend. Einzelregelungen finden sich in den §§ 4–9.

Beispiele: K hat gegen B eine Schadensersatzforderung aus § 823 I BGB in Höhe von 12.000 EUR eingeklagt. Zuständig ist nach §§ 23 Nr. 1, 71 I GVG das LG. Nach der Beweisaufnahme ermäßigt er den Klageantrag auf 4.000 EUR. Das LG bleibt zuständig, da für die Wertberechnung der Zeitpunkt der Klageeinreichung maßgebend ist (§§ 4 I, 261 III Nr. 2).
K hat gegen B aus dem gleichen Rechtsgrund wie eben 2.500 EUR eingeklagt. Die Zuständigkeit liegt bei dem AG. Später erhöht er – wegen des inzwischen höheren Schadens – die Klage auf 12.000 EUR. Nach dem Grundsatz von §§ 4 I, 261 III Nr. 2 sollte man die Fortdauer der amtsgerichtlichen Zuständigkeit erwarten. Es greift aber § 506 I ein. Danach hat das AG an das LG zu verweisen, wenn zumindest eine Partei dies beantragt. Stellt keine Partei einen Antrag, bleibt das AG für die Entscheidung zuständig.
K »zerlegt« seine Darlehensforderung von 15.000 EUR in drei Teilbeträge und erhebt drei Klagen über je 5.000 EUR beim AG (zB um den Anwalt »zu sparen«). Jedenfalls kann das AG die drei Klagen verbinden (§ 147) und dann auf Antrag nach § 506 verfahren. Erhebt K die zweite Klage allerdings erst nach Beendigung des ersten Verfahrens, kommt eine Verbindung nach § 147 nicht mehr in Betracht. Hier bleibt es bei der Zuständigkeit des AG.

D. Die örtliche Zuständigkeit

Nach den in der ZPO enthaltenen Vorschriften über die örtliche Zuständigkeit (das Gesetz spricht von »Gerichtsstand«) bestimmt sich das zur Entscheidung berufene konkrete AG oder LG (zB das AG München oder AG Hamburg). Die Zuständigkeit kann am **allgemeinen** Gerichtsstand des Beklagten (§§ 12 ff.) begründet sein oder sich aus den **besonderen Gerichtsständen** (§§ 20 ff.) ergeben. Darunter gibt es sog. ausschließliche Gerichtsstände, die aus Gründen der Sachnähe zwingend sind und daher eine Klage auch im allgemeinen Gerichtsstand nicht erlauben (§ 12). Soweit ein besonderer Gerichtsstand dagegen kein **ausschließlicher** ist, kann der Kläger wählen, ob er im Allgemeinen oder in einem besonderen Gerichtsstand klagen will, § 35 (dieses Wahlrecht ist jedoch nicht grenzenlos, sondern kann im Einzelfall rechtsmissbräuchlich ausgenutzt werden)[25]. Nur insoweit sind in den Grenzen des § 38 auch Gerichtsstandsvereinbarungen zulässig (→ Rn. 216 ff.). 203

Der örtliche Bezirk, für den ein bestimmtes Gericht zuständig ist, wird durch Landesrecht festgelegt. Für Nordrhein-Westfalen etwa ergeben sich die Gerichtsbezirke aus Anlage 1 zu § 21 JustG NRW.

I. Allgemeiner Gerichtsstand

Klagen sind grundsätzlich am allgemeinen Gerichtsstand des Beklagten zu erheben (§ 12). Der Beklagte wird dadurch bevorzugt. Er hat den Prozess nicht gewollt und auch keinen Einfluss auf den Zeitpunkt der Klageerhebung und den Verfahrensgegenstand. Als Ausgleich soll er gewissermaßen ein »Heimspiel« haben. Diese gesetzliche Abwägung gilt freilich nicht, sofern ein besonderer Gerichtsstand (→ Rn. 205 ff.) gegeben ist. Der allgemeine Gerichtsstand wird bei natürlichen Personen durch deren **Wohnsitz** (§ 13, Bestimmung nach §§ 7–11 BGB), bei juristischen Personen und anderen parteifähigen Organisationen durch deren **Sitz** bestimmt (§ 17 I). §§ 15–19a enthalten Sonderregelungen, etwa § 16 für wohnsitzlose Personen. 204

Bei Klagen gegen den Staat als Träger von Vermögens-, nicht Hoheitsrechten (sog. **Fiskus**) gilt § 18. Diese Bestimmung darf nicht dazu verleiten, die den Staat vertretende Behörde als Partei zu bezeichnen.

25 Dazu etwa OLG Schleswig NJW-RR 2014, 442 (443).

Es muss also zB heißen: »Klage des ... gegen die Bundesrepublik Deutschland, vertreten durch den Oberfinanzpräsidenten in Stuttgart«[26]. Erhebliche Probleme bereitet freilich, dass die Vertretungsregelungen sehr vielgestaltig und unübersichtlich sind, vgl. die Vertretungsordnung JM NRW (JMBl. NRW 2013, 148), die zur Vertretung des Landes NRW im Geschäftsbereich nur des Justizministeriums 13 unterschiedliche Vertretungsregelungen enthält.

II. Besondere Gerichtsstände

205 Zur Bestimmung der besonderen Gerichtsstände in §§ 20–34 wird teilweise an die Person des Beklagten angeknüpft, beispielsweise an den **Aufenthaltsort** (§ 20), an die **Niederlassung** (§ 21) oder an den Ort, an dem sich **Vermögen** des Beklagten befindet (§ 23). Die meisten Regelungen stellen aber auf den Streitgegenstand ab. Die Verbundenheit des Streitgegenstands mit einem bestimmten Ort kann so eng sein, dass der besondere Gerichtsstand als ausschließlicher (→ Rn. 203) ausgestaltet ist.

1. Dinglicher Gerichtsstand

206 So ist der dingliche Gerichtsstand, der sich nur auf unbewegliche Sachen bezieht (zB Klagen aus §§ 985, 1004, 894 BGB) in den Fällen des § 24 (vor allem Geltendmachung des Eigentums oder einer dinglichen Belastung) ausschließlich, hingegen nicht ausschließlich in den Fällen der §§ 25, 26.

Beispiel: G hat dem in Hamburg wohnhaften S ein Darlehen in Höhe von 20.000 EUR gewährt, das durch eine Hypothek auf einem in Münster gelegenen Grundstück des S und außerdem noch durch eine Bürgschaft des in Köln wohnhaften Freundes B des S gesichert wird. Hier ist für die »Hypothekenklage« (Klage auf Duldung der Zwangsvollstreckung wegen der Hypothek aus dem Grundstück) nur das LG Münster (§ 24), für die persönliche Schuldklage das LG Hamburg (§ 12) oder das LG Münster (§ 25), für die Geltendmachung des Anspruchs aus der Bürgschaft das LG Köln (§ 12) zuständig. Nur die Zuständigkeit für die Hypothekenklage ist eine ausschließliche, sodass in den anderen Fällen eine ausdrückliche oder stillschweigende Parteivereinbarung über die Zuständigkeit (im Rahmen der §§ 38–40, → Rn. 215 ff.) möglich ist und die Klage auch im allgemeinen Gerichtsstand des S bzw. B erhoben werden kann. § 24 gilt nicht für Klagen, durch die ein schuldrechtlicher Anspruch auf Einräumung eines dinglichen Rechts an einem Grundstück geltend gemacht wird.[27]

2. Erfüllungsort

207 Der Gerichtsstand des Erfüllungsorts (§ 29) erfasst alle Streitigkeiten »aus einem Vertragsverhältnis und über dessen Bestehen« (§ 29 I), also nicht nur Erfüllungsklagen, sondern auch Klagen auf Schadensersatz wegen Nichterfüllung oder zur Geltendmachung von Ansprüchen auf Rückabwicklung des Vertragsverhältnisses nach Rücktritt. Er bestimmt sich nach der **materiell-rechtlichen Regelung** der §§ 269, 270 IV BGB, also vorrangig nach der Abrede der Vertragsparteien (→ Rn. 209), sonst nach der Natur des Schuldverhältnisses, im Zweifel aber – wie der allgemeine Gerichtsstand – nach dem Wohnsitz des Schuldners.

Beispiel: V in Hamburg hat an K in München Ware für 1.000 EUR verkauft. Wenn V nicht liefert, muss K beim AG Hamburg auf Lieferung klagen. Denn dieses Gericht ist sachlich (§ 23

26 BGHZ 8, 197 = NJW 1953, 380.

27 Beispiel nach BGHZ 54, 201 = NJW 1970, 1789: Klage des Grundstückseigentümers auf Übertragung einer Grundschuld wegen Wegfalls des Sicherungsgrundes.

Nr. 1 GVG) und sowohl nach § 29 mit § 269 BGB als auch gem. § 12 örtlich zuständig. Das Gleiche gilt für einen Schadensersatzanspruch statt der Leistung aus §§ 280 I, III, 281 I BGB. Hat V aber nach Vertragsschluss seinen Wohnsitz von Hamburg nach Düsseldorf verlegt, eröffnet § 29 dem K die Wahl: Er kann entweder in Düsseldorf (§ 12) oder in Hamburg (§ 29 mit § 269 BGB: »zur Zeit der Entstehung des Schuldverhältnisses«) Klage erheben.

Infolge der Anknüpfung an § 269 BGB ist der Erfüllungsort für den jeweils konkret eingeklagten Anspruch gesondert festzustellen. Es besteht grundsätzlich **kein einheitlicher Erfüllungsort** des ganzen Vertrags, mit der eine einheitliche Zuständigkeit für sämtliche aus dem Vertrag folgenden Ansprüche einherginge. Es kann sich nur aus der Anwendung des § 269 BGB ergeben, dass verschiedene Ansprüche den Erfüllungsort teilen. 208

Beispiele: Aus der Natur des Schuldverhältnisses eines Krankenhausaufnahmevertrags folgt, dass nicht nur die Behandlung, sondern auch die Zahlung der Vergütung am Ort des Krankenhauses zu erfolgen hat.[28]
Entsprechendes gilt im Grundsatz für den Beherbergungsvertrag[29], nicht aber für den Anwaltsvertrag, sodass der Mandant seine Zahlungsverpflichtung an seinem Wohnsitz, nicht am Kanzleisitz zu erbringen hat[30].
Erfüllungsort bei Flugbeförderung sind Abflugs- und Ankunftsort.[31]

Zwar ist nach § 269 BGB zur Bestimmung des Erfüllungsorts in erster Linie eine Vereinbarung maßgeblich, eine solche **Vereinbarung über den Erfüllungsort** begründet nach § 29 II die örtliche Zuständigkeit aber nur, wenn es sich um Kaufleute oder juristische Personen des öffentlichen Rechts handelt. Es gilt also die gleiche Beschränkung wie bei unmittelbarer Vereinbarung der örtlichen Zuständigkeit (→ Rn. 219f.). Anderenfalls könnten die in § 38 enthaltenen Prorogationsschranken über eine Vereinbarung des Erfüllungsorts umgangen werden. 209

Beispiel: Kaufleute verwenden zur Beschreibung der Lieferverpflichtung die internationalen Handelsklauseln (»**D**elivered **D**uty **P**aid«: geliefert Zoll bezahlt), indem sie formularmäßig vereinbaren: »DDP Cologne«. Mit dieser Klausel wird nach den Anwendungshinweisen der Internationalen Handelskammer (ICC) Köln als Erfüllungsort bestimmt. Daher ist für die Schadensersatzklage des Käufers gegen den Verkäufer wegen Schlechtleistung das LG Köln nach § 29 II örtlich zuständig, unabhängig davon, ob sich die Vertragsparteien dieser prozessualen Auswirkung der Klausel bewusst waren;[32] zur Auswirkung dieser Vereinbarung auf die internationale Zuständigkeit → Rn. 857.

Bedeutsame **ausschließliche Vertragsgerichtsstände** bestimmen § 29a für Miet- und Pachtverträge über Räume am Belegenheitsort des Vertragsgegenstands sowie § 29c für sog. außerhalb von Geschäftsräumen geschlossene Verträge (ehemals Haustürgeschäfte) nach § 312b BGB am Wohnsitz des Verbrauchers.

3. Unerlaubte Handlung

Einen nicht ausschließlichen besonderen Gerichtsstand begründet § 32 am Ort einer unerlaubten Handlung. Unter dieses Merkmal fallen auch die Gefährdungshaftung 210

28 BGH NJW 2012, 860 Rn. 18.
29 BGH NJW-RR 2007, 777 Rn. 17.
30 BGHZ 157, 20 = NJW 2004, 54.
31 BGHZ 188, 85 Rn. 35 = NJW 2011, 2056 im Anschluss an EuGH NJW 2009, 2801 – Rehder zu Art. 5 Nr. 1 lit. b Spiegelstrich 2 Brüssel I-VO (heute Art. 7 Nr. 1 lit. b Spiegelstrich 2 Brüssel Ia-VO); → Rn. 861.
32 BGHZ 195, 243 Rn. 27 = BeckRS 2012, 24430.

einschließlich der Ansprüche aus § 717 III[33] sowie die Haftung nach § 1004 BGB. Begangen ist die unerlaubte Handlung überall dort, wo ein **Tatbestandsmerkmal** (Handlung – Kausalkette – Erfolg) **verwirklicht** wurde. Bei Unterlassung ist dies dort der Fall, wo hätte gehandelt werden müssen. § 20 StVG kennt für die Haftung aus den §§ 7, 18 StVG den besonderen Gerichtsstand des **Unfallorts.**

Beurteilungsgrundlage, ob das Delikt (doppelrelevante Tatsache) vorliegt, ist im Rahmen der gerichtlichen Zuständigkeitsprüfung der Tatsachenvortrag des Klägers (→ Rn. 179).

211 Im Gerichtsstand des § 32 hat das Gericht den Rechtsstreit nicht nur im Hinblick auf einen deliktsrechtlichen Anspruch, sondern auch auf **andere Anspruchsgrundlagen** (zB Vertragsverletzung oder Verletzung vorvertraglicher Pflichten) hin zu prüfen.[34] Diese weite Auslegung des § 32 entspricht der Regelung des § 17 II GVG zum Rechtsweg und ist wegen der nur so möglichen Entscheidung über den **einheitlichen Streitgegenstand** geboten.

4. Der Gerichtsstand der Widerklage (§ 33)

212 Dieser Gerichtsstand wird durch Zweckmäßigkeitserwägungen bestimmt:

Der Bauunternehmer K klagt gegen den Bauherrn B 15.000 EUR restlichen Werklohn ein. B bestreitet, wegen eines Baumangels diese Summe jetzt schon schuldig zu sein, und macht außerdem gegen K einen Anspruch auf Beseitigung dieses Mangels geltend. Hier kann B die Widerklage auf Mängelbeseitigung bei dem von K angerufenen Gericht erheben, auch wenn dort weder der allgemeine Gerichtsstand des K (§ 12) noch der Gerichtsstand des Erfüllungsortes (§ 29) gegeben wäre. Der rechtliche Zusammenhang ermöglicht B die Widerklage bei diesem Gericht, er zwingt ihn aber nicht dazu. Es steht B frei, die Klage auf Beseitigung der Mängel in einem selbstständigen Verfahren im Gerichtsstand des § 12 oder des § 29 zu erheben.

Einzelheiten zur Widerklage → Rn. 319ff.

III. Gerichtsstand kraft richterlicher Bestimmung (§ 36)

213 **Zuständigkeitskonflikte** zwischen verschiedenen Gerichten werden überwiegend durch die Bindungswirkung eines Verweisungsbeschlusses verhindert. Streiten Gerichte aber über die Bindungswirkung oder liegt ein sonstiger Fall des § 36 vor, wird das zuständige Gericht grundsätzlich durch das **nächsthöhere Gericht bestimmt.** Ist aber das nächst höhere gemeinschaftliche Gericht der BGH, hat nicht dieser, sondern das OLG das zuständige Gericht zu bestimmen, zu dessen Bezirk das zuerst mit der Sache befasste Gericht gehört (§ 36 II). Gibt es kein übergeordnetes gemeinschaftliches Gericht (so bei zwei obersten Bundesgerichten), hat im Falle eines negativen Kompetenzkonflikts (dh wenn sich beide in Betracht kommenden Gerichte als nicht rechtswegzuständig ansehen) derjenige oberste Gerichtshof des Bundes das zuständige Gericht zu bestimmen, der zuerst darum angerufen wird.[35]

33 BGHZ 189, 320 = NJW 2011, 2214.
34 BGHZ 153, 173 = NJW 2003, 828.
35 BGH NJW 2001, 3631; 2001, 3633.

E. Die funktionelle Zuständigkeit

Die funktionelle Zuständigkeit wird auch »**Zuständigkeit nach Geschäften**« genannt. 214
Sie grenzt zunächst den Aufgabenbereich des Richters von dem des Rechtspflegers und des Urkundsbeamten ab, dann den des Kollegialgerichts (zB Zivilkammer) von dem des Vorsitzenden, des beauftragten und des ersuchten Richters. Letztlich bestimmt sie auch die Zuständigkeit der Gerichte im Instanzenzug. Die funktionelle Zuständigkeit ist stets ausschließlich.

F. Zuständigkeit kraft Parteiverhaltens

Die Zuständigkeit des Gerichts kann durch Parteivereinbarung (§ 38) und durch rüge- 215
lose Einlassung des Beklagten zur Hauptsache (§ 39) beeinflusst werden.

I. Zuständigkeitsvereinbarung

Bei der Zuständigkeitsvereinbarung handelt es sich um einen **Prozessvertrag,** dessen 216
Zulässigkeit sich nach prozessualem Recht richtet, der aber auch die im BGB-AT geregelten Erfordernisse an einen Vertragsschluss erfüllen muss.[36]

1. Gegenstand

Eine Vereinbarung ist nur statthaft, sofern nicht ausschließliche Zuständigkeitsrege- 217
lungen betroffen sind (vgl. § 40 II). Daher kann überhaupt nur die **sachliche** Zuständigkeit in Gestalt der Wahl zwischen den beiden Eingangsgerichten AG oder LG sowie die **örtliche** Zuständigkeit unter Beachtung der ausschließlichen Gerichtsstände Gegenstand einer Vereinbarung sein. Insoweit kann die Zuständigkeit nach dem Gesetz nicht zuständiger Gerichte begründet **(Prorogation)** und die nach dem Gesetz zuständiger Gerichte ausgeschlossen **(Derogation)** werden. **Rechtswegzuständigkeit** und **funktionelle** Zuständigkeit sind einer Parteivereinbarung nicht zugänglich. Die Parteien können also zB nicht vereinbaren, dass eine verwaltungsrechtliche Streitigkeit durch ein ordentliches Zivilgericht entschieden wird oder dass über die Berufung gegen das Urteil eines AG das OLG entscheiden soll.

2. Bestimmtes Rechtsverhältnis

Die Vereinbarung muss sich auf ein bestimmtes Rechtsverhältnis beziehen (§ 40 I). 218
Daher ist eine Zuständigkeitsvereinbarung etwa über »alle Klagen aus der Geschäftsbeziehung« unwirksam. Die Wirksamkeit einer Zuständigkeitsvereinbarung hängt allerdings nicht von der Wirksamkeit eines materiell-rechtlichen Vertrags ab, auf den sie sich bezieht. Denn grundsätzlich ist eine solche Vereinbarung so zu verstehen, dass auch der Streit über die Wirksamkeit des materiell-rechtlichen Vertrags von ihr erfasst wird. Freilich äußert eine Zuständigkeitsvereinbarung keine Wirkung, wenn sie an dem gleichen Mangel wie der materiell-rechtliche Vertrag leidet (etwa fehlende Vertretungsmacht oder fehlende Geschäftsfähigkeit).

36 Stein/Jonas/*Bork* ZPO § 38 Rn. 50f.

3. Zeitpunkt

219 Die weiteren Voraussetzungen unterscheiden nach dem Zeitpunkt, zu dem die Vereinbarung geschlossen wird. Eine **vor Entstehen der Streitigkeit** geschlossene ausdrückliche oder stillschweigende Vereinbarung über die Zuständigkeit ist grundsätzlich nur wirksam, wenn die Parteien (und zwar beide) Kaufleute oder juristische Personen des öffentlichen Rechts sind (§ 38 I). Dies dient dem Schutz Geschäftsungewandter vor Zuständigkeitsvereinbarungen.

220 **Nach Entstehen einer Streitigkeit** ist eine Vereinbarung möglich, wenn sie ausdrücklich und schriftlich geschlossen wird, ohne dass die Parteien wie bei § 38 I Kaufleute oder juristische Personen des öffentlichen Rechts zu sein brauchen (§ 38 III Nr. 1). »Streitigkeit« ist dabei nicht der Prozess, sondern die vorprozessuale Auseinandersetzung. Wer jetzt, nachdem es schon zum Streit gekommen ist, eine Zuständigkeitsvereinbarung abschließt (wozu er ja nicht gezwungen werden kann), ist nicht im selben Maße schutzwürdig wie eine Partei, die sich auf eine solche Vereinbarung zu einem Zeitpunkt einlässt, in dem das Rechtsverhältnis zwischen den Parteien noch ungestört ist, weshalb die Partei sich der Gefährlichkeit der Abrede häufig nicht bewusst ist.

II. Rügelose Einlassung zur Hauptsache

221 Die **Zuständigkeit eines Gerichts** wird vorbehaltlich der ausschließlichen Zuständigkeiten auch dadurch **begründet,** dass sich der Beklagte im Prozess auf die Klage vor dem unzuständigen Gericht rügelos einlässt (§ 39). Freilich hat in amtsgerichtlichen Streitigkeiten das Gericht auf die Unzuständigkeit hinzuweisen (§§ 504, 39 S. 2). Die Zuständigkeitsbegründung durch rügelose Einlassung nach § 39 macht es unerheblich, ob die Zuständigkeit ungeachtet dessen bereits aus anderen Vorschriften folgte. So hat der Richter die Einhaltung nicht ausschließlicher Zuständigkeitsregelungen nur auf eine Rüge hin zu überprüfen (→ Rn. 178).

Literatur: *Landbrecht,* Gerichtsstands-, Erfüllungsortvereinbarung sowie rügelose Verhandlung, JURA 2019, 161; *Wilke,* Die gerichtliche Bestimmung der Zuständigkeit gem. §§ 36, 37 ZPO, JA 2019, 610.

Übersicht 4 Das zuständige Gericht

Arten: Allg. Aufgabe der Zuständigkeitsregelung	**Rechtswegzuständigkeit**	**sachliche Zuständigkeit** (der Zivilgerichte)	**örtliche Zuständigkeit** (der Zivilgerichte)	**funktionelle Zuständigkeit**
	Rationelles Gerichtssystem – Bestimmung des gesetzlichen Richters			
konkrete Aufgabe der Zuständigkeitsregelung	Bestimmung der zuständigen Gerichtsbarkeit (zB ordentlichen oder Verwaltungsgerichtsbarkeit)	Bestimmung des Eingangsgerichts (AG oder LG?)	Bestimmung des konkret zuständigen Gerichts (zB AG München oder AG Hamburg?)	1. Abgrenzung Richter – RPfleger usw 2. Instanzenzug 3. Erkenntnisverfahren – Vollstreckungsverfahren
maßgebende Kriterien	1. ausdrückliche gesetzliche Zuweisung (zB Art. 14 III 1 GG) 2. »Natur« des Streitgegenstandes (zB § 13 GVG, § 40 VwGO)	1. ausdrückliche Zuweisung (§§ 23 Nr. 2, 71 II GVG) 2. Streitwert (§§ 23 Nr. 1, 71 I GVG)	Anknüpfungen: 1. Wohnsitz des Beklagten (§ 12, allgemeiner Gerichtsstand) 2. Sachnähe (zB §§ 24, 29, 29a, 32)	1. Aufgabenteilung innerhalb der Instanz 2. Überordnung im Instanzenzug
Regelung zwingend? Zuständigkeit ausschließlich oder nicht ausschließlich?	ausschließlich (keine Parteivereinbarung)	Parteivereinbarungen im Rahmen der §§ 38–40 möglich		ausschließlich
Wer entscheidet über die Zuständigkeit?	das angerufene Gericht, bei mehreren angerufenen das zuerst entscheidende (Priorität, § 17a I GVG)	das angerufene Gericht – Zuständigkeit ist Prozessvoraussetzung – bei Fehlen: Klageabweisung als unzulässig, sofern nicht Verweisung		das angerufene Gericht
Verweisungsmöglichkeit	ja (§ 17a II GVG)	ja (§ 281)		
	verweisende Entscheidung für Gericht, an das verwiesen wird, bindend: § 17a II 3 GVG, (§ 281 II 4), Rückverweisung also unzulässig			

6. Kapitel. Die Partei

Bei der Erörterung der prozessualen Stellung der Parteien sind folgende Fragen zu unterscheiden: Wer ist im konkreten Prozess Partei (**Parteibegriff,** → Rn. 223 f.)? Wer kann im Prozess Partei sein (**Parteifähigkeit,** → Rn. 231 ff.)? Wer kann die prozessualen Rechte selbstständig ausüben (**Prozessfähigkeit,** → Rn. 236 ff.)? Wann bedarf eine Partei (obwohl partei- und prozessfähig) eines Rechtsanwalts als Prozessbevollmächtigten (**Postulationsfähigkeit,** → Rn. 243 ff.)? Wann kann eine Partei (obwohl partei- und prozessfähig) die ihr zustehenden Rechte nicht in eigenem Namen geltend machen (zB weil über ihr Vermögen das Insolvenzverfahren eröffnet worden ist), wann kann dies eine andere Person (zB der Insolvenzverwalter) in eigenem Namen tun (**Prozessführungsbefugnis,** → Rn. 252 ff.)? Welche Grundsätze gelten für die **Prozesshandlungen** einer Partei (→ Rn. 268 ff.)? 222

A. Der Parteibegriff

Wer Partei in einem Prozess ist, wird durch die Klage bestimmt: Kläger ist, wer die Klage erhebt; Beklagter ist, gegen wen sich die Klage richtet. Es gilt also ein rein **formeller,** vom materiellen Recht losgelöster **Parteibegriff.** Die Frage, ob der Kläger einen Anspruch gegen den Beklagten hat (**Aktivlegitimation** des Klägers und **Passivlegitimation** des Beklagten), gehört zur Begründetheit der Klage und betrifft nicht deren Zulässigkeit (→ Rn. 254). 223

Beispiele: Klagt G eine Forderung, die er längst an Z abgetreten hat, gegen S ein, sind G und S Parteien. Aber die Klage des G ist unbegründet. Er ist nicht mehr Inhaber der Forderung, nicht mehr materiell Berechtigter und daher nicht aktivlegitimiert (→ Rn. 254).[1]
Ist G noch Gläubiger und nimmt er mit der Klage S in Anspruch, obwohl er damit einverstanden gewesen war, dass Ü anstelle des S die Schuld übernahm, sind G und S Parteien. Aber die Klage ist ebenfalls unbegründet: S ist nicht mehr Schuldner der Forderung und folglich nicht passivlegitimiert.

Kläger und Beklagter treten im Prozess unter ihrem bürgerlichen Namen auf. Nur ein **Kaufmann** kann unter seiner **Firma** klagen und verklagt werden (§ 17 II HGB). Dadurch wird aber nicht die »Firma«, auch nicht das »Unternehmen«, sondern der Kaufmann als Inhaber seines Vermögens Partei. 224

Zu beachten ist, dass ein »gegen die Firma« ergangenes Urteil nicht nur in das Geschäftsvermögen eines Einzelkaufmanns vollstreckt werden kann, sondern auch in dessen »Privatvermögen«. Ist »die Firma« als juristische Person (zB GmbH) oder Personenhandelsgesellschaft organisiert (zB OHG, § 124 HGB), sind Gesellschaftsvermögen und Gesellschaftervermögen sowie die Gesellschafterhaftung (§ 13 II GmbHG, § 128 HGB) freilich zu unterscheiden.

I. Parteistellung durch Klageschrift und Zustellung

Bestehen Zweifel über die Person von Kläger oder Beklagtem, ist die Klageschrift der **Auslegung** fähig. Es kommt darauf an, wer aus Sicht eines objektiven Empfängers 225

1 BGHZ 4, 328 (334) = NJW 1952, 545.

nach dem gesamten Inhalt der Klageschrift als Partei zu verstehen ist.[2] Ein vom Wortlaut der Klageschrift abweichendes Verständnis kommt insbesondere in Betracht, wenn die als Partei bezeichnete Person **nicht existiert.** Ungenaue Parteibezeichnungen können in der Klage wie im Urteil (§ 319) von Amts wegen berichtigt werden, sofern die Identität der Partei gewahrt bleibt.[3] Dies ist etwa der Fall, wenn in der Klageschrift der Beklagte mit falschem Vornamen bezeichnet wird.

Beispiel: Nach Auflösung einer OHG (»B OHG«) betreibt B das Unternehmen als Einzelkaufmann (»B e. K.«) weiter und führt die Firma fort. K verklagt ihn unter der Firma »B OHG«. Das Berufungsgericht hielt die Klage für unzulässig, da der Beklagte nicht existent sei. Das Reichsgericht[4] verwarf das Urteil, da es keinem Zweifel unterliegen könne, dass die Klage gegen B gerichtet sein solle.

Richtet sich die Klage indessen nach ihrem Wortlaut gegen eine **existente Person,** wird diese Person im Zweifel auch Beklagte, auch wenn nach materiellem Recht richtigerweise eine andere Person zu verklagen gewesen wäre.

Beispiel: Die Klägerin errichtete für die S Projekt GmbH ein Einkaufszentrum und stellte ihr eine Schlussrechnung. Unter Bezugnahme auf diese Schlussrechnung verklagte sie die S Real Estate GmbH, die unter gleicher Adresse und Geschäftsführung wie die S Projekt GmbH existiert. In der Klagebegründung behauptet die Klägerin (fälschlicherweise), dass die S Real Estate GmbH Rechtsnachfolgerin der S Projekt GmbH sei. Der – freilich von einem Motivirrtum beeinflusste – Wille der Klägerin ging folglich dahin, die S Real Estate GmbH zu verklagen, die damit auch Beklagte wurde.[5]

226 Wird die **Klage einer anderen Person zugestellt** als der in der Klage bezeichneten, wird der Zustellungsempfänger dadurch nicht Partei. Er kann jedoch als Scheinbeklagter im Prozess Antrag auf Verurteilung des Klägers zur Erstattung der ihm entstandenen Kosten stellen, sofern der Kläger die fehlerhafte Zustellung »veranlasst« hat.[6] Bei Zustellung an eine andere Person als der in der Klage bezeichneten ist auch nicht etwa der Bezeichnete Beklagter geworden. Ihm gegenüber fehlt es an der nach § 253 I erforderlichen Zustellung.

Beispiel nach BGHZ 127, 156 = NJW 1994, 3232: K hat an B ein Grundstück vermietet. Nachdem B keine Miete zahlt, kündigt K fristlos und klagt gegen B auf Räumung des Grundstücks, wobei er nicht weiß, dass über das Vermögen des B inzwischen das Insolvenzverfahren eröffnet worden ist. Das Gericht, das von dem Insolvenzverfahren Kenntnis hat, stellt die Klage nicht dem B, sondern dessen Insolvenzverwalter zu. Hier ist weder B (mangels Zustellung der Klage an ihn) noch der Insolvenzverwalter (mangels Bezeichnung als Partei kraft Amtes in der Klageschrift) Beklagter geworden (→ Rn. 257).

II. Parteiwechsel

227 Von der bloßen Berichtigung einer ungenauen oder falschen Parteibezeichnung, bei der infolge des in der Klageschrift objektiv erklärten Willens die gleiche Person von Anfang an Partei wird, ist die **Parteiänderung** (Parteiwechsel) zu unterscheiden:

2 BGH NJW-RR 2013, 394 Rn. 13.
3 BGHZ 4, 328 (334) = NJW 1952, 545; BGH NJW-RR 2004, 501.
4 RGZ 54, 15 (17).
5 BGH NJW-RR 2013, 394.
6 BGH NJW-RR 2008, 582 Rn. 18.

Durch sie übernimmt eine neue Partei den Prozess so, wie er sich zum Zeitpunkt ihres Eintritts darstellt. Die bereits vorgenommenen Prozesshandlungen der alten Partei bleiben bestehen, während neue Prozesshandlungen nur noch von der neuen Partei vorgenommen werden können.

Beispiele: Der Kläger ist verstorben. Erbe ist sein Sohn (gesetzlicher Parteiwechsel, § 239).
V klagt eine Kaufpreisforderung gegen B ein. Im Prozess stellt sich heraus, dass B als Bevollmächtigter des K den Kaufvertrag abgeschlossen hat. K soll anstelle des B in den Prozess eintreten (gewillkürter Parteiwechsel).

Das Gesetz knüpft den Parteiwechsel an einschneidende Umstände in der Person einer Partei (Tod, Insolvenzeröffnung, §§ 239f.). Zur Frage, ob der **Parteiwechsel auch durch Prozesshandlungen** herbeigeführt werden kann, fehlt eine ausdrückliche gesetzliche Regelung. Für die Zulassung spricht, dass der Parteiwechsel vielfach sachdienlich ist. Hingegen mag es der »neuen« Partei unzumutbar sein, an die Ergebnisse des bisherigen Prozessverlaufs gebunden zu werden, auf den sie keinen Einfluss hatte.

Die Rechtsprechung[7] behandelt den **gewillkürten Parteiwechsel** jedenfalls **in erster Instanz** als eine **Klageänderung** (§§ 263f., → Rn. 307ff.). Ein Wechsel auf Klägerseite ist demnach gem. § 263 Fall 1 zulässig, wenn der alte und der neue Kläger und auch der Beklagte ihm zustimmen. Bei einem Wechsel auf Beklagtenseite, der von dem Kläger initiiert wird, bedarf es hingegen nur einer Zustimmung des alten und des neuen Beklagten. Haben nicht alle Beteiligten zugestimmt, kann das Gericht die fehlende Zustimmung dadurch ersetzen, dass es den Parteiwechsel für sachdienlich erachtet (§ 263 Fall 2). 228

Im zweiten Beispiel → Rn. 227 kann daher ein Parteiwechsel von B auf K nur mit Zustimmung beider erfolgen, es sei denn, das Gericht hält den Wechsel für sachdienlich.

Der **Parteiwechsel in höherer Instanz** wird auch in der Rechtsprechung uneinheitlich, teils als Klageänderung, teils als Institut sui generis, eingeordnet.[8] Wegen § 533 Nr. 2 ist er nur zuzulassen, wenn mit ihm die Tatsachenlage unverändert bleibt.[9] Unter dieser Voraussetzung genügt es jedenfalls, wenn alle Beteiligten dem Wechsel zustimmen.[10] Die Zustimmung des Beklagten kann aber ausnahmsweise wegen Rechtsmissbrauchs entbehrlich sein, etwa wenn der neue Beklagte die Prozessführung des alten ohnehin maßgeblich bestimmt hat.[11] 229

III. Parteierweiterung

Die Grundsätze zum Parteiwechsel wendet die Rechtsprechung[12] auch auf den **Parteibeitritt** (»Parteierweiterung«) an. 230

Beispiel: Der Kläger verklagt in einem Unfallprozess zunächst nur den Autofahrer A, später will er aber auch noch den mitverantwortlichen Radfahrer R in den Prozess einbeziehen.

7 BGHZ 40, 185 (189) = NJW 1964, 44; BGH NJW 2007, 769 Rn. 6; aA *Rosenberg/Schwab/Gottwald* ZivilProzR § 42 Rn. 20: Institut sui generis.
8 Vgl. Stein/Jonas/*Roth* ZPO § 263 Rn. 44.
9 Stein/Jonas/*Roth* ZPO § 263 Rn. 45, 59ff.
10 BGHZ 71, 216 (219) = NJW 1978, 1529 zum Klägerwechsel; BGH NJW 1998, 1496 (1497) zum Beklagtenwechsel.
11 BGHZ 21, 285 (289) = NJW 1956, 1598.
12 BGHZ 65, 264 (268) = NJW 1976, 239; BGH NJW 1997, 2885 (2886).

B. Die Parteifähigkeit

231 Parteifähigkeit ist die **Fähigkeit, Subjekt des Prozesses zu sein,** also die Fähigkeit, im eigenen Namen zu klagen und verklagt zu werden.

I. Parteifähige Personen und Organisationen

232 § 50 I knüpft die Parteifähigkeit an die Rechtsfähigkeit des bürgerlichen Rechts, also an die Fähigkeit, Subjekt von Privatrechten zu sein **(»prozessuale Rechtsfähigkeit«).** Danach sind parteifähig **alle natürlichen Personen** (§ 1 BGB) und **alle juristischen Personen,** gleichgültig ob sie solche des privaten oder des öffentlichen Rechts sind. Darüber hinaus wurden herkömmlich nur solche Organisationen für parteifähig gehalten, für die das Gesetz wie im Falle der Personenhandelsgesellschaften **OHG und KG** eine entsprechende Anordnung enthielt (§§ 124, 161 II HGB). Heute ist der Kreis deutlich weiter. Die Rechtsprechung hat die Rechts- und Parteifähigkeit der **GbR** anerkannt,[13] was dann auch der Gesetzgeber 2009 bei Schaffung von § 899a BGB, § 47 II GBO vorausgesetzt hat. § 50 II erklärt seit 2009 den **nichtrechtsfähigen Verein** für parteifähig, § 10 VI WEG die Gemeinschaft der Wohnungseigentümer bereits seit 2007. Indessen ist die **Erbengemeinschaft** (§§ 2032ff. BGB) nicht parteifähig.[14] Eine gegen den Nachlass gerichtete Klage kann also nicht gegen die Erbengemeinschaft, sondern nur gegen die Miterben als Rechtsträger erhoben werden.

Allerdings ist § 50 I nicht abschließend, enthält bei seiner Anknüpfung an die Rechtsfähigkeit kein »nur«. Vielmehr verleiht das Gesetz ausnahmsweise **nicht rechtsfähigen Funktionseinheiten** wie Organen oder Ämtern Parteifähigkeit. Das geschieht entweder dadurch, dass das Gesetz diesen Funktionseinheiten ausdrücklich die Funktion zuweist, einen Prozess zu führen (zB § 245 Nr. 4 AktG: Vorstand einer Aktiengesellschaft als Kläger einer Beschlussanfechtungsklage), oder ihm materiell (Organisations-)Rechte (zB § 90 AktG: Informationsanspruch des Aufsichtsrats einer Aktiengesellschaft gegen den Vorstand) einräumt, die auch prozessual durchsetzbar sein müssen, weshalb insofern die Parteifähigkeit der betroffenen Organisationseinheiten zu bejahen ist.[15]

II. Die Bedeutung der Parteifähigkeit

233 Die Parteifähigkeit ist **Prozessvoraussetzung,** dh Voraussetzung eines Urteils zur Sache (→ Rn. 604ff.). Ob sie vorliegt, ist von Amts wegen zu prüfen (§ 56 I). Dies gilt in jeder Lage des Verfahrens. Insbesondere kann Vorbringen zur Parteifähigkeit nicht als verspätet zurückgewiesen werden.[16] Fehlt die Parteifähigkeit beim Kläger oder Beklagten, muss die Klage als unzulässig abgewiesen werden (Prozessurteil). Es ist daher nicht zulässig, die Frage offen zu lassen und die Klage durch Sachurteil abzuweisen.[17] Die Parteifähigkeit ist ferner Voraussetzung für die Wirksamkeit einer Prozesshandlung (zB der Klageerhebung),[18] sog. **Prozesshandlungsvoraussetzung.**

13 BGHZ 146, 341 = NJW 2001, 1056.
14 BGH NJW 2006, 3715; NJW-RR 2011, 1030 Rn. 8.
15 Vgl. zu dieser keinesfalls geklärten Problematik Stein/Jonas/*Jacoby* ZPO § 50 Rn. 30ff.
16 BGHZ 159, 94 = NJW 2004, 2523.
17 BGHZ 134, 116 (117f.) = NJW 1997, 657.
18 BGH NJW 1972, 1714.

Allerdings muss sich eine Partei, deren Parteifähigkeit angezweifelt wird, wirksam zur Wehr setzen können. Im Streit um die Parteifähigkeit hat diese Partei daher zunächst als parteifähig zu gelten.[19] 234

III. Verlust der Parteifähigkeit

Die Parteifähigkeit endet mit dem **Verlust der Rechtsfähigkeit,** bei natürlichen Personen also mit dem Tod. Organisationen verlieren ihre Rechtsfähigkeit typischerweise durch Vollbeendigung nach Abwicklung. Die Auflösung allein genügt nicht, weil das Vorhandensein von Vermögensgegenständen, die nicht herrenlos werden sollen, eine Abwicklung (Liquidation) erforderlich macht. Registrierte Organisationen müssen darüber hinaus gelöscht werden. Während der Dauer der Abwicklung entweder im Wege des gesellschaftsrechtlichen Liquidations- oder des Insolvenzverfahrens besteht der Rechtsträger für die Zwecke der Abwicklung fort (zB § 49 II BGB für den Verein). Bei registrierten Gesellschaften genügt die bloße Löschung aus dem Register nicht zur Vollbeendigung der Gesellschaft. 235

Beispiele: Eine vermögenslose GmbH ist verklagt worden. Gemäß § 394 FamFG wird sie von Amts wegen während des Verfahrens aus dem Handelsregister gelöscht, sodass ihre Parteifähigkeit entfällt. Die Klage ist als unzulässig abzuweisen.
Parteifähig ist die gelöschte GmbH hingegen, wenn sie selbst einen Schuldner verklagt. Hier besteht nach ihrer Behauptung jedenfalls in Gestalt des eingeklagten Anspruchs Vermögen der Gesellschaft.[20]

C. Die Prozessfähigkeit

Die Prozessfähigkeit ist die **Fähigkeit,** einen **Prozess** als Partei **selbst zu führen** oder durch einen selbst bestellten Prozessbevollmächtigten führen zu lassen. 236

I. Prozessunfähigkeit

Prozessfähig ist nach der – im Unterschied zum wenig hilfreichen § 51 I – maßgeblichen Regelung in § 52, wer sich durch Verträge verpflichten kann (**»prozessuale Geschäftsfähigkeit«).** Daher sind sowohl die **geschäftsunfähigen** (§ 104 BGB) als auch die **beschränkt geschäftsfähigen Personen** (§§ 106, 1903 BGB) regelmäßig **prozessunfähig.** Die beschränkte Geschäftsfähigkeit hat also unbeschränkte Prozessunfähigkeit zur Folge. Die Prozessfähigkeit wird auch nicht dadurch herbeigeführt, dass der gesetzliche Vertreter der Prozessführung zustimmt. Die materiell-rechtlichen Grundsätze zur beschränkten Geschäftsfähigkeit gelten im Prozessrecht nicht. Möglich ist allein, dass der gesetzliche Vertreter später als solcher in den bisher von dem Prozessunfähigen (ohne gesetzlichen Vertreter) geführten Prozess eintritt und dessen Prozesshandlungen genehmigt. Aus der Anknüpfung an das materielle Recht folgt eine **volle, aber sachlich** auf einen bestimmten Kreis von Angelegenheiten **beschränkte Prozessfähigkeit,** soweit eine so beschränkte volle Geschäftsfähigkeit nach §§ 112, 113 BGB besteht. 237

19 BGHZ 24, 91 (95) = NJW 1957, 989; BGH NJW 2010, 3100 Rn. 9.
20 BGH NJW-RR 2011, 115 Rn. 22.

Beispiel: Der 17-jährige M, der mit Zustimmung seiner Eltern als Hilfsarbeiter in einer Buchbinderei tätig ist, kann zwar seinen Lohnanspruch selbstständig einklagen, macht er aber eine Darlehensforderung gegen S geltend, so ist er zwar Partei, den Prozess müssen aber seine Eltern als gesetzliche Vertreter in seinem Namen führen.

Ausnahmsweise sind nach § 53 **voll Geschäftsfähige** prozessunfähig, wenn ein **Betreuer oder Pfleger** für sie handelt (zB §§ 1896, 1911, 1913 BGB). Diese Prozessunfähigkeit ist aber auf den Prozess beschränkt, den der gesetzliche Vertreter führt. Eine allgemeine Prozessunfähigkeit tritt also nicht ein.

II. Bedeutung der Prozessfähigkeit

238 Die Prozessfähigkeit ist **Prozessvoraussetzung** (Sachurteilsvoraussetzung = »Voraussetzung der Zulässigkeit der Klage«, § 282 III). Sie ist ferner Voraussetzung für die Wirksamkeit der einzelnen Prozesshandlung: Eine ohne Prozessfähigkeit vorgenommene Prozesshandlung ist unwirksam **(Prozesshandlungsvoraussetzung).** Die Prozessfähigkeit ist stets von Amts wegen zu prüfen (§ 56 I).[21] Das Gericht hat von Amts wegen alle in Betracht kommenden Beweise (insbesondere Sachverständigengutachten über Störungen der Geistestätigkeit) zu erheben, um Zweifel an der Prozessfähigkeit aufzuklären.[22] Lassen sich die Zweifel nicht klären, ist die Partei als prozessunfähig anzusehen.[23] Das Fehlen der Prozessfähigkeit kann auch durch eine sog. prozesshindernde Einrede seitens der Gegenpartei geltend gemacht werden, aber auch durch den Prozessunfähigen selbst.

239 Ebenso wie bei der Parteifähigkeit (→ Rn. 234) wird auch beim Streit um die Prozessfähigkeit der möglicherweise Prozessunfähige als prozessfähig behandelt.[24] Insbesondere kann die als prozessunfähig angesehene Partei ein Rechtsmittel mit dem Ziel einlegen, als prozessfähig behandelt zu werden. Das Rechtsmittel ist also nicht etwa wegen Fehlens der Prozessfähigkeit unzulässig.[25]

240 Bei **Fehlen der Prozessfähigkeit** wird die Klage als unzulässig abgewiesen.[26] Dies gilt auch dann, wenn sich die Prozessunfähigkeit erst in der Berufungsinstanz herausstellt. War die Klage des prozessunfähigen Klägers also in erster Instanz als unbegründet abgewiesen worden, ist seine Berufung nicht etwa als unzulässig zu verwerfen (→ Rn. 239), sondern das angefochtene Urteil aufzuheben und die Klage als unzulässig abzuweisen.[27] Ist verfahrenswidrig ein Sachurteil ergangen, ist es jedoch nicht nichtig, sondern lediglich anfechtbar. Ist Rechtskraft eingetreten, ist Nichtigkeitsklage nach § 579 I Nr. 4 zu erheben.[28] Verliert eine Partei während eines Prozesses ihre Prozessfähigkeit, wird dieser gem. § 241 unterbrochen, sofern die Partei keinen Prozessvertreter hat (§§ 86, 246 I). Anderenfalls kann der Prozessvertreter beantragen, dass der Prozess ausgesetzt wird (§ 246 I Hs. 2).

---

21 BGHZ 86, 184 (188) = NJW 1983, 996.
22 BGH NJW 1996, 1059; 2000, 289.
23 BGHZ 110, 294 (297f.) = NJW 1990, 1734.
24 BGHZ 86, 184 (186) = NJW 1983, 996; BVerfGE 10, 302 (306) = NJW 1960, 811.
25 BGHZ 110, 294 = NJW 1990, 1734.
26 BGHZ 86, 184 = NJW 1983, 996.
27 BGHZ 143, 122 = NJW 2000, 289.
28 BGHZ 84, 24 = NJW 1982, 2449.

III. Gesetzliche Vertreter

Der Prozessunfähige muss im Verfahren durch einen gesetzlichen Vertreter vertreten werden, der im Namen des Prozessunfähigen – der Partei ist – handelt. Nicht nur die Prozesshandlungen, sondern auch das Verschulden des gesetzlichen Vertreters werden der Partei zugerechnet (§ 51 II). Wer gesetzlicher Vertreter ist (Vater, Mutter, Vormund, Betreuer, Pfleger), ergibt sich aus dem materiellen Recht. Der Mangel der Legitimation des gesetzlichen Vertreters ist von Amts wegen zu beachten (§ 56 I). **241**

Beispiel: Hat das minderjährige Kind K einen Unfallschaden durch B erlitten, sind nicht seine Eltern, V und M, Partei. Es muss vielmehr im Klageantrag heißen:
»Klage des K, gesetzlich vertreten durch V und M, gegen B.«

Bei Gefahr im Verzug ist es möglich, dass der Vorsitzende des Gerichts dem Beklagten einen »**Prozesspfleger**« gem. § 57 bestellt.

D. Prozessvollmacht und Postulationsfähigkeit

Prozessunfähige natürliche Personen bedürfen also ebenso ihrer gesetzlichen Vertreter (Eltern, Betreuer, Vormund), wie rechtsfähige Organisationen von ihren Organen vertreten werden müssen. Von dieser gesetzlichen Vertretung ist die rechtsgeschäftliche (»gewillkürte«) Stellvertretung zu unterscheiden. Die dafür erforderliche Prozessvollmacht kann von der Partei (bzw. ihrem gesetzlichen Vertreter, Organ) in allen Verfahren erteilt werden. Die Erforderlichkeit einer solchen Vertretung und die Ausgestaltung der Prozessvollmacht sind in §§ 78–90 geregelt. **242**

I. Postulationsfähigkeit

Mit den Regelungen über den Anwaltsprozess (§ 78) und den Parteiprozess (§ 79) wird bestimmt, wer fähig ist, **selbst** – sei es als Partei oder als Prozessvertreter – **Prozesshandlungen vorzunehmen.** Diese Fähigkeit wird als **Postulationsfähigkeit** bezeichnet. **243**

1. Anwaltsprozess

In Verfahren mit **Anwaltszwang** ist die – partei- und prozessfähige – Partei nicht postulationsfähig (§ 78 I). Dies bedeutet, dass ihre Prozesshandlungen nicht wirksam sind. Sie muss einen Rechtsanwalt als Prozessbevollmächtigten bestellen (→ Rn. 53). Gewisse Abschnitte des Verfahrens, für das insgesamt Anwaltszwang gilt, sind vom Anwaltszwang allerdings ausgenommen, so das Verfahren vor dem ersuchten und beauftragten Richter (→ Rn. 40f.), vor dem Urkundsbeamten der Geschäftsstelle (§ 78 III; zB Stellung eines Antrags auf Prozesskostenhilfe, § 117 I 1 Hs. 2) und dem Rechtspfleger (§ 13 RPflG). **244**

Ungeachtet der fehlenden Postulationsfähigkeit ist die Partei **nicht mundtot:** In der mündlichen Verhandlung ist ihr neben dem Anwalt auf Antrag das Wort zu gestatten (§ 137 IV). Die Partei kann vom Anwalt abgegebene Geständnisse und andere tatsächliche Erklärungen sofort widerrufen oder berichtigen und ihnen damit die prozessuale Wirkung nehmen (§ 85 I 2). Allerdings kann die Partei bei der Parteivernehmung (§§ 445ff.; → Rn. 593ff.), die allein Beweismittel ist, und der Anhörung der Partei vor **245**

Gericht (§ 137 IV), die als Bestandteil der Verhandlung der Klarstellung des (anwaltlichen) Vortrags dient, eine Tatsache nicht selbst nach § 288 (→ Rn. 415) zugestehen.[29] Vielmehr hat das Gericht diese Erklärungen nach § 286 seiner Entscheidung zugrunde zu legen. Nach dieser Bestimmung hat das Gericht nämlich nicht nur unter Berücksichtigung »des Ergebnisses einer Beweisaufnahme«, sondern auch »des gesamten Inhalts der Verhandlungen«[30] zu entscheiden. Freilich kann jede Partei ihrem Anwalt im Innenverhältnis verbindliche Weisungen (§ 665 BGB) erteilen, auch wenn eine Beschränkung der Prozessvollmacht nur im von § 83 gesteckten Rahmen zulässig ist.

2. Parteiprozess

246 Greift der Anwaltszwang (§ 78) nicht, ist die Partei postulationsfähig, kann also selbst (oder durch ihre gesetzlichen Vertreter) den Prozess führen (§ 79 I 1). § 79 II beschränkt indes die Möglichkeit, sich durch Prozessbevollmächtigte vertreten zu lassen. Im Grundsatz gewährt § 79 II 1 die Erlaubnis zur Prozessvertretung allein Rechtsanwälten. So wird das Rechtsberatungsmonopol der Rechtsanwälte für den gerichtlichen Bereich festgeschrieben, während das RDG die Zulässigkeit außerprozessualer Rechtsberatung regelt. § 79 II 2 lässt Ausnahmen vom Anwaltsmonopol nur zu für Beschäftigte der Partei, für die unentgeltliche Vertretung durch Familienangehörige, Volljuristen und Streitgenossen sowie in bestimmten Bereichen für Verbraucherzentralen und registrierte Inkassodienstleister. § 79 I 2 sichert schließlich das Anwaltsmonopol gegen Umgehung durch Abtretung der geltend zu machenden Forderung, indem es die Postulationsfähigkeit des Zessionars in einem solchen Fall ausschließt, also den Anwaltszwang nach § 78 ausweitet.

Macht eine Partei von der Möglichkeit, sich vertreten zu lassen, Gebrauch, muss sich das Gericht daran halten, indem es Zustellungen an den Vertreter vornimmt. Dies verlangt § 172, der einfachgesetzlich der Gewährung rechtlichen Gehörs nach Art. 103 I GG dient. Stellt das Gericht indessen an die Partei zu, liegt darin ein Verstoß gegen dieses Verfahrensgrundrecht.[31]

II. Prozessvollmacht

247 Wie bei jeder Vollmacht ist das Innenverhältnis zwischen Partei und Bevollmächtigtem (Geschäftsbesorgungsvertrag, § 675 BGB, oder – bei Unentgeltlichkeit – Auftrag, §§ 662ff. BGB) zu unterscheiden von dem Außenverhältnis, der Vollmacht. Die Vollmacht wird nach § 167 BGB erteilt. Sie **endet** mit der Beendigung des Rechtsstreits, mit Widerruf (§ 87), mit der Eröffnung des Insolvenzverfahrens über das Vermögen des Vollmachtgebers (§ 117 InsO) und mit dem Tod des Bevollmächtigten, nicht aber mit dem Tod des Vollmachtgebers (§§ 86, 246). Wenn der Erbe die Vollmacht nicht weiter bestehen lassen will, muss er sie widerrufen (§ 87).

Das **Verschulden** eines Prozessbevollmächtigten muss sich die Partei zurechnen lassen (§ 85 II, → Rn. 59). Praktische Bedeutung hat das vor allem bei der Zurückweisung von verspätetem Vorbringen (→ Rn. 473) sowie bei der Wiedereinsetzung in den vorigen Stand (→ Rn. 476). Der Partei hilft es hier nicht, dass sie persönlich kein Verschulden trifft, wohl aber ihren Anwalt. Sofern sie deswegen im Verfahren unterliegt, bleibt ihr allenfalls die Möglichkeit, gegen ihren Anwalt wegen Verletzung des Anwaltsvertrags einen Schadensersatzanspruch geltend zu machen.

---

29 BGH NJW-RR 2006, 672 Rn. 7.
30 BGH NJW 1999, 363 (364).
31 BVerfG NJW 2017, 318 Rn. 14.

1. Umfang

Der Umfang der Prozessvollmacht ist im Interesse des Prozessgegners und des Gerichts typisiert (§§ 81, 82). Eine Beschränkung der Prozessvollmacht ist im Anwaltsprozess nur im Rahmen des § 83 I, im Parteiprozess beliebig möglich (§ 83 II). 248

Beispiel: In einem Prozess vor dem LG empfahl der Anwalt des Klägers diesem, die Klage zurückzunehmen. Der Kläger untersagte dies ausdrücklich. Dennoch nahm der Anwalt die Klage zurück. Die Klagerücknahme ist wirksam. Im Innenverhältnis kann sich aber eine Schadensersatzpflicht des Anwalts aus § 280 I BGB ergeben. Voraussetzung dafür ist allerdings, dass dem Kläger ein Schaden entstanden ist, was nur dann der Fall ist, wenn die Klage ohne die Rücknahme zumindest teilweise Erfolg gehabt hätte. Im Schadensersatzprozess gegen den Anwalt muss deshalb als Vorfrage über den hypothetischen Ausgang des ersten Verfahrens mitentschieden werden.

Die Prozessvollmacht berechtigt auch zur Abgabe **materiell-rechtlicher Erklärungen,** wenn sie vom Bevollmächtigten zur Rechtsverfolgung oder Rechtsverteidigung abgegeben werden, so etwa wenn der Rechtsanwalt des Beklagten mit einer diesem zustehenden Gegenforderung aufrechnet oder wenn ein Anwalt einen Vertrag der Partei anficht oder kündigt. 249

2. Prüfung und Nachweis der Vollmacht

Tritt für die Partei ein Rechtsanwalt als Bevollmächtigter auf, besteht eine Prüfungspflicht des Gerichts nur bei Rüge durch den Gegner. Ist Bevollmächtigter ein Nichtanwalt, hat das Gericht das Bestehen der Vollmacht von Amts wegen zu prüfen (§ 88 II). Der Nachweis ist stets durch schriftliche Vollmachtsurkunde (§ 80 I) zu führen. 250

Indes findet keine Vollmachtsprüfung bei Antrag auf Erlass eines Mahnbescheids oder bei Einlegung des Widerspruchs (§ 703) statt, wohl aber bei Antrag auf Erlass eines Vollstreckungsbescheids oder bei Einspruch gegen den Vollstreckungsbescheid (→ Rn. 789ff.).

3. Prozessvoraussetzung

Die Vertretungsmacht des als Vertreter der Partei Auftretenden ist **Prozesshandlungsvoraussetzung.** Fehlt die Vertretungsmacht schon bei Klageerhebung und wird die Prozessführung auch nicht durch die Partei genehmigt, ist die Klage als unzulässig abzuweisen.[32] Ist die Klage ordnungsmäßig erhoben, erscheint aber im Termin ein Vertreter ohne Vertretungsmacht, wird er vom Gericht zurückgewiesen. Auf Antrag des Gegners kann dann Versäumnisurteil ergehen (→ Rn. 480ff.). In Einzelfällen kann er indes einstweilig durch das Gericht zugelassen werden.[33] 251

E. Prozessführungsbefugnis und Prozessstandschaft

Unter **Prozessführungsbefugnis** versteht man die Befugnis, über das mit der Klage geltend gemachte Recht **im eigenen Namen einen Rechtsstreit zu führen.** Dem Rechtsinhaber steht grundsätzlich nicht nur materiell-rechtlich die Verfügungsbefugnis, sondern auch die prozessuale Prozessführungsbefugnis zu. Bei der Geltend- 252

32 BGHZ 40, 197 = NJW 1964, 203; BGHZ 91, 111 = NJW 1984, 2149.
33 S. § 89 und BGHZ 91, 111 = NJW 1984, 2149.

machung **eigener Rechte** ist die Prozessführungsbefugnis daher nur im Hinblick darauf zu problematisieren, ob ausnahmsweise dem materiell Berechtigten die Befugnis fehlt (zB Insolvenzeröffnung), einem anderen (im Beispiel: Insolvenzverwalter, § 80 InsO) aber zukommt, ferner bei nur gemeinsamer Berechtigung (§§ 432 I, 2040 I BGB).[34]

253 Wenn ein materiell nicht Berechtigter ohne Behauptung der materiellen Berechtigung klagt, also den **Prozess im eigenen Namen über ein fremdes Recht** führt, spricht man von **Prozessstandschaft.** In diesen Fällen bedarf es einer besonderen Begründung, warum der Rechtsfremde prozessführungsbefugt ist (Ausschluss der Popularklage). Zu unterscheiden ist zwischen der gesetzlichen (→ Rn. 256) und der gewillkürten Prozessstandschaft (→ Rn. 260), ferner im Hinblick auf die Wirkungen, ob nur der Prozessstandschafter prozessführungsbefugt ist **(verdrängende Prozessstandschaft)** oder ob der Rechtsinhaber neben dem Prozessstandschafter prozessführungsbefugt bleibt **(parallele Prozessstandschaft).**

254 Die Prozessführungsbefugnis ist Sachurteilsvoraussetzung. Fehlt sie, wird die Klage als unzulässig abgewiesen.[35] Davon zu unterscheiden ist die Frage der **Sachlegitimation,** die dann gegeben ist, wenn das mit der Klage verfolgte Rechtsverhältnis materiellrechtlich zwischen den Parteien besteht, wie es die Klage behauptet (vgl. die Beispiele → Rn. 223). Dabei handelt es sich also um die materiell-rechtliche Rechtsträgerschaft (»Verpflichtungsträgerschaft«). Fehlt die Sachlegitimation, ist die Klage als unbegründet abzuweisen.[36]

255 Zur Entscheidung über die Prozessführungsbefugnis kommt es also maßgeblich darauf an, ob das Recht als eigenes oder als fremdes geltend gemacht wird. Um Prozessstandschaft handelt es sich nur dann, wenn der Kläger das Recht als fremdes geltend macht. Behauptet er dagegen, das Recht stehe ihm selbst zu, während Gläubiger in Wirklichkeit ein anderer ist, fehlt dem Kläger die Sachlegitimation. Die Klage ist dann als unbegründet abzuweisen. Das Gericht kann ihr auch nicht etwa dergestalt stattgeben, dass der Beklagte zur Leistung an den wahren Gläubiger verurteilt wird. Wohl kann dagegen ein solches Urteil im Falle der Prozessstandschaft ergehen.

Beispiel: E aus Essen hat in seinem Testament seinen volljährigen Sohn S als Erben eingesetzt, die Verwaltung des Nachlasses aber seinem alten Freund T als Testamentsvollstrecker übertragen. E ist am 18.5.2013 verstorben. S möchte nunmehr im Gegensatz zu T eine zweifelhafte Darlehensforderung aus dem Nachlass gegen D einklagen. Kann er das? Könnte T die Forderung gerichtlich geltend machen?
S ist als Erbe Gläubiger der Forderung. Er ist auch partei- und prozessfähig. Aber § 2205 BGB überträgt die Verwaltung des Nachlasses (einschließlich der Verfügungsbefugnis über die Nachlassgegenstände) dem T als Testamentsvollstrecker. Zur Verwaltung gehört auch die gerichtliche Geltendmachung eines zum Nachlass gehörenden Rechts, weshalb allein T zur gerichtlichen Geltendmachung der Forderung befugt ist (§ 2212 BGB). S ist also – obwohl Rechtsträger – nicht prozessführungsbefugt. Die Prozessführungsbefugnis steht allein T zu, obwohl er nicht Rechtsträger ist. T prozessiert im eigenen Namen (also nicht als Vertreter des S) über ein fremdes Recht. Er ist **Prozessstandschafter** des S. Kläger ist T und nicht etwa S.

34 Dazu Stein/Jonas/*Jacoby* ZPO vor § 50 Rn. 36.
35 BGH NJW 1988, 1585; 2000, 738; NJW-RR 1991, 1138.
36 BGH NJW 1986, 3206 (3207).

I. Gesetzliche Prozessstandschaft

Fälle gesetzlicher Prozessstandschaft beruhen auf ganz unterschiedlichen Tatbeständen des Prozessrechts, vor allem aber des materiellen Rechts.[37] Hier seien folgende Sachlagen hervorgehoben: 256

1. Partei kraft Amtes

Dem Insolvenz-, Nachlass-, Zwangsverwalter, Testamentsvollstrecker ist materiellrechtlich jeweils ein Sondervermögen (zB Insolvenzmasse, Nachlass) zur Verwaltung unter Ausschluss des Rechtsinhabers (zB Insolvenzschuldner, Erbe) zugewiesen. Die Verwaltungskompetenz umfasst auch die Prozessführung. Daher nimmt die herrschende sog. **Amtstheorie** in diesen Sachlagen zutreffend eine verdrängende Prozessstandschaft (→ Rn. 253) an. 257

Entgegen der hM ist als Partei das jeweilige Amt (zB Testamentsvollstrecker über den Nachlass des E, zur Parteifähigkeit → Rn. 232), nicht der jeweilige Amtswalter (zB Herr T) anzusehen,[38] weil die Wirkungen des Prozesses einschließlich der Kosten allein das verwaltete Vermögen (zB Nachlass), nicht aber den Amtswalter treffen. Die Gegenmeinung zur herrschenden Amtstheorie erkennt keinen Fall der Prozessstandschaft an, sondern hält die Amtspersonen für gesetzliche Vertreter bzw. Organe.[39] Dagegen spricht aber, dass die betroffenen Rechtsträger mit der Vermögenssonderung nicht Geschäfts- und Prozessfähigkeit, sondern Verfügungs- und Prozessführungsbefugnis verlieren.

2. Veräußerung

Eine Prozessstandschaft aus prozessualen Gründen ist gegeben, wenn während eines Prozesses die streitbefangene Sache oder die eingeklagte Forderung veräußert wird (§ 265). Wird etwa eine im Prozess geltend gemachte Forderung vom klagenden Gläubiger abgetreten, wird der Zessionar dadurch Gläubiger und damit aktivlegitimiert. Der klagende Gläubiger hat aber nach § 265 II den Prozess als Prozessstandschafter fortzusetzen (→ Rn. 310). 258

3. Revokatorische Klage

Eine Prozessstandschaft begründen §§ 1368, 1369 III BGB, indem der eine Ehegatte gerichtlich die Rechte des anderen geltend machen darf, die aus der Unwirksamkeit von Verfügungen dieses anderen Ehegatten wegen §§ 1365 ff. BGB folgen. Es handelt sich um eine parallele Prozessstandschaft (→ Rn. 253), weil auch der verfügende Ehegatte prozessführungsbefugt bleibt. 259

Beispiel: Ehemann M hat ohne Zustimmung seiner Frau F die ihm gehörende Spülmaschine an K veräußert. Obwohl F nicht Eigentümerin der Maschine ist, kann sie diese von K herausverlangen (§ 1368 BGB iVm § 1369 BGB). Erfüllt K den Anspruch nicht, kann F im eigenen Namen als Prozessstandschafterin klagen. Freilich könnte auch M die Herausgabe erzwingen.

37 Vgl. Stein/Jonas/*Jacoby* ZPO vor § 50 Rn. 35 ff.
38 Stein/Jonas/*Jacoby* ZPO vor § 50 Rn. 64 ff.
39 *Rosenberg/Schwab/Gottwald* ZivilProzR § 40 Rn. 16.

II. Gewillkürte Prozessstandschaft

260 Im materiellen Recht kann der Rechtsinhaber einen Dritten durch bloße Zustimmung zu einer Verfügung ermächtigen (§ 185 BGB). Im Prozess gilt es allerdings zu verhindern, dass die Stellung der Gegenpartei durch die gewillkürte Prozessstandschaft unbillig verschlechtert wird. Zum Beispiel droht dem Gegner, dass ihm eine vermögenslose Gegenpartei vorgesetzt wird, gegen die er bei Obsiegen einen Kostenerstattungsanspruch (§ 91) nicht durchsetzen kann. Deshalb muss neben der Ermächtigung durch den Rechtsträger ein **eigenes schutzwürdiges Interesse des Prozessstandschafters** an der klageweisen Durchsetzung des Rechts in eigenem Namen gegeben sein.[40]

Beispiele für ein solches Interesse und die Zulässigkeit der gewillkürten Prozessstandschaft: V hat an K eine Forderung gegen S verkauft und abgetreten. Mit Ermächtigung des K macht V die Forderung gegen S geltend.[41]
Der Zedent hat an den Zessionar eine Forderung gegen seinen Schuldner S abgetreten, ohne S zu verständigen (stille Zession). Mit Ermächtigung des Zessionars macht der Zedent die Forderung in eigenem Namen gegen S geltend. Diese Fallgestaltung ist bei der Sicherungsabtretung von Forderungen an eine kreditgewährende Bank geradezu typisch.[42]
Der Eigentümer ermächtigt den Mieter, die Herausgabeklage gegen einen Besitzer zu erheben.[43]

Alternativbeispiel: Der Zahnarzt R hat seine Forderung gegen S an die Klägerin treuhänderisch »zum Inkasso abgetreten«. Die Klägerin klagt die Forderung des R ein. Nach Ansicht des BGH braucht die Klägerin hier kein eigenes rechtliches Interesse zu haben, weil sie – wenn auch nur treuhänderisch – Inhaberin der Forderung ist.[44] Freilich darf nach materiellem Recht die Wirksamkeit der Abtretung weder an § 134 BGB iVm § 203 I Nr. 1 StGB (ärztliche Schweigepflicht) scheitern, wofür eine Einwilligung des Patienten erforderlich ist,[45] noch als verbotene Rechtsberatung an § 134 ZPO iVm RDG[46].

Gegenbeispiel: K und B konkurrieren um Altkleiderspenden, um die sie durch die öffentliche Aufstellung von Sammelcontainern bitten. B stellte Sammelcontainer auf einem Grundstück des E ohne dessen Genehmigung auf. Daher stehen dem E gegen B materiell-rechtlich Beseitigungsansprüche aus Eigentum (§ 1004 BGB) und Besitz (§ 862 BGB) zu. Mit Genehmigung des E erhebt K gegen B Beseitigungsklage im Wege der gewillkürten Prozessstandschaft. Der BGH weist die Klage als unzulässig ab, weil es dem K am schutzwürdigen Eigeninteresse fehle. Dieses müsse sich auf das geltend gemachte Recht selbst und nicht etwa daneben liegende Interessen beziehen. Dem K gehe es aber nicht um den Schutz von Eigentum und Besitz des E, sondern um die Verbesserung seiner Wettbewerbssituation.[47]

III. Wirkungen der Prozessstandschaft

261 Partei des Prozesses ist der Prozessstandschafter. Der Rechtsträger ist indessen nicht Partei. Daher kann er, zB im Gegensatz zum Prozessstandschafter, Zeuge sein.[48]

40 BGHZ 188, 157 Rn. 7 = NJW 2011, 1361; BGHZ 30, 162 (166) = NJW 1959, 1725; BGH NJW 2017, 486 Rn. 5.
41 BGH NJW 1979, 924.
42 So etwa der Sachverhalt in BGH NJW 1990, 1117.
43 BGH NJW-RR 1986, 158; dazu *Werner* JuS 1987, 855.
44 BGH NJW 1980, 991.
45 BGHZ 115, 123 = NJW 1991, 2955; BGH NJW 2014, 141 Rn. 9.
46 Dazu BGH NJW 2013, 59.
47 BGH NJW 2017, 486 Rn. 10.
48 BGHZ 108, 52 (58) = NJW 1989, 2750.

Damit hat das Rubrum im Beispiel → Rn. 255 zu lauten: »Klage des Testamentsvollstreckers T in Essen als Testamentsvollstrecker des am 18.5.2013 verstorbenen E – wohnhaft gewesen in Essen – gegen D.«

Die **Wirkungen des Urteils** treffen zunächst den Prozessstandschafter als Partei. So ist dieser im Falle des Unterliegens Schuldner des Prozessgegners hinsichtlich des prozessualen Kostenerstattungsanspruchs (§ 91). Die Prozessstandschaft kann aber auch zur Erstreckung von Urteilswirkungen, insbesondere der Rechtskraft, auf den Rechtsträger führen. Das gilt zunächst in allen Fällen, in denen die Prozessführungsbefugnis des Prozessstandschafters die des Rechtsinhabers verdrängt (→ Rn. 253), dessen Klage also mangels Prozessführungsbefugnis unzulässig wäre. 262

Ist im Beispiel → Rn. 255 die Klage des T gegen D rechtskräftig abgewiesen worden, erstreckt sich die Rechtskraft auch auf den Erben des E als Rechtsträger.[49] Ansonsten müsste der Schuldner damit rechnen, dass der Erbe nach Beendigung der Testamentsvollstreckung (womit die Prozessführungsbefugnis auf ihn übergegangen ist) erneut klagt, weshalb der gegen T errungene Sieg für den Schuldner nichts wert wäre. Ist hingegen gegen T ein Urteil auf Zahlung einer Nachlassverbindlichkeit ergangen, kann der Kläger nur in den Nachlass, nicht dagegen auch in das Vermögen des T vollstrecken (§ 748 I). Der Nachlass trägt auch die Kosten des Prozesses.

Im Falle der **gewillkürten Prozessstandschaft** sind nach Erteilung der Prozessermächtigung Rechtsinhaber und Ermächtigter prozessführungsbefugt. Beide können klagen. Allerdings bewirkt das Urteil gegen den Ermächtigten auch Rechtskraft gegenüber dem Rechtsinhaber.[50] Parallel zu dieser Rechtskrafterstreckung sperrt die durch die Klage des Ermächtigten begründete Rechtshängigkeit die Zulässigkeit einer zweiten Klage durch den Rechtsinhaber (§ 261 III Nr. 1, → Rn. 306). Eine doppelte Prozessführung ist daher auch hier ausgeschlossen.

IV. Verbandsklage

Mit dem Schlagwort Verbandsklage wird die Problematik bezeichnet, inwieweit Vereine und Verbände von ihrem Satzungszweck gedeckte Interessen klageweise durchsetzen können. Das ist jedenfalls in den (wenigen) Sachlagen zu bejahen, in denen wie insbesondere durch § 8 III UWG und § 3 I UKlaG eine **gesetzliche Zulassung** besteht. Dann ist den Verbänden nach freilich bestrittener Auffassung ein eigener materiellrechtlicher Anspruch zugewiesen,[51] sodass die Prozessführungsbefugnis schlicht aus der Verfolgung eigener Rechte folgt. 263

Abseits der gesetzlichen Zulassung können die Verbände das Institut der **gewillkürten Prozessstandschaft** nutzen, um Rechte ihrer Mitglieder durchzusetzen. Denn das dafür erforderliche eigene schutzwürdige Interesse (→ Rn. 260) des Verbands an der Durchsetzung des fremden Rechts ist grundsätzlich dann anzuerkennen, wenn die Rechtsverfolgung der satzungsgemäßen Wahrnehmung der geschäftlichen Belange seiner Mitglieder entspricht.[52] Allerdings kommt eine Einschränkung in Betracht, wenn 264

49 Einzelheiten s. *Rosenberg/Schwab/Gottwald* ZivilProzR § 46 Rn. 57 ff.
50 BGH ZIP 2008, 2094 Rn. 14.
51 Vgl. BGHZ 178, 1 Rn. 16 = BeckRS 2008, 15864: »anspruchsberechtigt« zum UKlaG.
52 BGH NZG 2011, 1305 Rn. 16 zur Prozessstandschaft eines Interessenverbands von Kfz-Vertragshändlern; BGHZ 48, 12 = NJW 1967, 1558 zur Befugnis des Deutschen Anwaltvereins, Unterlassungsansprüche seiner Mitglieder wegen unerlaubter Rechtsberatung geltend zu machen.

eine gesetzliche Regelung der Verbandsklage wie § 8 III UWG deren Reichweite ausdrücklich beschränken will.[53]

V. „Class action" und Musterfeststellungsklage

265 Werden von einem schädigenden Ereignis zahlreiche Personen betroffen (zB bei einem fehlerhaften Kapitalanlageprospekt zahlreiche Anleger), muss grundsätzlich jeder von ihnen seinen eigenen Schadensersatzanspruch geltend machen. Anders als das U.S.-amerikanische Recht kennt das deutsche Recht nicht die Möglichkeit, dass einzelne Geschädigte die Ansprüche der gesamten Gruppe prozessual geltend machen können **(„class action“).** Dem steht insbesondere die verfassungsrechtliche Garantie der **Gewährung rechtlichen Gehörs** (Art. 103 I GG) entgegen, derzufolge jeder sein eigenes Recht prozessual verfolgen können muss und es sich nicht gefallen zu lassen braucht, dass dies ein anderer ohne Zustimmung des Rechtsträgers für diesen tut. Dabei reicht es auch nicht aus, jedem Gruppenmitglied die Möglichkeit einer Erklärung gegenüber dem Gericht zu geben, an dem Verfahren nicht teilzunehmen und deswegen von den Urteilswirkungen nicht betroffen zu werden (sog. opt out). Um sich darüber schlüssig zu werden, ob ein Gruppenmitglied eine solche Erklärung abgeben will, muss es zunächst von dem Verfahren Kenntnis haben. Eben dies ist aber nicht sichergestellt und kann auch durch noch so intensive Medienpublizität nicht sichergestellt werden. Damit geht es nicht an, alle Gruppenmitglieder der Gefahr auszusetzen, ihr Recht in einem Verfahren zu verlieren (wenn nämlich die Gruppenklage abgewiesen wird), an dem sie nicht mitgewirkt haben.

266 Einen ersten kleinen Schritt in Richtung „class action“ brachte im deutschen Recht das **Kapitalanleger-Musterverfahrensgesetz.**[54] Danach kann in einem Verfahren über einen Schadensersatzanspruch wegen fehlerhafter Kapitalmarktinformation ein sog. Musterfeststellungsantrag gestellt werden, der durch einen Musterentscheid beschieden wird. Dieser bindet nicht nur die Parteien des konkreten Verfahrens, sondern darüber hinaus auch alle Parteien in bereits anhängigen anderen Verfahren, deren Entscheidung von der in dem Musterverfahren zu beantwortenden Rechtsfrage abhängt. Damit gehen die Entscheidungswirkungen zwar weit über die Parteien des einzelnen Verfahrens hinaus, erfassen aber im Unterschied zur „class action“ nicht alle Geschädigten: Wer bisher seinen Schadensersatzanspruch nicht gerichtlich geltend gemacht hat, wird von den Wirkungen des Musterentscheids nicht erfasst.[55]

Vergleichbare Breitenwirkung, allerdings mit einem viel größeren Anwendungsbereich, verspricht die anlässlich der sog. VW-Abgasaffäre eingeführte **Musterfeststellungsklage nach §§ 606ff.**[56] Mit dieser Klage sollen nach § 606 sog. Feststellungsziele, nämlich tatsächliche oder rechtliche Voraussetzungen von (bereits entstandenen)[57] Ansprüchen, die Verbrauchern gegen Unternehmer zustehen, einer verbindlichen Klä-

53 BGH NJW 1998, 1148 (1149f.).

54 Gesetz v. 16.8.2005 (BGBl. 2005 I 2437) – KapMuG, novelliert durch Gesetz v. 19.10.2012 (BGBl. 2012 I 2182).

55 Zu Einzelheiten des Verfahrens nach dem novellierten KapMuG s. *Söhner* ZIP 2013, 7; beispielhaft s. BGH NJW 2017, 3777.

56 Inkrafttreten zum 1.11.2018 aufgrund des Gesetzes zur Einführung einer zivilprozessualen Musterfeststellungsklage v. 12.7.2018 (BGBl. 2018 I 1151).

57 BGH NJW 2020, 341 Rn. 14.

rung zugeführt werden. Die Klage erheben können eingetragene Verbraucherschutzverbände, die die Voraussetzungen von § 606 I 2 erfüllen. Sie müssen etwa über mindestens 350 Mitglieder verfügen, § 606 I 2 Nr. 1. Mitglied im Sinne der Regelung sind nur stimmberechtigte Mitglieder, da nur sie auf das Verhalten und die Geschicke des Vereins Einfluss nehmen können.[58] Ferner dürfen die Verbände nicht zum Zwecke der Gewinnerzielung handeln, § 606 I Nr. 4. Daran kann es etwa fehlen, wenn ein nicht unerheblicher Teil der Mitglieder spätere Prozessvertreter des Verbandes sind.[59] Die Musterfeststellungsklage setzt voraus, dass die Betroffenheit von mindestens zehn Verbrauchern für jedes Feststellungsziel glaubhaft gemacht wird und sich binnen zwei Monaten insgesamt 50 Betroffene in einem Klageregister anmelden, § 606 III Nr. 2, Nr. 3.[60] Zuständig für die Klage ist das Oberlandesgericht (§ 119 III GVG), in dessen Bezirk der beklagte Unternehmer seinen allgemeinen Gerichtsstand hat (§ 32c). Das Feststellungsurteil äußert Bindungswirkung in etwaigen späteren Prozessen, die zwischen im Klageregister angemeldeten Verbrauchern und dem beklagten Unternehmer geführt werden, § 613 I.

F. Die Prozesshandlungen der Parteien

Beispiel: Der Kläger hat sich vertraglich gegenüber dem Beklagten verpflichtet, seine Kaufpreisklage zurückzunehmen. Wie kann der Beklagte die Rücknahme erzwingen? 267
Kann der Kläger die Rücknahme der Klage anfechten, weil er sich über den Begriff und die Folgen einer Klagerücknahme in einem Irrtum befunden habe?

Der Allgemeine Teil des BGB enthält eingehende Vorschriften über Rechtsgeschäfte und Verträge. Solche Vorschriften fehlen in der ZPO. Folgende – in Einzelheiten freilich umstrittene – Grundsätze zu Prozesshandlungen und Prozessverträgen sind zu beachten.

I. Prozesshandlungen

Prozesshandlungen sind diejenigen Handlungen, die nach ihren Voraussetzungen wie ihren Wirkungen im Prozessrecht geregelt sind (also zB Klage, Geständnis, Einlegung eines Rechtsmittels). Es lassen sich **Erwirkungshandlungen,** die eine Tätigkeit des Gerichts bezwecken (zB Antrag auf Vernehmung eines Zeugen) und **Bewirkungshandlungen,** die unmittelbar eine prozessuale Wirkung entfalten (zB beendet die Klagerücknahme unmittelbar den Prozess, § 269 III 1), unterscheiden. 268

1. Voraussetzungen

Prozesshandlungen setzen Partei-, Prozess- und Postulationsfähigkeit voraus. Notwendig ist der Zugang der Erklärung bei Gericht, wenn sie sich an das Gericht richtet (zB Rechtsmitteleinlegung), sonst der Zugang beim Prozessgegner. Prozesshandlungen können mündlich im Verlauf der Verhandlung erfolgen (zB das Geständnis), nur schriftlich dagegen dann, wenn das Gesetz dies vorschreibt (zB Berufungseinlegung, 269

58 OLG Stuttgart MDR 2019, 632 (633) = BeckRS 2019, 3976.
59 OLG Stuttgart MDR 2019, 632 (633 f.) = BeckRS 2019, 3976.
60 BGH NJW 2020, 341 Rn. 10.

§ 519 I). Sie sind – wie gestaltende Willenserklärungen des bürgerlichen Rechts (zB keine bedingte Kündigung) – in der Regel **bedingungs- und befristungsfeindlich** (Grund: Rücksicht auf Gericht und Prozessgegner, Rechtssicherheit).

Zulässig sind allerdings Bedingungen, die eine Prozesshandlung von einem rein innerprozessualen Vorgang abhängig machen, zB ein auf Vernehmung eines Zeugen gerichteter Beweisantrag unter der Bedingung, dass das Gericht die vorgelegte Urkunde nicht für ausreichend erachtet. Hierher gehören auch Eventualanträge (→ Rn. 339ff.).

270 Das Fehlen der Voraussetzungen wirkt sich im Prozess unterschiedlich aus: **Bewirkungshandlungen** sind unwirksam, zB beendet die Rücknahme der Klage durch die postulationsunfähige Partei den Prozess nicht. **Erwirkungshandlungen** sind vom Gericht daraufhin zu prüfen, ob sie zulässig und begründet sind. Zum Beispiel weist das Gericht einen von der nicht postulationsfähigen Partei gestellten Beweisantrag als unzulässig zurück.

2. Heilung

271 Fehlerhafte Prozesshandlungen können geheilt werden durch fehlerlose Wiederholung oder durch Einverständnis bzw. Nichtrüge des Gegners (→ Rn. 221 bei fehlender Zuständigkeit des angerufenen Gerichts), es sei denn, es handelt sich um eine Vorschrift, auf deren Befolgung nicht verzichtet werden kann (§ 295).

Ist die Klage nicht ordnungsgemäß zugestellt, muss die Zustellung wiederholt werden. Die Zustellung wirkt nicht rückwirkend, was für den Zeitpunkt der Verjährungshemmung nach § 204 I Nr. 1 BGB wichtig sein kann. Der Beklagte kann aber auch auf das Rügerecht ausdrücklich oder stillschweigend verzichten.[61] Der BGH lässt allerdings die Heilung der Zustellung an eine prozessunfähige Person durch tatsächlichen Zugang beim gesetzlichen Vertreter gem. § 189 mit Rückwirkung gem. § 167 zu.[62]

3. Widerruf

272 Prozesshandlungen sind zwar auslegbar, wobei dieselben Grundsätze wie bei der Auslegung materiell-rechtlicher Rechtsgeschäfte gelten, nach hM aber **nicht** entsprechend §§ 119ff. BGB **anfechtbar** (ein Prozess lässt sich nicht »rückwirkend« ungeschehen machen). Möglich ist aber ein **Widerruf,** sofern nicht der Gegner durch die Prozesshandlung eine prozessuale Rechtsstellung erlangt hat.

Widerruflich ist zB der Antrag auf Vernehmung eines Zeugen. Unwiderruflich ist die Klage nach Zustellung an den Beklagten. Hier kommt nur eine Rücknahme der Klage in Betracht (§ 269). Ein Geständnis kann nach § 290 nur widerrufen werden, »wenn die widerrufende Partei beweist, dass das Geständnis der Wahrheit nicht entspreche und durch einen Irrtum veranlasst sei« (→ Rn. 418; zum Widerruf eines Anerkenntnisses → Rn. 408).[63]

4. Doppelnatur

273 Eine Prozesshandlung kann **gleichzeitig materiell-rechtliche Erklärung** sein.

Beispiel: Der Beklagte ficht den Vertrag, auf den die Klage gestützt wird, im Prozess an oder rechnet mit einer Gegenforderung auf.

61 BGHZ 25, 66 (70) = NJW 1957, 1517; BGH NJW 1985, 1158.
62 BGHZ 204, 268 Rn. 12ff., 19 = NJW 2015, 1760.
63 Zum Widerruf einer Rechtsmittelrücknahme s. BGHZ 12, 284 = NJW 1954, 676; BGHZ 33, 73 = NJW 1960, 1764.

Voraussetzungen (zB Irrtum, § 119 BGB), Abgabe (zB durch Anfechtungserklärung, § 143 BGB) und Wirkung (§ 142 BGB) solcher Erklärungen bestimmen sich nach materiellem Recht. Davon ist die Geltendmachung der Wirkung der vollzogenen materiellrechtlichen Erklärungen im Prozess zu unterscheiden.

Hat der Beklagte dem Kläger gegenüber den Vertrag außerhalb des Prozesses wirksam wegen Irrtums angefochten, wird die Wirkung der Anfechtung für das Gericht erst bedeutsam, wenn der Beklagte sich im Prozess darauf beruft.

II. Prozessverträge

Es lassen sich **zwei Arten** von Prozessverträgen unterscheiden:[64] Durch den einen Typ wirken die Parteien auf die Verfahrensbestimmungen der ZPO ein. Beispiel sind Gerichtsstandsvereinbarungen (→ Rn. 216), die die gesetzliche Zuständigkeitsordnung verändern. Ihre Zulässigkeit setzt voraus, dass die betroffenen Verfahrensbestimmungen dispositiv sind, was die Ausnahme ist. Im Falle des anderen Vertragstyps disponieren die Parteien wie im Beispiel → Rn. 267 vor oder jedenfalls außerhalb des Prozesses über ihre prozessualen Befugnisse. Die Zulässigkeit solcher Verträge hängt davon ab, ob eine sog. freistellende Norm besteht, die eine entsprechende prozessuale Befugnis den Parteien überhaupt gewährt und gleichzeitig die Disposition außerhalb des Prozesses nicht verbietet. Soweit ein solcher Vertrag zulässig ist, sind entgegenstehende Prozesshandlungen fehlerhaft. Auf Rüge der Gegenpartei hat das Gericht daher wie bei sonstigen Fehlern von Prozesshandlungen zu verfahren. 274

Im Beispiel → Rn. 267 ist der Vertrag über die Klagerücknahme zulässig, weil § 269 dem Kläger eine entsprechende Disposition eröffnet, jedoch nicht verlangt, dass diese Befugnis im Prozess ausgeübt wird. Erfüllt der Kläger diese Verpflichtung nicht, leidet die abredewidrig weiterverfolgte Klage an einem Mangel, was zur Abweisung der Klage als unzulässig führt, wenn der Prozessgegner sich einredeweise auf die Verpflichtung beruft.[65]

Literatur: *Alexander,* Kollektiver Rechtsschutz im Zivilrecht und Zivilprozessrecht, JuS 2009, 590; *Fischer,* Aus der Praxis: Parteiwechsel auf Klägerseite, JuS 2009, 39; *Gruschwitz,* Die Parteiänderung im Zivilprozess, JA 2012, 689; *Huber,* Grundwissen – Zivilprozessrecht: Die Abtretung der eingeklagten Forderung, JuS 2010, 582; *Looff,* Passivlegitimation bei Grundstücksveräußerung während Rechtshängigkeit einer Klage aus § 1004 i.V. m. § 906 BGB, JURA 2009, 124; *Markgraf/Kießling,* Gesellschaften als Parteien im Zivilprozess, JuS 2010, 312; *K. Schmidt,* Verlust der Parteifähigkeit einer gelöschten GmbH, JA 2015, 944; *Schreiber,* Parteibegriff und Folgen falscher Zustellung im Zivilprozeß, JURA 1990, 162; *Pawlowski,* Die zivilrechtliche Prozeßstandschaft, JuS 1990, 378; *Schlinker,* Das Recht des Beklagten auf ein Sachurteil im Zivilprozess – Zur Problematik der Klageänderung, JURA 2007, 1; *Stackmann,* Die Rolle der Partei im Anwaltsprozess, JuS 2008, 509.

64 Grdl. *G. Wagner,* Prozessverträge, 1998, 57.
65 Vgl. BGH NJW 1984, 805 zur Rechtsmittelrücknahme; BGH NJW 2019, 2479 Rn. 8 zur Rücknahme einer Nichtzulassungsbeschwerde.

Übersicht 5 Die Partei

Eigenschaften Parteifähigkeit zuvor: Wer ist Partei? (formeller Parteibegriff)	**Begriff »prozessuale Rechtsfähigkeit«**	**Voraussetzungen (grundsätzlich: Rechtsfähigkeit (§ 50 I)**	**Bedeutung Sachurteils-(Prozess-) voraussetzung**
Prozessfähigkeit	»prozessuale Geschäftsfähigkeit«	grundsätzlich: volle Geschäftsfähigkeit (§ 52)	1. Sachurteilsvoraussetzung 2. Prozesshandlungsvoraussetzung 3. Vertretung durch gesetzlichen Vertreter
Postulationsfähigkeit	Fähigkeit, vor Gericht aufzutreten	AG: Partei und jeder Anwalt LG: jeder Anwalt	Prozesshandlungsvoraussetzung
Prozessführungsbefugnis (Einzelheiten s. unten)	Regel: Rechtsträger ist auch prozessführungsbefugt Ausnahmen: Ein anderer als der Rechtsträger (Prozessstandschafter) ist prozessführungsbefugt (sei es allein, sei es neben dem Rechtsträger)		Sachurteilsvoraussetzung

Prozessführungsbefugnis (davon zu unterscheiden Sachlegitimation: Aktiv- und Passivlegitimation)

I. **Regelfall:** Rechtsträger ist: II. **Ausnahmefälle:** 1. Verwalterfälle: Rechtsträger, zB Erbe, Insolvenzschuldner	materiell-rechtlich verfügungsbefugt materiell-rechtlich verfügungsbefugt: Testamentsvollstrecker (TV) Insolvenzverwalter	prozessführungsbefugt prozessführungsbefugt TV, Insolvenzverwalter als **gesetzliche Prozessstandschafter**
2. Veräußerungsfälle (§ 265): Rechtsträger ist der Erwerber	materiell-rechtlich verfügungsbefugt ist der Erwerber	prozessführungsbefugt ist der Veräußerer als **gesetzlicher Prozessstandschafter**
3. gewillkürte Ermächtigung zB des Zessionars an den Zedenten: Rechtsträger ist Zessionar	materiell-rechtlich verfügungsbefugt kann neben Zessionar aufgrund Einziehungsermächtigung der Zedent sein	prozessführungsbefugt ist neben dem Zedenten der ermächtigte Zessionar als **gewillkürter Prozessstandschafter**

7. Kapitel. Die Klage

A. Die Bedeutung der Klage

Jeder Zivilprozess wird durch eine **Klage eingeleitet** (Folgerung aus der Dispositionsmaxime, → Rn. 84). Mit der Klage fordert der Kläger Rechtsschutz. Aus der Justizgewährungspflicht des Staates (→ Rn. 1) folgt, dass das Gericht über die Klage entscheiden muss. 275

Dies bedeutet freilich nicht, dass das Gericht stets über die Klage durch Sachurteil zu entscheiden, also zum Streitgegenstand positiv oder negativ Stellung zu nehmen hat. Fehlt eine Prozessvoraussetzung (= »Voraussetzung der Zulässigkeit der Klage«, zB die Prozessfähigkeit, → Rn. 236), wird die Klage durch Prozessurteil als unzulässig abgewiesen.

Mit der Klage bestimmt der Kläger erstens **das Gericht,** das zu entscheiden hat, 276

auch wenn es die Klage (zB wegen Unzuständigkeit) abweist oder den Rechtsstreit an ein anderes Gericht verweist (→ Rn. 181),

zweitens **den Beklagten** (→ Rn. 223), der sich auf den Prozess einlassen muss, wenn er nicht ein Versäumnisurteil riskieren will,

selbst wenn ihn der Prozess tatsächlich materiell-rechtlich überhaupt nichts angeht,

drittens **den Streitgegenstand** (→ Rn. 88).

B. Klagearten

Klagen lassen sich unterscheiden nach der **Art des Begehrens,** auf das sie gerichtet sind (→ Rn. 4 ff.). 277

I. Die Leistungsklage

Die Leistungsklage dient der **Durchsetzung von Ansprüchen** iSd § 194 I BGB, unabhängig vom konkreten Inhalt des eingeklagten Anspruchs. Nur das Leistungsurteil ist Vollstreckungstitel. 278

Beispiel: Klagen auf Zahlung einer Geldsumme, auf Herausgabe einer beweglichen oder unbeweglichen Sache, auf Vornahme einer Handlung, auf Abgabe einer Willenserklärung.
V weigert sich, ein an K formwirksam (§ 311 b I BGB) verkauftes Grundstück zu übereignen und zu übergeben (§ 433 I BGB). Hier lauten der Klageantrag und das der Klage stattgebende Urteil:
»Der Beklagte wird verurteilt, das Grundstück [genaue Bezeichnung des Grundstücks] an den Kläger aufzulassen und es ihm zu übergeben.«
Vollstreckt wird das Urteil hinsichtlich der Auflassungserklärung nach § 894 S. 1. Das rechtskräftige Urteil ersetzt die Erklärung des verurteilten Verkäufers. Der Kläger muss allerdings seinerseits noch die Annahme der Erklärung des Verkäufers vor einem Notar erklären (§ 925 I BGB). Hinsichtlich der Übergabe richtet sich die Vollstreckung des Urteils nach § 885 I.

Auch die **Unterlassungsklage** (zB nach § 1004 I 2 BGB) ist Leistungsklage (vgl. § 194 I Fall 2 BGB); ebenso die Klage auf Duldung der Zwangsvollstreckung aus einem Grundpfandrecht (§ 1147 BGB).

1. Voraussetzungen der Leistungsklage

279 Grundsätzlich ist für die Zulässigkeit einer Leistungsklage die Geltendmachung eines **fälligen Anspruchs** notwendig. Ausnahmsweise kann auch ein erst künftig fällig werdender Anspruch eingeklagt werden (§§ 257–259):

§ 259 ist auf Ansprüche aller Art – auch bedingte – anwendbar; er knüpft als **Generalklausel** die Zulässigkeit einer Klage auf künftige Leistung an die Besorgnis nicht rechtzeitiger Leistung. Diese Besorgnis ist insbesondere dann begründet, wenn der Schuldner seine Leistungspflicht leugnet.

Beispiel: Ein Vermieter kann auf Zahlung künftiger Miete oder auf Räumung einer Wohnung klagen, wenn der Mieter erklärt hat, er werde auch in Zukunft nicht zahlen bzw. nicht ausziehen, aber auch, wenn der Mieter einen Rückstand an Miete und Mietnebenkosten in einer die Bruttomiete mehrfach übersteigenden Höhe hat auflaufen lassen.[1]
Eine Klage auf Auflassung eines Grundstücks ist, auch wenn der Anspruch noch nicht fällig ist, unter der Voraussetzung zulässig, dass der Verkäufer erklärt hat, er fühle sich an den Kaufvertrag nicht gebunden.

Nach § 257 ist die Klage auf eine **künftige Zahlung** oder Räumung zulässig.

Beispiel: K klagt am 1.4. auf Rückzahlung eines am 1.9. fälligen Darlehens oder auf Räumung eines Ladens, der auf den 30.11. gekündigt ist. Die Klage ist nach § 257 zulässig. Erkennt der Beklagte sofort an, trägt indes K die Kosten nach § 93 (→ Rn. 280).

Nach § 258 kann auf nach der Entscheidung fällig werdende wiederkehrende Forderungen geklagt werden, wie zB Ansprüche auf Unterhalt, Renten nach §§ 843, 844 BGB, Ruhegehaltsansprüche. Obwohl der Wortlaut von § 258 dies nicht erkennen lässt, besteht Einigkeit darüber, dass die Vorschrift dann nicht anwendbar ist, wenn die wiederkehrende Leistung davon abhängig ist, dass der Gläubiger seinerseits eine Gegenleistung erbringen muss (zB als Vermieter oder Arbeitnehmer).

2. Rechtsschutzbedürfnis

280 Jede Klage setzt ein Rechtsschutzbedürfnis (Rechtsschutzinteresse) des Klägers voraus. Zwar ist dieses Erfordernis nur bei der Feststellungsklage (§ 256) ausdrücklich genannt. Es gilt aber für alle Klagen und Anträge, die das Gericht zu einem Handeln oder Entscheiden veranlassen sollen: Die Partei soll nur solche Klagen erheben oder Anträge stellen dürfen, die sie zur Rechtsdurchsetzung oder Rechtsverteidigung benötigt.[2] Das Rechtsschutzbedürfnis ist bei **Leistungsklagen regelmäßig gegeben,** wenn nach der Behauptung des Klägers ein materiell-rechtlicher Anspruch nicht befriedigt worden ist oder nicht befriedigt werden wird.[3] Daran ändert sich auch dann nichts, wenn beim Beklagten Leistungsbereitschaft vorhanden ist und er seine Verpflichtung nie in Abrede gestellt hat. Dies kann zwar dazu führen, dass der Kläger die Kosten des überflüssigen Prozesses tragen muss (§ 93), doch ist der Klage gleichwohl stattzugeben.

1 BGH NJW 2011, 2886 Rn. 15.
2 BGHZ 98, 127 (128) = NJW 1986, 2704.
3 BGH NJW 1980, 1843.

Beispiel: K hat gegen B ein Urteil über eine Darlehensforderung erstritten. Vor Rechtskraft des vorläufig vollstreckbaren Urteils stirbt er und wird von E beerbt. E erhebt erneut Klage. Für sie fehlt das Rechtsschutzbedürfnis, weil E das zugunsten des K ergangene Urteil zur Zwangsvollstreckung verwenden kann: Er kann sich unter Vorlage des Erbscheins eine vollstreckbare Ausfertigung des Urteils erteilen lassen (§ 727). Man sagt ungenau, er kann den »Titel auf sich umschreiben« lassen. Wird das Urteil später rechtskräftig, wirkt die Rechtskraft auch zugunsten des E als Rechtsnachfolger des K (§ 325 I).
G hat eine Darlehensforderung gegen S. Dieser hat angekündigt, dass er fristgemäß zahlen werde. Dennoch erhebt G Klage. Hier fehlt nicht das Rechtsschutzbedürfnis. Aber wenn S sofort anerkennt (§ 307), trägt G die Kosten des Verfahrens (§ 93). In der Praxis ist dies wichtig, wenn G aufgrund eines gegen S erstrittenen Titels eine bei S befindliche Sache pfändet (§ 808), die E gehört. Erhebt E gegen G die sog. Drittwiderspruchsklage (§ 771), um die Pfändung zu beseitigen, trägt er die Kosten, wenn G sofort anerkennt. Um dies zu vermeiden, muss E den G vor Klageerhebung unter Darlegung seines Eigentums auffordern, die Sache freizugeben, also den Gerichtsvollzieher anzuweisen, die Pfändung aufzuheben.
Rechtsschutzbedürfnis für eine Unterhaltsklage besteht auch dann, wenn der Schuldner den Unterhalt bisher immer pünktlich und vollständig gezahlt hat.[4]
Ein Rechtsschutzbedürfnis besteht für eine Klage auf Rückzahlung eines Darlehens, auch wenn sich der Darlehensnehmer in einem notariell beurkundeten abstrakten Schuldversprechen (§ 780 BGB) der sofortigen Zwangsvollstreckung in sein gesamtes Vermögen unterworfen hatte und der Darlehensgeber daraus vollstrecken konnte (§ 794 I Nr. 5), weil so bloß eine Sicherheit, aber nicht die der Verjährung unterliegende Hauptforderung tituliert ist.[5]

Das Rechtsschutzbedürfnis ist **Prozessvoraussetzung** (= »Voraussetzung der Zulässigkeit der Klage«). Fehlt es, wird die Klage (der Antrag) als unzulässig abgewiesen, dh das Gericht geht auf das Bestehen des geltend gemachten Rechts im Rahmen der Begründetheitsprüfung seiner Entscheidung nicht ein. Vom Zweck des Rechtsschutzbedürfnisses her (= das Gericht von überflüssiger Arbeit freizuhalten) muss es dem Gericht allerdings freistehen, das Rechtsschutzbedürfnis dahingestellt sein zu lassen, wenn die Klage ohnehin unbegründet ist.[6] 281

II. Die Feststellungsklage

Im Unterschied zur Leistungsklage ist die Feststellungsklage nicht auf den Erlass eines Leistungsbefehls an den Beklagten, sondern (nur) auf die Feststellung des Bestehens **(positive Feststellungsklage)** oder des Nichtbestehens **(negative Feststellungsklage)** eines Rechtsverhältnisses gerichtet (§ 256 I). Die Feststellungsklage kann sich aber nicht nur – wie die Leistungsklage – auf »Ansprüche« iSd § 194 I BGB beziehen, sondern auf Rechte und Rechtsverhältnisse jeder Art. 282

Beispiel: M hat Geschäftsräume in einem im Bau befindlichen Geschäftshaus des V gemietet. Später entsteht Streit, ob der Mietvertrag wirksam ist. M verneint dies. Hier kann V gegen M auf Feststellung klagen, dass das Mietverhältnis besteht (positive Feststellungsklage), aber auch M gegen V darauf, dass es nicht besteht (negative Feststellungsklage). Dadurch wird erreicht, dass für alle Ansprüche aus dem Mietverhältnis (auf Zahlung der Miete oder Überlassung der Räume, aber auch für Schadensersatzansprüche wegen nicht ordnungsmäßiger Erfüllung) deren Bestehen oder Nichtbestehen rechtskräftig feststeht und nicht jedes Mal neu zu prüfen ist.

4 BGH NJW 1998, 3116.
5 BGH ZIP 2007, 570 Rn. 12ff. = BeckRS 2007, 04076.
6 Stein/Jonas/*Roth* ZPO vor § 253 Rn. 162.

1. Rechtsverhältnis

283 Als erste Voraussetzung muss die Feststellungsklage auf das **Bestehen oder Nichtbestehen** eines Rechtsverhältnisses gerichtet sein. Rechtsverhältnis ist jede rechtliche Beziehung zwischen Personen oder zwischen Personen und Sachen. Nicht Gegenstand einer Feststellungsklage kann also sein die Feststellung bloßer Tatsachen (zB der Geschwindigkeit des Beklagten bei einem Unfall; abweichend können sich die Feststellungsziele der Musterfeststellungsklage nach § 606 I 1 auf bloße Tatsachen beschränken, → Rn. 266), ebenso wenig die Feststellung abstrakter Rechtsfragen oder von Vorfragen für eine spätere Entscheidung.

Beispiele: Keine Klage auf Feststellung des Vorliegens oder Nichtvorliegens von Schuldner- oder Gläubigerverzug.[7]
Möglich ist hingegen eine negative Feststellungsklage des Bestellers gegen den Werkunternehmer auf Feststellung, dass eine Abnahme nach § 640 I 1 BGB nicht erfolgt ist bzw. die Voraussetzungen einer Abnahmefiktion nach § 640 II BGB nicht vorgelegen haben. Die Abnahme ist zwar kein eigenständiges Rechtsverhältnis, sie führt jedoch zu wesentlichen Änderungen der Rechtsbeziehungen zwischen Besteller und Werkunternehmer, da durch sie etwa der Werklohn fällig wird, § 641 I 1 BGB, der Erfüllungsanspruch durch die werkvertraglichen Mängelrechte abgelöst wird und die Verjährung nach § 634a II BGB beginnt.[8]

Unter den Begriff des Rechtsverhältnisses fallen auch bedingte oder mögliche künftige rechtliche Beziehungen, die sich aus einem konkreten, rechtlich erheblichen Anlass ergeben können.

Beispiel: Klage eines Pflichtteilsberechtigten gegen den künftigen Erblasser auf Feststellung, dass kein Grund für eine Entziehung des Pflichtteils (§ 2333 BGB) besteht.[9]
Der Kläger klagt gegen die Beklagte, die die zwölfjährige Tochter des Klägers tödlich überfahren hat, auf Feststellung der Unterhaltspflicht für den Fall seiner Bedürftigkeit (§ 844 BGB). Die Klage ist nötig, um die Verjährung zu hemmen (§ 204 I Nr. 1 BGB). Hingegen wäre eine Klage auf Feststellung der bloßen Tatsache, dass die Beklagte die Tochter überfahren hat, mangels Rechtsverhältnisses unzulässig.

284 Das festzustellende Rechtsverhältnis braucht nicht zwischen den Parteien zu bestehen, sondern kann auch zu einem **Dritten** bestehen.[10] Voraussetzung für die Zulässigkeit der Feststellungsklage ist dabei jedoch, dass sich die begehrte Feststellung auf die Rechtsbeziehungen zwischen den Prozessparteien auswirkt.[11]

2. Feststellungsinteresse

285 Zweite Zulässigkeitsvoraussetzung ist das Feststellungsinteresse. Dabei muss es sich zunächst um ein **rechtliches Interesse** handeln (→ Rn. 280). Ein solches ist gegeben, wenn ein Zustand der Ungewissheit besteht und der Kläger dadurch in seiner Rechtsposition beeinträchtigt wird, zB weil er nicht weiß, ob der Mietvertrag gültig ist oder ob er oder der Beklagte Eigentümer einer Sache ist. Weiter muss das Interesse auf **als-**

7 BGH NJW 2000, 2280; ferner BGH NJW 2000, 2663 (2664), dort auch zur Ausnahme für den Fall, dass der Annahmeverzug die Vollstreckung bei einer Verurteilung Zug-um-Zug gem. §§ 756, 765 erleichtert.
8 BGH NZBau 2019, 572 Rn. 27.
9 BGHZ 158, 226 = NJW 2004, 1874.
10 BGHZ 164, 249 (255) = NJW 2006, 374; BGHZ 123, 44 (46) = NJW 1993, 2539.
11 BGH ZIP 2000, 679.

baldige Feststellung gerichtet sein. Schließlich muss ein Interesse gerade an der Feststellung bestehen. Deshalb ist die Feststellungsklage regelmäßig nicht zulässig, wenn eine Leistungsklage möglich wäre, sog. **Subsidiarität der Feststellungsklage** gegenüber der Leistungsklage.[12]

Beispiel: K hat B ein Darlehen gegeben. B behauptet, er habe gegen den Rückzahlungsanspruch mit einer Gegenforderung wirksam aufgerechnet. Eine Feststellungsklage des K ist unzulässig, weil er auf Rückzahlung des Darlehens klagen könnte.

Jedoch hält die Rechtsprechung an der Subsidiarität der Feststellungsklage nicht immer fest, sondern lässt sie aus **»Gesichtspunkten der Prozesswirtschaftlichkeit und Vereinfachung des Verfahrens«** zu.[13] So zB um die Auseinandersetzung zwischen Erben oder Gesellschaftern vorzubereiten[14] oder wenn die Klage sich gegen eine Körperschaft richtet, von der anzunehmen ist, dass sie ein Feststellungsurteil respektieren und leisten wird.[15] Auch soll die Feststellungsklage zulässig sein, wenn die Schadensentwicklung in einem Schadensersatzprozess noch nicht abgeschlossen ist.[16] Hier kann der Geschädigte insgesamt auf Feststellung der Schadensersatzpflicht klagen und braucht auch die Schadenspositionen, die bereits abgeschlossen feststehen, nicht mittels einer Leistungsklage geltend zu machen. Er kann aber auch eine Feststellungsklage mit einer Leistungsklage verbinden, wenn der bereits entstandene oder noch entstehende Schaden nicht bereits vollständig vom Zahlungsantrag erfasst ist.[17] Dabei dürfen keine überspannten Anforderungen an die Substantiierungspflicht des Geschädigten hinsichtlich der Wahrscheinlichkeit weiterer Schäden gestellt werden.

3. Prüfung von Amts wegen

Die Voraussetzungen der Feststellungsklage sind von Amts wegen zu prüfen. Fehlen sie, ist die Klage als unzulässig abzuweisen. Ist die Unbegründetheit der Klage augenscheinlich, kann das Gericht allerdings die Klage auch als unbegründet abweisen (→ Rn. 281).[18] 286

Entfällt das zunächst gegebene Feststellungsinteresse während des Prozesses, wird die Feststellungsklage grundsätzlich **unzulässig.**[19] Eine Ausnahme macht die Rechtsprechung indes dann, wenn bei positiver Feststellungsklage (vor allem in Schadensersatzprozessen) während des Verfahrens die **Leistungsklage möglich** wird (die Schadensentwicklung ist abgeschlossen, die Schäden lassen sich jetzt beziffern). Der Kläger braucht dann regelmäßig nicht zur Leistungsklage überzugehen.[20] Allerdings erlangt er mit dem Feststellungsurteil keinen Vollstreckungstitel.

Beispiel: K hat gegen B Feststellungsklage dahin erhoben, dass eine – von B behauptete – Forderung gegen ihn nicht bestehe. B erhebt Widerklage auf Erfüllung dieser Forderung. Die ne-

12 BGH NJW 1984, 1118 (1119); 2012, 2659 Rn. 31.
13 BGHZ 2, 250 (253) = NJW 1951, 887; BGH NJW 1972, 198; 1996, 2725.
14 BGHZ 2, 250 = NJW 1951, 887.
15 BGH NJW 1984, 1118 (1119) – öffentlich-rechtliche Behörde; BGH NJW 1996, 918: Bank; BGH NJW-RR 2005, 619; NJW 2006, 2548 (2549) – Versicherung.
16 BGH NJW 1984, 1552 (1554).
17 BGH NJW 2017, 265 Rn. 45.
18 BGHZ 175, 12 Rn. 44 = BeckRS 2008, 04940.
19 BGH NJW-RR 2013, 1105 Rn. 11.
20 RGZ 108, 201; BGHZ 18, 22 (41) = NJW 1955, 1437; BGHZ 99, 340 = NJW 1987, 2680.

gative Feststellungsklage des K wird sodann unzulässig. Um der Abweisung seiner Klage (mit der sich daraus ergebenden Kostenfolge) zu entgehen, muss K die Hauptsache für erledigt erklären (§ 91a; → Rn. 433).

Geht der Kläger von der Feststellungsklage zur Leistungsklage über, ist die **Klageänderung** gem. § 264 Nr. 2 **privilegiert,**[21] dh die Umstellung des Antrags ist ohne Weiteres zulässig.

4. Urteilswirkungen

287 Das Feststellungsurteil kann – vom Ausspruch über die Tragung der Prozesskosten abgesehen – **nicht Grundlage einer Zwangsvollstreckung** sein. Wohl aber entfaltet auch das Feststellungsurteil materielle Rechtskraft: Das einer positiven Feststellungsklage stattgebende Urteil stellt das Rechtsverhältnis rechtskräftig fest.

Beispiel: Das Gericht hat rechtskräftig festgestellt, dass B dem K zum Ersatz der aus einem Unfall entstehenden Schäden verpflichtet ist. Klagt K nunmehr auf Schadensersatz wegen des Unfallereignisses, kann B nicht mehr behaupten, er würde nicht haften; der Prozess kann nur noch um den Schadensumfang geführt werden.

Ist eine positive Feststellungsklage abgewiesen worden, ist damit das Bestehen des streitigen Rechtsverhältnisses rechtskräftig verneint.[22] Ist einer negativen Feststellungsklage stattgegeben worden, ist das Ergebnis das Gleiche, wie wenn eine positive Feststellungsklage abgewiesen worden wäre. Ist sie abgewiesen, steht das Rechtsverhältnis rechtskräftig fest.[23]

Beispiel: G behauptet, gegen S eine Forderung zu haben, was S bestreitet. Klagt S auf Feststellung, dass eine solche Forderung nicht bestehe und wird der Klage stattgegeben, steht das Nichtbestehen des Anspruchs des G rechtskräftig fest. Wird hingegen die Klage des S abgewiesen, steht der Anspruch des G rechtskräftig fest.

5. Zwischenfeststellungsklage

288 Die Zwischenfeststellungsklage (§ 256 II) wird in einem Hauptprozess zu einem Rechtsverhältnis erhoben, von dem die Entscheidung über die Hauptklage abhängig ist, sodass das Gericht dazu ohnehin befinden muss. Sie zielt also darauf, neben einer rechtskräftigen Entscheidung über die Hauptklage auch eine solche über sonst nach § 322 I nicht von der Rechtskraft umfasste **vorgreifliche Rechtsverhältnisse** herbeizuführen.[24] Wegen der Vorgreiflichkeit kann die Zwischenfeststellungsklage erhoben werden, ohne dass es eines Feststellungsinteresses bedarf;[25] sie kann auch im Laufe des Verfahrens jederzeit erhoben werden, ohne dass die für eine Klageänderung geltenden Einschränkungen (§ 263, → Rn. 307 ff.) eingreifen. Voraussetzung für den Erlass eines Zwischenfeststellungsurteils ist allerdings ein dahingehender Antrag einer Partei (§ 308 I). Ohne einen solchen Antrag kann das Gericht auch dann kein Zwischenfeststellungsurteil erlassen, wenn es dieses für zweckmäßig hält.[26]

21 BGH NJW-RR 2013, 1105 Rn. 11.
22 BGH NJW 1989, 393.
23 BGH NJW 1983, 2032; 1986, 2508; 1995, 1757.
24 BGH NJW 2013, 1744 Rn. 19.
25 BGHZ 69, 37 (41) = NJW 1977, 1637.
26 BGH MDR 2005, 645.

Beispiel: K klagt gegen B Gebühren in Höhe von 100.000 EUR aus einem Lizenzvertrag für das Jahr 2012 ein. Während des Prozesses wird streitig, ob ein solcher Vertrag überhaupt wirksam zustande gekommen ist. Darüber muss das Gericht zwar entscheiden, aber die Entscheidung betrifft nur eine Vorfrage. Darauf erstreckt sich die Rechtskraft des Urteils also nicht (→ Rn. 754). Es könnte daher sein, dass in einem neuen Prozess über die Lizenzgebühren des Jahres 2013 die Gültigkeit des Vertrages anders beurteilt würde. Um dies zu verhindern, kann der Kläger beantragen, dass auch die Gültigkeit des Lizenzvertrages festgestellt wird. Das **Urteil** würde dann lauten:

»1. Der zwischen den Parteien geschlossene Lizenzvertrag ist wirksam.
2. Der Beklagte wird verurteilt, an den Kläger 100.000 EUR [Lizenzgebühr für 2012] zu bezahlen.
3. [Kostenentscheidung]
4. [Entscheidung über die vorläufige Vollstreckbarkeit].«

Dasselbe Ergebnis (dh, dass nicht nur über den eingeklagten Zahlungsanspruch, sondern auch über die Wirksamkeit des Vertrags entschieden wird) kann der Beklagte durch eine negative Zwischenfeststellungswiderklage erreichen (§ 256 II). Kommt das Gericht zu dem Ergebnis, dass der Vertrag unwirksam ist und der Beklagte deshalb keine Lizenzgebühr schuldet, lautet das Urteil:

»1. Die Klage wird abgewiesen.
2. Es wird festgestellt, dass der zwischen den Parteien abgeschlossene Lizenzvertrag unwirksam ist.
3. [Kostenentscheidung]
4. [Entscheidung über die vorläufige Vollstreckbarkeit].«

Mit Rechtskraft des Feststellungsausspruchs ist der Beklagte dagegen geschützt, dass in einem späteren Prozess um die Lizenzgebühr für ein anderes Jahr das Gericht die Wirksamkeit des Vertrags anders beurteilt und der zweiten Klage stattgibt.

III. Die Gestaltungsklage

Die Gestaltungsklage ist auf unmittelbare **Änderung eines Rechtsverhältnisses durch Urteil** gerichtet und nur in den gesetzlich vorgesehenen Fällen zulässig. Praktisch wichtigstes Beispiel ist der Scheidungsantrag nach § 1564 BGB. Erst durch den rechtskräftigen **Scheidungsbeschluss** und nicht etwa schon durch das Vorliegen der materiell-rechtlichen Scheidungsvoraussetzungen (Zerrüttung der Ehe, § 1565 BGB) oder Stellung des Scheidungsantrags wird das Rechtsverhältnis Ehe beendet (§ 1564 S. 2 BGB). 289

Das Scheidungsverfahren vor dem Familiengericht unterliegt allerdings im Grundsatz dem FamFG (→ Rn. 20 f.), erst über § 113 FamFG findet eine Vielzahl von Vorschriften der ZPO Anwendung. Dem FamFG entstammt auch die Terminologie: Scheidungsantrag, -verfahren und -beschluss statt -klage, -prozess und -urteil (§ 113 V FamFG).

Allein der ZPO unterfallen als **gesellschaftsrechtliche Gestaltungsklagen** zB die Klage auf Ausschluss des Gesellschafters einer OHG (§ 140 HGB), auf Nichtigerklärung des Hauptversammlungsbeschlusses einer AG (§§ 243 ff. AktG). Als **prozessrechtliche Gestaltungsklagen** stellen sich etwa die Abänderungsklage nach § 323, die Vollstreckungsgegenklage nach § 767 oder die Drittwiderspruchsklage gem. § 771 dar. 290

Beispiel: K hat vor dem LG Leipzig am 31.5.2014 gegen B ein Urteil auf Zahlung von 7.000 EUR erwirkt. Als K vollstreckt, behauptet B, er habe »nach Urteilserlass durch Verrechnung mit einer Gegenforderung bereits bezahlt«. Diese Einwendung der Erfüllung durch Aufrechnung muss B mit der Vollstreckungsgegenklage geltend machen. Der Antrag des B hat zu lauten, »die Zwangsvollstreckung aus dem Urteil des LG Leipzig v. 31.5.2014 für unzulässig zu erklären.«

291 In der Regel können **Gestaltungsrechte** (zB Anfechtung, Kündigung, Rücktritt, Aufrechnung) durch einfache Erklärung gegenüber der anderen Partei ausgeübt werden (zB § 143 I BGB). Entsteht Streit über die Wirksamkeit einer solchen rechtsgestaltenden Erklärung, wird dieser Streit nicht durch Gestaltungsurteil entschieden. Vielmehr hat der Kläger die Folgerung aus seiner Anfechtung oder Kündigung zu ziehen und den dann gegebenen materiellen Anspruch (meist) im Wege der Leistungsklage geltend zu machen.

Beispiel: K hat an B einen alten Schrank verkauft und übereignet. Später ficht K Kaufvertrag und Übereignung an mit der Behauptung, B habe ihn arglistig getäuscht (§ 123 I 1. Alt. BGB). Ist diese Anfechtung wirksam, kann K von B Herausgabe des Schranks verlangen (§ 985 BGB). Er erhebt also eine auf Herausgabe gerichtete Leistungsklage. Denkbar ist auch eine Klage auf Feststellung der Nichtigkeit des Vertrags und der Übereignung wegen der Anfechtung. Dagegen besteht keine Möglichkeit, durch Gestaltungsklage die Beseitigung des Kaufvertrags und der Übereignung zu erreichen.

C. Die Klageerhebung – Klageinhalt

I. Klageerhebung

292 Die Klageerhebung erfolgt in den Schritten **Einreichung der Klageschrift** bei Gericht und **Zustellung** der Schrift an den Beklagten.

1. Anhängigkeit

293 Mit **Einreichung der Klageschrift** bei Gericht (§ 253 V) wird die Klage anhängig. Die Klageschrift muss ungeachtet des Wortlauts von § 130 Nr. 6 (Unterschrift als bloßes Sollerfordernis) **unterschrieben** sein. Ansonsten ist die Klage nicht wirksam erhoben.[27] Voraussetzung einer formgültigen Unterschrift ist, dass der Name vollständig, wenn auch nicht unbedingt lesbar wiedergegeben wird.[28]

Beim AG kann die Klage auch zu Protokoll der Geschäftsstelle erklärt werden (§ 496 2. Alt.). In der Praxis spielt diese Form der Klageerhebung freilich so gut wie keine Rolle. Die Klage kann auch durch Telefax erhoben werden. Dies ist wichtig bei drohendem Fristablauf, zB bei der Verjährung. Die Kopiervorlage muss dabei jedoch eigenhändig unterschrieben sein und die Unterschrift muss auf der bei Gericht eingehenden Kopie wiedergegeben werden (§ 130 Nr. 6).

Mittlerweile eröffnet § 130a die Möglichkeit, Dokumente auf elektronischem Wege bei Gericht einzureichen. Voraussetzung einer wirksamen Übermittlung ist, dass das elektronische Dokument für die Bearbeitung durch das Gericht geeignet ist, § 130 II 1, eine

27 BGHZ 90, 249 (252f.) = NJW 1984, 1559.
28 BGH MDR 2020, 305 Rn. 11 = BeckRS 2019, 34723 Rn. 11.

qualifizierte elektronische Signatur enthält[29], § 130 III, und auf einem der in § 130 IV benannten sicheren Übermittlungswege an das Gericht übermittelt wurde. Erfüllt das elektronische Dokument diese Anforderungen, ist es gem. § 130 V 1 eingegangen, sobald es auf der für den Empfang bestimmten Einrichtung des Gerichts gespeichert ist. Anderenfalls bedarf es des Ausdrucks des übermittelten Dokuments bei Gericht.[30]

2. Terminsbestimmung

Die Terminsbestimmung erfolgt durch den Vorsitzenden der Zivilkammer oder den Einzelrichter beim LG (→ Rn. 36) oder den Richter am AG (§ 216; → Rn. 133 ff.) unter Beachtung der Einlassungs- (§ 274 III) und Ladungsfrist (§ 217; → Rn. 48). 294

Eine sofortige Terminsbestimmung findet nur statt, wenn der Vorsitzende das Verfahren mit dem frühen ersten Termin wählt (§ 272 II; → Rn. 134).

Zwingende Voraussetzung für ein gerichtliches Tätigwerden ist die Bezahlung des **Prozesskostenvorschusses** (§ 12 I 1 GKG) oder die Bewilligung von Prozesskostenhilfe (→ Rn. 835 ff.). 295

Die Terminsbestimmung darf nicht deshalb verweigert werden, weil das Gericht unzuständig oder die Klage offensichtlich unbegründet ist. Darüber muss in dem Termin verhandelt werden. Eine Verweigerung ist nur in wenigen Ausnahmefällen rechtmäßig, so bei funktioneller Unzuständigkeit (→ Rn. 214), wenn die Klage vor dem LG nicht von einem Anwalt unterzeichnet ist (→ Rn. 53) oder wenn dem Gericht die Gerichtsbarkeit fehlt (→ Rn. 869).

3. Rechtshängigkeit

Das Gericht hat die **unverzügliche Zustellung der Klage von Amts wegen** (§§ 166 II, 271 I; → Rn. 46) zu veranlassen. Erst mit dieser Zustellung ist die Klage erhoben, die Streitsache **rechtshängig** (§§ 253 I, 261 I). Nur ausnahmsweise lässt das Gesetz schon die Anhängigkeit für die materiell-rechtlichen Folgen genügen (§ 167). § 167 bewirkt etwa, dass die Verjährungshemmung nach § 204 I Nr. 1 BGB bereits mit Eingang des Antrags eintritt, wenn die Zustellung »demnächst« erfolgt (→ Rn. 271).[31] 296

Widerklage, Zwischenfeststellungsklage sowie Klageänderung (zB Erweiterung des Klageantrags) können auch in der mündlichen Verhandlung erfolgen. Damit tritt unmittelbar Rechtshängigkeit ein (§§ 256 II, 261 II, 297).

II. Klageinhalt

Der notwendige Inhalt der Klage ist in § 253 II bestimmt. Aus ihr muss sich ergeben, wer die Parteien sind, an welches Gericht sich der Kläger wendet, welches Urteil er beantragt und auf welcher tatsächlichen Grundlage er die Entscheidung begehrt. Kurz muss die Klageschrift enthalten **Parteien, Gericht, Antrag, Sachverhalt.** Fehlt es an einer dieser Angaben, handelt es sich um keine wirksame Klageschrift. Demgegenüber sind die in § 253 III weiter genannten Angaben (Durchführung eines Mediationsver- 297

29 BGHZ 222, 105 = NJW 2019, 2230 zur Unzulänglichkeit sog. Containersignaturen.
30 BGH NJW 2019, 2096 Rn. 13.
31 S. dazu BGH NJW 2015, 3101 Rn. 15.

suchs, Wert des Streitgegenstands in bestimmten Fällen sowie Gründe gegen die Entscheidung der Sache durch den Einzelrichter) keine Wirksamkeitsvoraussetzungen der Klageschrift.

298 Die Klageschrift muss einen **bestimmten Antrag** enthalten (→ Rn. 5f.). Als Faustregel muss der Antrag so fixiert sein, dass ihn das Gericht – wenn es ihn für begründet hält – ohne Weiteres im Urteil übernehmen und dass er – bei der Leistungsklage – Grundlage einer Zwangsvollstreckung sein kann. Allerdings kann der Kläger einen – isoliert betrachtet – unbestimmten Antrag durch seinen Prozessvortrag (Klageschrift, Schriftsätze) konkretisieren.[32]

Formulierungsbeispiele: »Der Beklagte wird verurteilt, an den Kläger 7.000 EUR zu zahlen« (Leistungsklage).
»Es wird festgestellt, dass der Kläger Eigentümer des Grundstücks [genaue Bezeichnung] ist« (positive Feststellungsklage).
»Es wird festgestellt, dass der Beklagte nicht Gesellschafter der X-GmbH ist« (negative Feststellungsklage).
»Der Beklagte wird aus der Y-OHG ausgeschlossen« (Gestaltungsklage).

Eine **Geldforderung** muss genau beziffert werden.[33] Werden in der Klage mehrere Zahlungsansprüche mit einem **einheitlichen Betrag** geltend gemacht (objektive Klagehäufung, → Rn. 333ff.), muss in dem Klageantrag zum einen angegeben werden, welcher Anspruch eingeklagt wird. Die notwendige Identifizierbarkeit des Anspruchs ist allerdings nicht mit der schlüssigen Darlegung desselben zu verwechseln, was Frage der Begründetheit der Klage ist.[34] Zum anderen ist die Angabe, in welcher Höhe die einzelnen Ansprüche verfolgt werden insbesondere dann erforderlich, wenn nur ein Teilbetrag geltend gemacht wird.[35] Dann muss der Kläger angeben, wie sich der eingeklagte Betrag auf die einzelnen Ansprüche verteilen soll und in welcher Reihenfolge diese Ansprüche zur Entscheidung des Gerichts gestellt werden sollen.[36] Allerdings hat der BGH eine sog. **Saldoklage** zugelassen, mit der der Kläger während eines bestimmten Zeitraums entstandene Rückstände aus einem Dauerschuldverhältnis vollständig geltend macht.[37]

299 An den Antrag ist das **Gericht gebunden** (§ 308 I 1). Das bedeutet, dass es dem Kläger nichts anderes (zB Schadensersatz in Geld statt der beantragten Verurteilung zur Lieferung einer Sache) und nicht mehr als beantragt zusprechen darf. Wohl kann es die Klage dagegen teilweise abweisen und ihr im Übrigen stattgeben (zB bei Schadensersatzklage auf 20.000 EUR Verurteilung des Beklagten zur Zahlung von 12.000 EUR und Abweisung der restlichen 8.000 EUR). Als bloßes Minus soll bei einer Leistungsklage auch ein Antrag auf Feststellung des Rechtsverhältnisses mitenthalten sein, weshalb § 308 I 1 kein Hindernis für ein positives Feststellungsurteil sein soll, wenn das Gericht der Leistungsklage nicht stattgeben kann.[38] Ebenfalls ein bloßes Minus ist es, wenn das Gericht dem Kläger statt eines beantragten Schadensersatzes nach §§ 280 I,

32 BGH NJW 2018, 3098 Rn. 10.
33 BGH NJW 1994, 3102.
34 BGH NZM 2018, 444 Rn. 24.
35 BGH NZM 2018, 444 Rn. 14.
36 BGH NJW 2008, 3142 Rn. 7.
37 BGH NJW 2013, 1367 Rn. 11.
38 BGHZ 118, 70 (81f.) = NJW 1992, 1834.

III, 281 I, 634 Nr. 4 BGB lediglich einen Vorschuss nach §§ 637 III, 634 Nr. 2 BGB zuspricht.[39]

1. Gerichtliches Ermessen

Ausnahmsweise fordert die Rechtsprechung bei auf Geld gerichteten Leistungsklagen einen bezifferten Klageantrag nicht, wenn dem Kläger eine Bezifferung erst nach einer Beweisaufnahme möglich ist (zB in Schadensersatzprozessen) oder wenn das Gericht den Betrag **nach billigem Ermessen** festsetzt (zB Schmerzensgeld nach § 253 II BGB). 300

Formulierungsbeispiel: Der Antrag lautet: »Der Beklagte wird verurteilt, an den Kläger ein der Höhe nach in das Ermessen des Gerichts gestelltes Schmerzensgeld, mindestens jedoch 1.000 EUR zu zahlen«[40].

Der Kläger vermeidet damit das **Kostenrisiko** (das ihn teilweise trifft, wenn er zu viel verlangt). Er muss aber immerhin die tatsächlichen Grundlagen für die Bemessung (zB die Art und Schwere der Verletzung) vortragen (»ungefähre Größenordnung«)[41]. Gleichwohl hält sich der BGH an einen angegebenen Mindestbetrag dann nicht für gebunden, wenn er ein weit höheres Schmerzensgeld zusprechen will.[42]

2. Unmöglichkeit der genauen Bezifferung

Schwierigkeiten macht das Erfordernis eines bestimmten Antrags dann, wenn es für die geltend gemachte Leistung an einer exakten Maßeinheit fehlt (zB Anspruch auf Unterlassung von Beeinträchtigungen, § 1004 I BGB). Hier muss es ausreichen, dass sich der Antrag auf ein allgemeines, am Gesetzeswortlaut angelehntes Unterlassungsgebot beschränkt.[43] 301

3. Stufenklage

Trotz des Erfordernisses der Bestimmtheit des Klageantrags ist die sog. Stufenklage zulässig (§ 254). 302

Beispiel: B war vom 1.2.2009 bis zum 31.3.2014 »Treuhänder« des K. Nach Beendigung der Treuhandschaft weigert er sich, Rechnung zu legen (§ 675 I BGB mit § 666 BGB) und den Ertrag seiner Treuhandschaft herauszugeben (§ 675 BGB und § 667 BGB). Was K von B verlangen kann, weiß er erst, wenn B Rechnung gelegt hat. K stellt daher folgenden Antrag:
»Der Beklagte wird verurteilt:

1. über seine Geschäftsbesorgung für den Kläger vom 1.2.2009 bis zum 31.3.2014 Rechnung zu legen,
2. an Eides statt zu versichern, dass er nach bestem Wissen die Einnahmen so vollständig angegeben hat, als er dazu im Stande ist [s. § 259 II BGB],
3. den sich aus der Rechnungslegung ergebenden Überschuss an den Kläger zu zahlen.«

---

39 BGH NJW 2019, 1527 Rn. 31.
40 BGHZ 4, 138 = NJW 1952, 382; BGH NJW 1970, 281.
41 BGH NJW 1982, 340.
42 BGHZ 132, 341 = NJW 1996, 2425 – geltend gemachter Mindestbetrag 25.000 DM; zugesprochen wurden 50.000 DM; s. weiter BGH NJW 2002, 3769.
43 BGHZ 121, 248 = NJW 1993, 1656 – Lärmbelästigung; BGHZ 140, 1 = NJW 1999, 356 – Geruchsbelästigung.

Durch die Erhebung der Stufenklage wird sofort auch der Leistungsanspruch unabhängig davon **rechtshängig,** dass er zunächst noch nicht bestimmt bezeichnet ist.[44] Infolgedessen wird die Verjährung des Anspruchs schon auf der »ersten Stufe« der Stufenklage gehemmt.[45]

Ergibt sich im Beispiel nach Erfüllung des Rechnungslegungsanspruchs, dass gar kein Leistungsanspruch besteht, ist die Klage hinsichtlich dieses Anspruchs abzuweisen, wobei der Kläger nach § 91 die Kosten zu tragen hat. Dem kann er zwar auch nicht dadurch entgehen, dass er die Hauptsache für erledigt erklärt (→ Rn. 433ff.), aber dadurch, dass er seine Klage auf einen Schadensersatzanspruch (§§ 280, 286 BGB) wegen nicht geleisteter Auskunft umstellt und darauf gestützt beantragt, den Beklagten zu verurteilen, die Kosten des Rechtsstreits zu tragen.[46]

4. Nebenentscheidungen

303 Kein Antrag braucht gestellt zu werden zur **Kostentragung** und zur **vorläufigen Vollstreckbarkeit,** da das Gericht hierüber **von Amts wegen** zu entscheiden hat (§§ 308 II, 709 S. 1). Ein Antrag ist jedoch nötig, wenn eine Partei eine von der gesetzlichen Regel abweichende Entscheidung hierüber erstrebt.

Beispiel (wie man es häufig in Klageschriften liest): Der Kläger beantragt,
»1. Der Beklagte wird verurteilt, an den Kläger 8.000 EUR zu zahlen.
2. Der Beklagte trägt die Kosten des Rechtsstreits.
3. Das Urteil ist – evtl. gegen Sicherheitsleistung – vorläufig vollstreckbar.«

Freilich sind Nr. 2 und 3 überflüssig, wenn auch unschädlich. Will aber der Kläger, dass das Urteil entgegen der Regel des § 709 S. 1 ohne Sicherheitsleistung für vorläufig vollstreckbar erklärt wird (§ 710), muss der Antrag Nr. 3 lauten:
»Das Urteil ist ohne Sicherheitsleistung vorläufig vollstreckbar.«
Ohne einen entsprechenden Antrag darf die vorläufige Vollstreckbarkeit ohne Sicherheitsleistung nicht ausgesprochen werden (s. den Wortlaut von § 710).

D. Die Wirkungen der Klageerhebung

304 Die Erhebung der Klage (Rechtshängigkeit) äußert Wirkungen **prozessualer,** aber auch **materiell-rechtlicher** Art.

I. Perpetuatio fori

305 Die bei der Klageerhebung gegebene **Zuständigkeit** des Gerichts **bleibt bestehen,** auch wenn sich die Grundlagen für diese Zuständigkeit später ändern (sog. perpetuatio fori, §§ 17 I 1 GVG, 261 III Nr. 2).

Diese Regel gilt für alle Arten der Zuständigkeit, auch für die Rechtswegzuständigkeit (§ 17 I 1 GVG) sowie trotz Fehlens einer einschlägigen Norm für die internationale Zuständigkeit,[47] nicht aber für die einzelnen Abteilungen ein- und desselben Ge-

44 BGH NJW-RR 1995, 513.
45 BGH NJW 1975, 1409.
46 BGH NJW 1994, 2895.
47 BGH NJW 2011, 2515 Rn. 22ff.

richts[48]. Die Zuständigkeit des angerufenen Gerichts entfällt selbst dann nicht, wenn die neu eingetretenen Umstände bei Eintritt vor Rechtshängigkeit zu einer anderweitigen ausschließlichen Zuständigkeit geführt hätten.[49]

Beispiele: Der Beklagte verlegt seinen Wohnsitz.
Der Streitwert für die beim LG erhobene Klage vermindert sich auf unter 5.000 EUR (im umgekehrten Fall der Erhöhung ist aber § 506 zu beachten, → Rn. 202).

Ein bei Klageerhebung unzuständiges Gericht kann jedoch nachträglich zuständig werden, so wenn der Beklagte seinen Wohnsitz in den Bezirk des Gerichts verlegt oder wenn die Parteien nach Eintritt der Rechtshängigkeit die Zuständigkeit des Gerichts nach § 38 vereinbaren, bzw. der Beklagte ohne Geltendmachung der Unzuständigkeit zur Hauptsache verhandelt (§ 39 S. 1 → Rn. 221).

II. Rechtshängigkeitssperre

Die rechtshängige Streitsache darf **nicht einem anderen Gericht** zur Entscheidung 306
unterbreitet werden (§ 17 I 2 GVG, § 261 III Nr. 1). Dieses zweite Gericht muss vielmehr die zweite Klage von Amts wegen als unzulässig abweisen. Die – in der Praxis seltene, aber wegen des Streits um den Streitgegenstand intensiv erörterte – Rechtshängigkeitssperre setzt voraus, dass im zweiten Prozess die Parteien dieselben sind und der Streitgegenstand (= Antrag und Sachverhalt, → Rn. 88, 315 ff.) derselbe ist. Der geforderten Identität der Parteien ist schon dann genügt, wenn sich die Rechtskraft des Erstprozesses in subjektiver Hinsicht (§ 325) auf die Parteien des Folgeverfahrens erstreckt (vgl. das Beispiel → Rn. 262).

Beispiel: Im Beispiel → Rn. 302 erhebt K gegen B Klage auf Rechnungslegung. Auch B klagt, und zwar in einem anderen Prozess auf Feststellung, dass er zur Rechnungslegung nicht verpflichtet sei. Hier steht die Rechtshängigkeit sicher entgegen, nicht aber dann, wenn B auf Feststellung klagt, dass ein Geschäftsbesorgungsverhältnis nicht bestanden habe. Der Antrag des B ist dann mehr als eine bloße Negation der Klage des K. Erst recht ist § 261 III Nr. 1 kein Hindernis dafür, dass B seinerseits gegen K etwa darauf klagt, dass dieser ihm noch Aufwendungen zu ersetzen hat (§§ 675, 670 BGB). Der Aufwendungsersatzanspruch ist ein anderer Streitgegenstand als der von K geltend gemachte Anspruch auf Herausgabe des aus der Geschäftsbesorgung Erlangten.
Eine Feststellungsklage, die Verpflichtung zum Ersatz eines Mangelschadens festzustellen, hat nicht den gleichen Streitgegenstand wie eine Leistungsklage, diesen Schaden ganz oder teilweise zu ersetzen. Denn das Rechtsschutzziel der Leistungsklage geht über das der Feststellungsklage hinaus, weil auch die Durchsetzung des Anspruchs ermöglicht werden soll[50] (→ Rn. 286 zum Wegfall des Feststellungsinteresses).

III. Klageänderung

Durch Zustellung eines Schriftsatzes oder durch Verlesung des Antrags aus einem 307
Schriftsatz in der mündlichen Verhandlung (§§ 261 II, 297) kann der Kläger den mit der Klage rechtshängig gemachten Streitgegenstand (→ Rn. 314) ändern wollen. Bei

48 BGH NJW 1981, 2464.
49 BGH NJW 2001, 2477.
50 BGH NJW-RR 2013, 1105 Rn. 10.

einer solchen Klageänderung (§§ 263 f.) sind die **Interessen** der Parteien regelmäßig gegenläufig. Einerseits hat der **Beklagte** sich auf eine bestimmte Klage eingestellt. Er soll also nicht plötzlich anderen Anträgen oder einer ganz anderen Klagebegründung gegenüberstehen. Andererseits kann es zweckmäßig, ja nötig sein, die Klage zu ändern, wenn sich etwa die Forderung des **Klägers** im Verlauf des Prozesses ermäßigt oder erhöht hat.

308 Dieser Konflikt wird im Interesse des Klägers gelöst, wenn gewisse Umstände bereits nicht als Klageänderung im Rechtssinne (§ 264; **Privilegierung**) angesehen werden, obwohl sich der Streitgegenstand ändert. Dies gilt einmal, wenn der Klageantrag **erweitert oder beschränkt** wird, § 264 Nr. 2 (Beispiel: Übergang von Feststellungs- zur Leistungsklage[51]). Weiter stellt es keine Klageänderung dar, wenn statt des ursprünglich geforderten Gegenstands wegen einer nachträglich eingetretenen Veränderung ein **anderer Gegenstand** gefordert wird, § 264 Nr. 3 (Beispiel: Übergang von Anspruch auf Lieferung einer Sache auf Schadensersatz wegen Nichtlieferung).

309 In den übrig bleibenden Fällen ist die Klageänderung zulässig, wenn entweder der **Beklagte einwilligt** (wobei die Einwilligung unwiderleglich vermutet wird, wenn sich der Beklagte auf die geänderte Klage eingelassen hat, § 267) oder das **Gericht** sie für **sachdienlich erachtet** (§ 263). Dafür kommt es vor allem darauf an, ob das Gericht die Änderung für die Beendigung des Streits in einem Prozess als zweckmäßig erachtet, dh maßgeblich sind insbesondere **prozessökonomische Erwägungen** (Verwertbarkeit der bisherigen Verfahrensergebnisse auch für die Entscheidung über die geänderte Klage). Für ein Verbot der Klageänderung nach Eintritt der Rechtshängigkeit bleiben also nur seltene Fälle übrig. Dazu kommt, dass die Entscheidung des Gerichts über die Klageänderung unanfechtbar ist (§ 268), gleichgültig, ob diese Entscheidung in einem Zwischenurteil (§ 303) oder – wie meist – in den Gründen des Endurteils enthalten ist. Das Gesetz ist also »änderungsfreundlich«.

Beispiele: Sachdienlich ist die Erweiterung einer Schadensersatzklage um eine weitere Schadensposition, auch wenn dadurch eine Beweisaufnahme notwendig wird.[52]
Eine Klageänderung in Form der Klageerweiterung liegt vor, wenn der Kläger sein Klagebegehren nicht mehr allein auf Vertragserfüllung, sondern auch auf Schadensersatz wegen Vertragsverletzung stützt (→ Rn. 317). Die Einwilligung in diese Klageänderung wird nach § 267 unwiderleglich vermutet, wenn der Beklagte auch auf diese Erweiterung nur Klageabweisung beantragt, ohne der Erweiterung zu widersprechen.[53]

Besondere **Kostenprobleme** bringt die Klageänderung regelmäßig dann mit sich, wenn sie den Streitwert reduziert. Ermäßigt zB der Kläger seine ursprünglich in Höhe von 3.000 EUR eingereichte Klage später mit Zustimmung des Beklagten auf 1.500 EUR, können schon Kosten aus dem höheren Streitwert entstanden sein. Über diese Kosten ist entweder nach dem Vorbild des § 269 III zulasten des Klägers oder nach Maßgabe von § 91 a (→ Rn. 433 ff.) zu befinden. Eine insoweit erfolgende Kostenverteilung lässt sich über § 96 in die abschließende Entscheidung über die Kosten des gesamten Verfahrens einbeziehen.[54]

51 BGH NJW-RR 2002, 283.
52 BGHZ 143, 189 (197 f.) = NJW 2000, 800.
53 BGH NJW 2013, 540 Rn. 23.
54 Stein/Jonas/*Roth* ZPO § 263 Rn. 34.

IV. Veräußerung der Streitsache

Die Rechtshängigkeit führt **nicht** zu einem materiell-rechtlichen **Verfügungsverbot** über den streitbefangenen Rechtsgegenstand (§ 265 I). Der Prozess soll aber weitestgehend unbeschadet von dieser Verfügung fortgesetzt werden. Der bisherige Rechtsträger setzt den Prozess »für« den Rechtsnachfolger fort (§ 265 II). Er bleibt prozessführungsbefugt, nunmehr nicht mehr zur Verfolgung eigener Rechte, sondern als **Prozessstandschafter** (→ Rn. 258). An die Urteilswirkungen ist der Erwerber als Rechtsnachfolger nach Maßgabe von §§ 325, 727 gebunden (→ Rn. 761). Er ist indessen nicht berechtigt, ohne Zustimmung des Beklagten als neue Partei in den Prozess einzutreten (§ 265 II 2). Nur bei dessen Zustimmung kommt ein gewillkürter Parteiwechsel in Betracht (→ Rn. 228), das Gericht kann die Übernahme des Prozesses durch den Rechtsnachfolger hingegen nicht als sachdienlich zulassen.[55] 310

Beispiele: K hat eine Forderung aus Darlehen gegen B eingeklagt. Während des Prozesses tritt er die Forderung an Z ab (§ 398 BGB). Dennoch bleibt K Partei. Er ist für Z »Prozessstandschafter«. Aber da er nicht mehr Gläubiger der Forderung ist, muss er nunmehr den Klageantrag ändern, damit die Klage nicht abgewiesen wird. Er hat nämlich auf Leistung an Z zu klagen (sog. Relevanztheorie). Das Urteil wirkt für und gegen Z (§ 325 I): Wird die Klage rechtskräftig abgewiesen, hat sich also auch Z damit abzufinden. Wird der Klage dagegen stattgegeben, kann auch Z die Zwangsvollstreckung gegen B betreiben, wenn er nach § 727 eine vollstreckbare Ausfertigung des Urteils erhalten hat (→ Rn. 280).[56]
V ist Eigentümer eines Grundstücks, das von B bewohnt wird. K mietet das Grundstück von V und wird von diesem ermächtigt, den B auf Herausgabe des Grundstücks im Wege gewillkürter Prozessstandschaft (→ Rn. 260) zu verklagen. Nach Erhebung der Klage des K gegen B veräußert V das Grundstück an E, sodass der eingeklagte Herausgabeanspruch auf E übergeht. Ungeachtet dessen bleibt K prozessführungsbefugt, denn nach § 265 II besteht nicht nur die Prozessführungsbefugnis des Rechtsinhabers, sondern auch die des gewillkürten Prozessstandschafters fort, wenn der Rechtsinhaber den streitbefangenen Gegenstand überträgt.[57]

Das materielle Recht muss weitergehend im Prozess Berücksichtigung finden, wenn auf der Kläger- oder Beklagtenseite eine Veräußerung erfolgt, die nach materiellem Recht einen **gutgläubigen Erwerb** herbeiführt. Wollte man hier die Rechtskraft eines dem Veräußerer ungünstigen Urteils auf den Erwerber erstrecken, würde man den redlichen Erwerb des materiellen Rechts auf prozessualem Wege entwerten. 311

Beispiel: K hat B auf Herausgabe einer Maschine verklagt. Während des Prozesses veräußert und übereignet K die Maschine an R (§§ 931, 934 BGB), der den K für den Eigentümer hält und auch von dem Prozess nichts weiß. Hier erstreckt sich die Rechtskraft nicht auf R (§ 325 II), weil anderenfalls im Fall der Klageabweisung der gutgläubige Erwerb des R hinfällig würde. B kann daher jetzt K entgegenhalten, dass er den Herausgabeanspruch nicht mehr geltend machen könne, weil dieser R als dem neuen Eigentümer zustehe. Die Klage des K wird als unbegründet abgewiesen.
Hat B als Besitzer die Maschine (nach § 932 BGB) an den redlichen R veräußert, zeitigt das Urteil wiederum keine Rechtskraft gegen R. B aber kann die Maschine nicht mehr herausgeben, K wird daher den Klageantrag ändern und Schadensersatz (§§ 989, 990 BGB) oder Herausgabe des von R an B bezahlten Kaufpreises verlangen (§ 816 I BGB). Diese Klageänderung ist ohne Weiteres zulässig (§ 264 Nr. 3).

---

55 BGH NJW 1996, 2799.
56 BGH NJW 1984, 806.
57 BGH NJW-RR 2018, 719 Rn. 35.

V. Materiell-rechtliche Wirkungen

312 Die Rechtshängigkeit wirkt im materiellen Recht insbesondere verjährungshemmend und haftungsverschärfend. Die **Haftungsverschärfung** bestimmt sich nach § 818 IV BGB mit §§ 292, 987, 989 BGB. Aus § 291 BGB können zudem **Prozesszinsen** verlangt werden. Weiter kann ab Rechtshängigkeit auch Unterhalt für die Vergangenheit gefordert werden (§ 1613 I BGB), dh der Unterhaltsschuldner muss auch für die Zeit des Prozesses Unterhalt leisten, wenn der Klage später stattgegeben wird.

313 Die **Verjährungshemmung** folgt aus § 204 I Nr. 1 BGB, dessen Wirkung nach Maßgabe von § 167 bereits mit Anhängigkeit der Klage eintreten kann.[58] Bei Erhebung einer Teilklage, dh wenn der Kläger zunächst nur einen Teil des ihm vermeintlich zustehenden Anspruchs einklagt, beschränkt sich die Verjährungshemmung idR auf den eingeklagten Teil und erfasst nicht etwa das gesamte Recht.[59]

Die Klageerhebung ist freilich nur eine von vielen Möglichkeiten, die Verjährung zu hemmen. Aus dem »Hemmungskatalog« in § 204 I BGB sind wichtig zB Zustellung eines **Mahnbescheids** (Nr. 3, → Rn. 787), **Prozessaufrechnung** (Nr. 5, → Rn. 395 ff.), **Streitverkündung** (Nr. 6, → Rn. 370 ff.). Dagegen hemmt die bloße Mahnung (§ 286 I BGB) die Verjährung nicht.

Beispiel: K hat gegen B auf Feststellung geklagt, dass B keine Ansprüche gegen ihn aus Werkvertrag zustehen. B hat Klageabweisung beantragt. Durch die Verteidigung gegen die negative Feststellungsklage wird die Verjährung des mit dieser Klage geleugneten Anspruchs nicht gehemmt.[60] B hätte also Widerklage auf Zahlung erheben müssen, um die Verjährung zu hemmen. Kann B seine Ansprüche derzeit noch nicht beziffern, muss er die Möglichkeit haben, die Verjährungshemmung durch eine positive Feststellungswiderklage herbeizuführen. Dass es sich dabei nur um die Kehrseite desselben Streitgegenstands wie bei der Klage des K handelt, kann der Zulässigkeit der Widerklage des B deshalb nicht entgegenstehen, weil K dem B anderenfalls durch Erhebung der negativen Feststellungsklage die Möglichkeit der Verjährungshemmung abschneiden könnte.

Die **Unzulässigkeit** einer Klage hindert die **Verjährungshemmung** nicht.[61] Voraussetzung ist freilich, dass die Klage wirksam erhoben worden ist. Daran fehlt es etwa, wenn der Streitgegenstand mangels eines bestimmten Klageantrags entgegen § 253 II Nr. 2 nicht hinreichend bestimmt war. Die Klage ist dann zwar als unzulässig abzuweisen, doch ändert dies nichts daran, dass sie gar nicht wirksam erhoben worden war, weshalb es zu keiner Hemmung der Verjährung gekommen ist.[62] Die Verjährung wird auch bei einer von einem Prozessstandschafter (→ Rn. 253) wirksam erhobenen Klage gehemmt.[63]

---

58 Zur Frage wann im Sinne der Vorschrift eine Zustellung »demnächst« erfolgt etwa BGH NJW 2015, 3101 Rn. 15.
59 BGHZ 151, 1 = NJW 2002, 2167.
60 BGHZ 72, 23 (25) = NJW 1978, 1975.
61 BGHZ 78, 1 (5) = NJW 1980, 2461.
62 BGH NJW 2001, 305 (307).
63 BGHZ 94, 117 (120) = NJW 1985, 1826.

E. Der Streitgegenstand

Den Streitgegenstand **bestimmt der Kläger** mit seiner Klage (→ Rn. 88). Dafür kommt es nicht auf den geltend gemachten materiellen Anspruch an, sondern auf den eigenständig zu bestimmenden **prozessualen Anspruch.** 314

I. Bedeutung des Streitgegenstands

Der Streitgegenstand kennzeichnet **Tatbestand und Grenzen verschiedener prozessualer Institute.** Oben behandelt wurden Rechtshängigkeitssperre (→ Rn. 306) und Klageänderung (→ Rn. 307). Der Streitgegenstand wirkt sich auch bei der sog. objektiven Klagehäufung (→ Rn. 333) und bei der Rechtskraft (→ Rn. 752) aus. 315

Beispiel: Die Auswirkungen eines unterschiedlichen Streitgegenstandsverständnisses lassen sich an der Frage verdeutlichen, ob die Geltendmachung einer Forderung einerseits aus originär eigenem und andererseits aus abgeleitetem Recht (Abtretung) denselben Streitgegenstand darstellt. Nimmt man mit der hM zwei Streitgegenstände an,[64] sperrt die Klage aus eigenem Recht nicht die gleichzeitige Klage aus abgetretenem Recht in einem anderen Prozess. Denn bedeutet die Einführung der Abtretung in den Prozess eine Klageänderung, stellt die parallele Begründung des Anspruchs durch originäre Berechtigung und Abtretung eine Klagehäufung dar. Deshalb hindert die materiell rechtskräftige Abweisung einer Klage aus originärem Recht nicht eine neue Klage aus abgeleitetem Recht.

II. Bestimmung des Streitgegenstands

Angesichts der verschiedenen, vom Streitgegenstand abhängenden Rechtsfolgen lässt sich durchaus erwägen, für die jeweiligen Institute den Streitgegenstand unterschiedlich zu bestimmen (sog. **relativer Streitgegenstandsbegriff**). Die Rechtsprechung verfolgt hingegen einen einheitlichen (absoluten) Streitgegenstandsbegriff, nämlich den **zweigliedrigen Streitgegenstandsbegriff:**[65] Das eine Glied stellt der **Klageantrag** dar, mit dem der Kläger die von ihm verfolgte Rechtsfolge bestimmt. Das andere Glied bildet der **Lebenssachverhalt.** Damit ist der tatsächliche Anspruchsgrund gemeint, aus dem der Kläger die begehrte Rechtsfolge ableitet. 316

Der **eingliedrige Streitgegenstandsbegriff** stellt demgegenüber im Wesentlichen auf den vom Kläger gestellten Antrag ab. Auch er muss freilich auf den Sachverhalt zurückgreifen, wenn sich aus dem Antrag nicht ergibt, worum es sich handelt (zB Klage auf Zahlung von 10.000 EUR: aus Kauf, Darlehen oder Schadensersatz wegen eines Verkehrsunfalls?).
Zum Begriff »desselben Anspruchs« nach Art. 29 Brüssel Ia-VO → Rn. 870.

Zum Lebenssachverhalt gehören nicht nur die Lebensumstände, die die Voraussetzungen einer Rechtsnorm ausfüllen, und auch nicht nur die, die von den Parteien in den Rechtsstreit eingeführt werden. Es sind vielmehr alle diejenigen Tatsachen einzubeziehen, die bei einer natürlichen Betrachtung aus Sicht der Parteien zu dem **zur Entscheidung gestellten Tatsachenkomplex** gehören, den der Kläger zur Stützung der von ihm begehrten Rechtsfolge dem Gericht vorgelegt hat. So bleibt es freilich einer normativen Betrachtung vorbehalten, wo die Grenze zwischen verschiedenen Tatsachen- 317

64 BGH NJW 2008, 2922 Rn. 19.
65 So etwa BGH ZIP 2018, 419 Rn. 18; NJW 2013, 540 Rn. 14.

komplexen verläuft. Nicht zuletzt wegen dieser Unsicherheit hat sich eine umfangreiche Kasuistik entwickelt.

Beispiele mehrerer Streitgegenstände: Wird eine Klage auf eigenes und auf abgetretenes Recht gestützt, handelt es sich um zwei verschiedene Streitgegenstände;[66] ferner bei Klagen einerseits aus Vertrag, andererseits aus Vertragsverletzung,[67] ebenso bei solchen auf Kostenvorschuss zur Mängelbeseitigung (§§ 634 Nr. 2, 637 III BGB) einerseits und anderseits auf Schadensersatz aus §§ 634 Nr. 4, 281 I BGB;[68] schließlich die Klage auf Schadensersatz statt der Leistung aus einem Vorvertrag (§§ 280, 281 BGB) einerseits und andererseits die auf Schadensersatz wegen Verletzung vorvertraglicher Pflichten aus §§ 280 I, 241 II, 311 II BGB[69]. Bei der aktienrechtlichen Anfechtungsklage nach §§ 243 ff. AktG bildet nicht allein die Rechtswidrigkeit (= Anfechtbarkeit) des angefochtenen Hauptversammlungsbeschlusses den Streitgegenstand, sondern zum maßgeblichen Lebenssachverhalt gehört auf welchen Mangel die Anfechtbarkeit gestützt wird, sodass Klagen, die unterschiedliche Mängel rügen, verschiedene Streitgegenstände aufweisen.[70]

Beispiele eines einheitlichen Streitgegenstandes: Es handelt sich bei Geltendmachung einer originär fremden Forderung um denselben Streitgegenstand, gleich ob die abgeleitete Berechtigung auf einen Pfändungs- und Überweisungsbeschluss (§§ 829, 835 I) oder auf eine Abtretung gestützt wird.[71] Bei einem Erfüllungsanspruch aus Vertrag macht es keinen Unterschied, ob der Anspruch zunächst nur als solcher auf Abschlagszahlungen, später als der (endgültige) aus Schlussrechnung verfolgt wird.[72] Ebenso bleibt es bei einem einheitlichen Streitgegenstand, wenn der Kläger nur die konkrete Berechnung seines Schadens ändert, also etwa vom negativen Interesse auf das positive Interesse wechselt, solange Klageantrag und Lebenssachverhalt gleich bleiben.[73] Macht ein ausgeschiedener BGB-Gesellschafter seinen Anspruch auf Auszahlung seines Auseinandersetzungsguthabens geltend, ist es ein Streitgegenstand, gleich ob er sich auf eine Aufhebungsvereinbarung oder auf Bestimmungen des Gesellschaftsvertrags zur Berechnung des Auseinandersetzungsguthabens stützt.[74]

Literatur: *J. Blomeyer,* Die Klageänderung und ihre prozessuale Behandlung, JuS 1970, 123 und 229; *Henke,* Die Unterlassungsklage der ZPO, JA 1987, 350; *Hofmann/Uhrich,* Der Verkehrsunfallprozess, JURA 2011, 643; *Huber,* Grundwissen – Zivilprozessrecht: Unbezifferter Klageantrag bei Schmerzensgeldanspruch, JuS 2019, 209; *Huber,* Grundwissen – Zivilprozessrecht: Stufenklage, JuS 2019, 1057; *Klappstein,* Die drei verschiedenen Klagearten im Zivilprozess, JA 2012, 606; *Michel,* Der Schriftsatz des Anwalts im Zivilprozeß, JuS 1982, 513; *Schäuble,* Die Stufenklage gem. § 254 ZPO, JuS 2011, 506; *H. Schmidt,* Anforderungen an die »demnächst« erfolgende Zustellung, JA 2016, 303; *K. Schmidt,* Grundfälle zum Gestaltungsprozess, JuS 1986, 35; *Schreiber,* Die Klagearten der ZPO, JURA 2009, 754; *Schwab,* Der Stand der Lehre vom Streitgegenstand im Zivilprozeß, JuS 1965, 81; *Stein,* Der Streitgegenstand im Zivilprozess, JuS 2016, 122.

66 BGH NJW 2008, 2922 Rn. 19; → Rn. 752.
67 BGH NJW 2013, 540 Rn. 23.
68 BGH MDR 1998, 557.
69 BGH NJW-RR 2012, 849 Rn. 17.
70 BGH NJW-RR 2010, 1625 Rn. 4 gegen BGHZ 152, 1 = NJW 2002, 3465.
71 BGH NJW 2007, 2560.
72 BGH NJW-RR 2006, 390 f.
73 NJW 2017, 2673 Rn. 23.
74 BGH NJW 2000, 1958.

Übersicht 6 Die Klage

I. Klagearten:	**Leistungsklage**	**Feststellungsklage**	**Gestaltungsklage**
1. Ziel:	Durchsetzung eines Anspruchs auf Handeln oder Unterlassen	Feststellung des Bestehens oder Nichtbestehens eines Rechtsverhältnisses	Rechtsänderung durch Urteil (unterscheide: privatrechtliche Gestaltungserklärung)
2. Voraussetzungen:	fälliger Anspruch (Ausnahmen §§ 257–259)	Feststellungsinteresse (§ 256)	nur in den gesetzlich bestimmten Fällen (zB § 1564 BGB – § 140 HGB – § 767)
II. Klageerhebung:	Formalien: Klageschrift – Zustellung	Inhalt der Klage (§ 253): 1. Parteien und Gericht 2. bestimmter Antrag 3. Klagegrund	Streitgegenstandsbegriff, zweigliedrig: Antrag und Sachverhalt (= zur Entscheidung gestellter Tatsachenkomplex)
III. Wirkungen der Klageerhebung (Rechtshängigkeit)	materiell-rechtliche: insbesondere § 204 I Nr. 1 BGB; §§ 989, 291f., 818 IV BGB	prozessrechtliche: 1. Perpetuatio fori: § 261 III Nr. 2; § 17 I 1 GVG 2. Rechtshängigkeitssperre: § 261 III Nr. 1 3. Einschränkung der Klageänderung: §§ 263, 264 4. Veräußerung der Streitsache: Prozessstandschaft, §§ 265, 266 (s. Übersicht 5)	

8. Kapitel. Besondere Klageformen

Unter den besonderen Klageformen sind zu erörtern: Die **Widerklage,** dh die Klage des Beklagten gegen den Kläger (→ Rn. 319 ff.), die Geltendmachung mehrerer Ansprüche in demselben Prozess (sog. **objektive Klagehäufung,** → Rn. 333 ff.) sowie die Besonderheiten, wenn auf der Kläger- oder Beklagtenseite mehrere Parteien vorhanden sind (**Streitgenossenschaft,** → Rn. 342 ff.). 318

A. Die Widerklage

Mit der Widerklage verlangt der Beklagte eine Verurteilung des Klägers. Er begnügt sich also nicht mit der Verteidigung gegen die Klage mit dem Ziel, dass die Klage abgewiesen wird, sondern geht seinerseits zum **Angriff** über. 319

> **Beispiel:** K klagt gegen B auf Bezahlung des Werklohns für den Bau eines Hauses. B bestreitet, noch etwas zu schulden, erhebt aber seinerseits Widerklage auf ordnungsgemäße Fertigstellung einer Treppe oder Beseitigung von Mängeln.

I. Voraussetzungen

Die Widerklage ist gesetzlich nur unvollkommen geregelt. Nach § 33 I kann bei dem Gericht der Klage eine Widerklage erhoben werden, wenn der Gegenanspruch des Beklagten mit dem in der Klage geltend gemachten Anspruch in Zusammenhang steht. Im Einzelnen sind die **besonderen Sachurteilsvoraussetzungen** der Widerklage: 320

1. Rechtshängigkeit der Klage

(→ Rn. 296)

2. Inhalt

Die Widerklage kann Leistungs-, Feststellungs- oder Gestaltungsklage sein. Sie braucht nicht derselbe Klagetyp zu sein wie die Klage. Sie darf sich aber **nicht lediglich** auf die **Negation der Klage** beschränken. 321

> **Beispiel:** Klagt K gegen B die Miete für die Monate Januar bis März ein, so kann B nicht Widerklage auf Feststellung erheben, dass er für diese Monate keine Miete schulde, wohl aber Widerklage auf Feststellung, dass ein Mietverhältnis nicht bestehe.

3. Konnexität und Zuständigkeit

Nach Ansicht des BGH ergibt sich aus § 33 I, dass zwischen Klage und Widerklage als weitere **Zulässigkeitsvoraussetzung** ein **rechtlicher Zusammenhang** (in weitem Sinne verstanden) bestehen muss.[1] Hingegen sieht die hM in § 33 nur eine besondere Regelung der örtlichen Zuständigkeit, weshalb mit der Widerklage auch ein Anspruch geltend gemacht werden kann, der mit dem Klageanspruch nicht in Zusammenhang 322

1 BGHZ 147, 220 (224 f.) = NJW 2001, 2094; BGHZ 53, 166 (169) = NJW 1970, 707.

steht. In diesem Fall ergibt sich die Zuständigkeit des Gerichts zwar nicht aus § 33 I, wohl aber uU aus einer anderen Vorschrift.[2] Ein ausschließlicher Gerichtsstand wird durch § 33 nicht geschaffen. Im Rahmen der §§ 38–40 sind also Gerichtsstandsvereinbarungen zulässig. Weiter steht es dem Beklagten frei, seine eigenen Ansprüche in einem getrennten Verfahren geltend zu machen, wobei sich der Gerichtsstand nach den allgemeinen Vorschriften bestimmt.

Beispiel: K in Düsseldorf klagt gegen B in Dortmund 1.000 EUR aus einem Kaufvertrag beim AG Dortmund ein. B erhebt Widerklage aus der Beschädigung seiner Waren, die der ausliefernde Fahrer des K in Dortmund bei einem Wendemanöver auf dem Betriebsgelände des B verursacht hat.
Nach der Rechtsprechung ist die Widerklage unzulässig, weil der rechtliche Zusammenhang fehlt. Allerdings ermöglicht § 145 II die Trennung beider Prozesse. Damit wird eine Abweisung der Widerklage als unzulässig vermieden. Folgt man der Literatur, ist zwar der besondere Gerichtsstand nach § 33 nicht gegeben, weil der rechtliche Zusammenhang fehlt. Das AG Dortmund ist aber nach § 32 für die Widerklage zuständig. Da aber auch diese Auffassung einen Zusammenhang – wenn auch nicht als Zulässigkeitsvoraussetzung – fordert, wird das Gericht ebenfalls nach § 145 II verfahren.

323 Für die **sachliche Zuständigkeit** gelten die allgemeinen Regeln. Zur Berechnung des Streitwerts sind Wert der Klage und Wert der Widerklage isoliert zu betrachten (§ 5 Hs. 2). Das AG ist also zuständig, wenn der Wert weder von Klage noch von Widerklage 5.000 EUR übersteigt (§ 23 Nr. 1 GVG). Ist jedoch für eine vor dem AG erhobene Widerklage das LG sachlich zuständig (§§ 23 Nr. 1, 71 I GVG), muss auf Antrag der gesamte Rechtsstreit an das zuständige LG verwiesen werden (§ 506 I). Indes ist ein Verfahren vor einem LG auch auf eine solche Widerklage zu erstrecken, für die bei isolierter Betrachtung die Zuständigkeit des AG gegeben wäre.[3]

4. Rechtsweg

324 Für Klage und Widerklage müssen **derselbe Rechtsweg** und dieselbe Prozessart gegeben sein.

Beispiel: K klagt gegen B beim AG eine Darlehensforderung ein. B erhebt Widerklage gegen seinen früheren Arbeitgeber K auf Ausstellung eines Zeugnisses (Zuständigkeit der Arbeitsgerichtsbarkeit). Die Widerklage muss an das Arbeitsgericht verwiesen werden (§ 17a II 1 GVG).

II. Das Verfahren über die Widerklage

325 Die Widerklage wird nach §§ 261 II, 297 (→ Rn. 296) erhoben und führt in der Regel zu gemeinsamer Verhandlung und Entscheidung von Klage und Widerklage. Die **Widerklage** bleibt aber rechtlich **selbstständig.** Daher kann das Gericht getrennte Verhandlungen anordnen (§ 145 II). Das bietet sich insbesondere dann an, wenn für die Entscheidung über die Widerklage ein umfangreicherer Streitstoff als für die Klage geklärt werden muss. Das Gericht kann über Klage oder Widerklage durch Teilurteil entscheiden (§ 301 I).

2 Stein/Jonas/*Roth* ZPO § 33 Rn. 3.
3 OLG Frankfurt a. M. NJW 2010, 3173 (3175).

326 Wird die **Klage zurückgenommen,** ist über die Widerklage weiter zu verhandeln und zu entscheiden. Jedoch ist über die Kosten der Klage und Widerklage einheitlich zu entscheiden und nicht etwa getrennt nach Kosten der Klage und der Widerklage. Werden die Klage und die Widerklage abgewiesen oder haben – was durchaus denkbar ist – beide Klagen Erfolg, ergeht die Kostenentscheidung deshalb nach § 92 I.

Beispiel: Die Klage lautet auf 1.000 EUR restlicher Werklohn, die Widerklage auf Fertigstellung einer Treppe (Wert 1.500 EUR). Das Gericht weist beide Klagen ab.
Der Tenor lautet:
»1. Klage und Widerklage werden abgewiesen.
2. Der Kläger trägt 2/5, der Beklagte 3/5 der Kosten.
3. Das Urteil ist hinsichtlich der Kosten vorläufig vollstreckbar [§ 708 Nr. 11]. Der Beklagte kann die Zwangsvollstreckung durch Sicherheitsleistung in Höhe von 110 % des aus dem Urteil zu vollstreckenden Betrags abwenden, falls nicht der Kläger Sicherheit in Höhe von 110 % des jeweils zu vollstreckenden Betrags leistet [§ 711 S. 1]«.

III. Besondere Widerklageformen

1. Eventualwiderklage

327 Eine Eventualwiderklage ist zulässig, wenn »der Hauptantrag des Beklagten auf Abweisung der Klage und sein Hilfsantrag auf Verurteilung des Klägers entsprechend der Widerklage in einem wirklichen Eventualverhältnis stehen«[4].

Beispiel: K klagt gegen B auf Kaufpreiszahlung. B rechnet mit einer Gegenforderung auf und beantragt in erster Linie Klageabweisung. Als K geltend macht, die Aufrechnung sei vertraglich ausgeschlossen, erhebt B Eventualwiderklage auf Zahlung seiner Forderung (eben für den Fall, dass das Gericht die Aufrechnung für unzulässig hält).

328 Darüber hinaus hält der BGH[5] eine Eventualwiderklage auch dann für zulässig, wenn sie für den Fall des Obsiegens des Beklagten gegen die Klage erhoben wird (sog. **unechte Eventualwiderklage**), also die Widerklage nur für den Fall erhoben wird, dass die Klage abgewiesen wird.

Beispiel: K klagt nur teilweise eine Forderung gegen B ein. B erhebt Widerklage auf Feststellung, dass dem Kläger kein darüber hinausgehender Anspruch zusteht, wobei die Widerklage nur für den Fall erhoben wird, dass die Klage abgewiesen wird.

2. Drittwiderklage

329 Die Parteien von Klage und Widerklage müssen grundsätzlich dieselben sein. Statthaft ist aber auch eine sog. **streitgenössische Drittwiderklage,** die sich zugleich gegen Kläger und einen Dritten richtet, wenn ein rechtlicher Zusammenhang besteht.[6]

Beispiel: K klagt gegen B auf Schadensersatz aus einem Verkehrsunfall im Gerichtsstand der unerlaubten Handlung (§ 20 StVG). B beantragt Klageabweisung und erhebt Widerklage gegen K und X auf Ersatz seines Schadens, weil diese beiden allein für den Unfall verantwortlich seien.[7]

---

4 BGHZ 21, 13 = NJW 1956, 1478; BGHZ 43, 28 = NJW 1965, 440; sog. **echte Eventualwiderklage.**
5 BGHZ 132, 390 (397ff.) = NJW 1996, 2306.
6 BGHZ 40, 185 (188) = NJW 1964, 44.
7 S. auch BGHZ 69, 37 = NJW 1977, 1637.

330 Das Rechtsinstitut der Widerklage soll allerdings im Interesse der Prozessökonomie ermöglichen, über zusammengehörende Ansprüche einheitlich zu verhandeln und zu entscheiden, um die Vervielfältigung und Zersplitterung von Prozessen zu vermeiden. Daher ist ausnahmsweise eine sog. **isolierte Drittwiderklage** zuzulassen, wenn die Gegenstände der Klage und der Drittwiderklage tatsächlich und rechtlich eng miteinander verknüpft sind und keine schutzwürdigen Interessen des Drittwiderbeklagten durch seine Einbeziehung in den Rechtsstreit der Parteien verletzt werden.[8] So kann es insbesondere liegen, wenn der Kläger als Zessionar einen Anspruch geltend macht, der ursprünglich dem Zedenten zustand und sich die Widerklage allein gegen diesen richtet.

Beispiel: Z steht ein vermeintlicher Schadensersatzanspruch gegen seinen Unfallgegner B zu, den er an K abtritt. K erhebt aus abgetretenem Recht Klage gegen B, was für die Klägerseite den Vorteil hat, dass Z als Verfahrensdritter Zeuge sein kann. Auf die Klage erhebt B isolierte Drittwiderklage auf Ersatz seines Unfallschadens gegen Z. Diese Drittwiderklage ist statthaft.[9]

331 Recht einhellig wurde lange Zeit auf die Drittwiderklage die Zuständigkeitsregelung des § 33 nicht angewendet.[10] Davon ist der BGH abgerückt.[11] Die durch die Zulassung der Drittwiderklage verfolgten Gesichtspunkte der Prozessökonomie machten es erforderlich, die einheitliche Verhandlung von Klage und Drittwiderklage durch **entsprechende Anwendung von § 33** zu gewährleisten. Anderenfalls drohte dem Beklagten und Widerkläger, dass er den Dritten an einem anderen Ort verklagen müsse, wenn am Ort der Klage kein Gerichtsstand gegen den Drittwiderbeklagten begründet sei und dieser die örtliche Unzuständigkeit rüge.[12]

3. Widerwiderklage

332 Denkbar ist auch eine Widerwiderklage. Der vom Kläger mit der Widerwiderklage verfolgte Antrag ist dann nicht an den Vorschriften über die Klageänderung (§ 263f., → Rn. 307), sondern an den Voraussetzungen der Widerklage zu messen.[13]

Beispiel: Der Kläger (Pächter) verlangt Geldersatz für entzogene Pachträume. Der Beklagte (Verpächter) erhebt Widerklage auf Räumung. Daraufhin beantragt der Kläger für den Fall, dass er zur Räumung verurteilt wird, die Schadensersatzpflicht des Beklagten festzustellen. Das ist als Eventual-Widerwiderklage zulässig.[14]

4. Zwischenfeststellungswiderklage

(§ 256 II) → Rn. 288

8 BGHZ 187, 112 Rn. 7 = NJW 2011, 460; BGH NJW 2007, 1753 Rn. 10; 2008, 2852 Rn. 27.
9 BGH NJW 2007, 1753 Rn. 11ff.
10 BGH NJW-RR 2008, 1516 Rn. 15.
11 BGHZ 187, 112 Rn. 10ff. = NJW 2011, 460.
12 AA Stein/Jonas/*Roth* ZPO § 33 Rn. 49 – Gerichtsstandbestimmung nach § 36 I Nr. 3 analog.
13 BGH NJW-RR 1996, 65.
14 BGH MDR 1959, 571.

B. Die objektive Klagehäufung

In einem Prozess kann der Kläger gegen den Beklagten mehrere Ansprüche geltend machen (§ 260). Das Verfahren hat dann **mehrere Streitgegenstände.** 333

Beispiel: K verlangt von B Herausgabe einer Sache und Schadensersatz wegen Beschädigung der Sache.

I. Kumulative Klagehäufung

Eine kumulative Klagehäufung liegt vor, wenn mehrere Anträge auf einen Sachverhalt oder mehrere Anträge auf mehrere Sachverhalte gestützt werden. 334

Beispiel: K verlangt von B aus einem Verkehrsunfall (ein Sachverhalt) Ersatz der Heilungskosten, des Lohnausfalls und Schmerzensgeld.
K klagt gegen B auf Kaufpreiszahlung aus mehreren Kaufverträgen in demselben Verfahren (mehrere Sachverhalte).

Keine Klagehäufung liegt vor, wenn ein Antrag auf einen Sachverhalt gestützt wird, aber eine mehrfache rechtliche Begründung gegeben wird. Denn diese **materiellrechtliche Anspruchskonkurrenz** ändert nichts daran, dass nur ein Streitgegenstand (→ Rn. 314ff.) gegeben ist. 335

Beispiel: K, der im Haus des B gestürzt ist, verlangt Ersatz der Arztkosten aus Vertragsverletzung und aus unerlaubter Handlung.[15]

1. Zulässigkeit

Voraussetzung der kumulativen Klagehäufung ist, dass die gleiche Prozessart für die verschiedenen Ansprüche gegeben ist und dass das Gericht für alle Ansprüche örtlich und sachlich zuständig ist (§ 260). 336

Anders als bei der Widerklage begründet also die Zuständigkeit des Gerichts für einen Anspruch nicht auch die örtliche Zuständigkeit für die anderen Ansprüche.

2. Entstehung

Die kumulative Klagehäufung kann durch **gleichzeitige Geltendmachung** mehrerer Ansprüche in der Klage (§ 260) oder durch **Verbindung** mehrerer bisher getrennter Prozesse derselben Parteien durch das Gericht (§ 147) entstehen. 337

Die **nachträgliche** Einbeziehung eines weiteren Klagebegehrens durch den Kläger stellt eine Klageänderung iSd § 263 dar,[16] die jedoch unter den Voraussetzungen des § 264 (→ Rn. 308) zulässig sein kann, ohne dass das Gericht sie für sachdienlich zu halten braucht.

3. Verfahren

Die Wirkung der objektiven Klagehäufung ist die gemeinsame Verhandlung, Beweisaufnahme und Entscheidung. Allerdings sind bezüglich eines jeden Anspruchs die 338

15 BGHZ 9, 22 = NJW 1953, 663.
16 BGH NJW 2019, 2308 Rn. 33.

prozessualen und materiell-rechtlichen Voraussetzungen getrennt zu prüfen. Daher kann die Entscheidung für jeden Anspruch einen anderen Inhalt haben. Zur Möglichkeit eines Teilurteils → Rn. 611 ff.

> **Beispiel:** K verlangt von B Lieferung einer gekauften Maschine und Verzugsschaden. Das Gericht hält den Lieferungsanspruch für begründet, den Verzugsschaden aber nicht für nachgewiesen. Der Tenor lautet dann wie folgt:
> »1. Der Beklagte wird verurteilt, an den Kläger eine Maschine des Typs [genaue Bezeichnung] zu übereignen und zu übergeben.
> 2. Im Übrigen wird die Klage abgewiesen.
> 3. Der Kläger trägt 1/5, der Beklagte 4/5 der Kosten [§ 92 I].
> 4. [Entscheidung über die vorläufige Vollstreckbarkeit].«

Das Gericht kann mehrere in einer Klage erhobene Ansprüche in verschiedene Prozesse **trennen** (§ 145 I), was namentlich dann zweckmäßig ist, wenn zwischen den geltend gemachten Ansprüchen kein näherer Zusammenhang besteht. In der Praxis erfolgt eine Prozesstrennung freilich nur selten, was auch darauf beruht, dass über ein Teilurteil (§ 301) bei Entscheidungsreife nur hinsichtlich einzelner Ansprüche weitgehend derselbe Effekt erreicht werden kann.

II. Eventuelle Klagehäufung

339 Von der kumulativen Klagehäufung ist die – in der Praxis häufige – eventuelle Klagehäufung (= die Stellung eines **Hauptantrags und eines Hilfsantrags**) zu unterscheiden. Der Kläger stellt den Hilfsantrag in der Regel für den Fall, dass er mit dem Hauptantrag nicht obsiegt. Die Praxis hält einen solchen Hilfsantrag für zulässig, wenn Haupt- und Hilfsantrag **rechtlich oder wirtschaftlich zusammenhängen.**[17] Beide Anträge können sich rechtslogisch widersprechen, so wenn der Kläger sich mit dem Hauptantrag auf den Boden der Gültigkeit eines Vertrages stellt, mit dem Hilfsantrag aber die Folgerung aus der Nichtigkeit des Vertrags zieht.

> **Beispiel:** K klagt gegen B auf Feststellung, dass er stiller Gesellschafter des B sei. Mit dem Hilfsantrag verlangt er Rückzahlung der an B geleisteten Einlage.
> K verlangt von B Lieferung einer gekauften Sache, hilfsweise für den Fall der Unwirksamkeit des Vertrags Rückzahlung einer geleisteten Anzahlung in Höhe von 100.000 EUR.
> K beantragt Ausschluss des B aus einer OHG, hilfsweise Entzug der Geschäftsführungs- und Vertretungsbefugnis.

340 Der Hilfsantrag (auch Eventualantrag genannt) wird **sofort rechtshängig** und nicht etwa erst dann, wenn feststeht, dass der Hauptantrag keinen Erfolg haben wird, weshalb über den Hilfsantrag entschieden werden muss. Mit Stellung des Hilfsantrags wird deshalb auch die Verjährung des geltend gemachten Anspruchs gehemmt (§ 204 I Nr. 1 BGB). Eine Trennung der beiden Ansprüche in verschiedene Prozesse ist nicht möglich (§ 145 I). Zulässig ist aber eine Abweisung des Hauptantrags durch **Teilurteil** mit der Folge, dass der Hilfsantrag anhängig bleibt.[18]

---

17 RGZ 144, 71.
18 BGHZ 56, 79 = NJW 1971, 1316.

Formulierungsbeispiel: Möglicher Tenor, wenn bereits dem Hauptantrag stattgegeben wird:

»1. Es wird festgestellt, dass der Kläger stiller Gesellschafter des Beklagten ist [über den Hilfsantrag wird dann nichts gesagt].
2. Der Beklagte trägt die Kosten des Verfahrens.
3. [Entscheidung über die vorläufige Vollstreckbarkeit bezüglich der Kosten].«

Alternativ wenn der Hauptantrag abgewiesen, dem Hilfsantrag aber stattgegeben wird:

»1. Der auf Feststellung des Bestehens einer stillen Gesellschaft zwischen den Parteien gerichtete Antrag des Klägers wird abgewiesen.
2. Auf den Hilfsantrag wird der Beklagte verurteilt, an den Kläger 100.000 EUR zu zahlen.
3. Der Kläger trägt 2/3, der Beklagte 1/3 der Kosten [der Streitwert des Hauptantrags war höher als der des Hilfsantrags; vgl. § 45 I 2 GKG].
4. [Entscheidung über die vorläufige Vollstreckbarkeit].«

Normalerweise wird der Hilfsantrag für den Fall gestellt, dass der Hauptantrag keinen 341
Erfolg hat (sei es, dass er als unzulässig oder unbegründet abgewiesen wird, sei es, dass es wegen Erledigung der Hauptsache, →Rn. 430ff., zu keiner Entscheidung über den Hauptantrag kommt.[19] Zulässig ist es aber auch, den Hilfsantrag davon abhängig zu machen, dass der Kläger mit dem Hauptantrag obsiegt (sog. **uneigentlicher oder unechter Hilfsantrag**).

Beispiel: Der gekündigte Arbeitnehmer K erhebt gegen den Arbeitgeber B Kündigungsschutzklage (§ 4 KSchG), wobei er für den Fall seines Obsiegens weiter beantragt, B zur Weiterbeschäftigung zu verurteilen.[20]
Mit der Klage auf Abschluss eines Kaufvertrags kann für den Fall des Erfolgs der Klage Verurteilung des Beklagten auf Zahlung des Kaufpreises beantragt werden.[21]

C. Die subjektive Klagehäufung – Die Streitgenossenschaft

Auf der Kläger- oder Beklagtenseite können **mehrere Personen** stehen. Sie sind damit 342
Streitgenossen.

Beispiel: Bei einem Unfall sind A und B von X verletzt worden. Sie machen ihre Schadensersatzansprüche gemeinsam geltend **(aktive Streitgenossenschaft).**
Der Gläubiger klagt seine Darlehensforderung gegen den Schuldner und im gleichen Verfahren die Bürgschaftsforderung gegen den Bürgen ein **(passive Streitgenossenschaft).**

Die Verbindung der Streitgenossen kann »zufällig« oder »rechtsnotwendig« sein. Im ersten Fall spricht man von einfacher, im zweiten Fall von notwendiger Streitgenossenschaft.

Im **ersten Beispiel** könnte A seinen Anspruch allein gegen X geltend machen, ohne sich mit B zu verbinden. Im **zweiten Beispiel** könnte der Gläubiger Bürge und Hauptschuldner getrennt verklagen: In beiden Fällen liegt daher eine einfache Streitgenossenschaft vor.

19 BGH NJW 2003, 3202.
20 BAG NZA 1988, 741.
21 BGH NJW 2001, 1285.

343 Die Verbindung der Streitgenossen ist bei der **einfachen Streitgenossenschaft** recht lose. Es handelt sich um eine aus Gründen der Zweckmäßigkeit erfolgte Verbindung mehrerer Prozesse zu gemeinsamer Verhandlung und Entscheidung. Diese Verbindung kann jederzeit gelöst werden (§ 145 I). Sie zieht auch nicht notwendig eine einheitliche (dh gleich lautende) Entscheidung nach sich. Daher kann die Klage gegen den einen Streitgenossen abgewiesen werden, die gegen den anderen erfolgreich sein.

Im **zweiten Beispiel** (→ Rn. 342) kann der Bürge mit Erfolg die Einrede der Vorausklage (§ 771 BGB) erheben mit der Folge, dass die Klage gegen ihn als zurzeit unbegründet abgewiesen wird, während der Hauptschuldner zur Rückzahlung der Darlehensschuld verurteilt wird.

344 Anders ist die Lage bei der **notwendigen Streitgenossenschaft.** Bei ihr hat die Notwendigkeit der einheitlichen Entscheidung auch Rückwirkung auf das Verfahren.

I. Die einfache Streitgenossenschaft

1. Zulässigkeit

345 Das Gesetz kann die einfache Streitgenossenschaft nicht schrankenlos zulassen. Dies wäre unzweckmäßig (vom Standpunkt der Prozessökonomie aus) und könnte die Verteidigung des Prozessgegners erschweren.

> **Beispiel:** Wenn A gegen X eine Forderung aus Darlehen, B gegen X einen Anspruch auf Auflassung geltend machen wollte, wäre der Prozessgegenstand in beiden Fällen ganz verschieden. Eine Verbindung ist unzweckmäßig.

Die Streitgenossen müssen daher durch ein sachliches Band zusammengehalten sein, mögen ihre Interessen am Prozessausgang auch im Übrigen verschieden sein. Die einfache Streitgenossenschaft ist nach §§ 59, 60 zulässig bei Rechtsgemeinschaft mehrerer Personen (§ 59 Fall 1), bei Einheit der Rechtsgründe (§ 59 Fall 2) und bei Gleichartigkeit der Streitgegenstände (§ 60). Diese Bestimmung (§ 60) ist – weil als **Generalklausel** gedacht – weit auszulegen und überall dort anzuwenden, wo eine gemeinsame Verhandlung über mehrere Ansprüche zweckmäßig ist; zB Klage von Mutter und Kind gegen den nicht ehelichen Vater.

2. Entstehung

346 Die einfache Streitgenossenschaft kann entstehen durch die **Klage** oder durch die **Verbindung** mehrerer bereits anhängiger Prozesse durch das Gericht (§ 147). Das Gericht kann aber auch die Trennung in mehrere Einzelprozesse anordnen (§ 145 I).

3. Verfahren

347 Die einfache Streitgenossenschaft »bedeutet nur die äußerliche Verbindung mehrerer Prozesse in einem Rahmen. Der inneren Entwicklung nach bleibt jeder Prozess selbstständig von dem anderen«[22]. Jeder Streitgenosse betreibt seinen Prozess für sich (beachte allerdings § 63). Gemeinsam sind nur die Verhandlung (einschließlich der Beweisaufnahme) und das Urteil.

---

22 BGHZ 8, 72 (78) = NJW 1953, 420.

Der eine Streitgenosse kann wegen der einheitlichen Beweisaufnahme grundsätzlich im Prozess des anderen nicht **Zeuge** sein. Eine Ausnahme gilt allerdings, wenn es sich um Tatsachen handelt, die nur im Prozess des anderen Streitgenossen erheblich sind.[23] Erst recht kann ein (ehemaliger) Streitgenosse Zeuge sein, sobald er aus dem Verfahren (zB durch Klagerücknahme oder Abschluss eines Vergleichs) ausgeschieden ist.

4. Prozessvoraussetzungen

Die Prozessvoraussetzungen sind für jeden Streitgenossen selbstständig zu prüfen. 348
Allerdings erlaubt § 36 I Nr. 3 für den Fall verschiedener allgemeiner Gerichtsstände bei mehreren Beklagten, dass ein **einheitlicher Gerichtsstand** für die Klage gegen mehrere Streitgenossen **bestimmt** wird. Erforderlich ist jedoch, dass die Ansprüche demselben Rechtsweg angehören. Ist dies nicht der Fall, besteht keine Möglichkeit einer Klage gegen mehrere Personen als Streitgenossen in ein und demselben Verfahren.[24]

5. Sachentscheidung

Der eine Streitgenosse kann obsiegen, der andere unterliegen. Wenn ein Streitgenosse 349
anerkennt, verzichtet oder die Klage zurücknimmt, wirkt das nur für seinen Prozess. Gegen den einen – **säumigen** – Streitgenossen kann Versäumnisurteil ergehen, gegen den anderen – erschienenen – nicht. Das Gericht kann gegenüber einem Streitgenossen ein **Teilurteil** erlassen, während das Verfahren dem anderen Streitgenossen gegenüber weiterläuft, etwa weil insoweit noch eine Beweisaufnahme erforderlich ist.[25]

Das Verfahren kann für die verschiedenen Streitgenossen auch deswegen unterschiedlich ausgehen, weil nicht alle ein **Rechtsmittel** einlegen. Wird die Klage mehrerer aus einem Verkehrsunfall Geschädigter etwa abgewiesen, da den Beklagten an dem Unfall kein Verschulden treffe, und legt dagegen nur ein Kläger Berufung ein, bleibt es für die anderen Kläger auch dann bei der inzwischen rechtskräftigen Klageabweisung, wenn das Berufungsgericht die Schuldfrage anders beurteilt und der Klage deshalb (ganz oder wenigstens teilweise) stattgibt.

Beispiel: Der Kläger verklagt die Beklagten zu 1) und zu 2) auf Schadensersatz in Höhe von 1.000 EUR aus einem Unfall, den er an einer nicht genügend gesicherten Baustelle erlitten hatte. B 1 ist der Bauunternehmer, B 2 der Eigentümer des Baugrundstücks. Das Gericht hält B 1 für verantwortlich, nicht aber B 2. Das Urteil lautet dann:

»1. Der Beklagte zu 1) wird verurteilt, an den Kläger 1.000 EUR zu zahlen.
2. Die Klage gegen den Beklagten zu 2) wird abgewiesen.
3. Die Gerichtskosten tragen der Kläger und der Beklagte zu 1) je zur Hälfte. Von den außergerichtlichen Kosten trägt der Kläger die des Beklagten zu 2). Der Beklagte zu 1) trägt die Kosten des Klägers zur Hälfte. Im Übrigen findet keine Kostenerstattung statt.
4. [Entscheidung über die vorläufige Vollstreckbarkeit].«

Die Kostenregelung im Tenor zu 3. wird mithilfe der sog. **Baumbach'schen Formel** bestimmt. Sinn dieser Kostenregelung ist es, den siegreichen B 2 von allen seinen Kosten freizustellen. Hingegen muss K die Kosten seines erfolglosen Angriffs gegen B 2

23 BGH NJW 1999, 135 (136).
24 BGH NJW 1994, 2032.
25 BAG NJW 2004, 2848.

selbst tragen, da diese B 1, der auf die Klageerhebung gegen B 2 keinen Einfluss hatte, nicht zur Last fallen dürfen. Daher haben sich K und B 1 die Kosten des K zu teilen. Wären B 1 und B 2 hingegen als Gesamtschuldner (§ 840 I BGB) verurteilt worden, hätten sie auch die Kosten des Verfahrens als Gesamtschuldner zu tragen (§ 100 IV mit §§ 823, 840 BGB).

II. Die notwendige Streitgenossenschaft

350 Für die notwendige Streitgenossenschaft ist charakteristisch, dass aus Rechtsgründen nur eine **einheitliche Entscheidung** möglich ist. Wann dies der Fall ist, bringt § 62 nur sehr unvollkommen zum Ausdruck. Als »Kontrollfrage« bietet sich an, ob es rechtlich denkbar ist, dass das Urteil den verschiedenen Streitgenossen gegenüber unterschiedlich ausfällt. Ist dies – wie zumeist – zu bejahen, liegt nur eine einfache Streitgenossenschaft vor. Die wenigen Fälle der notwendigen Streitgenossenschaft können auf **prozessrechtlichen** (§ 62 I Fall 1: einheitliche Feststellung) oder auf **materiell-rechtlichen Gründen** (§ 62 I Fall 2: sonstiger Grund) beruhen.

1. Notwendigkeit kraft Prozessrecht

351 Eine notwendige Streitgenossenschaft nach § 62 I Fall 1 liegt vor, wenn beide Prozesse **denselben Streitgegenstand** haben und die Urteilswirkungen Rechtskraft und Gestaltungswirkung **eine einheitliche Entscheidung** beider Prozesse verlangen, weil eine Entscheidung in getrennten Verfahren jeweils für das andere Verfahren verbindlich wäre.

Beispiel: Mehrere Aktionäre fechten den Hauptversammlungsbeschluss der B-AG an. Da das Urteil nach § 248 I 1 AktG für und gegen alle Aktionäre wirkt, das Gesetz Rechtskrafterstreckung und Gestaltungswirkung anordnet, sind die Kläger notwendige Streitgenossen.[26] Der Geschädigte aus einem Kfz-Unfall klagt gegen den Versicherten (= Schädiger) und den Versicherer auf Schadenersatz. Hier ordnet § 124 VVG zwar eine Rechtskrafterstreckung an. Es liegt aber keine notwendige Streitgenossenschaft vor,[27] weil beide Prozesse nicht den identischen Streitgegenstand haben, die Bindungswirkung aus VVG sich daher jeweils nur auf eine Vorfrage bezieht.

2. Notwendigkeit kraft materiellen Rechts

352 Das materielle Recht kann insbesondere eine gemeinschaftliche Berechtigung oder Verpflichtung so ausgestalten, dass eine Klage aus dem Recht nur durch alle Berechtigten erhoben bzw. eine gemeinschaftliche Verpflichtung nur durch Klage gegen alle Verpflichteten geltend gemacht werden kann.

Beispiel: Der Kläger verlangt von den beklagten Miterben nicht im Wege einer Gesamtschuldklage nach § 2058 BGB, dass sie zusammenwirken, um die Auflassung herbeizuführen (dann läge wie sonst bei Gesamtschuld eine einfache Streitgenossenschaft vor, → Rn. 353), sondern im Wege der Gesamthandsklage nach § 2059 II BGB die Vollziehung der Auflassung (Verfügung durch Abgabe der Willenserklärung). Zu dieser Leistung sind die Erben als Gesamthandsberechtigte nach § 2040 BGB nur gemeinschaftlich imstande, sodass eine notwendige Streitgenossenschaft nach § 62 I Fall 2 gegeben ist.[28]

26 BGHZ 122, 211 = NJW 1953, 1976.
27 BGHZ 63, 51 (55) = NJW 1974, 2124; BGH NJW-RR 2010, 1725 Rn. 11.
28 BGH NJW 1963, 1611 (1612).

Der Kläger fordert von den beklagten Miteigentümern eines Grundstücks die Einräumung eines Notwegs. Die Miteigentümer sind zu dieser Verfügung nach § 747 S. 2 BGB ebenfalls nur gemeinschaftlich in der Lage. Daher liegt auch hier eine notwendige Streitgenossenschaft vor.[29]

Eine notwendige Streitgenossenschaft liegt indes nicht schon deshalb vor, weil man aus logischen Gründen eine einheitliche Entscheidung erwartet. Insbesondere sind **Gesamtschuldner keine notwendigen Streitgenossen.**[30] 353

Beispiel: Die Klage gegen den Bürgen ist mangels Bestehens einer Hauptschuld abgewiesen worden. Dennoch wird später der Hauptschuldner verurteilt. Werden Hauptschuldner und Bürge gemeinsam verklagt, sind sie nicht notwendige Streitgenossen. Denn der Klage gegen den Hauptschuldner kann stattgegeben, die gegen den Bürgen abgewiesen werden (zB weil der Bürge den Bürgschaftsvertrag wirksam angefochten hat).
Der Kläger nimmt die B-OHG aus Vertrag und den G als persönlich haftenden Gesellschafter der OHG aus § 128 HGB in Anspruch. G könnte dann ungeachtet von § 129 I HGB persönliche Einwendungen gegen die Klage vorbringen, zB dass der Kläger ihm die Schuld gestundet habe. Daher liegt stets einfache Streitgenossenschaft vor.[31]

3. Wirkungen

Die notwendig einheitliche Entscheidung schließt es aus, dass der **Säumnis** eines Streitgenossen die sonst vorgesehene Ausschlusswirkung zukommt (§ 62 I). Damit liegt keine Säumnis vor (→ Rn. 482, 497), wenn auch nur ein Streitgenosse erscheint oder nur ein Streitgenosse durch einen Rechtsanwalt vertreten ist. Auch wird eine **Frist** nicht versäumt (zB bei Einlegung eines Rechtsmittels), wenn auch nur ein Streitgenosse die Frist wahrt (zB das Rechtsmittel fristgerecht einlegt). 354

Die notwendigen Streitgenossen bleiben zwar in ihrer **Prozessführung** voneinander unabhängig, aber Anerkenntnis, Verzicht oder Geständnis durch einen Streitgenossen unter Widerspruch der Übrigen haben nicht die diesen Erklärungen sonst zukommende Wirkung, sondern gelten nur als Indiz im Rahmen des § 286. Auch darf anders als bei einfacher Streitgenossenschaft (→ Rn. 345 ff.) bei notwendiger Streitgenossenschaft wegen der Notwendigkeit einer einheitlichen Entscheidung **kein Teilurteil** gegenüber einzelnen Streitgenossen ergehen.[32] Geschieht dies gleichwohl, zeitigt das Urteil gegenüber den übrigen Streitgenossen keine Rechtskraft.[33] 355

Beispiel: In Beispiel → Rn. 352 erklärt einer der Miteigentümer, er erkenne den Klageanspruch an. Es ergeht kein Anerkenntnisurteil (§ 307), wenn die Übrigen widersprechen. Das Gericht muss das »Anerkenntnis« vielmehr frei würdigen.
Beantragt aber einer der Miteigentümer die Vernehmung eines Zeugen, kann das Gericht diesen Beweisantrag nicht deshalb ablehnen, weil ihn nicht alle Miteigentümer gestellt haben. Denn die notwendigen Streitgenossen sind in ihrer Prozessführung – von den dargelegten Ausnahmefällen abgesehen – unabhängig.

29 BGHZ 36, 187 (189) = NJW 1962, 633.
30 BAG NJW 2004, 2848 (2849).
31 BGH NJW 1988, 2113.
32 BGHZ 131, 376 (381 f.) = NJW 1996, 1060.
33 BGHZ 131, 376 (382 f.) = NJW 1996, 1060.

Literatur: *Haase,* Besondere Klagearten im Zivilprozeß, JuS 1967, 405; *Koch,* Wider- und Drittwiderklage, JA 2013, 93; *Lindacher,* Die Streitgenossenschaft, JuS 1986, 379 und 540; *Lorff,* Die Widerklage, JuS 1979, 569; *Luckey,* Probleme der Parteierweiternden Widerklage – BGH NJW 1996, 196, JuS 1998, 499; *K. Schmidt,* Zivilprozessrecht: Unzulässigkeit der isolierten Drittwiderklage des Generalplaners gegen Nachunternehmer, JuS 2014, 751; *Schreiber,* Die Widerklage, JURA 2010, 31.

Übersicht 7 Besondere Klageformen

Arten	Begriff	Zulässigkeit	Wirkungen
1. Widerklage	Gegenangriff des Beklagten durch eigene Klage	Zusammenhang - zwischen Klage und Widerklage (§ 33)	gemeinsame Verhandlung und Entscheidung
2. Objektive Klagehäufung	mehrere Ansprüche in einer Klage a) aus mehreren Sachverhalten mehrere Ansprüche b) aus einem Sachverhalt mehrere Ansprüche	Objektive Klagehäufung (§ 260)	gemeinsame Verhandlung und Entscheidung (s. aber § 145 I)
3. Subjektive Klagehäufung (Streitgenossenschaft) a) einfache Streitgenossenschaft	mehrere Parteien auf Kläger- oder Beklagtenseite	Subjektive Klagehäufung (§§ 59, 60)	aa) gemeinsame Verhandlung und Entscheidung (s. aber § 145 I) bb) Kein Vor- oder Nachteil von Handlungen des anderen Streitgenossen (§ 61)
b) notwendige Streitgenossenschaft	aus rechtlichen Gründen notwendige Streitgenossenschaft	aa) aus prozessualen Gründen bb) aus materiell-rechtlichen Gründen	aa) Einheitlichkeit der Entscheidung bb) Keine Säumnis bei Anwesenheit eines notwendigen Streitgenossen (§ 62)

9. Kapitel. Die Beteiligung Dritter am Rechtsstreit – Nebenintervention und Streitverkündung

Der Zivilprozess ist ein **Zweiparteienprozess:** Kläger und Beklagter suchen Recht vor Gericht. Andere mögen an dem Ausgang des Rechtsstreits interessiert sein, zB weil das Ergebnis des Rechtsstreits auch für ähnliche Rechtsverhältnisse von Bedeutung ist (»Musterprozess«, → Rn. 266) oder weil sie der Prozess wirtschaftlich oder ideell berührt. Dies bedeutet aber nicht, dass sie sich schon deshalb an dem schwebenden Prozess beteiligen können. Selbst wenn ein Dritter im Hinblick auf den Streitgegenstand gegen eine der Parteien vorgehen will, kann er dies angesichts des Zweiparteienprinzips **grundsätzlich** lediglich in einem **selbstständigen Verfahren,** das allenfalls mit dem anhängigen Verfahren verbunden werden kann. 356

Beispiel: K klagt gegen B auf Unterlassung gesundheitsschädlichen Lärms (§ 1004 mit §§ 903, 906 BGB). N – ein Nachbar des K – erhebt ebenfalls Klage gegen B. Das Gericht verbindet beide Prozesse (§ 147). K und N werden einfache Streitgenossen (→ Rn. 342, 345 ff.).

Unter den Voraussetzungen von § 66 kann allerdings ein Dritter, der ein **rechtliches Interesse** daran hat, dass in einem bereits anhängigen Rechtsstreit eine Partei gewinnt, dieser Partei als Nebenintervenient (Streithelfer) beitreten. Umgekehrt kann eine Partei einen Dritten im Wege der Streitverkündung zu einem solchen Beitritt auffordern (§ 72). 357

Beispiele: Das Land K klagt gegen den Bauunternehmer B auf Ersatz des Schadens aus dem Einsturz einer Brücke. Die baustatische Überwachung des Brückenbaus war im Auftrag des B durch den Statiker X erfolgt. X hat ein rechtliches Interesse daran, dass die Klage gegen B abgewiesen wird, weil er sonst Regressansprüche des B befürchten muss. X tritt deshalb dem B als Nebenintervenient bei.
X hat an B eine Maschine veräußert. K klagt gegen B auf Herausgabe, da ihm die Maschine gestohlen worden sei (§ 985 BGB wegen § 935 BGB). Hier hat X ein rechtliches Interesse daran, dass B obsiegt. Denn wenn K mit seiner Klage gegen B Erfolg hat, muss X befürchten, von B nach §§ 433 I 2, 437 Nr. 3, 283, 280 I, III BGB auf Schadensersatz in Anspruch genommen zu werden. Falls X dem Prozess K gegen B nicht von sich aus aufseiten des B beitritt, kann B dem X den Streit verkünden, dh ihn zum Beitritt auffordern. Die Streitverkündung bindet dann X in gleicher Weise an die Prozessergebnisse des Prozesses zwischen K und B wie die Nebenintervention (→ Rn. 370).

A. Die Nebenintervention

Nebenintervention **(Streithilfe)** ist der **Beitritt** eines Dritten zur Unterstützung einer Partei in einem **bereits anhängigen Prozess.** 358

I. Rechtliches Interesse

Zulässig ist dieser Beitritt, wenn der Dritte (= Nebenintervenient, Streithelfer) ein rechtliches Interesse an dem **Prozesssieg dieser Partei** hat. Ein nur wirtschaftliches oder rein ideelles Interesse genügt nicht. Ein rechtliches Interesse ist aber schon anzu- 359 nehmen, wenn der Dritte die Gefahr einer erschwerten Prozessführung im Hinblick auf sein Rechtsverhältnis abwenden kann, ohne dass sein Rechtsverhältnis verbindlich geklärt zu werden braucht. Typische Fälle (s. Beispiele → Rn. 357) sind solche, in denen eine **Regressforderung** des Dritten oder eine ihn treffende **Regressverbindlichkeit** in Rede stehen.

Beispiel: K klagt gegen den einen Gesamtschuldner B 1 und gewinnt den Rechtsstreit. Dann verklagt K den anderen Gesamtschuldner B 2. Hier kann B 1 dem K beitreten,[1] weil er im Fall des Sieges des K einen Regressanspruch gegen B 2 hat und die Forderung des K gegen B 2 auf ihn übergeht, falls er, B 1, bezahlt (§ 426 BGB).

360 In Ausnahmefällen erstrecken sich Urteilswirkungen (Rechtskraft, Gestaltungswirkung, Vollstreckbarkeit) im Hauptprozess auf das Rechtsverhältnis des Dritten zu einer der Hauptparteien. Dann erlangt der Nebenintervenient die starke Stellung eines sog. streitgenössischen Nebenintervenienten (§ 69). Das verlangt auch Art. 103 I GG (→ Rn. 170ff.):[2] Wenn der Nebenintervenient von den Urteilswirkungen betroffen wird, darf seine Stellung nicht nach § 67 von der Hauptpartei abhängig sein.

Beispiele: A ist Aktionär der X-AG. Mitaktionär K hat Anfechtungsklage gegen die X-AG als Beklagte erhoben, einen Hauptversammlungsbeschluss für nichtig erklären zu lassen (§ 246 AktG). Eine Entscheidung über diese Klage erwächst nach § 248 AktG auch gegenüber A in Rechtskraft. Daher kann A sowohl auf Klägerseite[3] als auch auf Beklagtenseite[4] als streitgenössischer Nebenintervenient beitreten.
K hat eine Forderung gegen B eingeklagt. Während des Prozesses tritt er diese Forderung an Y ab. K führt den Prozess fort, das Urteil zeitigt Rechtskraft gegen Y (§§ 265, 325, → Rn. 310). Y wird also nicht Partei, kann aber dem K als Nebenintervenient beitreten. Als Ausnahmevorschrift beschränkt § 265 II 3 den beitretenden Y aber auf die einfache Nebenintervention, was angesichts seiner abhängigen Stellung als Rechtsnachfolger auch mit Art. 103 I GG vereinbar ist.

II. Beitritt

361 Der Beitritt des Nebenintervenienten erfolgt durch einen **Schriftsatz** (s. im Einzelnen § 70). Über die **Zulässigkeit** der Nebenintervention (Interesse und Form) entscheidet das Gericht nur **auf Antrag** einer der Parteien des Verfahrens, nicht bereits von Amts wegen, durch Zwischenurteil, gegen das sofortige Beschwerde (§ 567 I Nr. 1) gegeben ist (§ 71 II).

III. Wirkungen der Nebenintervention im Hauptprozess

362 Der Nebenintervenient wird nicht selbst Partei, auch nicht Streitgenosse der Hauptpartei, sondern lediglich deren **Gehilfe.** Er kann daher die Klage nicht ändern oder zurücknehmen, auch keine Widerklage erheben oder das Verfahren durch Abschluss eines Prozessvergleichs beenden. Obwohl er nicht Partei ist, darf er doch in eigenem Namen alle Angriffs- und Verteidigungsmittel geltend machen, aber nur, soweit er sich dadurch nicht in Widerspruch zu der von ihm unterstützten Partei setzt (§ 67).

1 BGHZ 8, 72 (77) = NJW 1953, 420.
2 Vgl. BVerfGE 60, 7 (14).
3 BGHZ 172, 136 Rn. 9 = BeckRS 2007, 12406.
4 BGH ZIP 2009, 1538 Rn. 12.

Dies wird dann so angesehen, als habe die Hauptpartei selbst gehandelt. Er kann namentlich die **Säumnisfolgen abwenden.** Er kann auch **Rechtsmittel** mit Wirkung für die Partei einlegen (§ 66 II),[5] solange die Rechtsmittelfrist für die Hauptpartei läuft[6] und sofern die Hauptpartei durch das Urteil beschwert ist[7]. In seiner Prozessführung unterliegt der Nebenintervenient jedoch **Beschränkungen,** die sich aus seiner »Gehilfenstellung« ergeben.

1. Bindungswirkung

Der Nebenintervenient ist an die **Lage des Hauptprozesses zur Zeit seines Beitritts** **363**
gebunden (§ 67). Eine schon erfolgte Beweisaufnahme braucht also zB nicht wiederholt zu werden. Weiter wirkt die Versäumung einer Frist durch die unterstützte Partei auch gegenüber dem Streithelfer.

2. Unwirksamkeit bei widersprüchlichen Erklärungen

Der Nebenintervenient darf sich nicht zu Erklärungen der Hauptpartei in Wider- **364**
spruch setzen (§ 67). Deren Prozesshandlungen gehen also vor. Soweit die Handlungen des Nebenintervenienten zu Erklärungen und Handlungen der Hauptpartei in Widerspruch stehen, sind sie im Hauptprozess unwirksam. Daraus ergibt sich, dass der **Nebenintervenient nie die Klage** oder das Rechtsmittel **der Hauptpartei zurücknehmen**[8] oder den Prozessgegenstand ändern kann (durch Klageänderung oder Erhebung einer Widerklage). Dagegen ist bloße Untätigkeit der unterstützten Partei kein Hindernis für unterstützende Maßnahmen durch den Nebenintervenienten.[9]

3. Unwirksamkeit bei materiell-rechtlichen Wirkungen

Der Nebenintervenient kann solche Prozesshandlungen nicht vornehmen, die gleich- **365**
zeitig eine materiell-rechtliche Bedeutung haben. Daher kann er ein **Anerkenntnis** oder einen **Verzicht** nicht aussprechen, einen **Vergleich** nicht mit Wirkung für die Hauptpartei abschließen. Auch kann der Nebenintervenient nicht mit einer Forderung der unterstützten Partei aufrechnen.[10]

4. Kosten

Die Kosten der Nebenintervention treffen den **Prozessgegner,** soweit dieser die Pro- **366**
zesskosten zu tragen hat. Ansonsten hat der **Nebenintervenient sie selbst** zu tragen. Damit können die Kosten nie der durch den Nebenintervenienten unterstützten Partei (§ 101 I) auferlegt werden. Diese bekommt also gewissermaßen unentgeltliche Hilfe.

> **Beispiel:** K hat B auf 6.000 EUR verklagt. X ist B als Nebenintervenient beigetreten. B wird zur Zahlung von 4.500 EUR verurteilt. Der Tenor lautet wie folgt:
>
> »1. Der Beklagte wird verurteilt, an den Kläger 4.500 EUR zu zahlen.
>
> 2. Im Übrigen wird die Klage abgewiesen.

5 BGHZ 76, 299 = NJW 1980, 1693; BGH NJW 1982, 2069.
6 BGH NJW-RR 2012, 1042 Rn. 6.
7 BGH NJW 1981, 2061.
8 S. BGH NJW 1988, 712.
9 BGHZ 165, 358 (360) = NJW 2006, 773.
10 BGH NJW 1966, 930.

3. Der Kläger trägt ein Viertel der Kosten des Rechtsstreits und der Nebenintervention. Der Beklagte trägt drei Viertel der Kosten des Rechtsstreits, X drei Viertel der Kosten seiner Nebenintervention.
4. [Entscheidung über die vorläufige Vollstreckbarkeit].«

IV. Interventionswirkung

367 In einem Folgeprozess zwischen Streithelfer und Hauptpartei äußert das im Hauptprozess ergehende Urteil die sog. Interventionswirkung (§ 68). Da der Nebenintervenient am Prozess beteiligt war und alle Prozesshandlungen vornehmen konnte, **wirken die tatsächlichen und rechtlichen Feststellungen des Urteils auch im Folgeprozess** zwischen der unterstützten Partei und dem Nebenintervenienten. Dies gilt nur dann nicht, wenn und soweit der Nebenintervenient im Vorprozess **nicht auf den Prozessverlauf Einfluss nehmen konnte,** sei es, weil der Prozess zur Zeit seines Beitritts schon fortgeschritten war, sei es, weil er sich nicht in Widerspruch zu Prozesshandlungen der unterstützten Partei setzen konnte (→ Rn. 364), sei es, weil die unterstützte Partei dem Nebenintervenienten unbekannte Angriffs- und Verteidigungsmittel absichtlich oder aus grobem Verschulden nicht geltend gemacht hat (§ 68; → Rn. 363).

1. Umfang

368 Die Interventionswirkung **geht über die Wirkung der Rechtskrafterstreckung** (zB § 325) in objektiver Hinsicht deutlich hinaus, weil sie nicht auf den Streitgegenstand beschränkt ist, sondern sich auch auf **präjudizielle Feststellungen tatsächlicher und rechtlicher Art** erstreckt.[11] Eine Bindung entfällt nur hinsichtlich sog. überschießender – zur Begründung der Entscheidung nicht notwendiger – Feststellungen.[12]

Beispiele: Wird in Beispiel → Rn. 357 B verurteilt, die Maschine an K herauszugeben, weil K Eigentümer sei und B die Sache – weil gestohlen – nicht habe redlich erwerben können, stehen diese Feststellungen auch für den Folgeprozess des B gegen den Verkäufer X auf Schadensersatz fest.
Im anderen Beispiel → Rn. 357 wird B zur Leistung von Schadensersatz verurteilt, weil nicht die vorgeschriebenen Stahlmengen verwendet und das Mischungsverhältnis des Betons zum Teil von den Richtlinien abgewichen sei. Diese Feststellungen binden den Richter auch in dem Regressprozess des B gegen X. Dies bedeutet nicht, dass X unterliegen muss. Er kann zB dartun, dass er beim Betonieren die vorgeschriebenen Proben entnommen habe, diese seien in Ordnung gewesen. Offenbar hätten B und seine Leute ein anderes Mischungsverhältnis verwendet, als er, X, nicht an der Baustelle gewesen sei.

2. Gefahren

369 Nach der Rechtsprechung greift die Interventionswirkung **nur zugunsten der Hauptpartei, nicht** dagegen auch **zu ihren Lasten.**[13] Folgt man dem, erstreckt § 68 die Urteilswirkungen nur zulasten des Streithelfers. Macht ein Dritter von seiner **Interventionsmöglichkeit** dagegen **keinen Gebrauch,** steht es ihm im Folgeprozess frei, die Unrichtigkeit des ersten Urteils geltend zu machen.

---

11 BGHZ 103, 275 (278) = NJW 1988, 1378.
12 BGHZ 157, 97 (99) = BeckRS 2004, 370.
13 BGHZ 100, 257 = NJW 1987, 1894 und → Rn. 373; aA Stein/Jonas/*Jacoby* ZPO § 68 Rn. 20.

Beispiel: Ist in Beispiel → Rn. 357 B zur Herausgabe der Maschine verurteilt worden und verklagt er jetzt X – der nicht von seiner Interventionsmöglichkeit Gebrauch gemacht hat – auf Schadensersatz, steht es diesem frei, sich etwa damit zu verteidigen, entgegen der Begründung des Ersturteils sei K nicht Eigentümer der Maschine, oder diese sei nicht gestohlen, weshalb B das Eigentum gutgläubig erworben habe. Durch eine Beteiligung an dem Verfahren zwischen K und B hätte X letztlich seine Verteidigungsmöglichkeiten in dem Folgeprozess nur verschlechtert. Daraus erklärt es sich, dass in der Praxis von der Interventionsmöglichkeit nur selten Gebrauch gemacht wird.

B. Die Streitverkündung

Eine Hauptpartei hat in vielen Fällen ein Interesse daran, dass ihr ein Dritter als 370
Streithelfer beitritt. Denn einmal hat sie in ihm einen – oft des **Sachverhalts besser kundigen** – Helfer im Prozess, zum anderen und vor allem tritt zu seinen Gunsten die **Interventionswirkung im Falle des Prozessverlustes** ein. Die Hauptpartei ist daher befugt, einen Dritten von dem Schweben des Prozesses gegen ihn zu benachrichtigen, ihm »den Streit zu verkünden« (§ 72 I). Dem Dritten als »Streitverkündungsempfänger« steht es dann frei, ob er der Hauptpartei als Nebenintervenient beitreten will oder nicht. Tritt er bei, kommt es zur Nebenintervention und der mit ihr einhergehenden Interventionswirkung (§ 74 I; → Rn. 367). Aber auch wenn er nicht beitritt, greift die Interventionswirkung (§ 74 III mit § 68). Diese Wirkung auch gegen den Willen des Beitrittsberechtigten herbeizuführen ist das hauptsächliche Ziel der – in der Praxis bei Regressmöglichkeiten aller Art häufigen – Streitverkündung.

Die Streitverkündung hat auch **materiell-rechtliche Wirkungen,** zB die Hemmung der Verjährung (§ 204 I Nr. 6 BGB).

I. Verhältnis zum Dritten

§ 72 beschreibt das Verhältnis, das zwischen Hauptpartei und Drittem bestehen muss, 371
damit eine Streitverkündung zulässig ist. Die Formulierung weicht deutlich von § 66 ab. Ungeachtet dessen kann grundsätzlich die Hauptpartei einem nach § 66 Beitrittsberechtigten den Streit verkünden. Jedenfalls scheidet eine Streitverkündung an einen nicht Beitrittsberechtigten aus.

Beispiele: K klagt gegen das Land L, weil er an einer ungenügend gesicherten Straßenbaustelle zu Fall kam. L verkündet den Streit dem Bauunternehmer U, der in dem Vertrag mit L die Sicherung der Baustelle übernommen hatte, ferner dem beamteten Straßenbaumeister X, dem die Überwachung der Bauarbeiten übertragen worden war. U tritt dem Prozess als Nebenintervenient bei, nicht aber X. In dem der Klage des K stattgebenden Urteil wird festgestellt, dass sowohl U wie X ihre Pflichten grob fahrlässig verletzt haben. Diese Feststellung ist in tatsächlicher und rechtlicher Hinsicht für die Regressprozesse des Landes L gegen U wie L gegen X bindend.
Eine Streitverkündung ist auch bei **alternativer Schuldnerstellung** zulässig, also in dem Fall, dass entweder S oder V Schuldner des Klägers ist. So etwa bei einer Erfüllungsklage aus einem Kaufvertrag, den S als Stellvertreter des Vertretenen V (§ 164 I BGB) mit dem Kläger geschlossen hat (§ 433 II BGB). Beruft sich V darauf, S habe keine Vertretungsmacht gehabt, kann der Kläger dem S den Streit verkünden, weil ihm S bei fehlender Vertretungsmacht aus § 179 BGB

haftet. Für diesen Folgeprozess kann sich S nicht mehr darauf berufen, er habe aber Vertretungsmacht gehabt. Dies muss er im Prozess des Klägers gegen V tun.[14]
Eine Streitverkündung ist dagegen nicht möglich bei **kumulativer Haftung,** wenn etwa A und B Gesamtschuldner (§ 426 BGB) sind.

II. Hauptprozess

372 Die Streitverkündung erfolgt im Erstprozess durch Schriftsatz, der dem Dritten von Amts wegen zuzustellen ist (§ 73). Ob die Voraussetzungen des § 72 an eine Streitverkündung erfüllt sind, wird im Hauptprozess grundsätzlich nicht geprüft. Abgesehen von der Zustellung der Streitverkündungsschrift und deren Erwähnung im Urteil, das den Hauptprozess abschließt, **beeinflusst die Streitverkündung den Hauptprozess** nicht.

Beispiel: K verklagt B wegen Baumängeln. Der vom Gericht bestellte Sachverständige erstellt dazu ein Gutachten. B meint, dass das vom Sachverständigen erstattete Gutachten vorsätzlich oder grob fahrlässig unrichtig sei, weshalb ihm gegen den Sachverständigen nach § 839 a I BGB ein Schadensersatzanspruch zustehe. Indes ist – was § 72 II klarstellt – ein Sachverständiger kein tauglicher Streitverkündungsempfänger. Die Einbeziehung würde ihm die Unparteilichkeit nehmen. Eine Streitverkündung kommt erst in Betracht, wenn der Sachverständige zuvor als befangen vom Prozess ausgeschlossen wurde (§§ 406, 42). Im Unterschied zu allen sonstigen Voraussetzungen muss das Gericht des Hauptprozesses diese Frage, ob der Sachverständige tauglicher Streitverkündungsempfänger ist, ausnahmsweise von Amts wegen prüfen, weil es diesem nach § 72 II 2 die Streitverkündungsschrift nicht zustellen darf.[15]

III. Folgeprozess

373 Im Folgeprozess äußert die Streitverkündung Interventionswirkung (§ 74; → Rn. 370). Nach hM greift die Interventionswirkung auch im Falle der Streitverkündung nur **zugunsten des Streitverkünders, nicht** dagegen auch **zu seinen Lasten** (→ **Rn. 369**).[16] Freilich muss im Folgeprozess geprüft werden, ob die **Voraussetzungen der Streitverkündungswirkung** nach §§ 72 f. überhaupt vorliegen.[17]

Angesichts der Interventionswirkung kann der mögliche Folgeprozess im Hauptprozess weitgehend vorentschieden werden. Daher lässt sich als weitere Voraussetzung der Interventionswirkung erwägen, ob das **Gericht des Hauptprozesses auch für den Folgeprozess zuständig** sein muss. Der BGH hat dies für den Fall angedeutet, dass für den Folgeprozess ein anderer Rechtsweg gegeben wäre (Streitverkündung in der ordentlichen Gerichtsbarkeit; Zuständigkeit der Gerichte für Arbeitssachen für den Folgeprozess).[18] Dem ist zu widersprechen. Die Streitverkündung würde weitgehend entwertet, wenn man verlangen wollte, dass das Gericht für beide Verfahren zuständig sein muss. Dabei kann auch nicht zwischen den verschiedenen Zuständigkeitsformen differenziert werden. Die Rechtswegzuständigkeit ist insoweit nicht anders als etwa die örtliche oder die sachliche Zuständigkeit zu behandeln.

---

14 Vgl. BGH NJW 1989, 521 (522).
15 BGHZ 188, 193 Rn. 8 = NJW 2011, 1078.
16 BGHZ 100, 257 (260) = NJW 1987, 1894.
17 BGHZ 188, 193 Rn. 7 = NJW 2011, 1078.
18 BGHZ 123, 44 = NJW 1993, 2539.

C. Weitere Formen der Beteiligung Dritter

Folgende – in der Praxis nur selten verwendete – Institute seien hier in der Form von Beispielen vorgestellt: 374

Beispiel zur Hauptintervention (§ 64): K klagt gegen B auf Herausgabe einer Sache (§ 985 BGB). E behauptet, er sei Eigentümer und interveniert gegen K und B, die dadurch Streitgenossen werden. Für die Zulässigkeit der Hauptintervention reicht es dabei aus, dass E sich auf sein Eigentum beruft; ob er wirklich Eigentümer ist, gehört zur Begründetheit der Hauptintervention.

Beispiel zum Prätendentenstreit (§ 75): K klagt gegen B auf Rückzahlung eines Darlehens. Z behauptet, die Forderung stehe ihm, nicht dem K zu. B verkündet dem Z den Streit. Tritt Z in den Prozess ein, wird dieser zwischen K und Z (den »Prätendenten«) fortgesetzt.

Beispiel zur Urheberbenennung (§§ 76,77): K klagt gegen B auf Herausgabe einer Sache. B sagt, das gehe ihn nichts an, er sei nur Mieter; Vermieter sei V. Er benennt ihn als den mittelbaren Besitzer. Die Rechtsfolgen sind dann ähnlich wie beim Prätendentenstreit.

Literatur: *Kittner,* Streithilfe und Streitverkündung, JuS 1985, 703; 1986, 131 und 624; *Krüger/Rahlmeyer,* Die Streitverkündung im Zivilprozess, JA 2014, 202; *Petersen,* Die Beteiligung Dritter am Rechtsstreit durch Haupt- und Nebenintervention, JURA 2017, 1271; *Petersen,* Die Streitverkündung, JURA 2017, 1285; *Schmitt/Wagner,* Die Beteiligung Dritter am Zivilprozess, JURA 2014, 372; *Schreiber,* Nebenintervention, Streitverkündung, Hauptintervention, JURA 2011, 503.

Übersicht 8 Die Beteiligung Dritter am Rechtsstreit

Nebenintervention	Zweck Beteiligung eines Dritten am Rechtsstreit bei Vorliegen eines rechtlichen Interesses des Dritten	Voraussetzungen § 66: 1. anhängiger Rechtsstreit 2. rechtliches Interesse am Obsiegen der Hauptpartei	Wirkungen 1. § 67: Beteiligung im anhängigen Rechtsstreit 2. § 68: Interventionswirkung im Folgeprozess
Streitverkündung	1. Benachrichtigung eines Dritten von einem anhängigen Rechtsstreit 2. streitverkündeter Dritter kann beitreten 3. Bindung des Dritten ohne Rücksicht auf den Beitritt an Prozessergebnisse	§ 72: 1. anhängiger Rechtsstreit 2. Streitverkünder glaubt, im Falle des Prozessverlusts einen Regressanspruch zu haben oder befürchtet einen solchen	1. mit dem Beitritt Nebenintervenient (§ 74 I) 2. ohne Rücksicht auf Beitritt Interventionswirkung (§ 74 III mit § 68) wie oben

10. Kapitel. Die Sachurteilsvoraussetzungen

A. Begriff

Bevor der Richter die **tatsächlichen und rechtlichen Grundlagen** für ein **Sachurteil prüft,** muss er sich vergewissern, dass die **»Formalien« in Ordnung** sind. Er hat zu prüfen zB ob er überhaupt zuständig ist, ob die Parteien prozessfähig sind, ob ein Rechtsschutzbedürfnis für die Klage vorliegt, kurzum ob die Prozessvoraussetzungen, oder korrekter: Sachurteilsvoraussetzungen (= Voraussetzungen, zu prüfen vor Erlass des Urteils zur Sache) gegeben sind. 375

§ 282 III spricht nicht von »Prozessvoraussetzungen« oder »Sachurteilsvoraussetzungen«, sondern von **»Rügen, die die Zulässigkeit der Klage betreffen«** (ferner § 532). Auch diese Ausdrucksweise ist missverständlich, und zwar in zweifacher Hinsicht. Zum einen wird der Eindruck erweckt, als müsse das Fehlen einer Zulässigkeitsvoraussetzung (zB der Prozessfähigkeit) stets von einer Partei gerügt werden, um vom Gericht berücksichtigt zu werden. Dass dieser Eindruck falsch ist, bestätigt das Gesetz an anderer Stelle. In § 296 III wird unterschieden zwischen **Rügen, »auf die der Beklagte verzichten kann«,** und solchen, die unverzichtbar, also vom Gericht in jeder Lage des Verfahrens von Amts wegen zu prüfen sind. Verzichtbar sind die echten **»prozesshindernden Einreden«,** also solche, die nur im Interesse der Partei gegeben sind (zB die »Rüge«, dass nicht das ordentliche Gericht, sondern ein Schiedsgericht zu entscheiden habe, s. § 1032 I). Bei anderen Sachurteilsvoraussetzungen ordnet das Gesetz dagegen ausdrücklich an, dass ihr Fehlen nicht nur auf die Rüge einer Partei hin, sondern von Amts wegen zu berücksichtigen ist (zB § 56 I für die Partei- und die Prozessfähigkeit). Zum anderen ist der Ausdruck »Rügen, die die Zulässigkeit der Klage betreffen«, deshalb missverständlich, weil der Eindruck entstehen könnte, dass sich das Gericht mit einer »unzulässigen Klage« gar nicht zu befassen brauche. Richtig ist, dass das **Gericht jede Klage »bearbeiten« muss.** Insbesondere muss eine mündliche Verhandlung stattfinden. Nur wird die Klage dann als unzulässig abgewiesen, wenn die Prüfung ergibt, dass eine Sachurteilsvoraussetzung fehlt.

B. Die einzelnen Sachurteilsvoraussetzungen

I. Prüfung von Amts wegen

Von Amts wegen zu berücksichtigen **(»unverzichtbare Rügen«)** hat das Gericht folgende Voraussetzungen. 376

1. Die **deutsche Gerichtsbarkeit** (→ Rn. 855) und die internationale Zuständigkeit der deutschen Gerichte (→ Rn. 859ff.).
2. Die **Rechtswegzuständigkeit** (→ Rn. 188).
3. Die **sachliche** (→ Rn. 197), **örtliche** (→ Rn. 203) und **funktionelle** (→ Rn. 214) **Zuständigkeit.**
4. Die **Parteifähigkeit** (→ Rn. 231) und die **Prozessfähigkeit** (→ Rn. 236), § 56 I.

5. Im Fall der Prozessunfähigkeit die **wirksame gesetzliche Vertretung** der prozessunfähigen Partei (→ Rn. 241 f.), § 56 I.
6. Die **Prozessführungsbefugnis** (→ Rn. 252).
7. Die **ordnungsgemäße Klageerhebung** (→ Rn. 292).
8. **Mangelnde anderweitige Rechtshängigkeit** (→ Rn. 306).
9. **Mangelnde anderweitige Rechtskraft** (→ Rn. 747).
10. Das **Rechtsschutzbedürfnis** (→ Rn. 280).
11. In gewissen Fällen ein landesgesetzlich auf Grundlage von § 15a EGZPO vorgeschriebenes **Güteverfahren** vor Klageerhebung (→ Rn. 469).

II. Prüfung auf Einrede

377 Nur auf Einrede zu berücksichtigen (= »**verzichtbare Rügen**«) sind das Vorliegen eines Schiedsvertrags (§ 1032 I), fehlende Sicherheit für die Prozesskosten bei Klage eines Ausländers, der seinen gewöhnlichen Aufenthalt nicht in einem Mitgliedstaat der EU oder des EWR hat (§ 110 I), fehlende Erstattung der Kosten eines früheren Prozesses, in dem die Klage zurückgenommen wurde (§ 269 VI).

C. Die Bedeutung der Sachurteilsvoraussetzungen

378 Die Sachurteilsvoraussetzungen (»**unverzichtbare Rügen**«) haben verschiedene Bedeutungen.

I. Prüfung von Amts wegen

379 Das Vorliegen der Prozessvoraussetzungen ist von Amts wegen zu prüfen, und zwar in jedem Stadium des Prozesses. Für die **Partei- und die Prozessfähigkeit** sowie die ordnungsmäßige gesetzliche Vertretung ordnet § 56 I die Prüfung von Amts wegen **ausdrücklich** an. Obwohl es für die sonstigen unverzichtbaren Prozessvoraussetzungen an einer **entsprechenden Vorschrift fehlt,** hat auch dort eine Prüfung von Amts wegen zu erfolgen. Das bedeutet nicht, dass das Gericht stets die gesamte »Liste abfragen« müsste. Es prüft nur, wenn sich aus dem **Parteivortrag** oder aus **sonstigen Anhaltspunkten** ein **Anlass zu Zweifeln** ergibt.[1] Ist dies der Fall, hat das Gericht dem von Amts wegen nachzugehen. Dabei kann und muss es insbesondere unabhängig von Beweisanträgen der Parteien Beweis erheben.[2] An die förmlichen Beweismittel des Zivilprozesses ist das Gericht hierbei nicht gebunden.[3] Vielmehr gilt der Grundsatz des Freibeweises (→ Rn. 516).

---

1 BGHZ 159, 94 = NJW 2004, 2523 für den Fortbestand der Rechts- und Parteifähigkeit einer juristischen Person.

2 BGH NJW 1996, 1059: Einholung eines Sachverständigengutachtens zur Feststellung der Prozessfähigkeit der Partei.

3 BGHZ 143, 122 (124) = NJW 2000, 289; krit. *Rosenberg/Schwab/Gottwald* ZivilProzR § 77 Rn. 52.

II. Zeitpunkt

Die Prozessvoraussetzungen müssen **im Zeitpunkt der letzten mündlichen Verhandlung** vorliegen. Eine zunächst unzulässige Klage kann also ebenso zulässig werden (der Beklagte lässt sich zB vor einem unzuständigen Gericht zur Hauptsache ein, § 39) wie die ursprüngliche Zulässigkeit im Laufe des Prozesses entfallen kann (eine Partei wird etwa geschäftsunfähig und verliert damit die Prozessfähigkeit, § 52). Nur für die Zuständigkeit genügt es, dass sie im Laufe des Prozesses zu irgendeinem Zeitpunkt vorgelegen hat (§ 261 III Nr. 2: **perpetuatio fori;** → Rn. 305). 380

III. Reihenfolge

Die Reihenfolge der Prüfung ist streitig.[4] Es bietet sich folgende Reihenfolge an: ordnungsmäßige Klageerhebung – Zuständigkeit jeder Art – dann die Partei- und Prozessfähigkeit einschließlich der gesetzlichen Vertretung – schließlich die übrigen Prozessvoraussetzungen. Dabei handelt es sich jedoch um **keine rechtlich bindende Reihenfolge.** Es ist etwa durchaus zulässig, die Klage wegen fehlender Prozessfähigkeit einer Partei abzuweisen und die ebenfalls fragliche Zuständigkeit dahingestellt sein zu lassen. 381

IV. Entscheidung

Fehlt eine Prozessvoraussetzung, ist die Klage als unzulässig abzuweisen, sog. **Prozessurteil.** Bei fehlender Zuständigkeit erfolgt allerdings idR eine **Verweisung** an das zuständige Gericht (→ Rn. 181). Die Unzulässigkeit kann im Tenor ausgedrückt werden (→ Rn. 77), doch ist dies nicht erforderlich. Das Gericht kann sich im Tenor mit der Abweisung der Klage begnügen und erst in den Entscheidungsgründen darlegen, dass es an einer Prozessvoraussetzung fehlt und die Klage deshalb unzulässig ist. War das Vorliegen einer Prozessvoraussetzung **zweifelhaft,** wird sie aber vom Gericht bejaht, wird dies in den Gründen des Endurteils gesagt. 382

1. Abgesonderte Verhandlung

Das Gesetz sieht in § 280 I die Möglichkeit einer abgesonderten Verhandlung über die Prozessvoraussetzungen (= Voraussetzungen der Zulässigkeit der Klage) vor. Im Falle der Bejahung kann ein selbstständig anfechtbares **Zwischenurteil** ergehen (§ 280 II),[5] im Falle der Verneinung erfolgt dagegen Klageabweisung durch **Prozessurteil.** 383

4 S. *Rosenberg/Schwab/Gottwald* ZivilProzR § 94 Rn. 42f.
5 BGHZ 182, 10 Rn. 19 = NJW 2009, 3164.

2. Rechtsmittel

384 Hat das Gericht das Fehlen einer Prozessvoraussetzung übersehen und ein Sachurteil gefällt, ist dieses mit der Berufung bzw. Revision anfechtbar. Allerdings lassen die §§ 513 II, 545 II, 571 II 2, § 17a V GVG **keine Prüfung** der Zuständigkeit des erstinstanzlichen Gerichts **in der Rechtsmittelinstanz** zu.

3. Prüfungsreihenfolge

Das Gericht darf nach hM die Zulässigkeitsfrage nicht deshalb unbeantwortet lassen, weil die Klage jedenfalls unbegründet sei.[6]

4. Rechtskraft

385 Das klageabweisende Prozessurteil erlangt Rechtskraft nur im **Umfang des Abweisungsgrundes** und auch hier nur bezogen auf den **Zeitpunkt des Urteilserlasses.**

Beispiel: Der prozessunfähige Minderjährige, dessen Klage als unzulässig abgewiesen wurde, kann erneut klagen, wenn er volljährig geworden ist.
Wurde die Klage deshalb als unzulässig abgewiesen, weil der Klageantrag unbestimmt war (→ Rn. 298), steht dies der Zulässigkeit einer neuen Klage mit diesmal bestimmtem Klageantrag nicht entgegen.

5. Ausnahmen

Schließlich ist zu betonen, dass Gesetz und Praxis bestrebt sind, den Parteien »nicht Steine statt Brot zu geben«, also **Prozessurteile** wo immer angängig **zu vermeiden.** So besteht die Möglichkeit der Verweisung bei allen Arten von Unzuständigkeit (ausgenommen die internationale Zuständigkeit). Zudem können Entscheidungen wegen Verstoßes gegen die Vorschriften über die Zuständigkeit nicht angefochten werden. Auch mangelnde Prozessfähigkeit lässt sich heilen durch Zuziehung des gesetzlichen Vertreters, notfalls durch Bestellung eines Prozesspflegers für den Beklagten (§ 57).

Literatur: *Philipp/Rothermel*, Die Prüfung der Sachurteilsvoraussetzungen im Zivilprozess, JURA 2016, 232; *Schmitz*, Grundfälle zu den Sachurteilsvoraussetzungen des Zivilprozesses, JuS 1976, 441 und 731.

6 BGH NJW 2000, 3718 (3719f.); 2008, 1227 Rn. 13.

Übersicht 9 Die Sachurteilsvoraussetzungen

Prozessvoraussetzungen [= »unverzichtbare Rügen der Zulässigkeit der Klage«]	**I. Arten** 1. deutsche Gerichtsbarkeit a) in räumlicher Beziehung b) in persönlicher Beziehung 2. Rechtswegzuständigkeit (s. Übersicht 4) 3. sachliche, örtliche und funktionelle Zuständigkeit (s. Übersicht 4) 4. Partei- und Prozessfähigkeit (s. Übersicht 5) 5. wirksame gesetzliche Vertretung 6. Prozessführungsbefugnis (s. Übersicht 5) 7. ordnungsgemäße Klageerhebung 8. mangelnde anderweitige Rechtshängigkeit (s. Übersicht 6) 9. mangelnde anderweitige Rechtskraft 10. Rechtsschutzbedürfnis (s. Übersicht 6) 11. in gewissen Fällen ein Güteverfahren vor Klageerhebung (§ 15a EGZPO)	**II. Behandlung – Wirkung des Fehlens** 1. stets Prüfung von Amts wegen 2. bei Fehlen a) Klageabweisung als unzulässig b) bei I 2 und 3 Verweisung 3. bei Vorhandensein a) Entscheidung in den Gründen des Endurteils oder b) Zwischenurteil: § 280 – bei Rechtswegzuständigkeit § 17a III GVG
Prozesshindernisse [= »verzichtbare Rügen der Zulässigkeit der Klage«]	1. Einrede der Schiedsgerichtsbarkeit 2. Einrede mangelnder Sicherheit bzgl. der Kostenerstattung	1. Berücksichtigung nur auf Einrede [»Rüge«] des Beklagten 2. dann wie oben bei II 2a und II 3

11. Kapitel. Das Verhalten des Beklagten zur Klage

In der Regel wird der Beklagte **Klageabweisung** – aus den verschiedensten Gründen – beantragen (→ Rn. 387). Möglich ist aber auch, dass er den Klageanspruch anerkennt (→ Rn. 407). Von diesem **Anerkenntnis** ist das **Geständnis** zu unterscheiden (→ Rn. 414). Zudem kann er eine **Widerklage** erheben (→ Rn. 319ff.). 386

A. Der Antrag auf Klageabweisung

Der Antrag auf Abweisung der Klage kann auf verschiedenen Gründen beruhen. 387

I. Klageleugnen und Einwand fehlender Schlüssigkeit

Der Beklagte kann schon die vom Kläger zur Begründung der Klage vorgetragenen Tatsachen leugnen (**»Klageleugnen«**). 388

> **Beispiele:** Der Beklagte leugnet, vom Kläger ein Darlehen erhalten zu haben; möglicherweise sei dieses Darlehen seinem gleichnamigen Vetter gegeben worden.
> Der Beklagte könne nicht in den Verkehrsunfall verwickelt gewesen sein, da er in der Unfallzeit im Urlaub gewesen sei.

Durch Klageleugnen zwingt der Beklagte den **Kläger zum Beweis der Klagetatsachen.** Die Beweislast (→ Rn. 155) geht durch das Leugnen nicht etwa auf den Beklagten über.

Davon zu unterscheiden ist die prozessuale Situation, dass der Beklagte die Klagetatsachen zugesteht (§ 288) oder nicht bestreitet (§ 138 III), aber dartut, dass die Klage **nicht schlüssig** sei (→ Rn. 490), dh dass die vorgetragenen Tatsachen die mit der Klage beanspruchte Rechtsfolge nicht tragen. 389

> **Beispiel:** K trägt in der Klage vor, er habe dem Beklagten B seinen Pkw zwei Tage zur Probe überlassen. Der Beklagte habe den Wagen aber erst nach drei Tagen zurückgegeben. Darin liege ein stillschweigender Kaufabschluss. Die Klage auf Bezahlung des Kaufpreises ist nicht schlüssig, da sie keinen hinreichenden Vortrag zum Abschluss eines Kaufvertrags enthält.

II. Einredeerhebung

Der Beklagte kann die Klagetatsachen zugestehen (§ 288) oder nicht bestreiten (§ 138 III) oder eine **Einrede** im Sinne der ZPO geltend machen. Hierbei trägt er für die Tatsachen, auf die die Einrede gestützt wird, die Beweislast, wenn das Gericht keine sichere Überzeugung von der Begründetheit der Einrede gewinnen kann (→ Rn. 155). Je nachdem, wogegen sich die Einrede richtet, ist sie **rechtshindernd, rechtsvernichtend** oder **rechtshemmend.** 390

1. Rechtshindernde Einreden

391 Bei Erhebung rechtshindernder Einreden (= Einwendungen im Sinne des BGB) bestreitet der Beklagte die von dem Kläger dargelegten Tatsachen nicht, er trägt aber vor, dass die Norm, aus der der Kläger aufgrund seines Vortrags Rechtsfolgen herleiten will, aufgrund einer anderen Norm nicht eingreift.

> **Beispiele:** Der Beklagte gesteht den Vertragsabschluss zu, trägt aber Tatsachen vor, aus denen sich ergibt, dass der Klageanspruch von vornherein aus materiell-rechtlichen Gründen (zB Sittenwidrigkeit, § 138 BGB, Anfechtung wegen arglistiger Täuschung, §§ 123, 142 BGB) nicht entstanden ist.

2. Rechtsvernichtende Einreden

392 Eine rechtsvernichtende Einrede (= Einwendungen im Sinne des BGB) erhebt der Beklagte, wenn er sich auf eine Norm stützt, die die bereits eingetretenen Rechtsfolgen der Norm, auf die der Kläger sich stützt, wieder beseitigt.

> **Beispiele:** Der Beklagte behauptet, er habe den Kaufpreis bereits bezahlt und damit iSd § 362 BGB erfüllt oder er habe mit einer Gegenforderung aufgerechnet (§§ 387ff. BGB).

3. Rechtshemmende Einreden

393 Der Beklagte macht eine rechtshemmende Einrede (= Einreden im Sinne des BGB) geltend, wenn er sich auf eine Norm beruft, die ihm ein Leistungsverweigerungsrecht einräumt.

> **Beispiele:** Der Beklagte erhebt die (zivilrechtliche) Einrede der Stundung, des nichterfüllten Vertrags, der Verjährung.

Die **Einrede** des **Zurückbehaltungsrechts** (§ 273 BGB) oder des **nichterfüllten Vertrags** (§ 320 BGB) hat – im Falle ihrer Berechtigung – die **Verurteilung des Beklagten Zug um Zug** gegen Bewirkung der Gegenleistung und nicht etwa die Abweisung der Klage zur Folge (§§ 274, 322 I BGB; Vollstreckung eines solchen Urteils: § 756). Damit erhält aber der Beklagte noch keinen Vollstreckungstitel bezüglich der ihm zustehenden Gegenleistung. Will er dies erreichen, darf er sich nicht mit dem Klageabweisungsantrag bzw. dem Antrag, der Klage nur Zug um Zug gegen Erbringung der Gegenleistung stattzugeben, begnügen, sondern muss darüber hinaus Widerklage (→ Rn. 319) erheben, der freilich ebenfalls nur Zug um Zug stattgegeben werden kann. Um eine teilweise Abweisung der Widerklage zu vermeiden, wird der Beklagte deshalb zweckmäßigerweise nur eine Zug-um-Zug-Verurteilung des Klägers beantragen.

> **Beispiel:** Der Handwerker H klagt gegen den Bauherrn B auf Zahlung des vereinbarten Werklohns. B macht demgegenüber Mängel der von H erbrachten Leistung geltend. Nach Abnahme des Werks ist der Klage Zug um Zug gegen Beseitigung der Mängel stattzugeben.[1] Aus einem solchen Urteil kann B seinen Mängelbeseitigungsanspruch nicht im Vollstreckungsweg durchsetzen. Legt B Wert darauf, dass die Mängel effektiv beseitigt werden, muss er seinerseits gegen H auf Nachbesserung Zug um Zug gegen Zahlung des Werklohns klagen. Dies kann er entweder in einem selbstständigen Verfahren oder in dem rechtshängigen Prozess durch Widerklage tun.

1 BGHZ 26, 337 = NJW 1958, 706.

Rechtshindernde und rechtsvernichtende Einreden, also **Einwendungen im Sinne des Zivilrechts,** hat das Gericht **von Amts wegen** zu beachten. Hingegen hat es rechtshemmende Einreden, also **Einreden im Sinne des Zivilrechts,** nur dann zu berücksichtigen, wenn der **Beklagte** sich darauf **beruft.** 394

Beispiel: K macht gegen B Darlehenszinsen geltend. B beruft sich nur darauf, dass ihm Stundung gewährt sei, kann aber die Stundungsabrede nicht beweisen. Das Gericht müsste ihn also verurteilen, weil er für den Nachweis der Stundung beweispflichtig ist. Das Gericht ersieht aber aus den ihm vorgelegten Bedingungen des Darlehens und aus dem Vortrag des B über dessen finanzielle Notsituation, dass das Darlehen wucherisch iSv § 138 II BGB ist. Ohne dass sich B ausdrücklich darauf berufen hat, ist die Klage abzuweisen. Freilich hat zuvor ein Hinweis des Gerichts zu ergehen, da ein Überraschungsurteil nicht zulässig wäre (→ Rn. 111). Das Gericht würde auch dann, wenn B im Termin ausgeblieben wäre, sich der wucherische Charakter des Darlehens aber aus dem eigenen Vortrag des K ergeben hätte, die Klage abweisen, also kein Versäumnisurteil gegen B aussprechen (→ Rn. 491).

III. Prozessaufrechnung

Die Einrede (= Einwendung im Sinne des BGB) der **Aufrechnung** ist in der Praxis besonders häufig, insbesondere in Form der sog. **Hilfs-** oder **Eventualaufrechnung.** 395

Beispiel: K klagt gegen B seine restliche Werklohnforderung aus dem Hausbau für B ein. B bestreitet die Klageforderung, weil K den Voranschlag um die eingeklagte Summe überschritten habe. Beide Parteien seien sich vielmehr darüber einig gewesen, dass der Voranschlag bindend sei. K bestreitet dieses Vorbringen des B. Für den Fall, dass das Gericht die Klageforderung für berechtigt hält, rechnet B mit einer Schadensersatzforderung gegen K auf. Diese folge daraus, dass K minderwertiges Material verwendet habe. Denn es zeigten sich an vielen Stellen des Hauses Risse, woraus sich eine Schadensersatzpflicht des K nach §§ 634 Nr. 4, 281 BGB ergebe.

Die nur für den Fall, dass das Gericht die Klageforderung für begründet hält, erklärte **Eventualaufrechnung** ist für den Beklagten günstig, wenn die Klage schon wegen Fehlens der Klageforderung abgewiesen wird. In diesem Fall ist die Gegenforderung nicht verbraucht und kann von B noch eingeklagt werden (in einem neuen Verfahren oder durch Eventualwiderklage in dem laufenden Prozess, § 322 II). In der Praxis dominiert aus diesem Grund die Eventualaufrechnung. Wehrt sich der Beklagte dagegen gegen den Bestand der Klageforderung nicht, sondern beschränkt sich darauf, die Aufrechnung zu erklären (sog. **Hauptaufrechnung**), liegt darin idR ein Geständnis der die Klageforderung begründenden Behauptungen des Klägers.[2] Denkbar ist auch ein konkludentes Anerkenntnis der Klageforderung.

1. Rechtsnatur

Die Aufrechnung ist stets eine **materiell-rechtliche Willenserklärung,** deren Voraussetzungen und Wirkungen nach §§ 387ff. BGB zu beurteilen sind. Sie kann außerhalb des Prozesses erklärt werden. Der Beklagte führt sie dann als **rechtsvernichtende Einrede** (→ Beispiel Rn. 392) in den Prozess ein. Wird sie im Prozess erklärt, fallen materiell-rechtliche Aufrechnungserklärung und Geltendmachung im Prozess als rechtsvernichtende Einrede zusammen.[3] 396

2 BGH NJW-RR 1996, 699.
3 BGHZ 179, 1 Rn. 12 = NJW 2009, 1071.

Eine materielle Wirkung allein der Prozessaufrechnung ist die Hemmung der Verjährung (§ 204 Nr. 5 BGB).

397 Trotz § 388 S. 2 BGB ist die **Eventualaufrechnung zulässig,** weil der Beklagte nur eine Rechtsbedingung erklärt, nämlich für den Fall des Bestehens der – von ihm bestrittenen – Klageforderung.[4]

2. Einzelfälle

398 Erklärt der **Beklagte** die Eventualaufrechnung, muss das Gericht zunächst den Bestand der Klageforderung klären, also etwa Beweis darüber erheben. Dies gilt auch dann, wenn der Bestand der **Gegenforderung** feststeht, die Klage also auf jeden Fall abgewiesen werden muss. Der Beklagte gibt dem Gericht mit seinem Hilfsantrag ein festes Prüfungsprogramm vor.

Es sind folgende Situationen denkbar, in denen Tatsachen, aus denen Haupt- oder Gegenforderung hergeleitet werden, streitig sein können:

(1) Ist die **Klageforderung zweifelhaft,** die Gegenforderung in positivem Sinn entscheidungsreif, hat das Gericht Beweis zu erheben über die Klageforderung.

(2) Ist die **Klageforderung unbegründet,** die Gegenforderung entscheidungsreif oder zweifelhaft, weist das Gericht die Klage ab, ohne dass es auf die Gegenforderung einzugehen hätte.

(3) Ist die **Klageforderung begründet,** die **Gegenforderung** hingegen **zweifelhaft,** hat das Gericht Beweis zu erheben über die Gegenforderung. Unter Umständen besteht freilich die Möglichkeit einer Prozesstrennung (§ 145 III) oder eines Vorbehaltsurteils (§ 302; → Rn. 405).

(4) Sind **beide Forderungen zweifelhaft,** findet zunächst eine Beweiserhebung über die Klageforderung statt. Erst wenn diese zu dem Ergebnis führt, dass die Klageforderung besteht, kommt es zur Beweiserhebung über die Gegenforderung.

3. Mehrere Gegenforderungen

399 Rechnet der Beklagte mit mehreren Gegenforderungen auf, muss, soweit die Summe der Gegenforderungen die Klageforderung übersteigt, bestimmt werden, in welcher **Reihenfolge die Gegenforderungen** zur Aufrechnung verwendet werden. Dies gilt wie bei der Klage (→ Rn. 298), um dem Bestimmtheitsgrundsatz aus § 253 II zu genügen.[5] Die Reihenfolge bestimmt sich bei der Aufrechnung allerdings nach Maßgabe von §§ 396 I, 366 II BGB:[6] Danach kann der aufrechnende Beklagte zwar die Tilgungsreihenfolge bestimmen, jedoch kann der Kläger als Aufrechnungsgegner widersprechen. Fehlt es an einer wirksamen Tilgungsbestimmung, gilt die Reihenfolge des § 366 II BGB.

Beispiel: K klagt einen Kaufpreis über 1.000 EUR ein. B bestreitet das Zustandekommen eines Kaufvertrags. Hilfsweise rechnet er mit einer Schadensersatzforderung auf, weil die Kaufsache mangelhaft gewesen und ihm daraus ein Schaden von 1.500 EUR entstanden sei. Für den Fall, dass die Aufrechnung mit der Schadensersatzforderung keinen Erfolg hat, rechnet B mit einer Darlehensforderung iHv 500 EUR gegen K auf, die er sich von X hat abtreten lassen. B macht mit dieser Festlegung von seinem Bestimmungsrecht aus § 396 I 1 BGB Gebrauch, das maßgeblich ist, solange K dem nicht unverzüglich widerspricht.

4 Begründung str.; s. *Rosenberg/Schwab/Gottwald* ZivilProzR § 104 Rn. 14 ff.

5 BGHZ 149, 120 (124) = NJW 2002, 2182.

6 BGHZ 179, 1 Rn. 15 = NJW 2009, 1071.

4. Zurückweisung

Nicht selten führt die Eventualaufrechnung zu einer Prozessverschleppung. Das Gericht kann sie als verspätet **zurückweisen** (§§ 282, 296 II, 531 II). Damit entfällt nach hM auch die materiell-rechtliche Wirkung der Aufrechnung,[7] dh der Beklagte kann die zur Aufrechnung gestellte Forderung in einem neuen Prozess als Klageforderung benutzen. 400

Droht die Gefahr der Zurückweisung als verspätet, kann der Beklagte seine Gegenforderung **hilfsweise** durch **Widerklage** geltend machen. Dann hat das Gericht keine Zurückweisungsmöglichkeit, da die Widerklage im Gegensatz zur Aufrechnung[8] kein Verteidigungsmittel im Sinne der erwähnten Zurückweisungsvorschriften ist.

5. Mehrfache Geltendmachung

Da die zur Aufrechnung gestellte Gegenforderung **nicht rechtshängig** wird,[9] kann der Beklagte mit einer Forderung aufrechnen, die er in einem anderen Prozess bereits eingeklagt hat.[10] Er muss aber dann in dem anderen Prozess die Konsequenz ziehen und zB die Klage zurücknehmen. Anderenfalls wird die Klage in dem **anderen Prozess unbegründet.** Nach anderer Auffassung entfällt dann für die Klage das Rechtsschutzbedürfnis.[11] Weiter kann der Beklagte mit derselben Gegenforderung in mehreren Verfahren aufrechnen.[12] Eine andere (rein materiell-rechtliche) Frage ist es, ob die später erklärte Aufrechnung nicht deshalb ins Leere geht, weil die Gegenforderung durch die frühere Aufrechnung bereits erloschen war. 401

6. Zuständigkeit

Schwierigkeiten entstehen, wenn die **Gegenforderung** an sich der Beurteilung einer **anderen Gerichtsbarkeit** oder eines Schiedsgerichts unterliegen würde. 402

> **Beispiele:** K klagt gegen B eine Darlehensforderung ein. B bestreitet, rechnet aber hilfsweise mit einer Lohnforderung auf (für die die Arbeitsgerichtsbarkeit zuständig wäre).
> K klagt gegen die Stadt B einen Anspruch aus Amtspflichtverletzung ein. B bestreitet, rechnet aber hilfsweise mit einer bestrittenen Gegenforderung aus Straßenanliegerbeiträgen (Verwaltungsgerichtsbarkeit) auf.
> K klagt gegen B eine Darlehensforderung ein. B rechnet hilfsweise mit einem Anspruch aus gesellschaftsrechtlicher Beteiligung auf. Für diese Gegenforderung besteht aber eine Schiedsgerichtsklausel.

Gemäß § 17 II 1 GVG entscheidet das Gericht den Rechtsstreit unter allen in Betracht kommenden rechtlichen Gesichtspunkten. Daher hat es entgegen der gefestigten Rechtsprechung des BAG[13] über die Gegenforderung auch dann zu entscheiden, wenn diese in einem **anderen Rechtsweg** eingeklagt werden müsste.[14] Soweit hingegen § 17 II GVG die Zuständigkeit des Gerichts auf einzelne Anspruchsgrundlagen beschränkt (vor allem ausschließliche Zuständigkeit der ordentlichen Gerichte für Amts-

7 BGHZ 16, 124 (140) = NJW 1955, 497; vgl. BGHZ 179, 1 Rn. 12 = NJW 2009, 1071.
8 S. BGHZ 91, 293 = NJW 1984, 1964.
9 HM, BGHZ 57, 242 = NJW 1972, 450; BGH NJW 1999, 1179.
10 BGHZ 57, 242 = NJW 1972, 450.
11 So *Schilken* ZivilProzR Rn. 439.
12 BGH NJW-RR 2004, 1000.
13 BAG NJW 2002, 317; 2008, 1020.
14 Musielak/Voit/*Stadler* ZPO § 145 Rn. 30ff. mwN.

haftungsansprüche, § 17 II 2 GVG), kann in einem anderen Rechtsweg nur dann aufgerechnet werden, wenn die Gegenforderung unbestritten oder rechtskräftig festgestellt ist.[15] Entsprechendes gilt, falls für die Gegenforderung eine Schiedsklausel besteht. Anderenfalls muss das Verfahren nach § 148 bis zur Entscheidung über die Gegenforderung durch das Schiedsgericht ausgesetzt werden.

Das Gericht ist für eine Entscheidung über die Gegenforderung auch dann **zuständig,** wenn es im Falle der klageweisen Geltendmachung sachlich oder örtlich unzuständig wäre. Zur internationalen Zuständigkeit → Rn. 864.

> **Beispiel:** K klagt gegen B eine Darlehensforderung in Höhe von 1.500 EUR beim AG Berlin ein. B rechnet mit einer Kaufpreisforderung auf, für die die Parteien wirksam das AG Potsdam als zuständiges Gericht vereinbart hatten. Die Aufrechnung ist auch prozessual zulässig.

7. Streitwert

403 Der Streitwert (→ Rn. 202) richtet sich nach der Klageforderung, wenn der Antrag auf Klageabweisung in erster Linie auf die Aufrechnung gestützt wird, die Klageforderung also unstreitig ist. Wird jedoch **hilfsweise** mit einer bestrittenen Gegenforderung aufgerechnet, findet eine **Zusammenrechnung** statt, sofern das Gericht auch über die Gegenforderung entscheidet, dh die Klage nicht deswegen abweist, weil schon die Klageforderung nicht besteht (Einzelheiten § 45 III GKG).

8. Rechtskraft

404 Obwohl die zur Aufrechnung gestellte Gegenforderung nicht rechtshängig wird (→ Rn. 401), erstreckt sich doch die **Rechtskraft des Urteils** nach § 322 II auch auf die **Gegenforderung** (in Höhe des zur Aufrechnung gestellten Betrags). Dies gilt sowohl dann, wenn das Gericht feststellt, dass die Gegenforderung von Anfang an nicht bestanden hat, wie dann, dass sie zwar bestanden hat, aber durch die Aufrechnung erloschen ist. § 322 II ist also wie folgt zu lesen: »... so ist die Entscheidung, dass die Gegenforderung nicht oder infolge der Aufrechnung nicht mehr besteht ...«.

> **Beispiel:** K klagt eine Kaufpreisforderung in Höhe von 1.500 EUR gegen B ein. B rechnet mit einer Schadensersatzforderung in Höhe von 3.500 EUR hilfsweise auf. Das Gericht verurteilt B, weil die Gegenforderung nicht bestehe. Hier kann B die Gegenforderung nicht mehr in Höhe von 3.500 EUR einklagen, wohl aber in Höhe von 2.000 EUR; denn nur »bis zur Höhe« von 1.500 EUR ist über die Gegenforderung rechtskräftig entschieden.[16]

9. Vorbehaltsurteil

405 Häufig ist sich das Gericht über die Klageforderung rasch im Klaren, aber die Gegenforderung macht Schwierigkeiten und verlangt nach einer umfänglichen Beweisaufnahme. Hier kann das Gericht über die Klageforderung ein Vorbehaltsurteil erlassen (§ 302 I; die daneben bestehende Möglichkeit der Prozesstrennung, § 145 III, wird selten praktiziert). Ferner muss die **Klageforderung entscheidungsreif,** darf die **Gegenforderung nicht entscheidungsreif** sein[17] (zum umgekehrten Fall der Entscheidungs-

15 BVerwG NJW 1993, 2255.
16 Weitere Bsp.: BGHZ 48, 356 = NJW 1968, 156; BGHZ 89, 349 = NJW 1984, 1356 (dazu *Zeuner* JuS 1987, 354); BGH NJW 1988, 3210; 1992, 982.
17 BGH NJW 1988, 2543.

reife nur der Gegenforderung und nicht auch der Klageforderung → Rn. 398). Das Vorbehaltsurteil ist selbstständig anfechtbar und vollstreckbar (§ 302 III). Der Rechtsstreit bleibt über die Gegenforderung anhängig (§ 302 IV 1). Im Endurteil wird dann über den Bestand des Vorbehaltsurteils entschieden (§ 302 IV 2; sog. **Nachverfahren**).

Beispiel: Die Klage des K aus restlichem Werklohn ist in Höhe von 5.000 EUR zur Entscheidung reif. B rechnet mit einer angeblichen Forderung aus Materiallieferungen in Höhe von 6.500 EUR auf. Bei Letzterer ist eine umfangreiche Beweisaufnahme nötig, sodass das Gericht ein Vorbehaltsurteil über die Werklohnforderung erlassen kann. Dieses hätte dann folgenden Tenor und würde auch mit **Vorbehaltsurteil** überschrieben.

»1. Der Beklagte wird verurteilt, an den Kläger 5.000 EUR zu bezahlen.
2. Der Beklagte trägt die Kosten des Rechtsstreits.
3. Das Urteil ist gegen Sicherheitsleistung in Höhe von 110 % des jeweils zu vollstreckenden Betrags vorläufig vollstreckbar.
4. Das Urteil ergeht unter Vorbehalt der Entscheidung über die vom Beklagten zur Aufrechnung gestellte Kaufpreisforderung.«

In einem Nachverfahren würde das Gericht dann wie folgt tenorieren, wenn sich ergibt, dass die Gegenforderung auf Zahlung des Kaufpreises nicht besteht:

»1. Das Vorbehaltsurteil vom … wird unter Wegfall des Vorbehalts bestätigt.
2. Der Beklagte trägt auch die Kosten des Nachverfahrens.
3. Das Urteil ist bezüglich dieser Kosten vorläufig vollstreckbar [§ 708 Nr. 5 analog].«

Kommt das Gericht hingegen zu dem Ergebnis, dass die Gegenforderung besteht, tenoriert es wie folgt:

»1. Das Vorbehaltsurteil vom … wird aufgehoben.
2. Die Klage wird abgewiesen.
3. Der Kläger trägt die gesamten Kosten des Verfahrens.
4. Das Urteil ist vorläufig vollstreckbar [§ 708 Nr. 11]. Der Kläger kann die Zwangsvollstreckung durch Sicherheitsleistung in Höhe von 110 % des aufgrund des Urteils vollstreckbaren Betrags abwenden, wenn nicht der Beklagte vor der Vollstreckung in Höhe von 110 % des jeweils zu vollstreckenden Betrags Sicherheit leistet [§ 711 S. 1].«

Das Gericht ist im **Nachverfahren** an die Bejahung der Zulässigkeit der Aufrechnung gebunden,[18] dh es kann im Nachverfahren nicht etwa deshalb zulasten des Beklagten entscheiden, weil es ein Aufrechnungsverbot bejaht, weshalb es auf das Bestehen der Gegenforderung nicht ankomme. **406**

B. Das Anerkenntnis

Das Anerkenntnis ist die Erklärung des Beklagten (auch des Klägers als Widerbeklagten) an das Gericht, dass der vom Kläger geltend gemachte Anspruch besteht. **407**

I. Anerkenntnis als Urteilsgrundlage

Die Erklärung kann (nicht aber: muss) in der **mündlichen Verhandlung** abgegeben werden. In diesem Fall muss sie im Protokoll festgehalten werden (§ 160 III Nr. 1). Das Anerkenntnis kann aber auch **außerhalb einer mündlichen Verhandlung** erfol- **408**

18 BGHZ 35, 248 = NJW 1961, 1721.

gen (zB im schriftlichen Vorverfahren, § 276). Es braucht dann keine mündliche Verhandlung durchgeführt zu werden (§ 307 S. 2). Im Anwaltsprozess unterliegt das Anerkenntnis dem **Anwaltszwang** (dh es kann nur wirksam von einem beim Prozessgericht zugelassenen Rechtsanwalt vorgenommen werden).[19] Das Anerkenntnis ist **nicht** wegen Irrtums **anfechtbar,** auch **nicht widerruflich,** es sei denn, dass ein Restitutionsgrund vorliegt (insbesondere ein Prozessbetrug durch den Kläger, § 580 Nr. 4).[20]

409 Erkennt eine Partei an, hat das Gericht **von Amts wegen** ein **Anerkenntnisurteil** zu erlassen, das auch als solches überschrieben wird. Das Gericht prüft nur, ob die Prozessvoraussetzungen vorliegen und erlässt bejahendenfalls das Anerkenntnisurteil (§ 307 S. 1). Das Anerkenntnisurteil hat also auch dann zu ergehen, wenn der Kläger dies nicht beantragt oder ihm vielleicht sogar ausdrücklich widerspricht. Vor Erlass des Anerkenntnisurteils ist dem Kläger jedoch **rechtliches Gehör** zu gewähren, damit er seinen Antrag ggf. erweitern oder anderweitig ändern kann.[21]

II. Arten des Anerkenntnisses

1. Teilanerkenntnis

410 Da die Parteien in der Regel vor Beginn des Prozesses miteinander verhandeln, sind Anerkenntnisse in der Praxis nicht gerade häufig. Sie kommen idR als **Teilanerkenntnisse** vor.

Beispiel: K verlangt von B Schadensersatz aus einem Unfall. B erkennt einen Betrag von 250 EUR für beschädigte Kleidung und 600 EUR Arztkosten an. Über andere Schadensposten wird weiter gestritten. Es ergeht **Teilanerkenntnisurteil:**

»1. Der Beklagte wird verurteilt, an den Kläger 850 EUR zu bezahlen.
2. Das Urteil ist vorläufig vollstreckbar [ohne Sicherheitsleistung: § 708 Nr. 1].«

Es ergeht keine Kostenentscheidung. Diese erfolgt erst im Schlussurteil.

Bei einem Teilanerkenntnis kann das Gericht jedoch auch vom Erlass eines Teilanerkenntnisurteils absehen und den Rechtsstreit insgesamt später in einem einzigen Urteil entscheiden. Dabei hat es allerdings hinsichtlich des anerkannten Anspruchsteils allein aufgrund des Anerkenntnisses zu entscheiden.

2. Sofortiges Anerkenntnis

411 § 93 ist grundlegend für die praktische Bedeutung des Anerkenntnisurteils. Hat der Kläger ohne Notwendigkeit sein Recht, das vom Beklagten gar nicht bestritten wird, klageweise geltend gemacht, kann die Klage nicht abgewiesen werden. Es wäre aber unangebracht, den Beklagten auch die **Verfahrenskosten** tragen zu lassen. Dies kann der Beklagte dadurch erreichen, dass er die Klageforderung sofort anerkennt. Der Beklagte erkennt dann »unter Verwahrung gegen die Kosten« an. Häufig ist streitig, ob der anerkennende Beklagte »durch sein Verhalten Anlass zur Klageerhebung gegeben hat« und ob der Beklagte sofort anerkennt (§ 93). Ein sofortiges Anerkenntnis liegt jedenfalls dann nicht mehr vor, wenn der Beklagte den Anspruch in der Klageerwide-

19 BGHZ 205, 287 Rn. 5 f. = NJW 2015, 2193.
20 BGHZ 80, 389 = NJW 1981, 2193.
21 BGH NJW 2004, 2019 (2021 f.).

rung zwar anerkennt, zuvor im schriftlichen Vorverfahren (→ Rn. 135 ff.) aber innerhalb der Frist des § 276 I 1 ohne Einschränkung erklärt hat, sich gegen die Klage verteidigen zu wollen.[22]

3. Beschränktes Anerkenntnis

412 Das Anerkenntnis kann auch inhaltlich beschränkt werden (zB Anerkenntnis der eingeklagten Leistung nur Zug um Zug gegen Erbringung einer Gegenleistung,[23] oder Anerkenntnis der Klageforderung bei Aufrechnung mit Gegenforderung). In derartigen Fällen kann zwar kein Anerkenntnisurteil ergehen (es sei denn, der Kläger passt seinen Klageantrag an, indem er etwa selbst nur noch Verurteilung Zug um Zug beantragt), doch hat das Gericht die anerkannte Rechtsfolge **ohne weitere Überprüfung** seinem **Urteil zugrunde zu legen.**[24]

III. Klageverzicht

413 Das **Gegenstück zum Anerkenntnis** ist der Klageverzicht (§ 306). Er führt auch ohne Antrag des Beklagten zu einem Verzichtsurteil, das wie ein streitiges klageabweisendes Urteil in Rechtskraft erwächst. Im Gegensatz zum Anerkenntnis (→ Rn. 408) kann der Verzicht nur in der **mündlichen Verhandlung** erklärt werden. Er ist in das Protokoll aufzunehmen (§ 160 III Nr. 1). Er ist von der Klagerücknahme zu unterscheiden (→ Rn. 422). In der Praxis kommt er so gut wie nie vor,[25] was vor allem darauf beruht, dass es anders als beim Anerkenntnis (§ 93) keine Möglichkeit gibt, dass die unterliegende Partei die Kostenlast auf den obsiegenden Gegner abwälzen kann.

C. Das Geständnis – Das Nichtbestreiten

414 Das Anerkenntnis beruht auf der Dispositionsmaxime (→ Rn. 84). Im Gegensatz dazu ergibt sich das **Geständnis aus der Verhandlungsmaxime** (→ Rn. 96). Es bezieht sich auf Tatsachen, bindet das Gericht, macht also eine Beweisaufnahme überflüssig (§ 288 I). Das Geständnis ist unwiderruflich (Ausnahme: § 290).

I. Form

415 Das Geständnis wird **in der mündlichen Verhandlung** oder zu Protokoll eines beauftragten oder ersuchten Richters **abgegeben** (§ 288 I). Das Geständnis braucht nicht ausdrücklich erklärt zu werden. Ein schlüssiges Verhalten kann genügen, sofern es den Rückschluss auf einen Geständniswillen erlaubt.[26] Daran fehlt es vor allem dann, wenn sich die Partei zu einem Vorbringen des Gegners lediglich nicht äußert, dieses also insbesondere nicht bestreitet. Dann greift nur § 138 III (→ Rn. 419), nicht dagegen § 288 ein.

22 BGH NJW 2019, 1525 Rn. 6 ff. mwN.
23 BGHZ 107, 142 = NJW 1989, 1934.
24 BGHZ 107, 142 (147) = NJW 1989, 1934; aA Musielak/Voit/*Musielak* ZPO § 307 Rn. 6.
25 S. aber BGH JZ 1988, 106.
26 BGH NJW 1991, 1683; s. weiter BGH NJW 1994, 3109: ausdrückliches Außerstreitstellen einer gegnerischen Behauptung als Geständnis.

Ein »Geständnis«, das in einem **vorbereitenden Schriftsatz** enthalten ist, ist lediglich eine Ankündigung. Es kann daher bis zur Erklärung in der mündlichen Verhandlung jederzeit und ohne die Schranken des § 290 »widerrufen« werden. Ein vor Prozessbeginn – etwa in einem Schriftwechsel – abgegebenes **außergerichtliches** Geständnis ist kein »Geständnis« iSd § 288. Es kann im Wege des Urkundenbeweises in den Prozess eingeführt und vom Gericht frei gewürdigt werden. Gleiches gilt von einem in einem anderen Prozess zwischen denselben Parteien abgegebenen Geständnis.

Im **Anwaltsprozess** kann die Partei zwar dem Geständnis ihres Anwalts entgegentreten, aber selbst kein Geständnis abgeben (s. § 85 I 2; → Rn. 245). Erklärungen der Partei im Rahmen einer Parteivernehmung (§§ 445ff.; → Rn. 593ff.) oder einer Parteianhörung (§§ 137 IV, 141) enthalten niemals ein Geständnis.[27] Insoweit hat das Gericht die Aussage nach § 286 frei zu würdigen.[28]

II. Inhalt

416 Das Geständnis bezieht sich auf tatsächliche Behauptungen des Gegners.

1. Tatsachen

Dass sich das Geständnis auf **Tatsachen** beziehen muss, braucht nicht wörtlich genommen zu werden. **Auch Rechtsbegriffe** wie Eigentum, Kauf, Miete können Gegenstand eines Geständnisses sein. Selbst schwierigere präjudizielle Rechtsverhältnisse, wenn sich der Zugestehende ihrer Bedeutung bewusst ist (sog. eingekleidete Tatsachen)[29]. Hingegen kann sich das Geständnis **nicht auf Rechtsausführungen** des Gegners beziehen.

Beispiele: In dem Bauprozess des K gegen B gesteht B zu, dass er den Bau »abgenommen« habe (§ 640 BGB). Dann gilt § 288, wenn sich die gestehende Partei über die rechtliche Bedeutung des Begriffs »Abnahme« im Klaren ist.
Hat das Gericht Anlass zu der Annahme, dass Unklarheiten bestehen können (die Partei gesteht etwa zu, »Eigentümer« einer Sache zu sein, verwechselt aber möglicherweise »Eigentum« und »Besitz«), muss es nach § 139 I einen detaillierten Tatsachenvortrag anregen und darf nicht etwa nach § 288 ohne Weiteres vom Eigentum der Partei ausgehen.
B »gesteht ein«, er hafte nach § 823 I BGB, aber das Mitverschulden des K überwiege. Auf diese Rechtsausführungen ist § 288 indes nicht anzuwenden, s. aber inhaltlich beschränktes Anerkenntnis (→ Rn. 412).

2. Klagegegner

417 Das Geständnis muss tatsächliche Behauptungen des Gegners zum Gegenstand haben. Ein **qualifiziertes Geständnis** liegt vor, wenn eine Partei das Geständnis mit Angriffs- oder Verteidigungsmitteln verbindet (§ 289).

Beispiel: B gibt zu, dass er von K ein Darlehen erhalten habe; aber die Rückzahlung sei ihm gestundet worden.

---

27 BGHZ 129, 108 (109ff.) = NJW 1995, 1432; BGH NJW-RR 2009, 1272 Rn. 8, 10.
28 BGH NJW 1999, 363 (364).
29 BGH NJW-RR 2007, 1563 Rn. 16.

Von einem **vorweggenommenen** (antezipierten) **Geständnis** spricht man, wenn es erfolgt, bevor der Gegner eine entsprechende Behauptung aufgestellt hat. Bindend wird es nach hM erst, wenn sich der Gegner darauf beruft; tut er das nicht, so hat das Gericht das »Geständnis« frei zu würdigen (§ 286).

III. Wirkung

Das Geständnis **bindet das Gericht** (keine freie Würdigung nach § 286), macht also 418
eine **Beweisaufnahme überflüssig** und darüber hinaus sogar unzulässig. Bei einer Zeugenvernehmung über eine andere als die zugestandene Tatsache darf das Gericht also den Zeugen auch dann nicht über diese Tatsache vernehmen, wenn es den Eindruck hat, er könnte dazu etwas sagen. Gebunden ist auch die Partei, sofern nicht die Voraussetzungen für einen Widerruf nach § 290 vorliegen.

Zum wahrheitswidrigen Geständnis → Rn. 117.[30]

IV. Nichtbestreiten

Dem Geständnis gleichgestellt ist das Nichtbestreiten **einer tatsächlichen Behaup-** 419
tung des Gegners (§ 138 III). Das Gericht hat also die nicht bestrittene Tatsache dem Urteil ebenso zugrunde zu legen, wie wenn sie zugestanden worden wäre. Über die Tatsache ist also nicht etwa Beweis zu erheben. Anders als beim Geständnis kann jedoch das Bestreiten bis zum Schluss der mündlichen Verhandlung grundsätzlich nachgeholt werden. Eine zeitliche Grenze wird hier nur durch die Vorschriften über die Zurückweisung verspäteten Vorbringens gezogen (→ 162 ff.).

> **Beispiele:** Dem Nichtbestreiten steht das **unsubstantiierte** Bestreiten gleich: »Was der Kläger vorgetragen hat, ist unwahr und wird bestritten.« oder pauschales Bestreiten wie »alles nicht ausdrücklich Zugestandene wird bestritten«.
> Die in der Praxis nicht seltene Formulierung: »... soll nicht bestritten werden« kann uU ein Geständnis sein, fällt aber in der Regel unter § 138 III, ist also widerruflich.[31]

V. Erklärung mit Nichtwissen

In der Praxis nicht selten ist eine Erklärung mit Nichtwissen: Der Gegner erklärt, dass 420
er von der behaupteten Tatsache »nichts wisse«. Bei Zulässigkeit stellt diese Erklärung ein Bestreiten dar, sodass der Gegner seine Behauptung beweisen muss.[32] Allerdings ist Vorsicht geboten, weil eine solche Erklärung über **eigene Handlungen und Wahrnehmungen der Partei nicht zulässig** ist (§ 138 IV). Wird sie hinsichtlich solcher Tatsachen doch abgegeben, gilt dies als Nichtbestreiten mit der Wirkung des § 138 III.

> **Beispiel:** K macht gegen B einen Anspruch aus einem Verkehrsunfall geltend, den der Erblasser E des B verursacht hat. Wenn sich B über den Unfallhergang – den er nicht gesehen hat – »mit Nichtwissen erklärt«, liegt darin ein zulässiges Bestreiten (als »unbekannt«). Behauptet aber K, der Kotflügel des Pkw des E sei beschädigt gewesen, liegt – wenn B das Unfallfahrzeug kennt –

30 S. BGHZ 37, 154 = NJW 1962, 1395.
31 BGH NJW 1983, 1496.
32 Vgl. BGH NJW 2009, 2894 Rn. 23.

- in der Erklärung mit Nichtwissen ein Nichtbestreiten mit der Folge des § 138 III.

Eine Erklärung mit Nichtwissen ist über den Wortlaut von § 138 IV hinaus auch dann nicht zulässig, wenn die Partei sich in ihrem eigenen Wahrnehmungsbereich **leicht Kenntnis** über das Vorgefallene **verschaffen** kann.[33] So kann zB die Partei den mit der Durchführung von Baumaßnahmen beauftragten Dritten, bei denen es zu Schäden gekommen ist, befragen. Dabei sind die Anforderungen an die Informationspflicht freilich nicht hoch anzusetzen.[34]

Literatur: *Huber,* Grundwissen – Zivilprozessrecht: Prozessaufrechnung des Beklagten JuS 2008, 1050; *Kapitza/Wiebke,* Aus der Praxis: Anerkennen oder Versäumnisurteil erdulden?, JuS 2008, 882; *Musielak,* Die Aufrechnung des Beklagten im Zivilprozeß, JuS 1994, 817; *Schreiber,* Grundprobleme der Prozeßaufrechnung, JA 1980, 344; *Wolf,* Prozessaufrechnung – Teil 1, JA 2008, 673; *Wolf,* Prozessaufrechnung – Teil 2, JA 2008, 753.

Übersicht 10 Das Verhalten des Beklagten zur Klage

Möglichkeiten	Begriffe	Folgen
1. Antrag auf Klageabweisung	kann beruhen: a) auf Leugnung der Klagetatsachen Beweislast beim Kläger b) auf rechtshindernder (zB § 138 BGB) oder rechtsvernichtender (zB Erfüllung, Aufrechnung) Einwendung (in der ZPO: »Einrede«) c) auf Einrede im Sinne des BGB (zB Verjährung) Beweislast für b und c beim Beklagten	a) führt zur Beweisaufnahme bezüglich der bestrittenen Tatsachen, wenn und soweit diese schlüssig sind. b) im Falle der Nichtaufklärbarkeit: Urteil entsprechend der Beweislast
2. Anerkenntnis	prozessuale Erklärung des Beklagten, dass das mit der Klage geltend gemachte Recht besteht. Gegenstück: Klageverzicht	Anerkenntnisurteil: § 307 beachte: § 93 (Kostentragungspflicht des Klägers)
3. Geständnis	prozessuale Erklärung einer Partei, dass eine tatsächliche Behauptung des Gegners richtig ist (§ 288; im Allgemeinen gleichgestellt: Nichtbestreiten, § 138 III)	a) keine Beweise nötig (§ 288) für das Gericht bindend b) beachte Widerruf des Geständnisses (§ 290)

33 BGH NJW-RR 2009, 1666 Rn. 16.
34 BGHZ 109, 205 (209) = NJW 1990, 453.

12. Kapitel. Die Erledigung des Prozesses ohne Urteil

Aus der Dispositionsmaxime folgt, dass die Parteien den **Prozess** auch **ohne Entscheidung des Gerichts beenden** können. So bestehen die Möglichkeiten der in der Praxis häufigen **Klagerücknahme** (§ 269; → Rn. 422), der **Erledigung der Hauptsache** (§ 91 a I; → Rn. 430) und des **Prozessvergleichs** (§ 794 I Nr. 1, → Rn. 440). Freilich führen die genannten Prozesshandlungen nicht stets zu einer Beendigung des ganzen Rechtsstreits. Denn im Rahmen der Dispositionsmaxime ist es den Parteien etwa unbenommen, einen Teilprozessvergleich zu schließen, im Übrigen aber den Rechtsstreit fortzusetzen. 421

A. Die Klagerücknahme

Die Klagerücknahme ist der **Widerruf des Rechtsschutzgesuchs,** das der Kläger (oder Widerkläger) mit der Klage an das Gericht gestellt hat. Da sich der Beklagte schon auf den Prozess eingestellt hat, ist seine Einwilligung von dem Zeitpunkt an erforderlich, in dem er in der mündlichen Verhandlung zur Hauptsache verhandelt hat (§ 269 I). 422

I. Wirkungen der Klagerücknahme

Die Klagerücknahme führt zum **rückwirkenden Wegfall der Rechtshängigkeit** (§ 269 III 1) mit ihren prozessualen und materiell-rechtlichen Wirkungen (→ Rn. 304), also zB Wegfall der Verjährungshemmung (allerdings erst sechs Monate nach Rücknahme der Klage, § 204 II 1 BGB). Ein bereits erlassenes, aber noch **nicht rechtskräftiges Urteil** wird **automatisch wirkungslos** (§ 269 III 1). Grundsätzlich hat der **Kläger** die **Kosten** des Rechtsstreits zu tragen (§ 269 III 2; zur Ausnahme → Rn. 428). Wird der Kläger zur Kostentragung verurteilt, schließt der BGH bei unverändertem Sachverhalt auch eine auf das materielle Recht gestützte Klage auf Kostenerstattung aus.[1] 423

Über die Folgen der Klagerücknahme entscheidet das Gericht auf Antrag durch Beschluss (§ 269 IV), zB so:

»1. Der Rechtsstreit ist als nicht anhängig geworden anzusehen.
2. Das Urteil des LG München vom 10.6.2013 ist wirkungslos.
3. Der Kläger trägt die Kosten des Rechtsstreits.«

Eine Entscheidung über die vorläufige Vollstreckbarkeit darf das Gericht nicht treffen, weil §§ 704ff. die vorläufige Vollstreckbarkeit nur für Urteile kennen. Beschlüsse sind nach § 794 I Nr. 3 Vollstreckungstitel und für diese Vollstreckungstitel erklärt § 795 nur §§ 724ff., nicht aber §§ 704ff. für entsprechend anwendbar. Auf die Rechtskraft der Beschlüsse kommt es für die Vollstreckbarkeit daher nicht an.

1 BGH NJW 2011, 2368; aA Stein/Jonas/*Muthorst* ZPO vor § 91 Rn. 19.

Die Klagerücknahme kann auf einen **Teil der Klage beschränkt** werden. In diesem Fall kann über die Kosten erst im abschließenden Endurteil entschieden werden. Die auf den zurückgenommenen Klageteil entfallende Kostenquote bestimmt sich dabei nach § 269 III 2 und 3.

424 Anders als das auf einem Klageverzicht beruhende Verzichtsurteil hindert die Klagerücknahme **nicht eine erneute Klageerhebung.** Gerade deshalb muss der Beklagte in die Klagerücknahme einwilligen. Er kann dann aber bis zur Erstattung der Kosten des ersten Prozesses die Einlassung zur Hauptsache verweigern (§ 269 VI).

Beispiel: Der Beklagte erwirkt nach Klagerücknahme auf Grundlage der Kostengrundentscheidung nach § 269 III 2, dass der Kläger die Kosten trägt, einen Kostenfestsetzungsbeschluss (§ 104). Gegen die Vollstreckung aus diesem Titel (§ 794 I Nr. 2) erhebt der Kläger Vollstreckungsabwehrklage (§§ 767, 795) gegen den vollstreckenden Beklagten. Als neue materielle Einwendung gegen den titulierten Kostenerstattungsanspruch stützt er sich auf eine Aufrechnung mit der Forderung, die er mit der zurückgenommenen Klage ursprünglich verfolgt hat. Auch in dieser Konstellation ist die klageweise Berufung auf den ursprünglichen Klagegrund nach § 269 VI unzulässig, soweit nicht ausnahmsweise diese Forderung unstreitig ist.[2]

II. Voraussetzungen der Klagerücknahme

1. Form

425 Eine Klagerücknahme ist **erst nach Rechtshängigkeit** (also nach Zustellung der Klage; → Rn. 296) möglich. Sie erfolgt in der mündlichen Verhandlung oder **durch Schriftsatz** (§ 269 II 2). In der Ermäßigung der Klageforderung kann eine teilweise Klagerücknahme liegen (→ Rn. 309).

Hat sich der Kläger zur Klagerücknahme verpflichtet (»**Klagerücknahmeversprechen**«, zB in einem außergerichtlichen Vergleich), führt er aber dennoch den Prozess weiter, ist die Klage zwar nicht zurückgenommen, doch leidet die verbotswidrig weiterverfolgte Klage an einem Mangel, der zur Klageabweisung als unzulässig führt (→ Rn. 274).

2. Einwilligung des Beklagten

426 Erst von der **Verhandlung des Beklagten** zur Hauptsache an ist dessen Einwilligung zur Klagerücknahme erforderlich, also in der Regel, wenn der Beklagte Antrag auf Abweisung der Klage gestellt hat. Davor kann der Kläger die Klage jederzeit zurücknehmen. Dies rechtfertigt sich damit, dass der Prozess in diesem Stadium noch zu keinen Zwischenergebnissen geführt haben kann, an deren Erhaltung der Beklagte ein **schutzwürdiges Interesse** hat (zB eine ihm günstige Zeugenaussage oder ein Geständnis des Klägers). Durch das Einwilligungserfordernis soll verhindert werden, dass der Kläger die Klage ohne Weiteres zurücknehmen kann, wenn er merkt, dass der Prozess für ihn schlecht läuft. Diese Gefahr besteht aber erst dann, wenn mit der mündlichen Verhandlung zur Hauptsache wenigstens begonnen worden ist. Die in erster Instanz erfolgte mündliche Verhandlung steht einer Klagerücknahme ohne Einwilligung des Beklagten auch in der **Berufungsinstanz** entgegen.[3]

2 BGH NJW 2011, 2370 Rn. 10f.
3 BGH NJW 1998, 3784.

Verweigert der Beklagte die Einwilligung, muss der Kläger seinen **Sachantrag aufrechterhalten.** Anderenfalls läuft er Gefahr, dass Versäumnisurteil gegen ihn ergeht (§§ 330, 333). Das kann für den Kläger dann unzumutbar sein, wenn die Klage nach Eintritt der Rechtshängigkeit unbegründet geworden ist (zB durch Erfüllung seitens des Beklagten). Hier kann der Kläger der Klageabweisung dadurch entgehen, dass er die Hauptsache für erledigt erklärt (→ Rn. 430). 427

Über den Streit, ob eine Klagerücknahme wirksam ist, wird durch Beschluss entschieden.[4] Verneint das Gericht die Wirksamkeit der Klagerücknahme, kann es dies durch Zwischenurteil nach § 303 oder in den Gründen des Endurteils über die Klage aussprechen.

III. Rücknahme wegen Wegfall des Klageanlasses

Häufig erfüllt der Beklagte nach Einreichung der Klage durch den Kläger bei Gericht. 428 Dann handelt es sich um eine **Erledigung der Klage** (→ Rn. 430), wenn diese zu diesem Zeitpunkt bereits **rechtshängig** und damit erhoben (§ 261 I) war. Mangels existenter Klage scheidet eine Erledigung aber aus, wenn die Klageforderung zwar **nach Anhängigkeit, aber vor Rechtshängigkeit** der Klage wegfällt. An diese Sachlage knüpft die besondere Kostenregelung in § 269 III 3 an. Es wird – wie im Falle der beiderseitigen Erledigung nach § 91 a (→ Rn. 431) – über die **Verfahrenskosten nach billigem Ermessen** entschieden. Darin liegt keine verfassungswidrige Benachteiligung des Beklagten.[5] Insbesondere wenn der Beklagte die eingeklagte Leistung (zB Zahlung des Kaufpreises) erbracht hat, liegt darin quasi ein Anerkenntnis seiner Leistungspflicht. Es entspricht dann billigem Ermessen, dass er und nicht der Kläger die Kosten des Verfahrens zu tragen hat.

Diese Kostenregelung greift nach § 269 III 3 Hs. 2 auch, wenn die Klage nach Wegfall 429 des Klagegrundes gar nicht mehr zugestellt wird. Dann ist die Klagerücknahme mangels erhobener Klage zwar noch nicht möglich (→ Rn. 425), aber eben auch nicht dafür erforderlich, dass das Gericht auf Antrag des Klägers (§ 269 IV) über die Kosten entscheidet. Der Kläger braucht aber nicht den Weg über § 269 III 3 zu gehen. Er kann stattdessen auch in einem eigenständigen Verfahren seinen etwaigen **materiell-rechtlichen Kostenerstattungsanspruch,** namentlich aus §§ 280 I, II, 286 BGB, verfolgen.[6] Für eine solche Klage fehlt es nicht deswegen am Rechtsschutzbedürfnis, weil die bloße Billigkeitsentscheidung unter Berücksichtigung des gegenwärtigen Sach- und Streitstands nach § 269 III 3 keine umfassende Würdigung des materiellen Rechts erlaubt.

B. Die Erledigung der Hauptsache

Die Hauptsache kann sich erledigen, wenn **Umstände** (meist tatsächlicher Art) **nach** 430 **Klageerhebung** eintreten, die eine (aus Sicht des Klägers) **zulässige und begründete Klage unzulässig und/oder unbegründet** machen. Abgesehen von der Kostenrege-

4 BGH NJW 1978, 1585; str.
5 BGH NJW 2006, 775.
6 BGHZ 197, 147 = NJW 2013, 2201.

lung im Falle einer beiderseitigen Erledigungserklärung in § 91 a ist die Erledigung nicht ausdrücklich in der ZPO geregelt.

Beispiele: K verlangt von B Lieferung einer gekauften Sache. Während des Prozesses wird die Sache durch Zufall zerstört. Beide Parteien erklären die Hauptsache für erledigt und verlangen nur noch eine Kostenentscheidung des Gerichts.
Der Architekt K klagt gegen B eine Honorarforderung ein. Später zahlt J, der das Haus von B gekauft hat, den geforderten Betrag an K, nachdem ihm K die Pläne ausgehändigt hatte. K erklärt einseitig die Hauptsache für erledigt, B widerspricht und beantragt Klageabweisung.[7]

I. Beiderseitige übereinstimmende Erledigungserklärung

431 Die Parteien können den Rechtsstreit übereinstimmend für erledigt erklären. Das kann in der mündlichen Verhandlung, aber auch durch Einreichung eines Schriftsatzes erfolgen (§ 91 a I 1). Zwar bestimmt § 91 a nur die **Kostenfolge,** die weiteren Folgen sind aber anerkannt: Der Rechtsstreit ist – wie bei der Klagerücknahme – bezüglich der Hauptsache beendigt, die **Rechtshängigkeit entfällt.**[8] Das Gericht **prüft nicht,** ob und wann eine Erledigung eingetreten ist (Dispositionsmaxime; → Rn. 84). Ein etwa schon ergangenes Urteil (auch Versäumnisurteil) wird hinfällig.[9] Da über die Hauptsache keine Entscheidung ergeht und über die Kosten durch **Beschluss** entschieden wird, braucht bei übereinstimmender Erledigungserklärung durch Schriftsätze keine mündliche Verhandlung durchgeführt zu werden (§ 128 IV). Gegen den Beschluss können die Parteien sofortige Beschwerde einlegen (§ 91 a II 1; → Rn. 723 ff.).

Streitig ist, ob der Kläger nach übereinstimmender Erledigungserklärung eine **neue Klage mit demselben Streitgegenstand** erheben kann. Da keine rechtskräftige Entscheidung über die Hauptsache ergangen ist, bejaht die hM dies zutreffend.[10] Beide Parteien haben auf eine Hauptsacheentscheidung verzichtet, nämlich der Kläger mit der Erledigungserklärung und der Beklagte mit seiner Zustimmung. Es liegt nicht anders als bei der Klagerücknahme mit Zustimmung des Beklagten, die dem Kläger die erneute Klagemöglichkeit ebenfalls nicht nimmt, § 269 VI (→ Rn. 426).

432 Das Gericht hat über die **Kosten** (sofern sich nicht die Parteien außergerichtlich darüber geeinigt haben)[11] **nach billigem Ermessen** zu entscheiden und zwar nicht unter Ausschöpfung aller Erkenntnisquellen wie neuerlichen Beweisaufnahmen, sondern »unter Berücksichtigung des bisherigen Sach- und Streitstandes«. Zu berücksichtigen sind die Schlüssigkeit der Klage und der Einreden des Beklagten sowie das Ergebnis einer schon durchgeführten Beweisaufnahme.[12]

Formulierungsbeispiel: Der Tenor des Beschlusses in Beispiel → Rn. 430 lautet:
»1. Der Rechtsstreit wird für erledigt erklärt [nicht nötig, aber zulässig zur Klarstellung].
2. Der Beklagte trägt die Kosten des Verfahrens [§ 91 a I, weil das Gericht es für so gut wie sicher hält, dass der Beklagte zur Lieferung verurteilt worden wäre].«

7 BGH NJW 1969, 237.
8 BGH NJW 1989, 2885 (2886).
9 BGHZ 156, 335 (344) = NJW 2004, 506; § 269 III 1 analog, → Rn. 423.
10 BGH NJW 1991, 2280 (2281); Stein/Jonas/*Muthorst* ZPO § 91 a Rn. 25; MüKoZPO/*Schulz* § 91 a Rn. 38; aA *Rosenberg/Schwab/Gottwald* ZivilProzR § 132 Rn. 20.
11 BGH JZ 1985, 853.
12 BGH LM § 91 a ZPO Nr. 6.

War die **Erledigungserklärung vor einem unzuständigen Gericht** erfolgt, spricht die Unzulässigkeit der Klage für eine Kostenentscheidung zulasten des Klägers.[13] Jedoch wäre aller Voraussicht nach der Rechtsstreit ohne die Erledigungserklärung an das zuständige Gericht verwiesen worden (§ 281 I). Die anfängliche Unzulässigkeit wirkt sich dann nicht auf die abschließende Entscheidung aus. Daher muss im Rahmen der Kostenentscheidung nach § 91a die Unzuständigkeit ebenfalls unberücksichtigt bleiben, sodass die Kosten dem Beklagten aufzuerlegen sind, wenn die Klage sonst Aussicht auf Erfolg hatte.[14] Wenn allerdings der Rechtsstreit erst nach Verweisung vor dem zuständigen Gericht übereinstimmend für erledigt erklärt wird, sind dem Kläger die Mehrkosten aufzuerlegen (§ 281 III 2).

II. Einseitige Erledigungserklärung

Aufgrund des erledigenden Ereignisses droht dem Kläger die **Klageabweisung als unbegründet,** falls er seine Klage weiterverfolgt. Nimmt er indessen die Klage zurück, muss er die Kosten tragen (§ 269 III 2; → Rn. 423). Hier hilft die einseitige Erledigung: Der Kläger geht davon aus, dass bis zur Erledigung die Klage zulässig und begründet war und verlangt daher jetzt (also im Wege der Klageänderung)[15] die **Feststellung, dass der Rechtsstreit erledigt** ist. Allerdings muss sich der Kläger entscheiden, ob er die Klage aufrecht erhalten oder die Erledigung feststellen lassen will, eine hilfsweise erklärte einseitige Erledigung ist mangels Feststellungsinteresses unzulässig.[16] Im Gegensatz zum Kläger betont der Beklagte, der sich der Erledigung nicht anschließt, dass die Klage schon vor dem erledigenden Ereignis nicht zulässig oder unbegründet war. Das daraus resultierende Recht auf Klageabweisung kann ihm nicht durch die Erledigungserklärung genommen werden.[17] Es liegt kein Fall des § 91a vor, der eine beiderseitige übereinstimmende Erledigungserklärung voraussetzt. Das Gericht muss vielmehr – und zwar durch Urteil – entscheiden. Es sind folgende Situationen zu unterscheiden: 433

1. Klage zulässig und begründet

War die Klage im Zeitpunkt des erledigenden Ereignisses zulässig und begründet (was – falls nötig – durch Beweisaufnahme zu klären ist)[18] und ist ein erledigendes Ereignis nach Klageerhebung eingetreten, lautet der Urteilstenor wie folgt: 434

Formulierungsbeispiel:

»1. Die Hauptsache ist erledigt.
2. Der Beklagte trägt die Kosten des Verfahrens [§ 91].
3. Das Urteil ist [ggf. gegen Sicherheitsleistung] vorläufig vollstreckbar.«

Das Urteil ist ein **Sachurteil** und erwächst in **materielle Rechtskraft.** Diese besagt, dass die Klage ursprünglich zulässig und begründet war und ihr nur wegen des erledigenden Ereignisses nicht mehr stattgegeben werden konnte.[19]

13 So OLG Hamm NJW-RR 1994, 828; OLG Brandenburg NJW-RR 1996, 955.
14 BGH GRUR 2010, 1037 Rn. 13.
15 BGH NJW 1994, 2363.
16 BGH NJW-RR 2011, 618 Rn. 22; 2006, 1378 Rn. 20.
17 BGH NJW 1982, 767.
18 BGH NJW 1969, 237.
19 *Schilken* ZivilProzR Rn. 641.

Als Erledigungsereignis nach Klageerhebung ist trotz der Rückwirkung (§ 389 BGB) auch die **Erklärung der Aufrechnung** mit einer schon vor Klageerhebung bestehenden Gegenforderung anzusehen.[20]

2. Klage unzulässig oder unbegründet

435 War die Klage im Zeitpunkt des erledigenden Ereignisses nicht zulässig oder unbegründet, konnte sie durch das Ereignis nicht erledigt werden. Die Klage ist abzuweisen.[21] Das gilt auch dann, wenn ohne Erledigung die Möglichkeit bestanden hätte, Zulässigkeitsmängel bis zum Zeitpunkt der letzten mündlichen Verhandlung zu heilen (zB durch Verweisung des Rechtsstreits an das zuständige Gericht, § 281).[22]

Formulierungsbeispiel:

»1. Die Klage wird abgewiesen.
2. Der Kläger trägt die Kosten des Rechtsstreits.
3. [Entscheidung über die vorläufige Vollstreckbarkeit bezüglich der Kosten].«

Maßgeblich ist also, ob die Klage ohne das erledigende Ereignis Erfolg gehabt hätte. Dies muss (anders als bei der übereinstimmenden Erledigungserklärung) vom Gericht nicht anders geklärt werden, als hätte der Kläger die Hauptsache nicht für erledigt erklärt. Gegen das Urteil sind weiter die normalen Rechtsmittel gegeben (Berufung, Revision).

3. Kein erledigendes Ereignis

436 Kommt das Gericht hingegen zu der Feststellung, dass ein den Rechtsstreit erledigendes Ereignis nicht vorliegt, ist der darauf gerichtete Feststellungsantrag des Klägers durch **Endurteil** abzuweisen. Der Rechtsstreit geht aber dann weiter, wenn der Kläger **hilfsweise seinen Sachantrag aufrechterhalten** hat;[23] zur Urteilsfassung → Rn. 340. Hat der Kläger seinen ursprünglichen Klageantrag nicht hilfsweise aufrechterhalten, hat das Gericht darüber nicht mehr zu entscheiden (§ 308 I 1). Das Urteil beschränkt sich dann darauf, den Antrag auf Erledigungsfeststellung abzuweisen.

III. Sonderfälle

1. Erledigung nach An- aber vor Rechtshängigkeit

437 Reicht der Kläger seine Klage ein (Anhängigkeit; → Rn. 293) und tritt sodann Erledigung ein (zB Zahlung durch den Beklagten), **bevor** dem Beklagten die **Klage zugestellt** worden ist (Rechtshängigkeit; → Rn. 296), ist § 91a anwendbar, wenn beide Parteien für erledigt erklären.[24] § 91a ist aber nicht entsprechend anwendbar, wenn nur der Kläger die Hauptsache für erledigt erklärt.[25] Die Klage ist also, da sie schon vor Eintritt der Rechtshängigkeit unbegründet geworden war, abzuweisen, wobei der Kläger nach § 91 auch die Kosten zu tragen hat. Diese kann er freilich idR vom Beklagten

20 BGHZ 155, 392 = NJW 2003, 3134.
21 BGHZ 83, 12 (13) = NJW 1982, 1598; BGH NJW 1992, 2235.
22 BGH NJW 2019, 2544 Rn. 6ff.
23 BGH NJW 1965, 1597.
24 BGHZ 21, 298 = NJW 1956, 1517.
25 BGHZ 83, 12 = NJW 1982, 1598.

als **Verzugsschaden** ersetzt verlangen, den er in demselben Verfahren durch **Klageänderung** oder in einem **neuen Prozess** geltend machen kann.[26] Allerdings eröffnet § 269 III 3 (→ Rn. 428) dem Kläger für den Fall der Klagerücknahme die Möglichkeit, dem Beklagten die Kosten auferlegen zu lassen.

2. Erledigung vor Anhängigkeit

Zahlt der Schuldner noch vor Einreichung der Klage durch den Gläubiger und damit auch vor deren Zustellung, ist § 91 a nicht anwendbar. Der Kläger muss die **Klage ändern** und die Kosten aus dem Gesichtspunkt des **Verzugs** ersetzt verlangen. Tut er dies nicht, ist die Klage abzuweisen. § 269 III 3 ist hier nicht einschlägig, da der Klageanlass nicht nach Einreichung der Klage weggefallen ist. 438

3. Einseitige Erledigungserklärung des Beklagten

Eine einseitige Erledigungserklärung durch den Beklagten ist **wirkungslos.**[27] Dies folgt daraus, dass der Streitgegenstand allein vom Kläger bestimmt wird und vom Beklagten nicht einseitig verändert werden kann. Schließt sich der Kläger der Erledigungserklärung des Beklagten also nicht an, sondern verfolgt seinen bisherigen Klageantrag weiter, ist darüber nicht anders zu entscheiden, als hätte der Beklagte keine Erledigungserklärung abgegeben. 439

C. Der Prozessvergleich

Der Prozessvergleich ist in der ZPO in seiner Eigenschaft als **Vollstreckungstitel** ausdrücklich genannt (§ 794 I Nr. 1), § 160 III Nr. 1 bestimmt mit seiner Protokollierungsanforderung ferner die Abgrenzung zum außergerichtlichen Vergleich (→ Rn. 450). Zwar fördert das Gesetz die gütliche Beilegung des Rechtsstreits durch Prozessvergleich (§§ 118 I 3, 91 III, 278 VI, 794 I Nr. 1, 797 a; → Rn. 68, 469), enthält sich aber einer näheren Regelung der prozessbeendigenden Wirkung. Immerhin lässt sich aus § 794 I Nr. 1 entnehmen, dass der Prozessvergleich ein **prozessualer Vertrag** der Parteien zur Beendigung des Rechtsstreits ist (Dispositionsmaxime; → Rn. 84, 90). Gleichzeitig gibt der Prozessvergleich aber auch in aller Regel den **materiell-rechtlichen** Beziehungen der Parteien eine neue Grundlage. Er ist also auch Vergleich iSd § 779 BGB. Demnach hat der Prozessvergleich eine **»Doppelnatur«**[28]. 440

I. Bedeutung des Vergleichs

1. Vorteile

Ein Prozessvergleich hat zunächst gegenüber einer gerichtlichen Entscheidung den Vorteil, dass er keine »Sieger und Besiegten« kennt (psychologische Wirkung). Zudem können die Parteien ihre **Rechtsverhältnisse umfassend regeln.** Sie sind dabei nicht auf den Gegenstand des Prozesses beschränkt. Hingegen kann das Gericht nur über Zulässigkeit und Begründetheit der Klage entscheiden. 441

26 BGHZ 83, 12 (16) = NJW 1982, 1598.
27 BGH NJW 1994, 2363; NJW-RR 2008, 1149 Rn. 9.
28 S. zuletzt BGH NJW 2014, 394 Rn. 12.

Beispiel: So kann zB in einem Prozess über eine Mietzinsrate das gesamte Mietverhältnis der Parteien neu geregelt werden.

Weiter können auch **Dritte** (also Nichtparteien) in den Prozessvergleich einbezogen werden.

Beispiel: Besteht in der ABC-OHG Streit zwischen den Gesellschaftern A und B über die Geschäftsführungsbefugnis, kann im Prozessvergleich der Gesellschaftsvertrag geändert werden, wenn auch C sich am Prozessvergleich beteiligt.

2. Gefahren

442 Diesen Vorteilen stehen freilich Nachteile gegenüber. Vor **überhasteten Prozessvergleichen** ist ebenso zu warnen wie vor den Parteien **aufgezwungenen.** Es darf nicht der Eindruck entstehen, der Richter scheue das Urteil oder sei gar zu bequem dazu. Auch die Anwälte der Parteien müssen darauf achten, nicht in den Verdacht zu geraten, dass sie Arbeit sparen und gleichzeitig ein höheres Honorar erhalten wollen: Nach Vergütungsverzeichnis Nr. 1000, 1003, 1004 des RVG erhält der Anwalt bei einem **Vergleichsabschluss eine besondere Gebühr.** Dadurch soll das Interesse an einer friedlichen Beilegung des Streits gefördert werden, doch besteht manchmal die Gefahr, dass die Partei nicht den nötigen Durchblick hat und sich deswegen auf einen für sie ungünstigen Vergleich einlässt.

II. Voraussetzungen

443 Aus § 779 BGB sowie §§ 794 I Nr. 1, 161 ff. ergeben sich die Voraussetzungen des Prozessvergleichs.

1. »Vor einem deutschen Gericht«

444 Ein Vergleich muss vor dem Prozessgericht geschlossen werden. Zuständig ist aber auch der beauftragte und ersuchte Richter (→ Rn. 40 f., s. auch § 278 V), weiter das Gericht, bei dem Prozesskostenhilfe beantragt wurde (§ 118 I 3), eine Gütestelle (§§ 794 I Nr. 1, 797 a), uU zudem der Rechtspfleger (s. § 20 I Nr. 4 a RPflG, → Rn. 841).

Das Gericht **braucht nicht zuständig** zu sein. Denn die Prozessvoraussetzungen müssen nur im Falle einer Sachentscheidung vorliegen. So kann zB ein wirksamer Prozessvergleich vor dem AG über eine arbeitsrechtliche Streitigkeit geschlossen werden. Im Verfahren der einstweiligen Verfügung kann ein Prozessvergleich auch über die Hauptsache und andere Rechtsverhältnisse der Parteien geschlossen werden.

Beispiel: Der Antragssteller hat einen Antrag auf einstweilige Verfügung gestellt, die dem Gegner die Benutzung eines Patents verbieten soll. Es kommt zu einem Prozessvergleich. Dessen Inhalt ist der Abschluss eines Lizenzvertrags und Beteiligung des Lizenzgebers am Unternehmen des Lizenznehmers.

445 Kein Prozessvergleich ist der **außergerichtliche Vergleich.** Er hat materiell-rechtliche Bedeutung (§ 779 BGB), kann aber auch zu prozessualem Handeln (Klagerücknahme, Erledigungserklärung) dem Gericht gegenüber verpflichten. Ein Verstoß gegen die Verpflichtung macht die verbotswidrige Prozesshandlung unwirksam oder unzulässig (→ Rn. 274, 425). Eine **Vollstreckung** ist aus dem außergerichtlichen Vergleich dagegen

nicht möglich (vgl. aber § 794 I Nr. 4b iVm §§ 796a ff., → Rn. 468). Er beendet weiter das Verfahren nicht.[29] Wird er vom Vergleichsschuldner nicht erfüllt, bleibt dem Gläubiger nur die Möglichkeit einer Klage, nicht anders, als wenn er etwa einen Kaufpreisanspruch geltend macht. Zum sog. Anwaltsvergleich → Rn. 468.

2. »Zwischen den Parteien«

Der Vergleich muss zwischen den Parteien des Rechtsstreits oder zwischen einer Partei **446** und einem Dritten geschlossen werden. Im **Anwaltsprozess** gilt auch für den Prozessvergleich **Anwaltszwang** (§ 78). Dies gilt aber nicht vor dem ersuchten oder beauftragten Richter (§ 78 III; → Rn. 40f.) und nicht für einen dem Prozessvergleich beitretenden Dritten.[30] Der **Anwalt** ist zum Abschluss des **Prozessvergleichs bevollmächtigt,** auch wenn er damit den Weisungen seiner Partei zuwiderhandelt (§ 81; → Rn. 248).

3. »Zur Beilegung des Rechtsstreits«

Es muss also ein Verfahren anhängig sein, es genügt auch ein Prozesskostenhilfeverfahren (§ 118 I). Ziel ist die ganze oder teilweise Beendigung des Verfahrens. **447**

4. »Über den Streitgegenstand«

Der Vergleich muss sich ganz oder zumindest teilweise auf den Streitgegenstand bezie- **448** hen. Es können aber mit ihm auch nicht im Prozess befindliche Rechtsverhältnisse der Parteien geregelt werden (→ Rn. 441).[31] Voraussetzung ist freilich die **Dispositionsbefugnis** der Parteien über den Streitgegenstand (→ Rn. 91 ff.).

Im **Scheidungsverfahren** (→ Rn. 289) ist mangels Dispositionsbefugnis kein Prozessvergleich über die Scheidung möglich, wohl aber über die Verpflichtung zur Antragsrücknahme oder zur Rücknahme eines Rechtsmittels, auch über den Zugewinnausgleich nach Scheidung und die Unterhaltspflicht der Ehegatten untereinander und im Verhältnis zu den Kindern.

Formulierungsbeispiel: Ehemann K hat einen Antrag gegen seine Ehefrau B auf Scheidung gestellt. Das Ehepaar hat zwei Kinder. Der Prozessvergleich könnte wie folgt lauten:

»1. Der Antragsteller zahlt an die Antragsgegnerin einen Zugewinnausgleich von 20.000 EUR.
2. Der Antragsteller zahlt an die Antragsgegnerin monatlichen Unterhalt von 800 EUR und zu Händen der Antragsgegnerin für jedes Kind monatlich 450 EUR, beginnend am ...«

5. »Im Wege gegenseitigen Nachgebens«

Die Wendung des »gegenseitigen Nachgebens« gem. § 779 I BGB darf nicht allzu **449** wörtlich genommen werden. Es genügt, dass das »Nachgeben« der einen Partei in der Übernahme einer minimalen Kostenbeteiligung, ja sogar in dem Verzicht auf eine Streitentscheidung durch Urteil besteht.

29 BGH NJW 2002, 1503.
30 BGHZ 86, 160 = NJW 1983, 1433.
31 BGHZ 35, 309 (316) = NJW 1961, 1817.

6. In gehöriger Form

450 Der Prozessvergleich muss nach § 160 III Nr. 1 in das **Protokoll** aufgenommen und den Parteien vorgelesen und von ihnen genehmigt werden (»v.u.g.« § 162 I 1). Zur Unterschrift durch den Vorsitzenden und den Protokollführer (nicht etwa auch durch die Parteien) s. § 163 I. Kurzschrift und Tonbandprotokoll genügen (§ 160a I iVm § 162 I 2, 3). Ein außergerichtlicher Vergleich wird Prozessvergleich, wenn er dem Protokoll als Anlage beigefügt (§ 160 V) und dann verlesen und genehmigt wird. Die **Form des Prozessvergleichs ersetzt** eine nach materiellem Recht vorgeschriebene **notarielle Beurkundung** (§ 127a BGB).

Formulierungsbeispiel: Ein Prozessvergleich kann lauten:

»1. Der Beklagte verpflichtet sich, das Grundstück ... an den Kläger zu übereignen und zu übergeben. Der Kläger verpflichtet sich, einen Kaufpreis von ... zu bezahlen.
2. Der Beklagte lässt das Grundstück an den Kläger auf und bewilligt die Eintragung des Klägers im Grundbuch. Der Kläger nimmt die Auflassung an.
3. Beide Parteien beantragen die Eintragung des Klägers als Eigentümer im Grundbuch.
4. Die Übergabe erfolgt Zug um Zug gegen Bezahlung des Kaufpreises.
5. Der Kläger trägt seine eigenen Kosten, der Beklagte alle übrigen Kosten [zur Kostentragung beim Prozessvergleich s. § 98].
6. Eine vollstreckbare Ausfertigung des Prozessvergleichs darf nur gegen Vorlage einer öffentlich beglaubigten Quittung des Beklagten über die Bezahlung des Kaufpreises erteilt werden [§ 795 mit § 726]«.

Ein von den Parteien zwar erklärter, aber **nicht protokollierter Prozessvergleich** ist jedenfalls **kein Vollstreckungstitel,** führt ferner aber auch die prozessbeendigende Wirkung nicht herbei, sodass der Rechtsstreit rechtshängig bleibt.[32] Unter Umständen kann er als »außergerichtlicher«, materiell-rechtlicher Vergleich aufrechterhalten bleiben, wenn die Parteien sich nach seinem Inhalt verhalten.[33]

451 Nach § 278 VI kann ein Prozessvergleich auch dadurch zustande kommen, dass die Parteien einen **schriftlichen Vergleichsvorschlag des Gerichts durch Schriftsatz an das Gericht annehmen.**[34] Das Zustandekommen eines in dieser Form geschlossenen Vergleichs wird vom Gericht durch Beschluss festgestellt (§ 278 VI 2). Dadurch wird der Vergleich zum vollstreckbaren Titel. Ein derartiger Vergleich hat dieselben Wirkungen wie ein in der mündlichen Verhandlung abgeschlossener und protokollierter Vergleich.

III. Wirkungen des Prozessvergleichs

1. Materiell-rechtlich

452 Die Rechtsverhältnisse der Parteien richten sich jetzt nach dem **Inhalt des Prozessvergleichs,** der erforderlichenfalls durch **Auslegung** ermittelt werden muss.[35] Es ist darauf zu achten, dass rechtsändernde Erklärungen im Prozessvergleich selbst abgegeben

32 Zur Verzichtbarkeit, sich auf den Formverstoß zu berufen s. BGH NJW 2014, 394 Rn. 12, 14; → Rn. 465.

33 S. BGH NJW 1985, 1962.

34 Zu den Anforderungen an den schriftlichen Vergleichsvorschlag, die Annahme durch Schriftsatz der Parteien sowie zur Verwehrung der Berufung auf Formunwirksamkeit aufgrund Treu und Glauben BGH NJW 2015, 2965 Rn. 14ff.

35 Beispielsfall BAG NJW 2005, 524.

werden. Anderenfalls muss uU noch auf der Grundlage des Prozessvergleichs auf die für die Rechtsänderung notwendige Erklärung geklagt werden.

Beispiel: Soll B dem K das Eigentum an einem Grundstück übertragen, ist nicht zu vereinbaren »B verpflichtet sich zur Auflassung an K«, sondern »B erklärt die Auflassung an K«.

In der Praxis wichtig sind vor allem **Erledigungsklauseln** des Inhalts, dass mit dem Vergleich alle gegenseitigen Ansprüche der Parteien abgegolten sind. Manchmal führt dies für eine Partei deshalb zu unangenehmen Überraschungen, weil sie an bestimmte Ansprüche nicht gedacht hat, die von der Erledigungsklausel miterfasst werden. Bei der Formulierung der Erledigungsklausel muss in der Praxis deshalb genau darauf geachtet werden, wie weit die Erledigung reichen soll, dh ob nicht Einschränkungen zweckmäßig sind (zB nur Erledigung »aller mit diesem Verfahren zusammenhängender Ansprüche«). 453

2. Prozessual

Der Prozessvergleich **beendet den Rechtsstreit.** Ein bereits erlassenes, aber noch nicht rechtskräftiges Urteil verliert seine Wirkung (vgl. § 269 III 1). Der Prozessvergleich ist Vollstreckungstitel, wenn er einen vollstreckungsfähigen Inhalt hat (§ 794 I Nr. 1). 454

IV. Typische Arten des Vergleichs

1. Vergleich unter Widerrufsvorbehalt

Der Prozessvergleich kann bedingt oder unter Vorbehalt des Widerrufs geschlossen werden. Dies geschieht in der Praxis etwa dann, wenn der Rechtsanwalt sich noch der Zustimmung seiner Partei vergewissern muss oder wenn geklärt werden soll, ob die Haftpflichtversicherung der Partei für die im Vergleich zugesagte Schadensersatzsumme aufkommt. Für den Fall des Widerrufs des Prozessvergleichs wird dann häufig Entscheidung im schriftlichen Verfahren (§ 128 II) vereinbart, um eine nochmalige mündliche Verhandlung zu vermeiden. 455

Formulierungsbeispiel: für einen Prozessvergleich in der mündlichen Verhandlung:

»1. Der Beklagte zahlt an den Kläger 6.000 EUR. Der Kläger verzichtet auf seine Mehrforderung von 2.000 EUR.
2. Der Kläger trägt ein Viertel, der Beklagte drei Viertel der Kosten.
3. Der Kläger behält sich den Widerruf des Vergleichs durch Schriftsatz zu den Akten bis zum … vor.«

Der ergänzende Beschluss für den Übergang ins schriftliche Verfahren mag lauten:
»Im Einverständnis mit den Parteien ergeht im Falle des Widerrufs des Prozessvergleichs die Entscheidung im schriftlichen Verfahren.«

Sofern nichts anderes vereinbart worden ist, kann der Widerruf sowohl dem Gericht als auch der anderen Partei gegenüber erklärt werden.[36] Die Frist ist zum Schutze der anderen Seite allerdings starr: Auch bei schuldloser Versäumung der Widerrufsfrist wird **keine Wiedereinsetzung in den vorigen Stand** gewährt.[37]

36 BGHZ 164, 190 = NJW 2005, 3243.
37 BGHZ 61, 394 (395f.) = NJW 1974, 107; BGH NJW 1995, 521 (522).

456 Entgegen dem Wortlaut (**»Widerruf«**) beseitigt der Widerruf nicht etwa den davor schon bestehenden Vergleich. Die Nichtausübung des Widerrufsrechts ist vielmehr aufschiebende Bedingung für das Zustandekommen des Vergleichs.[38] Dies ist deswegen wichtig, weil die Partei anderenfalls sofort (dh schon vor Ablauf der Widerrufsfrist) aus dem Vergleich vollstrecken könnte.

2. Ratenzahlungsvergleich mit Verfallklausel

457 **Formulierungsbeispiel:**

»1. Der Beklagte verpflichtet sich, an den Kläger 10.000 EUR zu zahlen, und zwar in monatlichen Raten von 1.000 EUR, jeweils am Monatsersten, beginnend am 1.3.
2. Kommt der Beklagte mit einer Rate ganz oder teilweise länger als zwei Wochen in Verzug, ist der gesamte Restbetrag sofort fällig.
3. [Regelung bezüglich der Kostentragung, im Zweifel vgl. § 98].«

3. Erlassvergleich

458 In der **Praxis häufig** ist weiter der sog. **Erlassvergleich.** In ihm wird dem Schuldner Erlass der weitergehenden Forderung des Gläubigers für den Fall gewährt, dass bis zu einem bestimmten Zeitpunkt eine im Vergleich zugesagte Leistung erbracht wird. Dadurch soll der Leistungsbereitschaft des Schuldners »nachgeholfen« werden. Der Erlassvergleich kann auch in der Form eines **Ratenvergleichs** abgeschlossen werden.

Formulierungsbeispiel:

»1. Der Beklagte zahlt an den Kläger 10.000 EUR in monatlichen Raten von 1.000 EUR, beginnend am 1.3. Werden die ersten sechs Raten pünktlich bezahlt, ist dem Beklagten die Restforderung von 4.000 EUR erlassen.
2. Kommt der Beklagte mit einer Rate ganz oder teilweise länger als zwei Wochen in Verzug, ist der gesamte Restbetrag sofort fällig.
3. [Regelung bezüglich der Kostentragung, im Zweifel vgl. § 98].«

Für den Gläubiger hat der Erlassvergleich den Vorteil, dass er bei nicht pünktlicher Zahlung durch den Schuldner sofort einen **vollstreckbaren Titel** über den Gesamtbetrag hat.

V. Die Unwirksamkeit des Prozessvergleichs

459 Fehlt es einem Prozessvergleich an seinen Voraussetzungen (→ Rn. 443 ff.), wird der Vergleich den Streit der Parteien nicht bereinigt haben. Sie müssen dann überlegen, wie sie ihre prozessuale Auseinandersetzung fortführen. Wenn der Vergleich den ersten **Prozess** nicht beendet hat, ist dieser grundsätzlich noch **fortzuführen.** Einem weiteren Verfahren kann die **Rechtshängigkeitssperre** (§ 261 III Nr. 1) entgegenstehen.

38 BGHZ 88, 364 = NJW 1984, 312.

1. Unwirksamkeit

Der Prozessvergleich kann **aus prozessualen Gründen** unwirksam sein. 460

Beispiele: Das Gericht hat den Prozessvergleich nicht oder nicht gehörig protokolliert. – In einem Anwaltsprozess wurde der Prozessvergleich nicht durch den Rechtsanwalt als Vertreter der Partei geschlossen. – Für den Inhalt des Vergleichs wurde maßgeblich auf ein Gutachten Bezug genommen, das zwar als Anlage dem Protokoll beigefügt, aber nicht verlesen wurde.[39]

Ein Prozessvergleich kann auch **aus materiell-rechtlichen Gründen** unwirksam sein. 461
Da der Prozessvergleich auch Vertrag bürgerlichen Rechts ist, kommen alle hier möglichen Unwirksamkeitsgründe in Betracht: zB mangelnde Geschäftsfähigkeit, Gesetzesverstoß, Fehlen der Vergleichsgrundlage (§ 779 BGB), wirksame Anfechtung nach §§ 119, 123 BGB,[40] Eintritt einer auflösenden Bedingung,[41] Widerruf bei vorbehaltenem Widerrufsrecht oder Rücktritt bei im Prozessvergleich vorbehaltenem Rücktrittsrecht. Zum Rücktritt vom Vergleich → Rn. 466.

2. Berufung auf Unwirksamkeit

Nach hM wird der Streit über die Wirksamkeit des Prozessvergleichs im **alten Prozess** 462
ausgetragen.[42] Ist der Vergleich unwirksam, ist das Verfahren nicht beendet worden, weshalb eine neue Klage wegen der noch fortbestehenden Rechtshängigkeit unzulässig wäre (§ 261 III Nr. 1). Im Übrigen spricht für eine Fortsetzung des alten Prozesses die Erwägung, dass dort schon gewisse Zwischenergebnisse erreicht sein können, auf denen im weiteren Verlauf des Verfahrens aufgebaut werden kann (zB Geständnis einer Partei oder eine schon durchgeführte Beweisaufnahme), während ein neues Verfahren wieder »bei Null« anfangen müsste. Das Gericht muss also einen Termin für die Fortführung der mündlichen Verhandlung anberaumen.

Hält in dem wiederaufgenommen Prozess das Gericht den Prozessvergleich für **wirk-** 463
sam, wird es dies feststellen.

Formulierungsbeispiel:
»1. Der Rechtsstreit ist durch den Prozessvergleich vom … beendet.
2. Der Beklagte [der die Unwirksamkeit des Prozessvergleichs geltend gemacht hatte] trägt die Kosten des weiteren Verfahrens.«

Hält hingegen das Gericht den Prozessvergleich für **unwirksam,** kann es dies in einem 464
Zwischenurteil (§ 303) oder in den Gründen des Endurteils feststellen. Der Prozess wird dann fortgesetzt. Während der Verhandlung über die Wirksamkeit des Prozessvergleichs bleibt dessen Vollstreckung möglich. Um diese Gefahr abzuwenden, kann das Gericht auf Antrag die Zwangsvollstreckung aus dem Prozessvergleich einstweilen einstellen (§ 707 entsprechend).

Hat der Beklagte auf den von ihm **später für unwirksam gehaltenen Vergleich bereits eine Leistung erbracht,** soll er diese nur durch Fortführung des alten Verfahrens zurückverlangen können. Für eine

39 BGH NJW 2014, 394 Rn. 14.
40 BGHZ 51, 141 (144) = NJW 1969, 925.
41 BGH NJW 1972, 159.
42 BGHZ 28, 171 (174) = NJW 1958, 1970; BGHZ 79, 71 (75) = NJW 1981, 823; BGHZ 86, 184 (186) = NJW 1983, 996; BGHZ 87, 227 = NJW 1983, 2034; BGHZ 142, 253 (254) = NJW 1999, 2903.

neue Klage fehle es am Rechtsschutzbedürfnis.[43] So wird der Beklagte zu einer Widerklage gezwungen, was angesichts des Dispositionsgrundsatzes bedenklich erscheint.

3. Berufung auf den wirksamen Vergleich

465 Auf die Wirkungen des Vergleichs kann sich eine Partei nur in einem **neuen Verfahren berufen.**[44] Verteidigt sich dann der Gegner mit der Unwirksamkeit des Vergleichs, kann sich diese Verteidigung nicht nur gegen die materiell-rechtliche Begründung des Klageantrags, sondern auch gegen die Zulässigkeit richten, wenn der Erstprozess nicht beendet worden ist und daher die Rechtshängigkeitssperre (§ 261 III Nr. 1) greift. Grundsätzlich soll diese Rüge der Zulässigkeit aber verzichtbar sein (§ 296 III). Daher ist im neuen Verfahren zu verhandeln, wenn die Parteien die Beendigung des Ursprungsrechtsstreits durch den Vergleich nicht infrage stellen.[45]

Beispiel: Der Kläger verklagte den beklagten Bauunternehmer auf Kostenvorschuss zur Mängelbeseitigung (§§ 637 III, 634 Nr. 2 BGB). Im Erstprozess kam ein Vergleich zustande, indem sich der Beklagte zur Mängelbeseitigung nach Maßgabe eines Sachverständigengutachtens verpflichtete. Das Gutachten wurde allerdings nicht hinreichend in das Protokoll aufgenommen. Nach Scheitern der Mängelbeseitigung verklagte der Kläger den Beklagten erneut auf Kostenvorschuss aufgrund der im Vergleich übernommenen Mängelbeseitigungspflichten. Der Beklagte verteidigte sich nur dadurch, dass er die Mängel leugnete und die Verjährungseinrede erhob. Das Gericht überlegt, ob es angesichts der Rechtshängigkeitssperre (§ 261 III Nr. 1) überhaupt zur Sache verhandeln darf. Das bejaht der BGH. Zwar ist die Rechtshängigkeitssperre von Amts wegen zu berücksichtigen. Der Erstprozess ist aber nur dann noch rechtshängig, wenn der Prozessvergleich unwirksam ist. Die Berufung auf die Unwirksamkeit des Vergleichs wegen nicht hinreichender Protokollierung stellt eine unter § 296 III fallende Rüge dar. Da der Beklagte sich darauf nicht berufen hat, ist der Erstprozess als beendet anzusehen, sodass die Voraussetzungen der Rechtshängigkeitssperre nicht vorliegen.

466 Einer Berufung auf die Wirksamkeit des Vergleichs steht es gleich, wenn ein **Rücktritt** wegen Nichterfüllung der Pflichten aus dem Vergleich (zB § 323 BGB) erklärt wurde,[46] wenn der **Wegfall der Geschäftsgrundlage** (§ 313 BGB) behauptet wird[47] oder wenn geltend gemacht wird, die Parteien hätten den Prozessvergleich **nachträglich** einverständlich **aufgehoben**[48]. In allen diesen Fällen berührt die nachträgliche Einwirkung auf die materiell-rechtlichen Wirkungen des Vergleichs nicht die Prozessbeendigung als prozessuale Folge. Auch materiell-rechtlich setzt diese Einwirkung die Wirksamkeit des Vergleichs voraus. Daher ist eine Fortsetzung des alten Rechtstreits ausgeschlossen.[49] Vielmehr kann nur Klage in einem neuen Verfahren erhoben werden.[50]

Beispiel: In Beispiel → Rn. 450 hat K den Kaufpreis für das Grundstück trotz Mahnung nicht bezahlt. B setzt ihm eine Nachfrist und tritt dann vom Prozessvergleich zurück. B fragt sich, ob er den durch Prozessvergleich beendeten Rechtsstreit dann wiederaufnehmen und Klageabweisung beantragen kann. Jedoch ist der Prozessvergleich durch diesen Rücktritt nicht be-

43 BGHZ 142, 253 = NJW 1999, 2903.
44 BGHZ 142, 253 (254) = NJW 1999, 2903.
45 BGH NJW 2014, 394 Rn. 14.
46 BGHZ 16, 388 = NJW 1955, 705.
47 BGH NJW 1966, 1658.
48 BGHZ 41, 310 = NJW 1964, 1524.
49 AA *Schilken* ZivilProzR Rn. 656.
50 BGH NJW 1986, 1348 (1349).

seitigt, sondern nur sein materiell-rechtlicher Inhalt.[51] B muss ggf. ein neues Verfahren einleiten, um materiell-rechtliche Ansprüche aus dem Rücktritt geltend zu machen.[52]

Ein spezifisches neues Verfahren ermöglicht die **Abänderungsklage** (§ 323), wenn der Prozessvergleich sich auf wiederkehrende Leistungen (zB Unterhaltsrenten) bezog. Mit der Abänderungsklage kann dann geltend gemacht werden, dass die Festsetzungen den jetzigen Verhältnissen nicht mehr entsprechen. 467

Beispiel: B hat sich in einem Schadensersatzprozess K gegenüber in einem Prozessvergleich verpflichtet, monatlich 350 EUR zu zahlen (§ 843 BGB). K erhebt nach einiger Zeit unter Hinweis darauf, dass die sich aus dem Unfall ergebende Erwerbsbeschränkung vergrößert habe, folgende Abänderungsklage:
»Der Prozessvergleich vom … wird dahin abgeändert, dass der Beklagte statt einer Unterhaltsrente von monatlich 350 EUR eine solche von monatlich 400 EUR, beginnend am …, zu zahlen hat.«

Die zeitliche Beschränkung des § 323 III gilt bei Prozessvergleichen nicht; K kann also auch eine rückwirkende Erhöhung der Rente verlangen.[53]

VI. Anwaltsvergleich

Unter gewissen Voraussetzungen kann auch ein außergerichtlicher Anwaltsvergleich vollstreckbar sein (§ 794 I Nr. 4b). Dazu muss der Vergleich von den Parteien und ihren Anwälten unterschrieben sein. Weiter muss sich der Schuldner der sofortigen Zwangsvollstreckung unterworfen haben und schließlich muss der Vergleich vom Gericht oder einem Notar für vollstreckbar erklärt worden sein (s. § 796a–§ 796c). Dadurch soll vermieden werden, dass Parteien, die sich in der Sache einig sind, nur deswegen einen Rechtsstreit beginnen müssen, um in Gestalt eines Prozessvergleichs zu einem vollstreckbaren Titel zu kommen. In vielen (nicht in allen) Fällen kann dieses Ziel freilich auch durch die Errichtung einer notariellen Urkunde erreicht werden (s. § 794 I Nr. 5), was einfacher und mit weniger Kosten verbunden ist. In der Praxis spielt der Anwaltsvergleich keine nennenswerte Rolle. 468

VII. Notwendiger Einigungsversuch vor einer Gütestelle

§ 15a EGZPO ermächtigt die Länder dazu, die **Zulässigkeit der Klage in gewissen Streitigkeiten** (insbesondere bei vermögensrechtlichen Streitigkeiten mit einem Streitwert von höchstens 750 EUR) davon abhängig zu machen, dass der Kläger zunächst eine einvernehmliche Beilegung vor einer **Gütestelle** versucht hat. Elf Bundesländer haben entsprechende Landesgesetze erlassen, inzwischen aber teilweise wieder den Anwendungsbereich reduziert.[54] In NRW etwa richtet sich das Güteverfahren nach den §§ 44ff. JustG NRW. Der sachliche Anwendungsbereich ist in § 53 JustG NRW abschließend normiert. 469

51 BGHZ 16, 388 = NJW 1955, 705; BGHZ 41, 310 = NJW 1964, 1524.
52 Str., aA *Schilken* ZivilProzR Rn. 656.
53 BGHZ 85, 64 = NJW 1983, 228.
54 Vgl. BGH NJW 2007, 519 zur Rechtslage in Hessen.

Beispiele: Eine ohne vorheriges Güteverfahren erhobene Klage ist als unzulässig abzuweisen.[55] Ein Güteverfahren kann nicht nach Klageerhebung nachgeholt werden.[56]

470 Als sinnvoll kann eine solche Prozessvoraussetzung nicht angesehen werden. Abgesehen davon, dass das Prozessrecht von Land zu Land zersplittert wird und es überdies zu einer Verlängerung des Gesamtverfahrens kommt, dürfte das angestrebte Ziel einer Entlastung der Gerichte allenfalls um den Preis einer Belastungsverlagerung auf die Gütestellen erreicht werden. Dass diese mehr »Gütekapazität« haben als die Gerichte, ist nicht ersichtlich.

Literatur: *Baumgärtel-Laumen,* Die erledigte Schmerzensgeldklage, JA 1980, 200; *Blomeyer/Deubner,* Grundprobleme der Erledigung der Hauptsache, JuS 1962, 205 und 212; *Bremkamp,* Klagerücknahme und Erledigung im Zivil- und Verwaltungsprozess, JA 2010, 206; *Brox,* Zur Erledigung der Hauptsache im Zivilprozeß, JA 1983, 289; *Fritzsche-Brandt,* Entbehrlichkeit der Einwilligung des Beklagten bei Klagerücknahme gem. § 269 III 3 ZPO, JA 2008, 365; *Heiß/Heiß,* Die Erledigung der Hauptsache im Zivilprozess – Grundsätze und übereinstimmender Erledigungserklärung, JA 2018, 499; *Heiß/Heiß,* Die Erledigung der Hauptsache im Zivilprozess – Einseitige Erledigungserklärung und privilegierte Klagerücknahme nach § 269 III 3 ZPO, JA 2019, 15; *Huber,* Grundwissen – Zivilprozessrecht: Prozessvergleich, JuS 2017, 1058; *Knöringer,* Die Erledigung der Hauptsache im Zivilprozess, JuS 2010, 569; *Schreiber,* Die einvernehmliche Beendigung des Zivilprozesses – der Prozessvergleich, JURA 2012, 23; *Schreiber,* Die Erledigung der Hauptsache im Zivilprozess, JURA 2012, 782; *Stürner,* Rechtsmissbräuchliches Berufen auf Formmangel in gerichtlichem Vergleich, JURA 2016, 216.

Übersicht 11 Erledigung des Prozesses ohne streitentscheidendes Urteil

Arten	Begriffe	Folgen
Klagerücknahme	Widerruf des Rechtsschutzgesuchs durch den Kläger: § 269 I	1. Prozess endet (§ 269 III) 2. Kosten beim Kläger (§ 269 III 2, aber § 269 III 3) 3. hindert nicht erneute Klageerhebung (aber: § 269 VI)
Erledigung der Hauptsache	Klage wird nach Erhebung gegenstandslos (zB Zerstörung der Sache, deren Herausgabe verlangt wird) **Voraussetzungen** entweder 1. durch Erledigungserklärung beider Parteien nach § 91 a I	Prozess endet, Kostenentscheidung durch Gericht (§ 91 a)
	oder 2. durch Erledigungserklärung des Klägers unter Widerspruch des Beklagten	Gericht entscheidet über die Erledigung und über die Kosten. Prozess endet, wenn der Kläger nicht seinen Sachantrag hilfsweise aufrecht hält.
Prozessvergleich	Materielles Rechtsgeschäft (§ 779 BGB) und prozessualer Vertrag über Streitgegenstand (Doppelnatur; str.) § 794 I Nr. 1	1. neue materiell-rechtliche Grundlage 2. Prozessbeendigung 3. Vollstreckungstitel: § 794 I Nr. 1

55 BGH NJW 2007, 519.
56 BGHZ 161, 145 = NJW 2005, 680.

13. Kapitel. Die Versäumung von Prozesshandlungen – Das Versäumnisverfahren

Eine Partei kann Prozesshandlungen dadurch versäumen, dass sie eine **Frist nicht wahrt** (zB die Berufung nicht rechtzeitig einlegt) oder eine nur in einem bestimmten Stadium des Prozesses mögliche Prozesshandlung nicht vornimmt (→Rn. 472). Das Versäumnisverfahren ist Grundlage für eine besondere Urteilsform, wenn eine der Parteien **im Termin** zur mündlichen Verhandlung **nicht erscheint** (→Rn. 480). 471

A. Die Versäumung von Prozesshandlungen

I. Grundsatz

»Die Versäumung einer Prozesshandlung hat zur allgemeinen Folge, dass die Partei mit der vorzunehmenden **Prozesshandlung ausgeschlossen** wird« (§ 230). Dies bedeutet, dass die verspätet vorgenommene Prozesshandlung unwirksam ist oder eine der säumigen Partei **ungünstige Rechtsfolge** eintritt. Möglich sind auch **Kostennachteile** (zB § 95). Zur Präklusion verspäteten Vorbringens als Ausdruck des Konzentrationsgrundsatzes →Rn. 161 ff. 472

Beispiele: Die verspätet eingelegte Berufung oder die verspätete Ablehnung des Richters (§ 43). Die Fiktion der Zuständigkeit des Gerichts im Falle des § 39.

Diese Folgen ergeben sich grundsätzlich **ohne Rücksicht auf ein Verschulden** der Partei und ohne Rücksicht darauf, ob die Partei selbst oder ihr gesetzlicher Vertreter oder Prozessbevollmächtigter die Versäumung zu verantworten hat (§§ 51 II, 85 II). Die Folgen der Säumnis treten kraft Gesetzes ein (§ 231 I). Die Parteien haben in der Regel auch nicht die Möglichkeit, die Säumnisfolgen einverständlich zu beseitigen. 473

Beispiel: Hat der Beklagte die Frist zur Berufungseinlegung versäumt, ist die Berufung auch dann unzulässig, wenn der Kläger mit der Fristüberschreitung einverstanden ist oder sie nicht rügt (§ 295).

II. Wiedereinsetzung in den vorigen Stand

Diese harte Regelung bedarf einer **Korrektur**, wenn eine Partei auch bei zumutbarer Sorgfalt die Prozesshandlung nicht rechtzeitig vornehmen konnte. Diese Korrektur ist die Bewilligung der Wiedereinsetzung in den vorigen Stand durch das Gericht. Sie bewirkt, dass die **verspätet vorgenommene Prozesshandlung als rechtzeitig vorgenommen gilt.** Dafür bestehen folgende Voraussetzungen: 474

1. Anwendungsbereich

Wiedereinsetzung in den vorigen Stand ist nur vorgesehen bei Versäumung einer im Gesetz als Notfrist (= einer Frist, die im Gesetz als solche bezeichnet ist, § 224 I 2; Beispiele: §§ 276 I 1, 339 I, 517, 548) bezeichneten Frist oder der Frist zur Begründung 475 eines Rechtsmittels (§ 233) oder der Frist des § 234 I, also keinesfalls in allen Fällen der Versäumung.

2. Antrag und Nachholung der versäumten Prozesshandlung

475a Wiedereinsetzung in den vorigen Stand wird grundsätzlich nur auf Antrag gewährt (§ 236). Im Antrag müssen die Tatsachen, die die Wiedereinsetzung begründen, angegeben und glaubhaft gemacht (→ Rn. 517) werden (§ 236 II 1). Zudem muss die versäumte Prozesshandlung (→ Rn. 475) nachgeholt werden, § 236 II 2 Hs. 1. Wenn dies geschieht, kann die Wiedereinsetzung auch ohne Antrag gewährt werden, soweit die Wiedereinsetzungsgründe offensichtlich oder glaubhaft gemacht sind, § 236 II 2 Hs. 2.

3. Ohne Verschulden

476 Wiedereinsetzung in den vorigen Stand setzt **schuldlose Fristversäumnis** voraus (§ 233). Es schadet nicht nur das Verschulden der Partei selbst, sondern auch das ihres **Prozessbevollmächtigten,** das ihr **zugerechnet** wird (§ 85 II). Wird also etwa die Berufungsfrist deshalb versäumt, weil der Anwalt das Fristende übersieht, hilft es der Partei nicht, dass sie selbst an der Fristversäumung kein Verschulden trifft. Die Berufung ist unzulässig. Der Partei kann jedoch gegen den Anwalt ein **Schadensersatzanspruch** aus Verletzung des zwischen ihnen bestehenden Geschäftsbesorgungsvertrags zustehen (§ 280 BGB). Allerdings ist ein Schaden nur dann entstanden, wenn die Berufung bei rechtzeitiger Einlegung Erfolg gehabt hätte. Weil § 85 II die Zurechnung auf den Prozessbevollmächtigten selbst begrenzt, schadet ein Verschulden von **Hilfspersonen des Prozessbevollmächtigten** (Büroangestellte, Post) nicht. Bei Fehlern des Büropersonals steht allerdings immer wieder in Streit, ob dem Rechtsanwalt Eigenverschulden vorzuwerfen ist, weil er sein Büropersonal nicht hinreichend ausgewählt und überwacht hat.[1]

> **Beispiele** für eine unverschuldete Fristversäumung: plötzliche schwere Erkrankung des Rechtsanwalts, Verlust der Berufungsschrift bei der Post, Postverzögerung.[2]
> Unverschuldet ist eine Fristversäumung, wenn die Frist vom Gericht verlängert werden kann (insbesondere Berufungsbegründungsfrist, § 520 II, III), der Anwalt rechtzeitig einen Verlängerungsantrag gestellt hat und er aufgrund der bisherigen Rechtsprechung davon ausgehen durfte, den Antrag hinreichend begründet zu haben; sieht das Gericht ungeachtet dessen die Frist als versäumt an und gewährt es auch keine Wiedereinsetzung in den vorigen Stand, liegt darin ein Verstoß gegen das Rechtsstaatsprinzip, der mit der Verfassungsbeschwerde gerügt werden kann.[3]

477 Lässt sich nicht mit Sicherheit feststellen, ob die Fristversäumung verschuldet ist, kann keine Wiedereinsetzung in den vorigen Stand gewährt werden.[4] Die Partei trägt also die **Beweislast** dafür, dass sie **kein Verschulden** trifft. Eine Vermutung für das Fehlen von Verschulden enthält allerdings § 233 S. 2, falls eine von § 232 vorgeschriebene **Rechtsbehelfsbelehrung unterblieben** oder unrichtig erfolgt ist. § 232 verlangt eine

1 BGHZ 151, 221 = NJW 2002, 3029.
2 BVerfGE 48, 403 = BeckRS 1978, 30421867; BVerfGE 53, 25 = NJW 1980, 769; BVerfG NJW 1988, 3021.
3 BVerfG NJW 1998, 3703; BGH VersR 2006, 568.
4 BGH NJW 1992, 574; 1996, 319.

Rechtsbehelfsbelehrung freilich grundsätzlich nur im Parteiprozess (§ 79), nicht in den Fällen, in denen der Anwaltszwang (§ 78) ohnehin eine sachkundige Beratung der Partei sicherstellt.

4. Frist

Der **Wiedereinsetzungsantrag** mit Glaubhaftmachung der unverschuldeten Versäumnis ist **binnen zwei Wochen** nach Beseitigung des Hindernisses (§§ 234, 236) und **unter Nachholung der versäumten Prozesshandlung** innerhalb der Zweiwochenfrist (§ 236 II 2) zu stellen. 478

5. Entscheidung

Die Entscheidung über die Wiedereinsetzung in den vorigen Stand erfolgt in der Regel iVm dem Verfahren über die nachgeholte Prozesshandlung (§ 238 I, II). Sie darf jedenfalls nicht vor Ablauf der Wiedereinsetzungsfrist erfolgen, da ansonsten eine Verletzung des Art. 103 I GG vorliegt.[5] 479

Beispiel für Wiedereinsetzung: K – vertreten durch Rechtsanwalt X – hatte gegen B – vertreten durch Rechtsanwalt Y – vor dem LG eine Darlehensforderung über 20.000 EUR eingeklagt. B ist verurteilt worden. Das Urteil ist dem Y (nicht dem B, § 172 I 1) am 23.4. zugestellt worden (§ 317 I). Fristende für die Einlegung der Berufung: 23.5., 24 Uhr (§ 517). Rechtsanwalt Y hatte die Berufungseinlegungsschrift am 21.5. mit der Post an das OLG übersandt. Dort ist sie nicht eingegangen, weil – wie dem Rechtsanwalt Y am Mittwoch, 3.6. bekannt wurde – der Posttransporter bei einem Unfall ausbrannte. Schriftsatz des Rechtsanwalt Y an OLG (spätestens am Mittwoch, den 17.6.: §§ 234, 222): Wiedereinsetzungsantrag – Begründung hierzu mit Bescheinigung der Post – und Einlegung der Berufung (§ 236). Mündliche Verhandlung vor dem OLG über Wiedereinsetzung in den vorigen Stand und die Berufung, OLG bewilligt die Wiedereinsetzung in den vorigen Stand durch Zwischenurteil (§§ 238 I 2, 303) oder in den Gründen des Endurteils (§ 238 II 1).

Beispiel für Versagung: Versagt das OLG die Wiedereinsetzung in den vorigen Stand (im vorliegenden Fall nicht anzunehmen), ergeht nach mündlicher Verhandlung folgendes **Urteil** (ohne mündliche Verhandlung folgender Beschluss, §§ 522 I 3, 128 IV):

»1. Der Wiedereinsetzungsantrag des Beklagten gegen die Versäumung der Berufungsfrist wird zurückgewiesen.
2. Die Berufung wird als unzulässig verworfen.
3. Der Beklagte trägt die Kosten des Berufungsverfahrens.«

B. Das Versäumnisverfahren

Was soll geschehen, wenn eine Partei im Termin zur mündlichen Verhandlung nicht erscheint? Soll sie zum Erscheinen gezwungen oder mit einem Ordnungsgeld belegt werden (wie in dem Fall, dass das Gericht das persönliche Erscheinen einer Partei zur Aufklärung des Sachverhalts angeordnet hat, § 141 I, III)? Das Gesetz lehnt eine solche robuste Lösung – wie sie der Strafprozess (§ 230 II StPO) vorsieht – ab und bekennt sich zu einem nur **mittelbaren Zwang:** Wer nicht erscheint, hat ein ihm **nachteiliges Urteil** (das sog. Versäumnisurteil) zu gewärtigen. Dabei wird unterschieden zwischen einem Versäumnisurteil gegen den nicht erschienenen Kläger (praktisch selten, 480

5 BGH NJW 2017, 1111 Rn. 5.

→ Rn. 497f.) und gegen den nicht erschienenen Beklagten (praktisch sehr häufig: Ein hoher Prozentsatz von Verfahren endet mit einem Versäumnisurteil, namentlich dann, wenn der Beklagte es nur deshalb auf den Prozess hat ankommen lassen, um Zeit zu gewinnen, → Rn. 501). Sowohl bei **Säumnis des Klägers** wie bei **Säumnis des Beklagten** sind die allgemeinen Voraussetzungen für den Erlass eines jeden Versäumnisurteils zu prüfen (→ Rn. 481ff.). Gegen das Versäumnisurteil steht dem Säumigen der besondere Rechtsbehelf des Einspruchs offen (→ Rn. 500).

I. Allgemeine Voraussetzungen für ein Versäumnisurteil

1. Termin

481 Es muss ein Termin zur mündlichen Verhandlung **anberaumt** sein (§ 330, § 331 I).

Gleichgültig ist, ob dies der erste Termin oder ein späterer ist (§ 332). War der spätere Termin »zur Beweisaufnahme und Fortsetzung der mündlichen Verhandlung« bestimmt, ist ein Versäumnisurteil deshalb erst nach der Beweisaufnahme zulässig, weil die mündliche Verhandlung erst nach Erledigung der Beweisaufnahme beginnt (§ 370 I).

2. Säumnis

482 Die Partei, gegen die das Versäumnisurteil ergehen soll, muss **säumig** sein. Dies ist der Fall, wenn sie **nicht erscheint** (auch keinen Prozessbevollmächtigten entsendet, → Rn. 247) oder zwar erscheint, aber im **Verfahren mit Anwaltszwang nicht durch einen Rechtsanwalt vertreten** ist (Postulationsfähigkeit, → Rn. 53, 244). Entscheidend ist also beim AG, dass der Beklagte selbst oder ein Prozessbevollmächtigter mit Vollmacht (→ Rn. 247) anwesend ist, beim LG, OLG und BGH, dass ein beim Gericht zugelassener Rechtsanwalt als Prozessbevollmächtigter erscheint.[6]

483 Weiter ist Säumnis dann gegeben, wenn eine Partei bzw. im Anwaltsprozess ein prozessbevollmächtigter Rechtsanwalt im Termin zwar anwesend ist, aber **nicht verhandelt (§ 333).** Dabei hat der Säumige die Möglichkeit, bis zum Schluss des Termins doch noch zu verhandeln und dadurch den Erlass eines Versäumnisurteils abzuwenden.[7]

484 Liegt **keine Säumnis** vor, beantragt der Gegner aber trotzdem Versäumnisurteil, ist der Antrag auf Erlass des Versäumnisurteils durch Beschluss zurückzuweisen (§§ 335 I, 336 I).

Beispiele: Der Anwalt des Beklagten ist im Termin erschienen und hat auch Sachanträge gestellt. Nach der Vernehmung eines Zeugen hat er aber erklärt, »er trete nicht mehr auf«. Nach Meinung des BGH[8] liegt keine Säumnis vor, weil hier mündliche Verhandlung und Beweisaufnahme in **einem** Termin erfolgen, also kein besonderer Beweisaufnahmetermin mit anschließender mündlicher Verhandlung vorliege (→ Rn. 545). Ein Antrag auf Erlass des Versäumnisurteils ist also durch Beschluss zurückzuweisen.
Weiter ist der Beklagte auch dann säumig, wenn er bei Durchführung eines schriftlichen Vorverfahrens (§ 276) nicht fristgemäß erklärt, dass er sich gegen die Klage verteidigen wolle; es ergeht dann, falls die übrigen Voraussetzungen vorliegen, auf Antrag des Klägers – der schon in der Klageschrift gestellt werden kann – Versäumnisurteil im schriftlichen Vorverfahren (§ 331 III); → Rn. 135.

6 BGHZ 63, 94 = NJW 1974, 2322; BGH NJW 1976, 196.
7 BGH NJW 1993, 861.
8 BGHZ 63, 94 = NJW 1974, 2322.

3. Ordnungsgemäße Ladung

Der säumige Beklagte muss ordnungsgemäß geladen sein (§§ 214ff., → Rn. 47, zur Zustellung der Ladung → Rn. 46), und zwar unter Einhaltung der Ladungsfrist (§ 217, → Rn. 48; § 335 I Nr. 2); die Einlassungsfrist (§ 274 III, → Rn. 49) muss eingehalten sein. 485

Liegen diese Voraussetzungen ordnungsgemäßer Ladung nicht vor, so ist der Antrag auf Erlass des Versäumnisurteils **durch Beschluss zurückzuweisen** (§ 335 I Nr. 2, § 336 I); regelmäßig wird aber die Verhandlung vertagt (§ 337, § 335 II), um diese Formalien nachzuholen. Vertagung ist insbesondere dann geboten, wenn das Gericht Anhaltspunkte dafür hat, dass die Partei bzw. ihr Anwalt **unverschuldet ausgeblieben** ist (§ 337 S. 1).

Eine damit im Zusammenhang stehende Problematik ist die des Ausbleibens eines Anwalts, wenn der Gegenanwalt nicht zuvor angekündigt hat, er werde ein Versäumnisurteil beantragen. § 13 der Berufsordnung für Rechtsanwälte (BORA) sah vor, dass ein Anwalt bei anwaltlicher Vertretung der Gegenseite nur dann ein Versäumnisurteil erwirken darf, wenn er dies zuvor dem **Gegenanwalt angekündigt** hat (Ausnahme: Die Interessen der Partei erfordern den Erlass eines Versäumnisurteils). Durch Urteil des BVerfG[9] ist allerdings diese Regelung deshalb für verfassungswidrig erklärt worden, weil es an einer wirksamen Ermächtigung der Satzungsversammlung der Bundesrechtsanwaltskammer für eine derartige in die ZPO eingreifende Bestimmung fehle. Inzwischen wurde die BORA durch Aufhebung des § 13 auch geändert. Daher muss ein Gericht das Versäumnisurteil auch dann erlassen, wenn dem Anwalt der säumigen Partei nicht vorab ein auf Erlass des Versäumnisurteils gerichteter Antrag angekündigt worden war.

4. Sachurteilsvoraussetzungen

Es müssen die »Voraussetzungen der Zulässigkeit der Klage« vorliegen. Diese Notwendigkeit ergibt sich zwar nicht unmittelbar aus dem Wortlaut des Gesetzes, wohl aber daraus, dass auch das Versäumnisurteil in jedem Fall (gegen den Kläger, → Rn. 498, wie gegen den Beklagten, → Rn. 492) ein Sachurteil ist; ein solches kann aber nicht ergehen, wenn eine Prozessvoraussetzung fehlt (→ Rn. 382). Fehlt eine Prozessvoraussetzung, sind folgende Möglichkeiten gegeben: 486

Fehlt die Prozessvoraussetzung **endgültig** (zB die Prozessführungsbefugnis des klagenden Verbandes, → Rn. 263f.),[10] so wird die Klage als unzulässig abgewiesen; es kommt nicht darauf an, ob der Beklagte anwesend ist und entsprechenden Antrag auf Klageabweisung gestellt hat. Statthafte Rechtsmittel gegen ein solches Prozessurteil sind Berufung bzw. Revision. Der Kläger kann allerdings bei fehlender Zuständigkeit, um die Klageabweisung zu verhindern, Verweisungsantrag stellen (§ 281, → Rn. 181f.). 487

Beispiel: K in Stuttgart hat gegen B in Ulm beim AG Stuttgart Klage auf Kaufpreiszahlung mit der Begründung erhoben, im Vertrag sei die Zuständigkeit des AG Stuttgart vereinbart worden. Diese Vereinbarung ist unwirksam (§ 38 I, II mit § 331 I 2, → Rn. 219). Wenn K nicht Verweisung an das AG Ulm beantragt (§ 281), kann dem Antrag des K auf Erlass des Versäumnisurteils nicht stattgegeben werden. Die Klage muss vielmehr als unzulässig abgewiesen werden.

9 BVerfGE 101, 312 = NJW 2000, 347.
10 BGH NJW-RR 1986, 1041.

488 Ist die Klage im **falschen Rechtsweg** erhoben worden, so hat das Gericht den Rechtsstreit trotz Säumnis einer Partei von Amts wegen nach § 17a II GVG in den richtigen Rechtsweg zu verweisen und nicht etwa die Klage als unzulässig abzuweisen. Dass § 17a II GVG die vorherige Anhörung der Parteien vorschreibt, steht dem deswegen nicht entgegen, weil dadurch nur das rechtliche Gehör gewährt werden soll, es dafür aber ausreicht, dass die säumige Partei Gelegenheit zu einer Stellungnahme hatte (sie hätte im Termin anwesend sein können).

489 **Lässt sich der Mangel** durch den Kläger **beheben** (zB er kann die fehlende schriftliche Vollmacht später vorlegen), so wird – wie → Rn. 485 – lediglich der Antrag auf Erlass des Versäumnisurteils durch Beschluss zurückgewiesen (§ 335 I Nr. 1) oder es wird vertagt (§ 335 II).

II. Schlüssigkeit als Grundlage des Versäumnisurteils gegen Beklagten

490 Das Versäumnisurteil gegen den Beklagten verlangt, dass das Klagevorbringen **schlüssig** ist (§ 331 I, II). Denn das tatsächliche mündliche Vorbringen des Klägers wird als zugestanden fingiert. Daher prüft der Richter, ob dieses »zugestandene« Vorbringen den Klageantrag rechtfertigt (§ 331 I 1, II). Bejahendenfalls ergeht auf Antrag des Klägers das Versäumnisurteil. Das Versäumnisurteil ist für den Beklagten gefährlich; denn es ist **sofort und ohne Sicherheitsleistung vorläufig vollstreckbar** (§ 708 Nr. 2). Das Gesetz baut mit der Schlüssigkeitsprüfung eine gewisse Sicherung ein.

491 An der **Schlüssigkeit fehlt** es zB auch dann, wenn sich aus dem Klägervortrag ergibt, dass dem Beklagten ein Verteidigungsmittel zusteht, dessen Bestand entweder schon für sich allein zur Klageabweisung führt (der Kläger legt etwa schriftliche Vertragsunterlagen vor, aus denen folgt, dass der eingeklagte Kaufpreis schon bezahlt ist), oder das vom Beklagten wirksam geltend gemacht worden ist (der Kläger trägt etwa vor, der Beklagte habe sich auf die Verjährung berufen **[inkorporierte Einrede]**)[11]. Für sich allein steht die Verjährung dem Erlass des Versäumnisurteils freilich solange nicht entgegen, als der Kläger nicht auch vorträgt, der Beklagte habe die Einrede der Verjährung (§ 214 I BGB) geltend gemacht.

> **Beispiele:** K klagt gegen B auf Kaufpreiszahlung aus einem Grundstücksverkauf. Er trägt selbst vor, dass der Vertrag privatschriftlich geschlossen worden sei. Der Vortrag ist nicht schlüssig (§ 311b I BGB).
> Indessen bleiben Vortrag des Beklagten in einer früheren Verhandlung und eine frühere Beweisaufnahme unberücksichtigt.[12] Das Versäumnisurteil ergeht also auch dann, wenn der Beklagte in einem früheren Termin den Vortrag des Klägers schon bestritten hatte oder wenn eine Beweisaufnahme schon die Unrichtigkeit des Klägervortrags ergeben hat; allerdings hat das Gericht bewusst unwahres Vorbringen des Klägers wegen Verstoßes gegen die Wahrheitspflicht (§ 138 I) bei der Schlüssigkeitsprüfung nicht zu berücksichtigen, → Rn. 120.

492 Auf den Antrag auf Erlass eines Versäumnisurteils gegen den Beklagten hat das Gericht also folgendermaßen zu entscheiden:

11 S. OLG Düsseldorf NJW 1991, 2089.
12 MüKoZPO/*Prütting* § 331 Rn. 14.

1. Schlüssigkeit

Ist der Klagevortrag schlüssig und liegen auch die allgemeinen Voraussetzungen vor, ergeht auf Antrag des Klägers **Versäumnisurteil gegen den Beklagten** (§ 331 II). Das Versäumnisurteil wird in der mündlichen Verhandlung verkündet (§ 310 I 1) und kann entweder in der vollständigen Form des § 313 I oder in abgekürzter Form (§ 313b) abgefasst werden; die Abkürzung dient der Arbeitsersparnis. In der Praxis kommen Versäumnisurteile so gut wie ausschließlich in abgekürzter Form vor. Die Verkündung ist schon vor der schriftlichen Abfassung der Urteilsformel möglich (§ 311 II 3). Gegen das Versäumnisurteil ist Einspruch des Beklagten statthaft (§ 338; → Rn. 500 ff.).

Formulierungsbeispiel für das »Versäumnisurteil:

1. Der Beklagte wird verurteilt, an den Kläger 6.000 EUR zu bezahlen.
2. Der Beklagte trägt die Kosten des Rechtsstreits.
3. Das Urteil ist vorläufig vollstreckbar.«

Das Versäumnisurteil **steht einem streitigen Urteil gleich;** es ist also nicht nur vollstreckbar (§ 708 Nr. 2), sondern entfaltet auch – wenn es nicht mehr anfechtbar ist – materielle Rechtskraft. Probleme ergeben sich hinsichtlich der zeitlichen Rechtskraftgrenzen des Versäumnisurteils (→ Rn. 766).

2. Keine Schlüssigkeit

Fehlt es an der Schlüssigkeit, wird die Klage als unbegründet abgewiesen, obwohl der Beklagte gar nicht anwesend ist. Man bezeichnet dieses Urteil häufig als sog. **»unechtes Versäumnisurteil«**, was deswegen missverständlich ist, weil es sich um gar kein Versäumnisurteil handelt. Das Urteil wäre auch bei Anwesenheit des Beklagten im Termin nicht anders ausgefallen. So sind auch gegen das Urteil Berufung bzw. Revision, jedoch keinesfalls der Einspruch nach § 338, statthaft. 493

Ist der Klageantrag nur **teilweise schlüssig,** hat insoweit ein Versäumnisurteil zu ergehen, während die Klage im Übrigen abzuweisen ist (zB hinsichtlich der über den gesetzlichen Zinssatz hinaus geltend gemachten Zinsen). Es ergehen also **zwei Teilurteile,** das sog. Teilversäumnis- und das Endurteil (zu diesem Begriff → Rn. 609), gegen die unterschiedliche Rechtsbehelfe gegeben sind. Im Falle des Nichtverhandelns der erschienenen Partei (§ 333) muss sich das Nichtverhandeln auf einen teilurteilsfähigen Verfahrensteil (→ Rn. 611 ff.) beziehen; anderenfalls handelt es sich um ein sog. unvollständiges Verhandeln, das nach § 334 nicht zum Erlass eines Versäumnisurteils führt.[13] 494

3. Fehlen allgemeiner Voraussetzungen

Zur Zurückweisung des Antrags auf Erlass des Versäumnisurteils (§ 335 I Nr. 3) oder Vertagung (§ 335 II) kommt es, wenn der Klageantrag an sich zwar schlüssig ist, das tatsächliche Vorbringen aber dem Beklagten nicht rechtzeitig durch Schriftsatz mitgeteilt worden ist. 495

13 BGH NJW 2002, 145.

496 Schließlich kommt eine **Vertagung von Amts** wegen unter den Voraussetzungen des § 337 in Betracht. Dies ist insbesondere dann wichtig, wenn das Gericht Anhaltspunkte dafür hat, dass der Beklagte ohne sein Verschulden nicht im Termin erschienen ist (extrem schlechte Verkehrsverhältnisse, Krankheit, → Rn. 485).

III. Die Säumnis des Klägers

497 Ist der Kläger säumig, findet **keine Sachprüfung** statt; es werden also die Einwendungen des Beklagten nicht auf ihre Schlüssigkeit geprüft (§ 330). Der Grund für diese Ausnahme liegt zum einen darin, dass es der Kläger ist, der den Prozess betreibt und den Beklagten vor Gericht gezwungen hat, zum anderen darin, dass ein Versäumnisurteil gegen den Kläger nur **wegen der Kosten vollstreckbar** ist, also nicht so gefährlich ist wie ein Versäumnisurteil gegen den Beklagten.

1. Versäumnisurteil

498 Liegen die allgemeinen Voraussetzungen für ein Versäumnisurteil vor, wird die Klage auf Antrag des Beklagten durch Versäumnisurteil abgewiesen. Das Versäumnisurteil gegen den Kläger ist zwar ebenfalls **Sachurteil,** es beruht aber allein auf der Säumnis. Es ist auch dann Versäumnisurteil, wenn die Klage von vornherein nicht schlüssig war, also auch dann als unbegründet hätte abgewiesen werden müssen, wenn der Kläger nicht säumig gewesen wäre. Statthafter Rechtsbehelf ist stets der Einspruch (§ 338).

Formulierungsbeispiel:
»1. Die Klage wird abgewiesen.
2. Der Kläger trägt die Kosten des Verfahrens.
3. Das Urteil ist vorläufig vollstreckbar.«

2. Sonstige Entscheidungen

499 Fehlt es allerdings schon an einer Prozessvoraussetzung, wird die Klage als unzulässig durch Prozessurteil abgewiesen (→ Rn. 486 ff.);[14] statthaft ist dagegen die Berufung. Handelt es sich um einen behebbaren Mangel, gelten § 335 oder § 337.

IV. Der Einspruch

500 Die säumige Partei kann gegen das Versäumnisurteil Einspruch einlegen (§ 338), und zwar bei dem Gericht, das das Versäumnisurteil erlassen hat (§ 340 I). Vor diesem Gericht wird dann der Rechtsstreit weiter verhandelt; dabei wird **»der Prozess in die Lage zurückversetzt, in der er sich vor Eintritt der Versäumnis befand«** (§ 342). Da der Einspruch sich nicht an die nächste, höhere Instanz richtet, mithin kein Devolutiveffekt eintritt, ist er kein Rechtsmittel, nur Rechtsbehelf.

14 BGHZ 35, 338 = NJW 1961, 1969; BGH NJW 1967, 2162.

Der **Sinn dieser Regelung** ist folgender: Die Säumnis kann mannigfache Ursachen haben, etwa verschuldete (die Partei hat den Termin vergessen oder sie ist absichtlich ausgeblieben, um Zeit zu gewinnen) oder unverschuldete (die Partei ist auf dem Weg zum Gericht in einen Stau geraten). Die säumige Partei soll daher Gelegenheit haben, die Folgen der Säumnis durch den Einspruch zu beseitigen (wobei freilich das Versäumnisurteil zunächst bestehen bleibt). Anders als bei der Wiedereinsetzung in den vorigen Stand (→ Rn. 474) kommt es nicht darauf an, ob die Partei die Säumnis hätte vermeiden können. Rechtspolitisch ist das deshalb nicht unbedenklich, weil die Folgen der Säumnis durch den Einspruch ohne weitere Begründung beseitigt werden können, was dazu führt, dass der Beklagte sich einen **unberechtigten Zeitgewinn** verschaffen kann: Wäre er in der mündlichen Verhandlung erschienen und verurteilt worden, wäre das Verfahren damit für diese Instanz abgeschlossen gewesen, während es nach dem Einspruch nicht anders weitergeht, als hätte es das Versäumnisurteil gar nicht gegeben (§ 342). 501

1. Statthaftigkeit

Der Einspruch ist nur gegen ein Versäumnisurteil, also **nicht** gegen klageabweisende Prozessurteile (wegen Fehlens einer Prozessvoraussetzung, → Rn. 487) und mangels Schlüssigkeit der Klage klageabweisende Sachurteile (»unechte Versäumnisurteile«, → Rn. 493), statthaft. 502

2. Frist

Die Einspruchsfrist beträgt **zwei Wochen** (§ 339 I Hs. 1) und ist nicht verlängerbar (§ 224 II). Sie ist eine Notfrist (§ 339 I Hs. 2), sodass bei Versäumung der Frist Wiedereinsetzung in den vorigen Stand möglich ist (→ Rn. 475). 503

Der Lauf der Frist beginnt mit **Zustellung des Versäumnisurteils an die unterlegene Partei** (§ 339 I Hs. 2), im Falle des nach § 331 III **ohne mündliche Verhandlung** ergehenden Versäumnisurteils mit der **zeitlich letzten Zustellung** an eine der Parteien, also nicht notwendigerweise schon mit der Zustellung an den Beklagten;[15] dies folgt daraus, dass die Zustellung nach § 310 III die Verkündung des Urteils ersetzt, weshalb dieses erst mit Zustellung an alle Parteien existent wird.

3. Einspruchsschrift

Die Anforderungen an die Einspruchsschrift bestimmt § 340. Anforderungen an die Zulässigkeit des Einspruchs formuliert lediglich Abs. 2: Bezeichnung des Urteils und Erklärung des Einspruchswillens. Nach § 340 II 2 kann der Einspruch sich auf einen Teil des Versäumnisurteils beschränken. Ferner sind nach § 340 III 1 Angriffs- und Verteidigungsmittel der säumigen Partei (nicht etwa auch Entschuldigung für die Säumnis) vorzubringen; anders als bei der Berufung und Revision (→ Rn. 653f., 675, 703) führt aber das Unterlassen der Begründung nicht zu einer Verwerfung als unzulässig; für das verspätete Vorbringen gilt vielmehr die Präklusionswirkung des § 296 (§ 340 III 3).[16] 504

15 BGH NJW 1994, 3359.
16 So die hM, vgl. BGHZ 75, 138 = NJW 1979, 1988.

4. Unzulässiger Einspruch

505 Ist der Einspruch aus einem der drei genannten Gründen unzulässig, wird er durch Endurteil, das auch ohne mündliche Verhandlung ergehen kann, als unzulässig verworfen (§ 341 I 2). Die Kosten trägt die den Einspruch einlegende Partei (§ 97 I entsprechend). Statthafte Rechtsmittel gegen das Verwerfungsurteil sind Berufung bzw. Revision.

5. Wirkungen des zulässigen Einspruchs

506 Auf den zulässigen Einspruch hin wird **mündliche Verhandlung** anberaumt (§ 341 a) und – nach Prüfung der Zulässigkeit des Einspruchs – zur Hauptsache verhandelt. Dabei wird der Prozess in die **Lage vor der Säumnis zurückversetzt** (§ 342):[17] Frühere Parteihandlungen, Beweisaufnahmen usw. werden wieder wirksam, neues Vorbringen ist zulässig,[18] kann aber unter den Voraussetzungen von § 296 als verspätet zurückgewiesen werden. Zur Möglichkeit, die drohende Zurückweisung als verspätet dadurch zu vermeiden, dass man ein Versäumnisurteil gegen sich ergehen lässt, gegen das dann Einspruch eingelegt wird (→ Rn. 168). Die **Vollstreckbarkeit des Versäumnisurteils bleibt bestehen;** meist wird aber der den Einspruch Einlegende bei Gericht beantragen, die Zwangsvollstreckung aus dem Versäumnisurteil einstweilen einzustellen (§ 719 mit § 707).

6. Entscheidung nach zulässigem Einspruch

507 Das Gericht erlässt, wenn die Sache entscheidungsreif ist, das **Endurteil.** Bei der Tenorierung ist zu berücksichtigen, dass das Versäumnisurteil immer noch existent ist. Es muss also im Endurteil entweder bestätigt oder aufgehoben werden (§ 343). Stimmt das Endurteil mit dem Versäumnisurteil nur teilweise nicht überein, hat die Aufhebung nur insoweit zu erfolgen, während das Versäumnisurteil im Übrigen aufrechterhalten wird. Die Kosten der Säumnis trägt stets der Säumige (§ 344). Dies gilt, sofern nur die gesetzlichen Voraussetzungen des Versäumnisurteils einschließlich ordnungsgemäßer Ladung vorlagen, auch bei schuldloser Säumnis; immerhin steht die säumige Partei trotz Fehlens eines Verschuldens den durch die Säumnis entstandenen Kosten näher als der Gegner.

> **Beispiel:** K hat gegen B 1.200 EUR eingeklagt. Gegen B war Versäumnisurteil in dieser Höhe ergangen. Folgende Gestaltungen sind zu unterscheiden:
> **1. Gestaltung:** Kommt das Gericht nach mündlicher Verhandlung und evtl. Beweisaufnahme zum selben Ergebnis, lautet das **Urteil:**
> »1. Das Versäumnisurteil vom … wird aufrechterhalten.
> 2. Der Beklagte trägt auch die weiteren Kosten des Verfahrens.
> 3. Das Urteil ist vorläufig vollstreckbar [§ 708 Nr. 11]. Der Beklagte kann die Vollstreckung durch Sicherheitsleistung in Höhe von 110 % des aufgrund des Urteils vollstreckbaren Betrags abwenden, falls nicht der Kläger vor der Vollstreckung Sicherheit in Höhe von 110 % des jeweils zu vollstreckenden Betrags leistet [§ 711 S. 1].«

17 Beispiel: BGHZ 4, 328 = NJW 1952, 545.
18 BGHZ 76, 173 = NJW 1980, 1105.

2. Gestaltung: Das Gericht kommt zu der Auffassung, dass die Klage nur in Höhe von 400 EUR begründet ist:

»1. Das Versäumnisurteil vom … wird in Höhe von 400 EUR aufrechterhalten.
2. Im Übrigen wird das Versäumnisurteil aufgehoben und die Klage abgewiesen.
3. Der Beklagte trägt 1/3 der Kosten des Verfahrens und die durch seine Säumnis im Termin vom … entstandenen Kosten des Verfahrens. Der Kläger trägt 2/3 der Kosten des Verfahrens.
4. Das Urteil ist vorläufig vollstreckbar [§ 708 Nr. 11]. Der Beklagte kann die Vollstreckung durch Sicherheitsleistung in Höhe von 110% des aufgrund des Urteils gegen ihn vollstreckbaren Betrags abwenden, falls nicht der Kläger in Höhe von 110% des jeweils zu vollstreckenden Betrags Sicherheit leistet. Der Kläger kann die Vollstreckung durch Sicherheitsleistung in Höhe von 110% des aufgrund des Urteils gegen ihn vollstreckbaren Betrags abwenden, falls nicht der Beklagte in Höhe von 110% des jeweils zu vollstreckenden Betrags Sicherheit leistet [§ 711 S. 1].«

3. Gestaltung: Das Gericht hält die Klage für unbegründet:

»1. Das Versäumnisurteil vom … wird aufgehoben.
2. Die Klage wird abgewiesen.
3. Der Kläger trägt die Kosten des Rechtsstreits mit Ausnahme der durch die Säumnis des Beklagten im Termin vom … entstandenen Kosten; diese trägt der Beklagte.
4. Das Urteil ist vorläufig vollstreckbar [§ 708 Nr. 1, Fortsetzung nach § 711 S. 1 wie Gestaltung 2].«

V. Zweites Versäumnisurteil

Ist die säumige Partei in dem auf den Einspruch hin bestimmten Termin – ein vorsorg- 508
lich für den Fall eines Einspruchs bestimmter Termin genügt insoweit den Anforderungen an die ordnungsgemäße Terminsbestimmung nicht –[19] erneut säumig, ergeht auf Antrag der erschienen Partei das sog. zweite Versäumnisurteil (§ 345).

1. Prüfungsumfang

Erwägungen der materiellen Gerechtigkeit sprechen dafür, dass das Gericht vor Erlass 509
des zweiten Versäumnisurteils gegen den Beklagten **erneut die Schlüssigkeit der Klage prüft.** Für dieses Ergebnis[20] lässt sich zwar anführen, dass durch den zulässigen Einspruch der Rechtstreit gem. § 342 wieder in die Lage vor der ersten Säumnis zurückversetzt wurde. Indessen sprechen **Wortlaut** von § 345 und Systematik entscheidend **dagegen,** dass das Gericht die Schlüssigkeit erneut prüfen muss.[21] § 345 grenzt das zweite Versäumnisurteil mit seiner (auf Unzulässigkeit hindeutenden) Tenorierung »Verwerfung« deutlich von der sonst bei zulässigem Einspruch einschlägigen Tenorierung nach § 343 ab. Daher verfängt der Hinweis auf § 342 auch nicht. Ein **systematisches** Argument beinhaltet der Vergleich zu § 700 VI. Zwar stellt § 700 I den Vollstreckungsbescheid einem ersten Versäumnisurteil gleich. Im Falle der Säumnis in der Verhandlung über den Einspruch gegen den Vollstreckungsbescheid gibt § 700 VI dem Gericht aber gerade auf, die Schlüssigkeit – dann freilich erstmals mangels Prüfung bei Erlass des Vollstreckungsbescheids – zu prüfen. Das legt – gerade angesichts

19 BGH NJW 2015, 3661 Rn. 15.
20 Dafür zB BAGE 75, 343 = BeckRS 9998, 154504; *Braun* JZ 1999, 1157.
21 BGHZ 141, 351 = NJW 1999, 2599; erschöpfende Argumentation bei MüKoZPO/*Prütting* § 345 Rn. 9ff.

der **Gesetzesmaterialien**[22] – für die Verhandlung über den Einspruch gegen ein Versäumnisurteil den Umkehrschluss nahe. Dem Beklagten muss nach Erlass des ersten Versäumnisurteils deutlich sein, dass er nicht mehr darauf vertrauen darf, das Gericht werde die Klage als unschlüssig abweisen. Dementsprechend hat das Gericht den Einspruch als unzulässig zu verwerfen, ohne zu prüfen, ob die Klage schlüssig und das erste Versäumnisurteil gesetzmäßig ergangen ist. Dies verletzt den Anspruch auf **rechtliches Gehör** nicht. Denn die ordnungsgemäß geladene Partei hätte sich zur Wehr setzen können (weshalb die Säumnis verschuldet zu sein hat).

Formulierungsbeispiel:

»1. Der Einspruch des Beklagten gegen das Versäumnisurteil vom ... wird verworfen.
2. Der Beklagte trägt die weiteren Kosten des Verfahrens.
3. Das Urteil ist vorläufig vollstreckbar.«

2. Berufung gegen zweites Versäumnisurteil

510 Gegen das zweite Versäumnisurteil ist kein Einspruch mehr statthaft (§ 345), sondern nur die Berufung mit der Begründung, es habe **keine schuldhafte Säumnis** vorgelegen (§ 514 II 1).[23] Im Regelfall besteht für die durch zweites Versäumnisurteil unterlegene Partei damit kaum noch eine Möglichkeit, das Urteil mit Aussicht auf Erfolg anzugreifen. Denn wenn das Gericht beim zweiten Versäumnisurteil die Schlüssigkeit nicht prüfen durfte, ist das Berufungsgericht daran ebenfalls gehindert. Es ist darauf beschränkt, die Entscheidung auf die allgemeinen Voraussetzungen eines Versäumnisurteils hin zu überprüfen. Abweichendes gilt freilich für das »zweite Versäumnisurteil«, das den Einspruch gegen einen Vollstreckungsbescheid verwirft. In Übereinstimmung mit dem durch § 700 VI ausgedehnten Prüfungsumfang des Eingangsgerichts hat auch das Berufungsgericht das Urteil auf die Schlüssigkeit hin zu überprüfen.[24]

3. Neuerliches (erstes) Versäumnisurteil

511 Die Voraussetzungen von § 345 sind nicht gegeben, wenn die zunächst säumige Partei in dem auf den Einspruch hin anberaumten Termin erscheint und verhandelt, dann aber in einem weiteren Termin wieder ausbleibt. Es ergeht dann ein neues (erstes) Versäumnisurteil folgenden Inhalts:

Formulierungsbeispiel:

»1. Das Versäumnisurteil vom ... wird aufrechterhalten.
2. Der Beklagte trägt die weiteren Kosten des Verfahrens.
3. Das Urteil ist vorläufig vollstreckbar [709 S. 3 beachten, → Rn. 507].«

512 Gegen dieses Versäumnisurteil ist **wiederum der Einspruch statthaft.** Rechtspolitisch sinnvoll ist das nicht. Dadurch, dass der Einspruch nach § 345 nur dann nicht gegeben ist, wenn es sich um einen Termin unmittelbar nach Einlegung des Einspruchs handelt, hat die Partei (vor allem der Beklagte) die Möglichkeit, immer erneut Einspruch einzulegen, sofern sie nur nach dem letzten Versäumnisurteil in dem darauf folgenden

---

22 BT-Drs. 7/2729, 103; BT-Drs. 11/3621, 50.
23 Beispiel: BGHZ 97, 341 = NJW 1986, 2113.
24 BGHZ 112, 367 = NJW 1991, 43.

Termin anwesend war. Auf diese Art führt das Versäumnisverfahren in der Praxis entgegen dem gesetzgeberischen Anliegen eher zu einer Verzögerung als zu einer Beschleunigung des Verfahrens. Um einer solchen Verzögerung zu entgehen, steht der erschienenen Partei freilich die Möglichkeit zu, gegen die säumige Partei, die bereits einmal verhandelt hat, eine Entscheidung nach Lage der Akten zu beantragen (§ 331 a, → Rn. 513).

VI. Säumnis beider Parteien, Entscheidung nach Lage der Akten

Sind **beide Parteien säumig,** kann das Gericht einen **neuen Termin** bestimmen (§ 227; 513
s. Wortlaut von § 251 a III) oder das **Ruhen des Verfahrens** anordnen (§ 251 a III mit § 251). Eine Entscheidung nach Lage der Akten (§ 251 a I, III) kann aber nur ergehen, wenn beide Parteien in einem früheren Termin bereits mündlich verhandelt haben (§ 251 a II 1).

§ 331 a eröffnet der erschienenen Partei bei Säumnis der anderen ebenfalls die Möglichkeit, statt Versäumnisurteil eine Entscheidung **nach Lage der Akten** zu beantragen. Das daraufhin ergehende Urteil ist kein Versäumnisurteil, weshalb der säumigen Partei dagegen nicht der Einspruch, sondern die Berufung offensteht; § 514 II ist auf eine Entscheidung nach § 331 a nicht anwendbar. Über eine Entscheidung nach Lage der Akten kann die anwesende Partei deshalb die mit einem Einspruch mögliche Zeitschinderei des Gegners vermeiden (vorausgesetzt, die Aktenlage ist so, dass die anwesende Partei mit einem ihr günstigen Urteil rechnen kann). Voraussetzung für eine Entscheidung nach Lage der Akten ist aber auch bei Säumnis nur einer Partei, dass diese Partei schon in einem früheren Termin mündlich verhandelt hat (§ 331 a S. 2 iVm § 251 a II 1). Ist der Beklagte schon im ersten Verhandlungstermin säumig, kann also nur ein Versäumnisurteil ergehen.

Literatur: *Beck,* Wiedereinsetzung in den vorigen Stand bei Fristversäumung durch das Kanzleipersonal, JURA 2018, 860; *Behrens,* Das Versäumnisverfahren im Zivilprozess, ZJS 2019, 15, ZJS 2019, 193; *Huber,* Grundwissen – Zivilprozessrecht: Einspruch des Beklagten gegen Versäumnisurteil und »technisch zweites« Versäumnisurteil, JuS 2015, 985; *Metzing,* Der Einspruch gegen das Versäumnisurteil, JuS 2016, 678; *Schreiber,* Das Versäumnisurteil, JURA 2014, 196; *Schreiber,* Die Wiedereinsetzung in den vorigen Stand im Zivilprozess, JURA 2011, 601; *Siemon,* Aus der Praxis: Doppelsäumnis nach Einspruch gegen Vollstreckungsbescheid, JuS 2008, 605; *Stadler/Jarsumbek,* Das Versäumnisverfahren gem. §§ 330ff. ZPO, insbesondere das zweite Versäumnisurteil, JuS 2006, 34, 134.

Übersicht 12 Die Versäumung von Prozesshandlungen

Arten	Tatbestand	Folge	Rechtsbehelf
Allgemeines zur Säumnis	Versäumung einer Prozesshandlung, zB der Rechtsmittel-einlegung	Ausschluss mit der Handlung, zB Verlust des Rechtsmittels (§ 230)	Wiedereinsetzung in den vorigen Stand bei unverschuldeter Fristversäumung (§§ 233–238)
Säumnis des Klägers im Termin	Nichterscheinen oder Nichtverhandeln in der mündlichen Verhandlung trotz korrekter Ladung: Verschulden nicht erforderlich (§§ 330, 332, 333)	Klageabweisung durch Versäumnisurteil als unbegründet (§ 330)	Einspruch: § 338 Wirkung des Einspruchs: § 342 (neue Verhandlung, beachte aber §§ 343, 344)
		fehlt allerdings eine Prozessvoraussetzung, so Klageabweisung als unzulässig (also kein VU); beachte aber § 335 I Nr. 1	Berufung, Revision
Säumnis des Beklagten im Termin	wie oben	Verurteilung des Bekl. durch VU, wenn Klage schlüssig: § 331	Einspruch (§ 338)
		wenn Klage nicht schlüssig, Klageabweisung als unbegründet (kein VU)	Berufung, Revision
		fehlt Prozessvoraussetzung, dann Klageabweisung als unzulässig (also kein VU); beachte aber § 335 I Nr. 1	Berufung, Revision
Säumnis beider Parteien	keine Partei erscheint oder verhandelt	Entscheidung nach Lage der Akten: § 251a	Berufung, Revision
		oder Anordnung des Ruhens des Verfahrens (§ 251a III)	sofortige Beschwerde (§ 252)

14. Kapitel. Der Beweis – Das Beweisverfahren – Die Beweismittel

Die Beweisaufnahme und die Bewertung der Beweismittel durch das Gericht (die Be- 514
weiswürdigung) sind das **Kernstück der meisten Prozesse.** Selten hat es ein Richter im Wesentlichen mit der Entscheidung schwieriger Rechtsfragen zu tun. In der Vielzahl der Prozesse macht die Antwort auf die Frage, was wahr ist, die größeren Schwierigkeiten als die rechtliche Beurteilung des festgestellten Sachverhalts. Durch die Beweisaufnahme sucht der Richter eine möglichst **zutreffende Vorstellung von dem Sachverhalt** zu gewinnen, den er rechtlich zu beurteilen hat.

Im Zivilprozess steigern sich diese Schwierigkeiten, weil ein kompliziert scheinendes 515
Zusammenwirken von Parteien und Gericht stattfindet. Die Parteien sind es, die die tatsächlichen Behauptungen aufstellen und durch Benennung von Beweismitteln (zB Zeugen) den **Beweis antreten.** Sie verfügen auch in gewissem Umfang (durch Geständnis und Nichtbestreiten, →Rn. 414ff., 419ff.) über die Tatsachengrundlage (**Verhandlungsgrundsatz,** →Rn. 96). Andererseits bestimmt das Gericht, welche tatsächlichen Behauptungen überhaupt erheblich und somit Gegenstand einer Beweisaufnahme sind. Dies setzt voraus, dass das Gericht zuvor die maßgeblichen Rechtsgrundlagen aufdeckt. Denn nur so lässt sich sagen, welche tatsächlichen Behauptungen bewiesen werden müssen **(Schlüssigkeitsprüfung).** Das Gericht kann ferner – trotz der Geltung der Verhandlungsmaxime – auch von sich aus Beweismittel heranziehen, die die Parteien nicht genannt haben (mit Ausnahme des Zeugenbeweises), §§ 144, 448, 273 II. Schließlich liegt die Beweisaufnahme nach unserem Recht fast völlig in der Hand des Gerichts. Ausschließlich Sache des Gerichts ist schließlich die Beweiswürdigung (§§ 286, 287).

A. Grundbegriffe

Zunächst werden Grundbegriffe des Beweisrechts und das Beweisverfahren nach der 516
ZPO erklärt, und zwar möglichst in der Reihenfolge, wie sie im Verlauf der Mehrzahl der Prozesse bedeutsam werden. Die Vorgaben der ZPO hinsichtlich Beweisverfahren und Beweismittel (→Rn. 546, 558) sind für die Beweiserhebung des Richters grundsätzlich zwingend. Dieses zwingende Verfahren bezeichnet man als **Strengbeweis.** Davon zu unterscheiden ist der – gesetzlich nicht geregelte – sog. **Freibeweis:** Hier ist das Gericht weder an die im Gesetz vorgesehenen Beweismittel gebunden noch an das Beweisverfahren.

Im Wege des Freibeweises kann der Richter zB telefonisch Auskünfte einholen. Der hauptsächliche Anwendungsbereich des Freibeweises liegt in der freiwilligen Gerichtsbarkeit (§§ 29f. FamFG). Er wird von der Praxis aber auch im Zivilprozess für zulässig erachtet, und zwar vor allem bei den **von Amts wegen zu beachtenden prozessualen Tatbeständen,** wie etwa bei der Partei-[1] und Prozessfähigkeit,[2] bei der Zulässigkeit eines Rechtsmittels,[3] bei der Feststellung eines absoluten Revisionsgrundes nach § 547 (→Rn. 712f.), also etwa bei der Prüfung, ob das Gericht vorschriftsmäßig besetzt war.[4]

---

1 BGH NJW 2011, 778 Rn. 16.
2 BGHZ 176, 77 Rn. 13 = NJW 2008, 2125.
3 BGH NJW 2005, 3501.
4 Zur berechtigten Kritik an dieser Einschränkung des Strengbeweises, für die es im Unterschied zum FamFG an einer gesetzlichen Grundlage fehlt, s. Stein/Jonas/*Kern* ZPO vor § 128 Rn. 204.

I. Beweis

1. Beweis und Glaubhaftmachung

517 Durch den **Beweis** soll dem Richter die **volle Überzeugung** (näher zum Beweismaß → Rn. 549) von der Wahrheit oder Unwahrheit einer tatsächlichen Behauptung vermittelt werden. Von der vollen Überzeugung zu unterscheiden ist die **Glaubhaftmachung.** Hier begnügt sich der Richter mit einem geringeren Grad von Gewissheit (Wahrscheinlichkeit, »semiplena probatio«). Sie reicht dort aus, wo das Gesetz dies ausdrücklich vorsieht (wichtig vor allem im Arrest- und einstweiligen Verfügungsverfahren, §§ 920, 936). Mittel der Glaubhaftmachung sind alle Beweismittel, wenn sie sofort verfügbar (»präsent«) sind (§ 294 II), ferner die Versicherung an Eides statt (§ 294 I).

Beispiel: K beantragt gegen B den Erlass einer einstweiligen Verfügung, durch die dem Wettbewerber B gewisse Werbebehauptungen untersagt werden sollen. Er legt Zeitungsanzeigen des B und eine eidesstattliche Versicherung eines früheren Handelsvertreters des B über die Werbemethoden des B bei Kundenbesuchen vor.

2. Unmittelbarer und mittelbarer Beweis

518 Man unterscheidet unmittelbaren (direkten) Beweis und mittelbaren (indirekten) Beweis (= Indizienbeweis). Der **unmittelbare Beweis** erlaubt einen direkten Schluss auf das Vorliegen (Nichtvorliegen) eines gesetzlichen Tatbestandsmerkmals.

Beispiel: Ein unmittelbarer Beweis für eine Körperverletzung ist die Aussage des Zeugen, er habe gesehen, dass der Beklagte den Kläger mit dem Kotflügel seines Wagens umgestoßen habe.

519 Der mittelbare Beweis oder **Indizienbeweis** erlaubt nur Schlüsse auf das zu beweisende Tatbestandsmerkmal mithilfe von Erfahrungssätzen aus sog. Hilfstatsachen. Auch ein Indizienbeweis muss zu **voller richterlicher Überzeugung** führen, wenn er Urteilsgrundlage sein soll.[5] Das setzt grundsätzlich voraus, dass andere Schlüsse aus den Indiztatsachen ersichtlich nicht in Betracht kommen.[6]

Beispiel: Der rechte Kotflügel des Wagens des Beklagten aus Beispiel → Rn. 518 weist eine Beule auf. Die mikroskopische Untersuchung ergibt Stoffreste vom Anzug des Klägers am Wagen des Beklagten und Farbspuren des Wagens am Anzug des Klägers.

Ist für das Vorliegen der durch die Indizien zu beweisenden Tatsache unmittelbar Beweis angetreten worden (zB durch Benennung eines Zeugen), ist dieser auch dann zu erheben, wenn die Indizien ihrerseits unstreitig sind und einen Schluss auf die zu beweisende Tatsache zulassen.[7]

Die Zulässigkeit eines nur mittelbaren Beweises wird nicht dadurch beeinträchtigt, dass die Partei auch den unmittelbaren Beweis führen könnte, davon aber Nachteile befürchtet, die sich bei einem mittelbaren Beweis vermeiden lassen.

5 BGHZ 53, 245 (260f.) = NJW 1970, 946.
6 BGH NJW 1993, 935 (938).
7 BGH NJW-RR 1997, 238; 2002, 1072.

Beispiel: Ob eine Gewerkschaft im Betrieb vertreten ist und damit nach § 2 II BetrVG Zugang zum Betrieb hat, hängt davon ab, ob ihr wenigstens ein Arbeitnehmer des Betriebs angehört, was die Gewerkschaft beweisen muss. Anstatt den Namen anzugeben, kann sie sich etwa mit der Erklärung eines Notars begnügen, der die Unterlagen nachgeprüft hat, aus denen sich die Mitgliedschaft eines Arbeitnehmers des Betriebs ergibt.[8] Damit hat sie die Möglichkeit, in einem vergifteten Klima den Namen ihres Mitglieds nicht offenbaren zu müssen und dieses dadurch vor eventuellen Repressalien zu schützen. Ob der Beweis damit geführt ist, ist Sache der Beweiswürdigung durch das Gericht; insoweit ist das Risiko für die Gewerkschaft größer, als wenn sie ihr Mitglied namentlich als Zeugen benennt. In alledem liegt nicht etwa ein verfassungswidriges »Geheimverfahren«:[9] Das Gericht hat nicht mehr Kenntnisse als der Arbeitgeber, weshalb dessen Verteidigungsmöglichkeiten nicht beeinträchtigt sind.

3. Beweis des ersten Anscheins

Vom Indizienbeweis ist der Beweis des ersten Anscheins (Prima-facie-Beweis, An- 520
scheinsbeweis) zu unterscheiden. Er erleichtert die Beweisführung namentlich im Bereich der **Verursachung und des Verschuldens:** Es liegt ein bestimmtes Ereignis oder ein bestimmter Tatbestand vor, von dem aus »rückwärts« typischerweise auf eine bestimmte Ursache oder ein bestimmtes Verhalten geschlossen werden kann, ohne dass freilich dieser Schluss zwingend ist. Erforderlich ist ein **typischer Geschehensablauf;** in atypischen Situationen erlaubt dagegen eine feststehende Tatsache keinen Rückschluss darauf, wie es zu der Tatsache gekommen ist.

Beispiele: »Fährt ein Kraftrad auf offener Straße gegen einen Baum, so spricht der erste Anschein für ein Verschulden des Fahrers«.[10] – »Wird nach einer Operation eine 16 cm lange und 8 cm breite Arterienklemme in der Bauchhöhle des Patienten zurückgelassen, so spricht der erste Anschein für ein Verschulden des operierenden Arztes«.[11]

»Ist bei einem Glatteisunfall der Verletzte innerhalb der zeitlichen Grenzen der Streupflicht zu Fall gekommen, so spricht nach dem ersten Anschein eine Vermutung dafür, dass es bei Beachtung der Streupflicht nicht zu den Verletzungen gekommen wäre«.[12]

Anscheinsbeweis für Übertragung von Aids bei Transfusion von infiziertem Blut, sofern der Empfänger zu keiner HIV-gefährdeten Risikogruppe gehört und deswegen kein Anlass für die Annahme besteht, dass er schon vor der Transfusion infiziert war.[13]

Anscheinsbeweis aus konkreten Baumängeln für mangelhafte Bauüberwachung durch Architekten.[14]

Anscheinsbeweis bei Geldabhebung mittels gestohlener ec-Karte, dass der Karteninhaber die PIN auf der ec-Karte notiert oder gemeinsam mit dieser verwahrt hat, wenn bei der Abhebung die Originalkarte eingesetzt worden ist.[15]

Hingegen besteht kein Anscheinsbeweis dafür, dass der Halter eines Pkw in einem bestimmten Zeitpunkt auch der Fahrer gewesen ist. Dabei handelt es sich um keinen typischen Geschehensablauf, da Halter- und Fahrereigenschaft häufig auseinanderfallen.[16]

---

8 BAGE 70, 85 = NJW 1993, 612.
9 *Grunsky* AuR 1990, 105; aA *Prütting/Weth* AuR 1990, 273; krit. weiter *Ahrens* JZ 1996, 738.
10 BGH LM § 286 [C] ZPO Nr. 7.
11 BGH LM § 286 [C] ZPO Nr. 15.
12 BGH NJW 1984, 432.
13 BGHZ 114, 284 = NJW 1991, 1948.
14 BGH NJW 2002, 2708.
15 BGH NJW 2012, 1277.
16 BGH NJW 2020, 755 Rn. 32.

521 Die Beispiele zeigen, dass der Beweis des ersten Anscheins eng mit der Beweiswürdigung zusammenhängt. Durch einen **Erfahrungssatz** wird von **einer Tatsache** (zB dem äußeren Bild eines Verkehrsunfalls) auf das Vorliegen einer **anderen Tatsache geschlossen** (zB die Unachtsamkeit eines Verkehrsteilnehmers). Der Beweis des ersten Anscheins führt so nicht zu einer Beweislastumkehr, sondern lediglich zu einer Erleichterung der Beweisführung.[17] Gelingt es nämlich dem Gegner, Tatsachen darzulegen und erforderlichenfalls zu beweisen, die auf die ernsthafte Möglichkeit eines **atypischen Geschehensablaufs** hinweisen, liegt die Beweislast wieder beim Beweisbelasteten.

> **Beispiel:** Der Kläger nimmt den Beklagten auf Schadensersatz aus einem Auffahrunfall in Anspruch. Der Beweis des ersten Anscheins spricht dafür, dass der Beklagte es verschuldet hat, dem Kläger aufgefahren zu sein. Der Beklagte kann aber diese Vermutung dadurch erschüttern, dass er darlegt, er sei dem Kläger nur deshalb aufgefahren, weil dieser plötzlich und unvorhersehbar stark gebremst habe.

Auf die Grundsätze des Anscheinsbeweises kann sich weiter derjenige nicht berufen, der es der Gegenpartei schuldhaft unmöglich gemacht hat, den Anscheinsbeweis zu erschüttern oder zu widerlegen.

> **Beispiel:** Ein Anscheinsbeweis entfällt bei Weigerung des Geschädigten, den Schaden sofort durch einen Fachmann beurteilen zu lassen.[18]

522 Ob der Beweis des **ersten Anscheins** tatsächlich etwas **anderes** ist als der **Indizienbeweis,** erscheint fraglich. Beiden Instituten liegt zugrunde, dass eine entscheidungserhebliche Tatsache nur mittelbar aus einer anderen Tatsache geschlossen werden kann, was durch Anwendung von Erfahrungssätzen geschieht. Beim Beweis des ersten Anscheins handelt es sich um typische, dh immer wieder vorkommende Fallgestaltungen. Demgegenüber spricht man von einem Indizienbeweis dann, wenn der Sachverhalt atypisch ist, also aus dem »Alltagsrahmen« heraus fällt. Dieser Unterschied kann aber nichts daran ändern, dass der methodische Weg für den Richter jeweils derselbe ist: Aus der menschlichen Erfahrung wird ein Schluss auf das Vorliegen einer nicht unmittelbar zu beweisenden Tatsache gezogen.

4. Haupt- und Gegenbeweis

523 Zu unterscheiden sind weiter Hauptbeweis und Gegenbeweis. **Hauptbeweis** meint, dass die beweisbelastete Partei das Gericht von der Wahrheit ihrer tatsächlichen Behauptungen überzeugen muss. Versucht der Gegner, den Hauptbeweis zu erschüttern, erbringt er einen **Gegenbeweis.**

> **Beispiel:** K klagt gegen B eine Kaufpreisforderung ein. B bestreitet einen Kaufabschluss. K beruft sich auf das Zeugnis seines Angestellten A. A bestätigt als Zeuge den mündlichen Kaufabschluss. B benennt »gegenbeweislich« den Zeugen X, der aussagt, K habe ihm erzählt, er sei sich mit B noch nicht einig geworden. Durch diesen Gegenbeweis des B kann die Überzeugung des Gerichts vom Abschluss des Vertrags erschüttert sein, wenn das Gericht dem Zeugen X und nicht dem Zeugen A Glauben schenkt.

Vom Gegenbeweis ist der **Beweis des Gegenteils** zu unterscheiden. Er greift ein, wenn zugunsten einer Partei eine widerlegliche Vermutung (zB § 891 BGB) besteht und die

17 BGHZ 39, 103 (107) = NJW 1963, 953.
18 BGH NJW 1998, 79.

andere Partei diese Vermutung widerlegen will. Der Beweis des Gegenteils ist dann Hauptbeweis.

II. Beweisantritt

1. Tatsachen

524 Um ihr Prozessziel zu erreichen, stellt jede Partei tatsächliche Behauptungen auf und benennt zum Nachweis dieser Behauptungen Beweismittel (zB Zeugen), dies ist der Beweisantritt.

Gegenstand des Beweises sind nur **tatsächliche Vorgänge,** und zwar sowohl äußere wie »innere«.

> **Beispiel:** K behauptet, B habe ihn mit seinem Pkw angefahren.
> K behauptet, B sei völlig abgespannt, ja depressiv gewesen.

Möglich ist auch hier (wie beim Geständnis, → Rn. 414 ff.), dass Tatsachenkomplexe zusammengefasst und Gegenstand des Beweises werden.

> **Beispiel:** K behauptet, B habe die Sache bei ihm gekauft. B leugnet: »er sei nie im Laden des K gewesen«.

2. Rechtssätze

525 Nicht Gegenstand des Beweises sind Rechtssätze. Sie muss das Gericht aus eigener Kenntnis wissen (**»iura novit curia«**). Notfalls hat es sich mit ihm bisher unbekannten Normen vertraut zu machen. Dabei darf es auch nicht etwa auf einen Sachverständigen zurückgreifen, der sich in der Materie besser auskennt. Zum ausländischen Recht (§ 293) → Rn. 873.

3. Erfahrungssätze

526 Erfahrungssätze sind Gegenstand des Beweises, wenn der Richter sie nicht selbst kennt und sich dieses Wissen auch nicht selbst verschaffen kann (zB im medizinischen Bereich). Als Beweismittel dient ihm der Sachverständige.

III. Beweiserheblichkeit – Beweisbedürftigkeit

527 Zum Gegenstand der Beweiserhebung dürfen nur tatsächliche Behauptungen gemacht werden, die für die Entscheidung des Gerichts erheblich **(schlüssig)** und **beweisbedürftig** sind.

Damit ist ein zentrales Problem eines rationellen und zügigen Prozesses angesprochen. Es geht den Richter ebenso an wie den Rechtsanwalt. Beweisaufnahmen, die sich nachher als »unerheblich« herausstellen, schaden dem konkreten Prozess und der Rechtspflege. Seitenlange Schriftsätze, die neben der Sache liegen, sind unnötiger, Arbeitskraft nutzlos verbrauchender Ballast.

1. Klägerstation (Schlüssigkeitsprüfung)

528 Zunächst ist von dem Gericht zu prüfen, ob der tatsächliche **Klägervortrag nach materiellem Recht den vom Kläger begehrten Klageanspruch rechtfertigt:** »Ein Sachvortrag [...] ist dann schlüssig und damit erheblich, wenn der Kläger Tatsachen vorträgt, die in Verbindung mit einem Rechtssatz geeignet und erforderlich sind, das geltend gemachte Recht als in der Person des Klägers entstanden erscheinen zu lassen«[19].

Beispiel: K verlangt von B Bezahlung des Kaufpreises in Höhe von 500 EUR für eine gelieferte Waschmaschine. Der Kläger muss darlegen, dass ein Kaufvertrag über die Lieferung der Maschine zum Preis von 500 EUR abgeschlossen worden ist (§ 433 BGB).

529 Dem Kläger obliegt damit die **Behauptungslast.** Trägt er trotz richterlichen Hinweises (§ 139) die hierfür nötigen Tatsachen nicht vor, ist die Klage nicht schlüssig; sie ist als **unbegründet** abzuweisen, ohne dass sich das Gericht mit der Erwiderung des Beklagten auseinander zu setzen braucht. Dabei muss der Kläger den Sachverhalt so genau (»substantiiert«) vortragen, dass das Gericht ihn auf die Anwendbarkeit einer Rechtsnorm hin überprüfen kann, aus der sich die begehrte Rechtsfolge möglicherweise ergibt (sog. **Substantiierungspflicht**).[20] Genügt der Vortrag diesen Anforderungen nicht, ist die Klage ebenfalls unschlüssig. Dagegen ist es für die Schlüssigkeit unerheblich, ob der Vortrag des Klägers glaubhaft oder unwahrscheinlich ist.

Beispiel: Die Behauptung des Klägers, der Beklagte habe ihm den Ersatz von Umbaukosten mündlich zugesagt, reicht für die Schlüssigkeit der Klage aus.[21]

Alle anderen tatsächlichen Behauptungen (zB die Parteien seien befreundet – K habe eine große Kundschaft, die er stets zur Zufriedenheit aller beliefert habe, er habe seinen Umsatz daher in wenigen Jahren verdoppelt) sind unerheblich, weil sie nichts zu den Voraussetzungen des § 433 BGB sagen.

530 Grundsätzlich kann der Kläger bei der Substantiierung seines Vortrags nicht auf den **Beklagten** hoffen. Denn dieser kann sich darauf beschränken, den Vortrag der Gegenpartei zu **bestreiten.**

Beispiel: Bei einem Prozess um die Umsatzhöhe einer verkauften Anwaltskanzlei braucht der auf Rückzahlung des Kaufpreises in Anspruch genommene Verkäufer zu den Umsatzzahlen deshalb nicht substantiiert vorzutragen, weil der Käufer diese aus den ihm überlassenen Unterlagen selbst ermitteln kann.[22]

531 Eine Ausnahme ist aber dann zu machen, wenn der darlegungspflichtige Kläger die maßgebenden Tatsachen nicht näher kennt, während sie dem Gegner bekannt sind oder von ihm ohne Schwierigkeiten ermittelt werden können. Dann darf dieser sich nicht mit dem bloßen Bestreiten begnügen, sondern muss seinerseits aufgrund seiner aus § 138 II folgenden Erklärungspflicht substantiiert vortragen, sog. **sekundäre Darlegungslast.** Kommt der Gegner dieser Verpflichtung nicht nach, gilt der Vortrag des Klägers als zugestanden, § 138 III.[23]

19 BGH NJW 1984, 2888 (2889).
20 Zu den Folgen der Überspannung dieser Pflicht etwa BGH NJW 2019, 1082; NJW-RR 2015, 910; 2015, 829.
21 BGH NJW-RR 1996, 1402.
22 BGH NJW 1999, 1404.
23 BGH NJW 2020, 755 Rn. 35.

Beispiele: Der aus ungerechtfertigter Bereicherung in Anspruch genommene Beklagte muss zu der von ihm behaupteten Schenkung durch den Erblasser substantiiert vortragen, obwohl die Darlegungs- und Beweislast beim Kläger liegt.[24]
Die Klägerin K beantragt, dass der beklagten Konkurrentin B folgende Werbung untersagt werde: »hergestellt nach einem alten ostpreußischen Familienrezept«. K trägt zwar für die **negative Tatsache,** dass die Werbung unrichtig ist, die Beweislast. Da die B aber den besseren Zugang zum Sachverhalt hat (nur sie kennt das Rezept), darf sie sich nicht mit einem einfachen Bestreiten begnügen, sondern muss im Einzelnen darlegen, warum sie den Werbespruch zu Recht benutzt.[25]
Der Kläger ist Betreiber eines Parkplatzes, auf dem Pkw unentgeltlich für zwei Stunden abgestellt werden können (= Leihvertrag). Er verklagt den Halter eines Pkw auf Zahlung des erhöhten Parkentgeltes (= Vertragsstrafe) für die Überschreitung der zulässigen Parkdauer. Der Beklagte bestreitet, an dem genannten Tag den Pkw gefahren zu haben. Grundsätzlich obliegt es dem Kläger darzulegen, dass der Beklagte den Pkw am besagten Tag gefahren hat, da nur dann ein Leihvertrag mit diesem über den Parkplatz zustande gekommen ist. Allerdings handelt es sich beim Betrieb eines Parkplatzes um ein **anonymes Massengeschäft.** Es ist dem Kläger nicht zumutbar, die Identität des Fahrers zu ermitteln. Hingegen ist es für den Beklagten ohne weiteres möglich, die Personen zu benennen, die im fraglichen Zeitraum den Pkw genutzt haben. Dies muss er im Einzelnen darlegen. Es genügt nicht, bloß zu bestreiten, selbst gefahren zu sein.[26]

2. Beklagtenstation (Erheblichkeitsprüfung)

Kann der Kläger aus seinem Klagevorbringen den Klageanspruch herleiten, ist die Klage also schlüssig, hat das Gericht sodann den **Einwendungen und Einreden des Beklagten** nachzugehen, also den sie tragenden materiell-rechtlichen Vorschriften (Erheblichkeitsprüfung in der Beklagtenstation). Die Behauptung des auf Zahlung des Kaufpreises in Anspruch genommenen Beklagten, ein Kaufvertrag sei nicht zustande gekommen, ist **Klageleugnen** (→ Rn. 388). Die Behauptungslast für die umstrittene Tatsache (Zustandekommen des Kaufvertrags) liegt weiterhin beim Kläger. Das schließt aber nicht aus, dass der Beklagte auch von seiner Seite Zeugen für das Nichtzustandekommen des Vertrags benennt (**Gegenbeweis,** → Rn. 523). **532**

Dagegen trägt der Beklagte die **Behauptungslast** für sein – eventuelles – Vorbringen, der Kaufgegenstand sei mangelhaft. Er muss auch behaupten, dass er wegen der Mangelhaftigkeit »vorsorglich« zurückgetreten sei. Trägt er dies – trotz Aufforderung durch das Gericht (§ 139) – nicht vor, ist sein Vortrag nicht schlüssig. Den Beklagten treffen dieselben Substantiierungsanforderungen wie den Kläger. Bei einem Mangel hat der Beklagte die Mangelsymptome zu beschreiben, ohne aber die (vielfach unbekannte) Ursache dieser Symptome bezeichnen zu müssen.[27] Alles übrige Vorbringen (zB sei er mit K keineswegs befreundet; im Gegenteil, schon früher habe es wegen der Lieferung eines Fernsehgerätes Differenzen gegeben – K sei bekannt dafür, dass er zwar gerne verkaufe, aber dann einen miserablen Service biete), ist unerheblich. **533**

Ist am Ende des Prozesses das Gericht nicht davon überzeugt, dass ein Kaufvertrag geschlossen wurde, wird die Klage als **unbegründet** abgewiesen. Denn K trägt für den Abschluss des Kaufvertrages nicht nur die Behauptungs-, sondern auch die **Beweislast** **534**

24 BGH NJW 1999, 2887.
25 BGH NJW 1962, 2149 – Bärenfang.
26 BGH NJW 2020, 755 Rn. 40f.
27 BGH NZM 2020, 287 Rn. 9.

(→ Rn. 155, 555ff.). Wenn das Gericht den Kaufabschluss für bewiesen hält, von der Mangelhaftigkeit der Maschine aber nicht überzeugt ist, wird B verurteilt. Denn er trägt die Beweislast für das Vorliegen eines Mangels.

3. Beweisbedürftigkeit

535 Grundsätzlich hat das Gericht über die entscheidungserheblichen Tatsachen Beweis zu erheben. Ob eine Tatsache **beweiserheblich** ist, oder es auf sie nicht ankommt, beantwortet sich nach dem Stand des Verfahrens in dem Augenblick, in dem das Gericht darüber entscheidet, welche Beweise zu erheben sind. Dass sich eine Tatsache vielleicht später als unerheblich herausstellen kann, ist kein Hindernis dafür, eine sofortige Beweiserhebung darüber anzuordnen.

Beispiel: B verteidigt sich gegen die Kaufpreisklage des K damit, zum einen sei kein Kaufvertrag abgeschlossen worden und überdies sei er (B) wegen eines von K bestrittenen Mangels der Sache wirksam vom Vertrag zurückgetreten. Materiell-rechtlich setzt der Rücktritt zwar das Zustandekommen eines Kaufvertrags voraus, doch ist das prozessual kein Hindernis dafür, sofort über den Mangel Beweis zu erheben, ohne dass das Gericht zunächst klären müsste, ob es überhaupt zu einem wirksamen Vertragsschluss gekommen ist. Wird gleichzeitig über das Zustandekommen des Vertrags Beweis erhoben und kommt das Gericht dabei zu dem Ergebnis, dass es an einem Vertrag fehlt, kommt es auf den Mangel zwar nicht mehr an, doch kann eine Beweiserhebung darüber zumindest dann gleichwohl sinnvoll sein, wenn sie sofort erfolgen kann und mit keinen weiteren Kosten verbunden ist, zB der vom Gericht dazu geladene Zeuge ist ohnehin anwesend. Möglicherweise beurteilt das Berufungsgericht nämlich die Vertragsfrage anders, womit es zweckmäßig ist, das klageabweisende Urteil doppelt zu begründen, nämlich einmal mit dem Nichtzustandekommen eines Vertrags und außerdem mit einem wirksamen Rücktritt, sofern man vom Abschluss des Vertrags ausgehen wollte.

536 Nicht alle erheblichen Tatsachen sind **beweisbedürftig.** Des Beweises bedürfen nicht die **zugestandenen** (§ 288) und die **nicht bestrittenen** (§ 138 III) Tatsachen (→ Rn. 415ff., 419ff.). Auch braucht das Gericht keinen Beweis zu erheben bei **offenkundigen Tatsachen,** also solchen, die allgemein bekannt sind, und bei **gerichtskundigen** Tatsachen, dh solchen, die das Gericht aus seiner amtlichen Tätigkeit kennt (§ 291).[28] Nicht gerichtskundig sind aber Tatsachen, die der Richter **beigezogenen Akten** eines anderen Prozesses entnimmt. Sie sind aktenkundig und Gegenstand des Urkundenbeweises. Der Richter darf **privates Wissen** (er war zB Zeuge des Unfalls) nicht verwerten. Er kann dann von einer Partei als Zeuge benannt werden, was im Falle seiner Vernehmung dazu führt, dass er an dem Verfahren nicht mehr als Richter mitwirken kann (§ 41 Nr. 5).

4. Ablehnung von Beweisanträgen

537 Wenn eine tatsächliche Behauptung erheblich und beweisbedürftig ist, muss Beweis erhoben werden, sofern die beweisbelastete Partei Beweis angetreten hat. Ein erhebliches Beweisangebot nicht zu berücksichtigen, obwohl das Prozessrecht dafür keine Grundlage vorsieht, verstößt gegen Art. 103 I GG.[29] Der Richter darf einen Beweisantrag insbesondere aus solchen Gründen **nicht ablehnen,** die eine (unzulässige) **vorweggenommene Beweiswürdigung** darstellen. So kann das Gericht die Beweisaufnahme

28 BGHSt 6, 292 = NJW 1954, 1656.
29 BGH BeckRS 2014, 4546 Rn. 11 = FamRZ 2014, 749 Rn. 11.

zum einen nicht deshalb verweigern, weil der zum Beweis benannte Zeuge unglaubwürdig sei (wie das Gericht aus anderen Prozessen wisse), der Zeuge schon zweimal nicht erschienen sei[30] (vgl. zur entsprechenden Anwendung von § 244 III 2 StPO im Zivilprozess, sogleich →Rn. 538) oder doch nichts Erhebliches zur Sache sagen könne[31]. Zum anderen ist die Ablehnung nicht deshalb möglich, weil das Gericht schon vom Gegenteil der behaupteten Tatsache überzeugt sei.[32] Schließlich darf die Beweiserhebung auch nicht allein deshalb unterbleiben, weil sie im Hinblick auf den geringen Streitwert »höchst unökonomisch«[33] wäre oder ein neuer Tatsachenvortrag einer Partei im Widerspruch zum bisherigen Vorbringen stehe. Letzteres kann im Rahmen der Beweiswürdigung berücksichtigt werden.[34]

Nur ausnahmsweise kann ein Beweisantrag abgelehnt werden, wenn die **Erhebung des Beweises unzulässig** ist. Entsprechend kann die Regelung für den **Strafprozess** in § 244 III 1 StPO herangezogen werden. So darf kein Beweis erhoben werden, wenn das Beweismittel rechtswidrig erlangt ist (zB verbotene geheime Videoaufnahme oder heimlich eingeholtes DNA-Gutachten zur Verwendung in einem Vaterschaftsanfechtungsverfahren)[35]. Bei **mitgehörten Telefongesprächen** kann der Mithörende Zeuge sein, wenn er das Gespräch mehr zufällig mitgehört hat (zB durch eine offene Tür). Dagegen muss dann ein Beweisverwertungsverbot angenommen werden, wenn das Mithören ohne Wissen des Gesprächspartners mittels technischer Einrichtungen erfolgt ist. Denn dies stellt eine Verletzung des allgemeinen Persönlichkeitsrechts dar.[36] Weiter kann das Gericht die Beweisaufnahme ablehnen, wenn das Beweismittel völlig ungeeignet[37] oder unerreichbar ist (vgl. § 244 III 2 StPO), ferner wenn es sich um einen unzulässigen **Ausforschungsbeweis** (Beweisermittlungsantrag) handelt, indem die beweispflichtige Partei willkürlich eine Behauptung „aufs Geratewohl“ oder „ins Blaue hinein“ aufstellt.[38] 538

Beispiel: K hat den Verdacht, dass der Mitwettbewerber B »seine (des K) Erzeugnisse schlecht mache«. Er klagt auf »Unterlassung wahrheitswidriger Angaben« und benennt den Prokuristen des B als Zeugen dafür, dass, wie und wem gegenüber B wahrheitswidrige Angaben gemacht hat. Er will damit erst »herausbringen«, ob und wie B ihn im Wettbewerb herabsetzt.

Ein Beweisantrag kann schließlich **wegen Prozessverschleppung** zurückgewiesen werden (§ 296; näher dazu →Rn. 161 f., 164 ff.), wobei freilich zu beachten ist, dass Beweisanträge in der Regel bis zum Schluss der letzten mündlichen Verhandlung gestellt werden können. 539

30 BGH NJW-RR 2015, 1151 Rn. 12.
31 BGH NJW-RR 2013, 9 Rn. 13.
32 BGH NJW 1994, 1348 (1350).
33 BVerfGE 50, 32 = NJW 1979, 413; BVerfG NJW 1984, 1026.
34 BGH NJW-RR 2020, 179 Rn. 45.
35 BGHZ 162, 1 = NJW 2005, 497; BGHZ 166, 283 = NJW 2006, 1657.
36 BVerfG NJW 2002, 3619 (3621 ff.).
37 BGHZ 40, 374 = NJW 1964, 723; BGH NJW 1994, 1348 (1350).
38 BGH JZ 1988, 624; NJW 1988, 2100; BeckRS 2020, 2199 Rn. 8.

IV. Beweisanordnung

1. Im Rahmen eines Prozesses

540 Das Gericht kann die Beweisaufnahme durch **formlosen Beschluss** anordnen, sofern die Beweisaufnahme sofort – also im Anschluss an die mündliche Verhandlung – erfolgen kann (§ 279 II).

Beispiel: Das Gericht hat nach § 273 II Nr. 4 Zeugen und einen Sachverständigen unter kurzer Angabe des Beweisthemas geladen (→ Rn. 139). Beide sind erschienen. Das Gericht kann anordnen, beide zu hören.

541 Alternativ ist es dem Gericht möglich, durch **förmlichen Beweisbeschluss** (§ 358) zu entscheiden. Dieser enthält gewissermaßen das Beweisprogramm des Gerichts: die Beweisthemen, den Beweisführer und die Beweismittel (vgl. § 359).

Formulierungsbeispiel:

»1. Es ist Beweis zu erheben über die Behauptung des Klägers [Beweisführers], der Beklagte habe ihn am 21.10.2013 auf dem Fußgängerüberweg an der Ecke Unter den Linden/Friedrichstraße in Berlin mit seinem Pkw angefahren und zu Boden geworfen [Beweisthema], durch Vernehmung des Zeugen Z [Beweismittel].
2. Die Ladung des Zeugen wird von einer Vorschussleistung durch den Kläger in Höhe von 200 EUR bis zum 31.12.2013 abhängig gemacht [§ 379].
3. Termin zur Beweisaufnahme und Fortsetzung der mündlichen Verhandlung [§ 370 I] wird bestimmt auf den 14.1.2014.«

542 Der Beweisbeschluss wird verkündet. Er **kann nicht selbstständig angefochten werden** (§ 355 II). Rügen der Partei, die den Beweisbeschluss betreffen, können also erst mit dem gegen das Urteil eingelegten Rechtsmittel erhoben werden (§§ 512, 557 II). Dem Gericht ist es aber unbenommen, den Beweisbeschluss nach Maßgabe des § 360 zu ändern.

Der Beweisbeschluss kann auch schon **vor der mündlichen Verhandlung** ergehen (§ 358a S. 1), ebenso eine Beweisaufnahme erfolgen (allerdings keine Zeugen- und Parteivernehmung durch das Prozessgericht; wohl aber durch den beauftragten oder ersuchten Richter, § 358a S. 2 Nr. 1).

2. Selbstständiges Beweisverfahren

543 Eine **sofortige Beweisaufnahme** findet statt im sog. selbstständigen Beweisverfahren (§§ 485ff.). Selbstständig ist dieses Beweisverfahren, weil es unabhängig davon durchgeführt werden kann, ob ein Prozess schon schwebt oder nicht. Voraussetzungen sind vor allem ein drohender Verlust des Beweismittels oder rechtliches Interesse an einer Begutachtung vor Anhängigkeit eines Verfahrens (§ 485). Erhebliche praktische Bedeutung hat das selbstständige Beweisverfahren vor allem im Bauwesen bei der Feststellung von **Baumängeln** sowie ihrer Ursachen (welcher von verschiedenen Handwerkern ist etwa für einen Feuchtigkeitsschaden verantwortlich?) und der Kosten der Beseitigung der Mängel. Durch den Antrag auf Durchführung eines selbstständigen Beweisverfahrens wird die **Verjährung** ebenso wie durch Klageerhebung gehemmt (§ 204 I Nr. 7 BGB).

V. Beweisaufnahme

1. Zuständigkeit

Die Beweisaufnahme findet **vor dem Prozessgericht** statt (§ 355 I 1: Grundsatz der Unmittelbarkeit, → Rn. 147), nur ausnahmsweise vor einem beauftragten oder – im Wege der Rechtshilfe (§§ 156ff. GVG) – vor einem ersuchten Richter (→ Rn. 40f., 148). **544**

2. Parteiöffentlichkeit

Die Parteien haben das **Recht,** bei der Beweisaufnahme anwesend zu sein (§ 357 I), auch wenn die allgemeine Öffentlichkeit ausgeschlossen ist (§§ 170–172 GVG). Andererseits sind die Parteien nicht zur Anwesenheit verpflichtet (§ 367 I). **545**

Das Gericht kann also nicht etwa das Ruhen des Verfahrens (§ 251) anordnen, wenn beide Parteien zur Beweisaufnahme nicht erscheinen. Wohl aber ist ein Versäumnisurteil möglich, wenn eine Partei in dem unmittelbar auf die Beweisaufnahme folgenden Termin zur Fortsetzung der mündlichen Verhandlung (§ 370) nicht erscheint und die andere Partei dies beantragt (s. aber Beispiele → Rn. 120, 484). Bei Säumnis beider Parteien in diesem Termin ist Entscheidung nach Aktenlage möglich (§ 251a, → Rn. 513).

VI. Beweismittel

Die Beweismittel sind angesichts des im Verfahren nach der ZPO geltenden **Strengbeweises** (→ Rn. 516) im Gesetz festgelegt. Es gibt nur den Beweis durch Augenschein, durch Zeugen, Sachverständige, Urkunden und Parteivernehmung (im Einzelnen → Rn. 558ff.). Der Grund für diese beschränkende Normierung liegt einmal in der notwendigen **Typizität der Verwertung** der Beweismittel, zum anderen in der Tatsache, dass die Beweisaufnahme **Rechte Dritter** (zB des Zeugen) berühren kann. Dieser mögliche Eingriff muss aus rechtsstaatlichen Gründen gesetzlich geregelt sein. Zum Beispiel muss im Gesetz gesagt werden, ob jemand Zeuge sein oder eine wichtige Urkunde herausgeben muss. **546**

VII. Beweiswürdigung

1. Freie Beweiswürdigung

Der Grundsatz der freien richterlichen Beweiswürdigung erlaubt **keine »Kadijustiz«** derart, dass der Richter den Grund, warum er so und nicht anders entschieden hat, für sich behält. Er muss vielmehr im Urteil die Gründe angeben, die für seine **richterliche Überzeugung** leitend gewesen sind (§ 286 I 2). Die Grundlagen der Beweiswürdigung dürfen nur der Inhalt der Verhandlung und das Ergebnis der Beweisaufnahme sein, also nicht sonstige Quellen der Meinungsbildung, die in der Verhandlung nicht zur Sprache gekommen sind. **547**

Der Grundsatz der freien richterlichen Beweiswürdigung und die Freistellung des Richters von Beweisregeln (§ 286 II) bedeuten ferner nicht, dass der Richter immer zu einer bestimmten Überzeugung über die Wahrheit oder Unwahrheit einer Tatsache **548** kommen, sich also dazu »durchringen« müsse. Bleiben für ihn Zweifel (sog. **»non liquet«** = es ist nicht klar), hat er zum Nachteil der beweisbelasteten Partei zu entscheiden.

Auch die Möglichkeit des **Anscheinsbeweises** (→ Rn. 520ff.) ändert daran nichts. Sie bedeutet nur eine Erleichterung der Überzeugungsbildung bei typischen Geschehensabläufen. Der Nachweis der Möglichkeit eines atypischen Geschehensablaufs beseitigt diese Erleichterung und führt letztlich – falls der Richter sich keine bestimmte Überzeugung bilden kann – zur Entscheidung entsprechend der Beweislast (→ Rn. 521).

549 Die Frage, welchen Grad der Überzeugung man vom Richter verlangt, damit er eine Tatsache zugrunde legt, wird als die nach dem **Beweismaß** bezeichnet. Nach überwiegender Auffassung muss der Richter immer dann eine **Beweislastentscheidung** treffen, wenn er vom Vorliegen oder Nichtvorliegen einer entscheidungserheblichen Tatsache **nicht voll überzeugt** ist. Freilich verlangt die Rechtsprechung für die volle richterliche Überzeugung nach § 286 keine absolute oder unumstößliche Gewissheit im Sinne des wissenschaftlichen Nachweises, sondern nur einen für das praktische Leben brauchbaren Grad von Gewissheit, der Zweifeln Schweigen gebietet, ohne sie völlig auszuschließen.[39] Dagegen soll es indessen nicht ausreichen, dass der Richter die Tatsache zwar für wahrscheinlich, aber eben nicht voll bewiesen hält.[40]

Demgegenüber wird verschiedentlich die Auffassung vertreten, der Richter habe von dem wahrscheinlicheren Sachverhalt auszugehen (sog. **Beweismaßlehre**).[41] Dafür spricht, dass auf diese Art das Risiko eines Fehlurteils gemindert wird: Ist eine Tatsache etwa zu 80 % bewiesen (wobei unberücksichtigt bleibt, dass exakte Prozentangaben kaum je möglich sind) und legt das Gericht sie dem Urteil zugrunde, beruht dieses mit 80%iger Wahrscheinlichkeit auf dem richtigen Sachverhalt, und zwar unabhängig davon, welche Partei die Beweislast trägt. Andererseits zeigt gerade die Beweislast, dass die bloße Wahrscheinlichkeit nicht ausreichen soll; anderenfalls gäbe es eine Beweislastentscheidung nur noch in dem kaum je vorkommenden Fall einer 50:50-Wahrscheinlichkeit.

2. Freie Überzeugungsbildung

550 Freier gestellt ist der Richter in den beiden Fallgruppen des § 287, nämlich in **Schadensersatzprozessen** (§ 287 I) und – was nicht selten übersehen wird – bei **Streit über die Höhe einer Forderung,** wenn die Mühe um volle Aufklärung in keinem Verhältnis zu dem streitigen Teil der Forderung steht (§ 287 II).

a) Voraussetzungen

551 Die freiere Stellung des Richters bezieht sich nach § 287 I auf die Frage, **ob** überhaupt ein **Schaden** entstanden ist, ob zwischen dem schädigenden Ereignis und dem eingetretenen Schaden ein **Kausalzusammenhang** besteht (sog. haftungsausfüllende Kausalität) und schließlich wie **hoch** der Schaden ist.[42] Sie erfasst nicht den Nachweis

39 StRspr vgl. zuletzt etwa BGH NJW 2018, 150 Rn. 14.
40 MüKoZPO/*Prütting* § 286 Rn. 28ff.; *Schilken* ZivilProzR Rn. 489.
41 Vgl. *Rosenberg/Schwab/Gottwald* ZivilProzR § 114 Rn. 13.
42 BGH NJW 2013, 2584 Rn. 20.

des Schadensgrundes (haftungsbegründende Kausalität) und des Verschuldens, ob also zB der Beklagte den Kläger rechtswidrig und schuldhaft verletzt hat.[43]

Besondere Bedeutung hat § 287 I für die Bemessung des **entgangenen Gewinns** (§ 252 BGB), wenn der Geschädigte erst am Anfang seiner beruflichen Laufbahn steht und diese wegen des schädigenden Ereignisses nicht fortsetzen kann oder wenn er sich gar noch in der Ausbildung befunden hat. 552

Beispiele: Schadensbedingte Unmöglichkeit, eine geplante Tätigkeit als Fußballtrainer aufzunehmen.[44] – Prognose der hypothetischen Einkommensentwicklung, wenn der Geschädigte behauptet, er hätte ohne den Schadensfall in fortgeschrittenem Alter eine gut bezahlte Festanstellung erhalten.[45]

Die **Voraussetzungen eines Mitverschuldens** sind nach § 286 I zur vollen Überzeugung des Gerichts zu beweisen, ohne dass die Beweiserleichterungen des § 287 I zur Anwendung kommen. Wie sich das Mitverschulden auf die Schadensentwicklung ausgewirkt hat, unterfällt dagegen § 287 I. 553

b) Rechtsfolgen

Die freiere Stellung des Richters bedeutet, dass in dem eben dargelegten Anwendungsbereich die Beweiserhebung im Ermessen des Gerichts liegt (§ 287 I 2). Dieses muss jedoch **pflichtgemäß** ausgeübt werden. Das Gericht kann eine Beweiserhebung also nicht etwa wegen Arbeitsüberlastung oder deswegen ablehnen, weil es meint, der Geschädigte mache überzogene Ansprüche geltend. Das zu klären ist gerade Aufgabe einer Beweiserhebung. 554

Die Partei braucht nicht alle für die Überzeugungsbildung des Richters notwendigen Tatsachen zu behaupten und zu beweisen, sondern nur eine gewisse **Tatsachenbasis** für die richterliche Ermessensausübung.[46]

VIII. Behauptungs- und Beweislast

Die Regel, dass jede Partei die Behauptungs- und Beweislast für alle tatsächlichen Voraussetzungen einer von ihr in Anspruch genommenen Norm trägt, gilt nicht, wenn das Gesetz die Beweislast ausdrücklich anders bestimmt, also in den Fällen der **Beweislastumkehr** (zB §§ 179 I, 363, 2336 III BGB, § 1 IV ProdHaftG). In manchen dieser Fallgruppen spricht das Gesetz von **Vermutungen** (zB §§ 477, 630h I, III, IV, V, 891, 1006, 1117 III, 1362, 2255 S. 2 BGB). 555

Beispiel: K verlangt von B Herausgabe eines Grundstücks mit der Begründung, er sei Eigentümer. Ist K im Grundbuch eingetragen, braucht er sein Eigentum nicht nachzuweisen. Lassen sich die Eigentumsverhältnisse nicht klären, verliert B den Prozess.
Der Verkäufer V hat dem Käufer K gegenüber für verkaufte Autoreifen eine Haltbarkeitsgarantie von 40.000 km übernommen. Nach 30.000 km sind die Reifen abgefahren. V wendet K gegenüber ein, der Verschleiß sei darauf zurückzuführen, dass K den Reifendruck nicht regelmäßig kontrolliert habe und ständig mit zu geringem Druck gefahren sei. Kann die Ursache nicht geklärt werden, stehen K die Rechte aus der Garantie zu (§ 443 II BGB).

43 BGH NJW 2008, 1381 Rn. 9ff.; 2004, 777 (778).
44 BGH NJW 1998, 1633.
45 BGH NJW 2011, 1146.
46 BGHZ 62, 103 (108) = NJW 1974, 895; BGH NJW 1994, 663 (664f.).

Eine Ausnahme von der Regel, dass jede Partei die Beweislast für alle tatsächlichen Voraussetzungen einer von ihr in Anspruch genommenen Norm trägt, lässt sich dem Gesetzeswortlaut häufig dadurch entnehmen, dass dort von einem **Regel-Ausnahme-verhältnis** ausgegangen wird. Wer sich auf die Ausnahme beruft, trägt die Beweislast.

Typische Formulierungen sind in diesem Zusammenhang:
- »es sei denn« (zB §§ 284, 287, 320 I 1, 406, 434 I 3, 651f I, § 651n I, 932 I 1 BGB);
- »im Zweifel« (zB §§ 329, 364 II, 427 BGB);
- »dies gilt nicht« (zB § 280 I 2 BGB).

Für die Geschäftsfähigkeit liegt die Beweislast bei demjenigen, der sich auf ihr Fehlen beruft, dh, bei nicht aufklärbaren Zweifeln wird das Rechtsgeschäft als gültig angesehen.[47] Dagegen sollen bei der Prozessfähigkeit verbleibende Zweifel zulasten der jeweiligen Partei gehen, also gilt sie als prozessunfähig.[48]

556 Eine prozessuale Sonderregel hat die Rechtsprechung aus §§ 427, 441 III 3, 444, 453 II, 454 I in Fällen der **Beweisvereitelung** entwickelt (→ Rn. 587): Wer die Erhebung eines möglichen Beweises verhindert, wird so behandelt, als habe der Gegner mittels dieses Beweises die von ihm behauptete Tatsache nachgewiesen. Von herausragender Bedeutung ist schließlich die von der Rechtsprechung entwickelte Umkehr der Beweislast bezüglich des **Kausalitätsnachweises** in Fällen, in denen ein grob schuldhafter Verstoß gegen **Berufspflichten** feststeht.

Beispiel: Ein Schwimmlehrer, der grob pflichtwidrig Schwimmschüler im Schwimmerbecken ohne Aufsicht üben lässt, muss dann, wenn einer der Schüler während dieser Zeit ertrinkt, beweisen, dass der Verunglückte auch bei sorgfältiger Überwachung nicht hätte gerettet werden können.[49]

Besondere praktische Bedeutung kommt diesen Beweislastregeln seit jeher für **Arzthaftungsprozesse** zu. Nunmehr haben sie als Teil der Ausgestaltung des **Behandlungsvertrags** in §§ 630a ff. BGB[50] Eingang in das Gesetz gefunden. Diese Bestimmungen tragen den besonderen Schwierigkeiten eines Patienten Rechnung, die Voraussetzungen eines Schadensersatzanspruchs bei Behandlungsfehlern darzulegen und zu beweisen. Die Schwierigkeiten beruhen insbesondere darauf, dass der Patient idR nicht nur kein medizinisches Wissen, sondern vor allem keine Kenntnis der Behandlungsabläufe (insbesondere während seiner Narkose) hat. Oftmals lässt sich ferner der Beweis dafür nicht erbringen, dass der ärztliche Behandlungsfehler kausal für die Verletzung des Patienten geworden ist. Denn der Misserfolg der Behandlung kann auch auf den Eigenheiten des menschlichen Organismus beruhen. § 630h BGB enthält deshalb **gesetzliche Vermutungen** insbesondere für das Vorliegen eines **Behandlungsfehlers** (Abs. 1) oder dessen **Kausalität für einen Schadenseintritt** (Abs. 4 und 5), sodass die Darlegungs- und Beweislast für deren Nichtvorliegen auf den Arzt (den Behandelnden) verschoben wird. Die übrigen Voraussetzungen des Schadensersatzanspruchs hat indes weiterhin der geschädigte Patient darzulegen und zu beweisen.

47 Palandt/*Ellenberger* § 104 Rn. 8.
48 BGH NJW 1996, 1059; abl. zu dieser Differenzierung *Musielak* NJW 1997, 1736.
49 BGH NJW 1962, 959f.
50 Hierzu *Olzen/Kaya* JURA 2013, 661.

§ 630h I BGB bestimmt, dass ein Behandlungsfehler vermutet wird, wenn sich ein allgemeines und von dem Arzt voll **beherrschbares Behandlungsrisiko** in der Verletzung des Patienten verwirklicht hat. Dies sind solche Risiken, die nicht auf dem menschlichen Organismus beruhen, sondern auf der Organisation und Koordination der Behandlung seitens des Arztes (zB Funktionieren der Geräte, Einhaltung von Hygienevorschriften).

Die Folgen eines **groben Behandlungsfehlers,** also eines Fehlers, mit dem der Arzt ge- 557
gen sichere Behandlungsregeln oder medizinische Erkenntnisse verstoßen hat und der objektiv deshalb nicht verständlich erscheint, weil er einem Arzt »schlechterdings nicht unterlaufen darf«[51], regelt nunmehr § 630h V 1 BGB. Es wird die Kausalität des Fehlers für den Schaden vermutet.[52] Gleiches gilt, wenn der Arzt seinen Befund fehlerhaft erhoben oder nicht hinreichend gesichert hat (§ 630h V 2 BGB). Der Arzt hat dann die **gesetzliche Vermutung zu erschüttern** (zB dass der Patient den Heilungserfolg selbst zT vereitelt hat[53]) oder das **Gegenteil darzulegen und zu beweisen** (zB dass die Schädigung nicht auf dem Behandlungsfehler, sondern auf einer Überreaktion des menschlichen Körpers beruht)[54].

Bei einem nur **»einfachen« Fehler** des Arztes hat der Patient hingegen weiterhin die Kausalität für den eingetretenen Schaden nachzuweisen. Auch soll die Beweislastumkehr des § 280 I 2 BGB **(vermutetes Verschulden)** nach hM auf die Behandlung selbst grundsätzlich nicht anwendbar sein, weil ein Arzt ansonsten letztlich dafür einzustehen hätte, den wegen Eigenheiten des menschlichen Organismus nicht geschuldeten Erfolg der Behandlung herbeizuführen.[55] Im voll beherrschbaren Gefahrenbereich (Geräte, Hygiene) wird § 280 I 2 BGB hingegen für anwendbar gehalten.[56]

Literatur: *Dubischar,* Grundsätze der Beweislastverteilung im Zivil- und Verwaltungsprozeß, JuS 1971, 385; *Herget/Fischer,* Assessorenexamensklausur – Zivilrecht: Das selbstständige Beweisverfahren nach § 485 II ZPO, JuS 2008, 157; *Huber,* Grundwissen – Zivilprozess- und Strafprozessrecht: Indizienbeweis, Jus 2016, 218; *Huber,* Grundwissen – Zivilprozessrecht: Beweismaß, JuS 2016, 980; *Musielak,* Die sog. Tatsächliche Vermutung, JA 2010, 560; *Muthorst,* Der Beweis im Zivilprozess, JuS 2014, 686; *Teplitzky,* Der Beweisantrag im Zivilprozeß und seine Behandlung durch die Gerichte, JuS 1968, 71.

51 BGH NJW 2012, 227 Rn. 8.
52 Vgl. bereits BGHZ 159, 48 = NJW 2004, 2011; BGH NJW 2013, 3094 Rn. 11; 2005, 427 (428).
53 BGH NJW 2005, 427 (428).
54 BGH NJW 2008, 1304 Rn. 12.
55 Vgl. Stein/Jonas/*Thole* ZPO § 286 Rn. 169.
56 BGHZ 171, 358 Rn. 9ff. = NJW 2007, 1682.

Übersicht 13 Der Beweis

Begriff	Bedeutung	Begriff	Bedeutung
Beweis	volle richterliche Überzeugung; nach hM nicht nur überwiegende Wahrscheinlichkeit	**Unmittelbarer Beweis**	unmittelbarer Schluss auf die zu beweisende Tatsache
Glaubhaftmachung	geringere richterliche Überzeugung (Wahrscheinlichkeit), § 294 – nur wo Gesetz dies gestattet (zB § 920 II)	mittelbarer Beweis = **Indizienbeweis**	mittelbarer Schluss auf die zu beweisende Tatsache
»Strengbeweis«	Bindung an die Vorschriften der ZPO über das Beweisverfahren	davon wird unterschieden: **Beweis des ersten Anscheins** (Prima-facie-Beweis)	Erleichterung der Beweislast und der Beweiswürdigung bei typischen Geschehensabläufen
»Freibeweis«	keine Bindung des Richters bei Feststellung prozessualer Umstände		
Beweisantritt (der Partei)	tatsächliche Behauptung und Benennung des Beweismittels (§ 282 I)	**Beweiserhebung**	1. Beweisbeschluss (§ 359) = »Beweisprogramm« des Gerichts 2. Beweisaufnahme (grundsätzlich unmittelbar: § 355) 3. Beweiswürdigung a) freie richterliche Beweiswürdigung, § 286 (keine das Gericht bindenden Beweisregeln) b) freie Schadensschätzung (§ 287)
Beweisbedürftigkeit	1. nur schlüssige Behauptungen 2. auch diese nicht, wenn a) zugestanden (§ 288) oder b) nicht bestritten (§ 138 III) oder c) »notorisch« (allgemeinbekannt – gerichtsbekannt): § 291		
Behauptungslast	»Last« der Partei, die ihr günstigen Tatsachen zu behaupten		
Beweislast (Erleichterung der Beweislast durch Prima-facie-Beweis)	Entscheidung des Gerichts bei »non liquet«		
Beweisgegenstand	1. Tatsachen 2. Erfahrungssätze, sofern nicht gerichtsbekannt 3. Rechtssätze nur im Fall des § 293	**Beweismaß**	Grad der richterlichen Überzeugung

B. Die einzelnen Beweismittel

Im Verfahren des Strengbeweises sind die fünf Beweismittel Sachverständiger, Augenschein, Parteivernehmung, Urkundenbeweis und Zeugenbeweis (Merkformel: **SAPUZ**) statthaft, die hier in der Reihenfolge der ZPO vorgestellt werden: 558

I. Der Augenschein (§§ 371–372a)

Der richterliche Augenschein umfasst jede **unmittelbare Wahrnehmung des Zustandes von Menschen oder Sachen, vermittelt durch einen der menschlichen Sinne.** Dazu gehören etwa die Besichtigung des Unfallorts, die Feststellung von Lärmbeeinträchtigungen, das Abspielen einer CD oder eines Videos, die Sichtbarmachung eines elektronischen Dokuments (s. § 371 I 2). Für Fragen der Beweiskraft von elektronischen Dokumenten sowie gescannter öffentlicher Dokumente – für die dann weitgehend auf die Beweiskraft von Urkunden (→ Rn. 589 ff.) verwiesen wird – vgl. §§ 371 a f. Seit 1.7.2016 ist die »eIDAS-VO«[57] zu beachten, die verschiedene Beweisvermutungen für den elektronischen Rechtsverkehr enthält, namentlich in Art. 35 II VO (EU) 910/2014 die Vermutung der Unversehrtheit und Richtigkeit der Herkunftsangabe von Daten, die mit einem qualifizierten elektronischen Siegel verbunden sind. 559

Der Augenschein wird auf **Antrag einer Partei** (§ 371) oder **von Amts wegen** (§ 144) angeordnet. Häufig wird ein Sachverständiger hinzugezogen (§ 372 I). Es kann sich dann um eine Kombination von Augenschein und Sachverständigenbeweis handeln. 560

Beispiel: Bei der Besichtigung des Unfallorts durch das Gericht ist der Sachverständige anwesend. Er erstattet daraufhin sein Gutachten.

Denkbar ist aber auch ein alleiniger Sachverständigenbeweis.

Beispiel: Die Blutgruppen werden bestimmt oder ein erbbiologisches Gutachten wird erstattet.

Weder Augenschein noch Sachverständigenbeweis, sondern Zeugenbeweis liegt vor, wenn ein Arzt eine Partei untersucht und dem Gericht darüber berichtet (sog. »**Augenscheinsgehilfe**«).

Ein in einem **anderen Prozess eingenommener Augenschein** darf als Urkundenbeweis nicht verwertet werden, wenn eine Partei den Augenschein durch das Prozessgericht beantragt.[58] Dies ist etwa denkbar, wenn in einem Unfallprozess die Strafakten, die ein Augenscheinsprotokoll enthalten, beigezogen werden. Fotografien können den Augenschein nur ersetzen, wenn beide Parteien zustimmen[59] oder wenn der fotografierte Zustand heute nicht mehr besteht (zB Unfallfolgen bei einem inzwischen verschrotteten Auto).

57 Verordnung (EU) Nr. 910/2014 des Europäischen Parlaments und des Rates über elektronische Identifizierung und Vertrauensdienste für elektronische Transaktionen im Binnenmarkt und zur Aufhebung der Richtlinie 1999/93/EG v. 23.7.2014, ABl. 2014 L 257, 73.

58 BGH LM § 445 ZPO Nr. 3.

59 S. auch BGHZ 65, 300 = NJW 1976, 294.

II. Der Zeugenbeweis (§§ 373–401)

561 Der Zeugenbeweis ist in der Praxis das häufigste Beweismittel, aber mit großer Vorsicht zu würdigen. Aufnahmefähigkeit, Gedächtnis, Fantasie, gefühlsmäßige und andere Einflüsse können auch dem gutwilligen Zeugen einen Streich spielen. In begrifflicher Hinsicht ist bei der Beweiswürdigung zu unterscheiden, dass **Zeugen glaubwürdig,** ihre **Aussage glaubhaft** sein können, nie aber umgekehrt.

Auch der **»Zeuge vom Hörensagen«** kann als Zeuge vernommen werden.[60] Das Gericht kann einen Zeugen zudem über »innere Tatsachen« vernehmen.[61]

1. Zeuge – Sachverständiger – sachverständiger Zeuge

562 Der **Zeuge** soll Wahrnehmungen über Tatsachen oder Zustände im Prozess mitteilen (vgl. § 414). Der **Sachverständige** soll aufgrund seiner Sachkunde über Erfahrungssätze berichten und in aller Regel bei der Subsumtion des Sachverhalts unter die Erfahrungssätze mitwirken. Der **sachverständige Zeuge** konnte die konkrete Wahrnehmung nur aufgrund seiner Sachkunde machen. Er ist nur Zeuge, nicht Sachverständiger (§ 414).[62] Die Unterscheidung führt zu unterschiedlichen Rechtsfolgen.

a) Anforderungen

563 **Jedermann** kann und muss **Zeuge** sein, dh niemand kann sich darauf berufen, er wolle sich »aus der Sache raushalten« oder das Auftreten als Zeuge sei ihm lästig. Demgegenüber kann **Sachverständiger** nur sein, wer über die **Sachkunde** verfügt. Er muss nur unter den Voraussetzungen des § 407 ein Gutachten erstellen. Denn der Zeuge ist nicht auswechselbar, wohl aber der Sachverständige.

> **Beispiel:** Nur der Zeuge X hat den Unfall gesehen. Auf welche Geschwindigkeit die Bremsspur schließen lässt, können viele Kraftfahrzeugsachverständige errechnen.

Nicht Zeuge, sondern Sachverständiger ist der **Dolmetscher;** er ist nach § 189 GVG **stets** zu vereidigen.[63]

Der Sachverständige ist **»Richtergehilfe«**[64]. Er kann daher wie ein Richter – insbesondere wegen Befangenheit (→ Rn. 33) – abgelehnt werden (§ 406 I); nicht aber ein Zeuge.

> **Beispiel:** Der Beklagte kann den Zeugen also nicht ablehnen, weil er der Ehemann der Klägerin ist. Hingegen ist ein solcher Hinweis des Beklagten gerichtlich für die Würdigung der Zeugenaussage zu berücksichtigen. Jedoch kann keinesfalls allein aus einem Näheverhältnis des Zeugen zum Kläger auf eine Unglaubwürdigkeit desselben geschlossen werden.[65]

b) Beweisantritt

564 Der Zeuge wird von der Partei **benannt** (§ 373), er kann nicht vom Gericht von Amts wegen geladen werden (s. aber § 273 II Nr. 4). Als Benennung genügt es nicht, den

---

60 S. BVerfG NJW 1981, 1719.
61 BGH NJW 1983, 2034 (2035) für den Zeitpunkt, in dem ein Irrtum erkannt worden ist.
62 S. dazu BVerwG NJW 1986, 2268.
63 BGH NJW 1987, 260.
64 BGHZ 23, 207 (213) = NJW 1957, 906.
65 So schon BGH NJW 1995, 955 (956) (sog. »Sympathie-Rechtsprechung«).

Zeugen als »NN« zu bezeichnen. Der Zeuge muss hinreichend individualisierbar sein.[66] Ein Sachverständiger hingegen wird vom Gericht **ausgewählt** (§ 404 I 1). Das Gericht kann ein Gutachten einholen, auch wenn keine Partei dies beantragt hat (§ 144 I 1), und kann den Antrag auf Bestellung eines Sachverständigen ablehnen, wenn es sich selbst die nötige Sachkunde zutraut.

Bei einem **Kollegialgericht** genügt die Sachkunde eines der Richter. Ob auch die übrigen Prozessbeteiligten (Parteien und ihre Anwälte) sachkundig sind, ist unerheblich. Weder ist das Gericht verpflichtet, bei fehlender Sachkunde der übrigen Prozessbeteiligten ein Sachverständigengutachten einzuholen, noch entfällt die Pflicht zur Einholung eines Gutachtens dann, wenn zwar nicht das Gericht, wohl aber sonstige Verfahrensbeteiligte sachkundig sind.

c) Vergütung

Der **Zeuge** erhält zwar **Verdienstausfall** für die Zeit, die er zu seiner Aussage benötigt (einschließlich der Fahrzeit), doch beträgt der Höchstsatz pro Stunde 21 EUR (§ 401 ZPO iVm § 22 S. 1 JVEG). Demgegenüber steht dem **Sachverständigen,** der ja eine berufliche Leistung erbringt, eine **Entschädigung** von mindestens 65 EUR und höchstens 100 EUR pro Stunde zu (Einzelheiten s. § 9 JVEG). 565

d) Doppelrolle

Jemand kann Zeuge **und** Sachverständiger sein. 566

> **Beispiel:** Ein Kfz-Sachverständiger hat den Unfall beobachtet (Zeuge). Er begutachtet die Bremsen der beteiligten Fahrzeuge und die Auswirkungen des Zustandes der Bremsen auf den Unfall (Sachverständiger).

2. Abgrenzung Zeugenaussage – Parteivernehmung

»Das Gesetz will grundsätzlich jedermanns Tatsachenkenntnis für den Rechtsstreit verwendbar machen«.[67] Wer nach §§ 445 ff. als Partei zu vernehmen ist (→ Rn. 593 ff.), kann nicht Zeuge sein (→ Rn. 347). 567

Die **Unterscheidung** ist wichtig: Der Zeuge hat auszusagen; die Erfüllung dieser Pflicht kann erzwungen werden (§ 390). Die Partei ist zur Aussage nicht verpflichtet; das Gericht kann lediglich aus der Ablehnung der Vernehmung durch die Partei nachteilige Schlüsse ziehen (§§ 446, 453 II, 454). 568

Ein nicht geschäftsfähiger Kläger kann nicht als Partei vernommen werden (§ 455 I 1 ZPO iVm § 52 BGB und § 108 I BGB), wohl aber kann er Zeuge sein. Der Satz: »Niemand kann Zeuge in eigener Sache sein« gilt also nur als Faustregel.

3. Amtliche Auskunft

Amtliche Auskunft ist in § 273 II Nr. 2 als Beweismittel genannt. Sie ist nicht Zeugnis des die Auskunft erteilenden Amtsträgers. 569

66 BGH NZI 2015, 191 Rn. 6.
67 BGH NJW 1965, 2253.

Dies schließt freilich nicht aus, in Zweifelsfällen diesen Beamten als **Zeugen** zu behandeln (s. § 377 III 3) und ihn auch zu laden (wobei uU aus Gründen der Amtsverschwiegenheit eine **Aussagegenehmigung** der Behörde eingeholt werden muss, § 376)[68].

4. Zeugnispflicht

570 Die Pflicht, Zeuge zu sein, gilt für jeden, der der deutschen Gerichtsbarkeit unterworfen ist, ohne Rücksicht auf Alter, Staatsangehörigkeit, geistige Reife. Es handelt sich um eine erzwingbare, öffentlich-rechtliche Pflicht (§ 390). Sie bedeutet die Pflicht zum Erscheinen, zur Aussage und ggf. zur Beeidigung (§ 391). Die Zeugnispflicht entfällt, wenn ein **Zeugnisverweigerungsrecht** besteht und vor dem Termin oder im Termin geltend gemacht (§ 386) und vom Gericht im Streitfall anerkannt wird (§ 387). Ein Zeugnisverweigerungsrecht haben Angehörige und zur Berufsverschwiegenheit Verpflichtete.

a) Angehörige

571 Unter den **Begriff** der Angehörigen (§ 383 I Nr. 1–3) fallen Verlobte (Nr. 1), Eheleute (Nr. 2), Lebenspartner (Nr. 2a) sowie nahe Verwandte und verschwägerte Personen (Nr. 3). Das Gericht hat diese Personen über deren Zeugnisverweigerungsrecht zu belehren (§ 383 II).

Beispiel: In einer Ehesache behauptet K, dass B in sexueller Hinsicht abnormal veranlagt sei. Sie beruft sich auf das Zeugnis der früheren Ehefrau F des B. F hat ein Zeugnisverweigerungsrecht nach § 383 I Nr. 2. Sie braucht nicht zu erscheinen, wenn sie ihr Zeugnisverweigerungsrecht vorher geltend macht (§ 386 III). Folgt sie der Ladung, muss sie über ihr Zeugnisverweigerungsrecht belehrt werden (§ 383 II). Ob sie aussagt oder nicht, ist ihr überlassen. Sie kann aber auch nach ihrer Aussage noch den Eid verweigern.[69]

Eine **unterbliebene Belehrung** führt zur **Nichtverwertbarkeit der Aussage.**[70] Das Gericht kann eine erneute Vernehmung des Zeugen anordnen, bei der die davor unterbliebene Belehrung nachgeholt wird, womit die zweite Aussage verwertbar ist (vorausgesetzt, der Zeuge macht jetzt nicht von seinem Zeugnisverweigerungsrecht Gebrauch).

b) Zur Berufsverschwiegenheit Verpflichtete

572 Zu den Berufsgeheimnisträgern (§ 383 I Nr. 4–6) gehören zB Geistliche (Nr. 4), Journalisten (Nr. 5), Ärzte (Nr. 6). Das Zeugnisverweigerungsrecht für Personen der Nr. 4 und 6 besteht nicht, wenn sie von der **Verschwiegenheitspflicht entbunden** sind (§ 385 II). Dies ist deswegen interessengerecht, weil es im Gegensatz zu Angehörigen der Partei (§ 383 Nr. 1–3) hier nicht um den Schutz des Zeugen, sondern den der Partei geht, die ihrerseits bestimmen können muss, was sie bereit ist zu offenbaren.

Beispiel: In der Ehesache → Rn. 571 beruft sich K auch auf das Zeugnis vom Arzt A des B. B entbindet den A von seiner Schweigepflicht. A ist voll zeugnispflichtig.

68 Beispiel: BGH LM § 376 ZPO Nr. 1.
69 BGHZ 43, 368 = NJW 1965, 1530.
70 BGH NJW 1985, 1158.

»Das **Zeugnisverweigerungsrecht des Arztes** umfasst grundsätzlich alle Tatsachen, deren Kenntnis er in seiner Eigenschaft als Arzt erlangt hat, gleichviel, ob ihm die Gelegenheit dazu freiwillig vom Patienten gewährt oder auch nur im Rahmen von Untersuchungen verschafft worden ist, die der Patient zu dulden verpflichtet war«.[71] Nur der **Patient** hat die Möglichkeit, den Arzt von dieser Pflicht zu **entbinden.** Es handelt sich mithin um ein höchstpersönliches und unvererbliches Recht.[72]

Eine **Belehrungspflicht** des Gerichts besteht gegenüber dem Personenkreis der Nr. 4–6 nicht, da davon ausgegangen werden kann, dass die Betroffenen Kenntnis von ihren Rechten und Pflichten haben. Freilich ist das Gericht nicht daran gehindert, den Zeugen auf sein Zeugnisverweigerungsrecht hinzuweisen, wenn es den Eindruck hat, dass dieser darüber nicht informiert ist.[73] Schließlich darf das Gericht den Zeugen ohnehin keine Frage stellen, deren Beantwortung einen Verstoß gegen die **Verschwiegenheitspflicht** bedeuten würde (§ 383 III). Hat jedoch der Zeuge in einem anderen Prozess bereits in öffentlicher Sitzung umfassend ausgesagt, ohne sich auf sein Zeugnisverweigerungsrecht zu berufen, kann dieses auch in einem neuen Verfahren entfallen, weil das mit dem Zeugnisverweigerungsrecht verfolgte Ziel ohnehin nicht mehr erreicht werden kann. 573

Beispiel: Journalist J hat über die Praktiken der K bei der Produktion von Geflügelfleisch berichtet. In aufeinanderfolgenden Prozessen nimmt K als Klägerin verschiedene Beklagte wegen Verbreitung unwahrer Tatsachen in Anspruch. Im ersten Prozess gegen B1 sagt J umfassend über seinen Informanten und die von diesem erhaltenen Informationen aus. Im zweiten Prozess gegen B2 beruft sich J auf sein Zeugnisverweigerungsrecht (§ 383 I Nr. 5). Das gesteht ihm das Gericht nicht zu, weil er seinen Informanten ohnehin durch seine Aussage im ersten Verfahren bereits enttarnt hat und die erste Aussage auch im Wege des Urkundenbeweises in den zweiten Prozess einzubringen wäre.[74]

c) Beschränktes Zeugnisverweigerungsrecht

Von dem allgemeinen Zeugnisverweigerungsrecht ist zu unterscheiden das Recht, das Zeugnis auf bestimmte Fragen zu verweigern, die den Zeugen in eine Konfliktlage bringen können (§ 384). 574

Beispiel: In einem Unfallprozess wird der Zeuge gefragt, welche Geschwindigkeit er mit seinem Pkw gehabt habe. Selbst wenn er gesetzestreu gefahren ist, braucht er darauf nicht zu antworten.[75]

Anders als bei § 383 hat der Zeuge in den Fällen des § 384 jedoch kein generelles Zeugnisverweigerungsrecht, sondern kann lediglich die **Beantwortung bestimmter Fragen** verweigern, die ihm vom Gericht zunächst gestellt werden müssen.[76] Eine Belehrung des Zeugen über sein Zeugnisverweigerungsrecht ist in den Fällen des § 384 nicht vorgesehen.

71 BGHZ 40, 288 = NJW 1964, 449.
72 BGHZ 91, 392 = NJW 1984, 2893 für die Feststellung der Testierfähigkeit des Erblassers.
73 Stein/Jonas/*Berger* ZPO § 383 Rn. 71.
74 BGH NJW-RR 2013, 159 Rn. 13.
75 BGHZ 26, 391 = NJW 1958, 826.
76 BGH NJW 1994, 197.

d) Pflichtverletzungen

575 **Erfüllt der Zeuge seine Zeugenpflicht nicht,** ohne dass ihm ein Zeugnisverweigerungsrecht zusteht, sind ihm von Amts wegen die durch seine Weigerung **verursachten Kosten** aufzuerlegen (§§ 380, 390 I 1). Zugleich wird er durch **Ordnungsgeld** (§§ 380 I 2, 390 I 2), notfalls durch **Haft** (§ 390 II) zur Abgabe des Zeugnisses gezwungen, auch **zwangsweise Vorführung** ist möglich (§ 380 II).

Entsteht Streit, ob ein Zeugnisverweigerungsrecht besteht, hat das Gericht darüber durch **Zwischenurteil** zu entscheiden (§ 387). Rechtsmittel gegen diese Entscheidung ist die sofortige Beschwerde (§ 387 III). Das Zwischenurteil nach § 387 fällt insofern aus dem Rahmen, als es **nicht gegenüber** einer **Prozesspartei,** sondern **gegenüber dem Zeugen** ergeht. Wird die Zeugnisverweigerung für unberechtigt erklärt, steht das Beschwerderecht nur dem Zeugen und nicht auch der Partei zu, deren Behauptung durch die Aussage des Zeugen widerlegt werden soll.

5. Zeugenvernehmung

576 Die Zeugenvernehmung richtet sich nach den §§ 394–398. Zunächst wird der Zeuge nach seinen **persönlichen Daten** befragt (§ 395 II 1). Auch sind ihm Fragen zu stellen, die auf seine Glaubwürdigkeit schließen lassen, etwa nach seiner **Beziehung zu den Parteien** (§ 395 II 2). Über das Geschehen, das Gegenstand seiner Vernehmung ist, soll der Zeuge selbst im **Zusammenhang und mit seinen eigenen Worten** berichten (§ 396 I). Seine Worte sind auch so in das **Protokoll** aufzunehmen (§ 160 III Nr. 4; → Rn. 44 f.). Die Vernehmung wird durch den Vorsitzenden geleitet. Allerdings besteht ein **Fragerecht** eines jeden Mitglieds des Gerichts (§ 396 III) sowie der Parteien (§ 397). Das Gericht hat bei Zweifeln an der Zulässigkeit einer Frage der Parteien zu entscheiden (§ 397 III). Ein »Kreuzverhör« findet nicht statt. Ebenso können die Parteien auf eine Vernehmung verzichten (§ 399).

Ist ein Zeuge in einem **anderen Prozess** vernommen worden, so kann seine dort protokollierte Aussage als **Urkundenbeweis** verwertet werden,[77] sofern kein Verwertungsverbot besteht, das darauf beruhen kann, dass der Zeuge im anderen Prozess nicht über sein Verweigerungsrecht belehrt wurde.[78] Auf Antrag einer Partei muss er jedenfalls grundsätzlich im jetzigen Prozess als Zeuge vernommen werden; es liegt kein Fall wiederholter Vernehmung nach § 398 vor.[79]

577 Ist das Gericht der Auffassung, dass es zur Klärung einer Beweisfrage im Hinblick auf die Person des Zeugen keiner Vernehmung bedarf, kann es eine **schriftliche Beantwortung der Beweisfrage** anordnen (§ 377 III). Auch besteht die Möglichkeit, die Vernehmung des Zeugen dem Einzelrichter zu übertragen (§ 375 Ia; → Rn. 36).

6. Beeidigung

578 Ein Zeuge wird nur **ausnahmsweise** nach dem Ermessen des Gerichts beeidet. Eine Beeidigung findet nicht statt, wenn die Parteien darauf verzichten (§ 391). Der Eid ist nach der Vernehmung zu leisten (sog. **Nacheid,** §§ 392, 478 ff.). In der Praxis erfolgt

77 BGH NJW-RR 2013, 159 Rn. 13; NJW 1982, 580.
78 BGH NJW 1985, 1470; diff. BGHZ 153, 165 = NJW 2003, 1123.
79 BGHZ 7, 116 = NJW 1952, 1171.

eine Vereidigung nur selten. Bei der Beweiswürdigung ist das Gericht nicht gehalten, der beeidigten Aussage zu folgen. Insbesondere ist es nicht daran gehindert, eine nicht beeidigte Aussage auch dann für glaubhaft zu halten, wenn ein beeidigter Zeuge das Gegenteil ausgesagt hat.

III. Der Sachverständigenbeweis (§§ 402–414)

1. Grundlage der Begutachtung

Die **Feststellung des Sachverhalts,** den der Sachverständige zu begutachten hat, ist regelmäßig Sache des Gerichts (§ 404 a III). Erhebt der Sachverständige auch den Sachverhalt, indem er zB zur Vorbereitung eines psychiatrischen Gutachtens Zeugen hört, müssen diese Zeugen vor Gericht vernommen werden, wenn eine Partei dies beantragt.[80] 579

Ähnlich ist die Situation, wenn der Sachverständige zur Mitarbeit andere Personen hinzuzieht, wozu er nach § 407 a II 2 befugt ist. Auf Antrag einer Partei sind auch diese Personen als Zeugen zu vernehmen.

2. Erstattung

Das Gutachten ist **mündlich,** ausnahmsweise **schriftlich** zu erstatten (§ 411). 580

In der Praxis überwiegt freilich die schriftliche Begutachtung. Der Sachverständige ist aber auf Antrag einer Partei vor das Gericht zu laden, damit ihm Fragen gestellt werden können.[81] Dieser Antrag darf nicht verzögert werden.[82] Selbstverständlich kann aber auch das Gericht von sich aus den Sachverständigen zur Verhandlung laden (§ 411 III). Einwendungen gegen das Gutachten haben die Parteien innerhalb eines angemessenen Zeitraums vorzubringen. Das Gericht kann ihnen dafür eine Frist setzen, nach deren Ablauf die Einwendungen als verspätet zurückzuweisen sind (§ 411 IV 2 iVm § 296 I).

Da auf den Sachverständigenbeweis **ergänzend die Vorschriften über den Zeugenbeweis** anzuwenden sind (§ 402), richten sich auch die Vernehmung des Sachverständigen, seine etwaige Beeidigung usw. nach den Bestimmungen über den Zeugenbeweis. 581

3. Würdigung

Auch das Sachverständigengutachten unterliegt der **freien Beweiswürdigung** durch das Gericht.[83] Diese ist schwierig insbesondere dann, wenn mehrere einander **widersprechende Gutachten** vorliegen. Das Gericht ist an das Gutachten freilich nicht gebunden, sondern muss sich mit ihm auseinandersetzen und im Urteil darlegen, warum es ihm folgt oder nicht folgt. Dabei darf nicht verkannt werden, dass sich das Gericht bei der Würdigung des Gutachtens häufig deshalb schwer tut, weil dazu Fachkenntnisse erforderlich sind, die das Gericht nicht hat. Ein Sachverständigengutachten iSd 582

80 BGHZ 23, 207 (213) = NJW 1957, 906; BGH LM § 144 ZPO Nr. 3.
81 BGHZ 6, 398 = NJW 1952, 1214; BGHZ 24, 9 = NJW 1957, 870; BGH NJW 1998, 162; NJW-RR 2015, 510 Rn. 8.
82 BGHZ 35, 370 (373) = NJW 1961, 2308.
83 BGH LM § 286 [D] ZPO Nr. 2; BGHZ 28, 303 = NJW 1959, 434.

§§ 402 ff. setzt freilich voraus, dass der Sachverständige vom Gericht nach Maßgabe von § 404 ausgewählt und ernannt worden ist. Hingegen stellen von den Parteien vorgelegte Privatgutachten prozessual Parteivortrag dar.

Regeln der Technik (generell festgelegte technische Normen; zB DIN-Normen) können prozessual als Erfahrungssätze oder als antizipierte Sachverständigengutachten angesehen werden. Bindend sind sie für das Gericht nur, wenn sie in einer Rechtsnorm enthalten sind.

4. Haftung

583 Die **Haftung des Sachverständigen** gegenüber der Partei, zu deren Ungunsten das Gutachten ausgefallen ist, richtet sich nach § 839 a BGB. Danach haftet der Sachverständige der geschädigten Partei bei **Vorsatz oder grober Fahrlässigkeit,** sofern sich der Schaden aus einer gerichtlichen Entscheidung ergibt, die auf dem fehlerhaften Gutachten beruht. Bei einfacher Fahrlässigkeit ist der Sachverständige demnach nicht haftbar. Weiter entfällt die Haftung dann, wenn die Partei den **Schaden durch Gebrauch eines Rechtsmittels hätte abwenden können** (§ 839 a II BGB iVm § 839 III BGB).[84] Praktische Bedeutung hat die Haftung des Sachverständigen demnach bei nicht mehr anfechtbaren (also rechtskräftigen, → Rn. 738 ff.) Urteilen. Ohne Bedeutung für die Haftung des Sachverständigen ist es, ob auch das Gericht ein Verschulden trifft, etwa wenn es bei genügender Sorgfalt die Unrichtigkeit des Gutachtens hätte erkennen müssen. Dem Gericht kommt nach § 839 II 1 BGB das Spruchrichterprivileg zugute, was den Sachverständigen nicht entlastet.

§ 839 a BGB umfasst bewusst nicht den Fall, dass die Parteien **auf Grundlage des falschen Gutachtens einen Vergleich** schließen. Der Sachverständige soll dann nicht haften. Meist wird ein Vergleich, der auf einem falschen Gutachten beruht, aus materiell-rechtlichen Gründen (§§ 779 I, 313 BGB, → Rn. 461) angreifbar sein.[85]

5. Prozessökonomie

584 Die Erstellung von Sachverständigengutachten verzögert die Prozesse häufig erheblich. Dem soll dadurch entgegengewirkt werden, dass das Leitungsrecht des Gerichts gegenüber dem Sachverständigen gestärkt worden ist (§ 404 a). Dabei kann das **Gericht dem Sachverständigen** für Art und Umfang seiner Tätigkeit bindende **Weisungen** erteilen (§ 404 a I). Weiter muss der Sachverständige unverzüglich prüfen, ob der Begutachtungsauftrag überhaupt in sein Fachgebiet fällt (§ 407 a I) und eventuelle Zweifel über den Inhalt des Auftrags klären (§ 407 a III 1). Zur Entlastung des Gerichts und der Parteien kann neuerdings ein in einem anderen Verfahren erstattetes Gutachten im jetzigen Verfahren als Sachverständigengutachten verwertet werden (§ 411 a). Praktische Bedeutung hat dies insbesondere für Gutachten, die in einem früheren Strafverfahren eingeholt worden sind.

84 S. BGHZ 173, 98 Rn. 8 = BeckRS 2007, 12081 zur Ladung des Sachverständigen zur mündlichen Erläuterung (→ Rn. 580) als Einlegung eines Rechtsmittels.

85 MüKoBGB/*Wagner* § 839 a Rn. 25.

IV. Der Urkundenbeweis (§§ 415–444)

Urkunden sind das wichtigste und zuverlässigste Beweismittel. Es besteht meist zwischen den Parteien **kein Streit über die Echtheit einer Urkunde** oder darüber, was sie inhaltlich besagt. Allerdings genügen Urkunden vielfach nicht, um den Anspruch des Klägers oder die Einwendungen des Beklagten zu rechtfertigen. Darüber helfen auch §§ 415ff. nicht hinweg. Denn die Beweiskraft der Urkunden ist beschränkt (→ Rn. 589ff.). 585

Beispiel: K verlangt von B den Kaufpreis für eine Maschine. Aus dem von ihm vorgelegten Schriftwechsel der Parteien ergibt sich, dass K dem B ein Verkaufsangebot zum Preis von 10.000 EUR »lieferbar drei Monate nach Vertragsschluss« gemacht hat, weiter, dass B das Angebot zwei Tage später angenommen hat, »vorbehaltlich der Zustimmung meines zur Zeit abwesenden Mitgesellschafters G«. Drei Monate lang ist dann nichts geschehen. Als K liefern wollte, hat B die Annahme verweigert, weil G nicht zugestimmt habe.
Hier besteht kein Zweifel, dass die Urkunden echt sind, also von K und B stammen, weiter kein Zweifel, dass K und B die in ihren Briefen enthaltenen Erklärungen abgegeben haben **(formelle Beweiskraft).** Die Frage bleibt, ob der Vertragsschluss nachgewiesen ist **(materielle Beweiskraft).** Darüber hat das Gericht nach § 286 – eventuell nach weiterer Beweisaufnahme (zB Vernehmung des G) – frei zu entscheiden.

1. Urkunde

Eine Urkunde ist jede schriftliche Verkörperung eines Gedankens.[86] Das Gesetz unterscheidet **öffentliche Urkunden** und **Privaturkunden.** Nach der Legaldefinition des § 415 I sind öffentliche Urkunden solche, »die von einer öffentlichen Behörde innerhalb der Grenzen ihrer Amtsbefugnisse oder von einer mit öffentlichem Glauben versehenen Person innerhalb des ihr zugewiesenen Geschäftskreises in der vorgeschriebenen Form aufgenommen sind«. **Privaturkunden** sind hingegen alle **Übrigen.** Zu elektronischen Dokumenten → Rn. 559. 586

2. Vorlage der Urkunde

In der Regel legen beide Parteien die in ihrem Besitz befindlichen Urkunden freiwillig oder auf Aufforderung durch das Gericht vor (§§ 142, 143, 273 II Nr. 1). Urkunden, die sich im Besitz einer Behörde befinden, wird das Gericht von sich aus beiziehen (§ 273 II Nr. 2). Bei Urkunden, die sich im Besitz einer Partei (nicht notwendig der Partei, die sich auf die Urkunde bezogen hat) oder eines Dritten befinden, kann das **Gericht die Vorlage der Urkunde anordnen** (§ 142 I 1). Aufgrund von § 142 I verpflichtet die bloße Anordnung durch das Gericht den Gegner zur Vorlage, ohne dass es auf die Beweislast für die durch die Urkunde zu belegende Tatsache ankommt.[87] Insoweit geht § 142 I über §§ 422, 423 hinaus, denen zufolge eine Vorlegungspflicht des Gegners voraussetzt, dass dieser entweder materiell-rechtlich zur Herausgabe oder Vorlegung der Urkunde verpflichtet ist oder im Verfahren selbst auf die Urkunde Bezug genommen hat. 587

Legt eine Partei ungeachtet der Anordnung des Gerichts eine Urkunde unentschuldigt nicht vor, ist das ein Fall der **Beweisvereitelung** (→ Rn. 556). Unter den Voraussetzun-

86 BGHZ 65, 300 = NJW 1976, 294.
87 BGHZ 173, 23 Rn. 18ff. = NJW 2007, 2989.

gen von §§ 427, 444 kann das Gericht dann den behaupteten, ggf. durch eine Kopie belegten Inhalt der Urkunde zugrunde legen.

3. Echtheit

588 Echt ist eine Urkunde, wenn sie von demjenigen herrührt, der als Aussteller bezeichnet ist. Bei **öffentlichen Urkunden** wird diese Echtheit **vermutet** (§ 437 I). Auch hat bei **Privaturkunden die unterschriebene Urkunde** die Vermutung der Echtheit für sich (§ 440 II). Es wird also vermutet, dass der **Text über der Unterschrift vom Aussteller** stammt. Dies gilt auch bei einer Blankettunterschrift,[88] nicht dagegen bei einem über dem Text stehenden Namenszug (»Oberschrift«)[89] oder bei einem neben den Urkundentext gesetzten Namenszug (»Nebenschrift«)[90]. Die Echtheitsvermutung nach § 440 II beschränkt sich auf den Inhalt der Urkunde und erfasst nicht etwa auch die Echtheit der **Unterschrift.** Diese ist vielmehr **Voraussetzung für die Vermutungswirkung.** Die Echtheit der Unterschrift muss nachgewiesen werden, was durch Anerkennung seitens des Prozessgegners geschehen kann (§ 439). Erfolgt die Anerkennung nicht, muss der Nachweis mit anderen Mitteln (insbesondere durch Gutachten eines Schriftsachverständigen)[91] geführt werden (§ 440 I).

4. Formelle Beweiskraft

589 Das Gesetz stellt für öffentliche und Privaturkunden bestimmte Beweisregeln auf. Insoweit ist der **Grundsatz der freien Beweiswürdigung** (§ 286, → Rn. 152ff.) **eingeschränkt,** dh, der Richter kann nicht im Wege der Beweiswürdigung zu einem anderen Ergebnis kommen.

590 **Öffentliche Urkunden** bieten **volle Beweiskraft für die Abgabe der Erklärung oder den Vorgang** (§§ 415, 417, 418). Allerdings ist der Beweis zulässig, dass der Vorgang unrichtig beurkundet worden ist (§ 415 II). Dann entfällt diese Beweiskraft. Dieser Beweis kann jedoch nicht durch die Vorlage eines inhaltlich vom notariell beurkundeten Vertrag abweichenden Entwurfs geführt werden.[92]

> **Beispiel:** In einer **notariellen** Urkunde heißt es:
> »Vor mir, dem Notar X in Hannover, erschien am 2.5.1996 der mir persönlich bekannte Kaufmann Y und erklärte als seinen letzten Willen:
> Erbe meines Vermögens ist meine Ehefrau Z.
> v.u.g.
> Y
> Zur Beurkundung: X, Notar«
> Damit ist bewiesen, a) dass Y (und nicht ein anderer) am 2.5.1996 vor dem Notar X in Hannover erschienen ist, b) dass er die obige Erklärung abgegeben hat, c) dass sie ihm vorgelesen und von ihm genehmigt wurde, d) dass er sie unterschrieben hat.

591 Eine unterschriebene **Privaturkunde** beweist nur, dass der **Aussteller die in ihr enthaltene Erklärung abgegeben hat** (§ 416). Über die inhaltliche Richtigkeit der Erklärung ist damit freilich nichts gesagt.

88 BGH NJW 1986, 3086.
89 BGHZ 113, 48 = NJW 1991, 487.
90 BGH NJW 1992, 829.
91 S. BGH ZIP 2013, 384.
92 BGH NJW 2017, 175 Rn. 7ff.

Beispiel: In einem **privatschriftlichen Testament** des Y (§ 2247 BGB) heißt es:
»Hannover, 2.5.1996
In Gegenwart meiner Ehefrau Z bestimme ich, dass diese meine Alleinerbin ist.
Y«
Sofern die Unterschrift echt ist (§ 440 II; → Rn. 588), steht fest, dass Y seine Ehefrau zur Alleinerbin eingesetzt hat. Es steht nicht fest, a) dass seine Frau anwesend war, b) dass er die Erklärung am 2.5.1996 in Hannover abgegeben hat, c) dass das Testament wirksam ist (vielleicht war Y nicht testierfähig).

Nicht unterschriebene Urkunden (zB Handelsbücher, Tagebuch, reine Notizen), haben keine besondere formelle Beweiskraft. Insoweit gilt uneingeschränkt der Grundsatz der freien Beweiswürdigung (§ 286 I). Gleiches gilt auch nicht nur für Fotokopien, sondern auch für **beglaubigte Abschriften** von (unterschriebenen) Privaturkunden. Insbesondere greift § 435 nicht, der nur bei öffentlichen Urkunden die beglaubigte Abschrift dem Original gleichstellt. Denn nur bei diesen befindet sich das Original weiter in amtlicher Verwahrung, sodass eine Nachprüfung möglich ist.[93]

5. Materielle Beweiskraft

Die materielle Beweiskraft, dh ob die Urkunde für das Urteil maßgeblich ist, richtet **592**
sich stets nach § 286.

V. Beweis durch Parteivernehmung (§§ 445–455)

Die Vernehmung der Parteien ist zwiespältig für die Wahrheitsfindung. In der Regel **593**
kennen die Parteien den wirklichen Sachverhalt am besten. Es liegt also nahe, ihr Wissen zum Gegenstand einer Beweisaufnahme zu machen. Andererseits hat der Satz »Niemand kann Zeuge in eigener Sache sein« (→ Rn. 568) seine Berechtigung, da jede Partei nur zu ihren Gunsten vortragen wird. Das Gesetz sucht einen Mittelweg: Es kennt einerseits die **Anhörung** der Parteien (§§ 273 II Nr. 3, 141, 137 IV), die der Klärung des Sachvortrags dient[94] und keine Beweisaufnahme ist, andererseits kennt es die **Parteivernehmung.**

1. Als Partei zu vernehmende Person

Die Fähigkeit zur Parteivernehmung richtet sich an der **Prozessfähigkeit** aus (§ 455). **594**
Bei juristische Personen ist der Vorstand oder der Geschäftsführer (bei GmbH), bei Personengesellschaften (zB OHG) der vertretungsberechtigte Gesellschafter prozessfähig. Damit können diese Personen nicht Zeugen sein, wohl aber ein GmbH-Gesellschafter oder ein nichtvertretungsberechtigter OHG-Gesellschafter. Maßgeblich dafür, ob eine Vernehmung als Zeuge oder nur als Partei möglich ist, ist der Zeitpunkt der Vernehmung. Will etwa eine GmbH ihren Geschäftsführer als Zeugen vernehmen lassen, steht es ihr frei, ihn als Geschäftsführer abzuberufen und ihn damit »zeugenfähig« zu machen. Er kann dann als Zeuge auch über Vorgänge vernommen werden, die er früher in seiner Eigenschaft als Geschäftsführer selbst vorgenommen hat. Eventuellen Bedenken gegen die Glaubwürdigkeit eines solchen Zeugen muss das Gericht

93 BGH NJW 1980, 1047 (1048).
94 BGHZ 82, 13 (21) = NJW 1982, 940.

bei der Beweiswürdigung Rechnung tragen. Bei einer nicht prozessfähigen Partei ist nicht diese, sondern ihr gesetzlicher Vertreter als Partei zu vernehmen (§ 455 I).

2. Anforderungen

595 Die Parteivernehmung ist nur **subsidiäres** Beweismittel. Sie kommt nur in Betracht, wenn andere Beweismittel nicht vorhanden sind oder nicht ausreichen (§§ 445, 448, 450 II). Des Weiteren ist zwischen der Parteivernehmung auf Antrag und derjenigen von Amts wegen zu unterscheiden.

596 Die beweisbelastete Partei kann die **Parteivernehmung des Gegners beantragen** (§ 445). Der Antrag ist so meist Ausdruck von **Beweisnot.** Unzulässig ist aber ein auf Ausforschung gerichteter Antrag, vielmehr setzt der Antrag bereits einen substantiierten Vortrag der darlegungs- und beweisbelasteten Partei voraus.[95]

> **Beispiel:** K und B haben mündlich ohne Anwesenheit von Zeugen einen Kaufvertrag geschlossen. Die Höhe des vereinbarten Kaufpreises ist streitig: K sagt 3.000 EUR, B 2.000 EUR. Hier bleibt dem beweispflichtigen K nichts anderes übrig, als die Vernehmung des B als Partei zu beantragen.

Die **beweisbelastete Partei** kann dem Gericht auch ihre **eigene Vernehmung anbieten** (§ 447). Voraussetzung ist jedoch, dass dem die andere Partei zustimmt.

597 Die Parteivernehmung einer oder beider Parteien kann **von Amts wegen** angeordnet werden (§ 448). Dafür muss eine gewisse Anfangswahrscheinlichkeit – die Tatsache ist „anbewiesen“– bestehen, die jedoch mit sonstigen Beweismitteln für eine volle Überzeugung des Gerichts nicht ausreicht. Zu diesen sonstigen Beweismitteln, die zur Bildung einer vollen Überzeugung des Gerichts nicht ausreichen und eine Parteivernehmung von Amts wegen ermöglichen, zählen sämtliche Beweismittel, auch die Parteivernehmung nach §§ 445, 447.[96]

> **Beispiel:** Im Beispiel → Rn. 596 war bei Vertragsschluss Z anwesend. Als Zeuge hat er ausgesagt, er glaube sich zu erinnern, dass die Parteien 3.000 EUR vereinbart hätten, »beschwören könne er es aber nicht«. Hier kann das Gericht eine oder beide Parteien von sich aus vernehmen.

598 Erhebliche Bedeutung hat eine Parteivernehmung der beweisbelasteten Partei bei einem sog. **Vieraugengespräch.** Dabei handelt es sich um Fallkonstellationen, in denen ein entscheidungserhebliches Gespräch entweder nur zwischen den Parteien oder zwischen der beweisbelasteten Partei und auf der Gegenseite einem Zeugen geführt worden ist (zB ein Verkaufsgespräch zwischen dem Angestellten Z des Verkäufers und dem Käufer). Hier gebietet es der aus dem Rechtsstaatsprinzip folgende Grundsatz der **Waffengleichheit,** dass die beweisbelastete Partei entweder als Partei vernommen oder wenigstens nach § 141 persönlich angehört wird,[97] und zwar unabhängig davon, wie wahrscheinlich die Behauptung der Partei ohne ihre Anhörung ist[98].

95 BGHZ 193, 159 Rn. 40 = NJW 2012, 2427.
96 BGH NJW 2020, 776 Rn. 21.
97 BGH NJW 2011, 2889 Rn. 19.
98 Etwa BGH NJW-RR 2006, 61.

3. Anordnung

Das Beweisverfahren ist ähnlich wie beim Zeugenbeweis geregelt (§ 451), freilich mit dem wichtigen Unterschied, dass keine Partei im Rahmen ihrer Vernehmung zum Erscheinen (anders bei einer erfolgten Anordnung des persönlichen Erscheinens zur mündlichen Verhandlung selbst, § 141 III), zur Aussage und zur Eidesleistung gezwungen werden kann. Das Gericht kann aus einem solchen Verhalten nur seine Schlüsse ziehen (§§ 446, 453 II). Freie Beweiswürdigung (§ 286) gilt aber auch dann, wenn die Partei ausgesagt und ihre Aussage beeidet hat (§ 453 I). 599

4. Abgrenzung

Die Abgrenzung der **Parteivernehmung** von der **Anhörung** (§§ 141, 137 IV) ist theoretisch klar (Anhörung: Klärung und Ergänzung des Parteivortrags, Parteivernehmung: Beweisaufnahme), praktisch aber oft schwierig, weil das Gericht zur Beschleunigung des Prozesses vielfach schon zum ersten Termin das persönliche Erscheinen der Parteien anordnet (§ 273 II Nr. 3) und die Parteien über streitige Fragen des Sachverhalts befragen kann (§ 141). Wird das Urteil auf das Ergebnis einer solchen Befragung gestützt, kann zweifelhaft sein, ob diese Befragung »nur« Anhörung oder Parteivernehmung war.[99] **Indizien** (aber auch nicht mehr) für eine Parteivernehmung können sein: die Anordnung durch Beschluss, die Einhaltung der Vernehmungsform (§ 451) und die Aufnahme der Parteiaussage in das Protokoll. Jedenfalls ist das Gericht nach § 286 befugt, seine Entscheidung sowohl auf die Anhörung als Bestandteil »des gesamten Inhalts der Verhandlungen« als auch auf die Parteivernehmung als »Beweisaufnahme« zu stützen.[100] Dabei kann der Tatrichter grundsätzlich sogar alleine aufgrund der Anhörung und – wenn es an Beweismitteln fehlt – ohne Beweiserhebung feststellen, was er für wahr und was er für unwahr erachtet.[101] Ein Geständnis (§ 288) kann indes weder in der Anhörung noch in einer Parteivernehmung erklärt werden (→ Rn. 415). 600

Literatur: *Henning/Feige,* Der Urkundenbeweis im Zivilprozess, JA 2012, 128; *Huber,* Grundwissen – Zivilprozessrecht: Beweisvereitelung, JuS 2020, 208; *Schreiber,* Die Beweismittel im Zivilprozess, JURA 2009, 269; *Stackmann,* Die Rolle der Partei im Anwaltsprozess, JuS 2008, 509; *Wagner,* Das elektronische Dokument im Zivilprozess, JuS 2016, 29.

99 Vgl. BGH NJW 1969, 428; BVerwG NJW 1981, 1748.
100 BGH NJW 1999, 363 (364).
101 BGH NJW-RR 2018, 249 Rn. 12.

Übersicht 14 Die einzelnen Beweismittel

Beweismittel	Kennzeichen	Anordnung	Verpflichtung (zur Duldung als Beweismittel)
Augenschein (§§ 371–372 a)	Wahrnehmung von Eigenschaften einer Person oder Sache durch das Gericht (alle 5 Sinne!)	auf Antrag der Partei (§ 371) oder von Amts wegen (§ 144)	keine Ausnahme: § 372 a (wichtig iVm SV-Gutachten, zB Blutgruppenuntersuchung)
Zeuge (§§ 373–401)	Aussage einer Person über Tatsachen aufgrund von Wahrnehmungen – Zeuge ist auch der sachverständige Zeuge – Zeuge kann nicht sein, wer als Partei zu vernehmen ist	nur auf Antrag der Partei (§ 373)	jedermann ohne Rücksicht auf Alter usw. erzwingbar: §§ 380, 390 **Inhalt:** Erscheinen – Aussage – eventuell Beeidigung **Ausnahme:** Zeugnisverweigerungsrecht: §§ 383 ff.
Sachverständiger (§§ 402–414)	Gutachten über Erfahrungssätze und Schlussfolgerungen hieraus: »Richtergehilfe«	auf Antrag der Partei (§ 403) oder von Amts wegen (§ 144)	1. Nur nach § 407 2. Verweigerungsrecht: § 408 3. Da »Richtergehilfe«, Ablehnung durch die Partei möglich (§ 406)
Urkunde (§§ 415–444)	schriftliche Verkörperung eines Gedankens; unterscheide: 1. öffentliche Urkunden (§ 415) 2. Privaturkunden (§ 416) Unterscheidung wichtig für Echtheit (§ 437, §§ 439–442) und Beweiskraft (§§ 415, 417, 418)	auf Antrag der Partei (§§ 420 ff.) oder von Amts wegen (§ 273 II Nr. 1 und 2)	1. Beweisführer selbst: § 420 2. Gegner: §§ 142 I, 421–427 3. Dritte: §§ 142 I, 428–431 4. Behörden: § 432
Parteivernehmung (§§ 445–455)	Aussage einer Partei (als Beweismittel) »wie« Zeuge. Unterscheide von der Parteivernehmung: 1. Anhörung einer Partei zur Aufklärung des Parteivorbringens (§ 141) 2. Anhörung einer Partei im Sinne des rechtlichen Gehörs	1. Vernehmung des Gegners auf Antrag des Beweisbelasteten (§ 445) 2. Von Amts wegen ohne Rücksicht auf Beweislast (§ 448)	keine Pflicht, aber uU Nachteil, wenn Aussage verweigert wird: §§ 446, 453 II, 454

15. Kapitel. Die gerichtlichen Entscheidungen

A. Begriffe

I. Prozesshandlungen des Gerichts

1. Urteile

Urteile sind **Entscheidungen des Gerichts aufgrund einer notwendigen mündlichen Verhandlung in einer bestimmten Form** (§ 313). Rechtsmittel sind die Berufung bzw. Revision, ausnahmsweise auch die sofortige Beschwerde (zB §§ 71 II, 387 III). 601

2. Beschlüsse

Beschlüsse sind **Entscheidungen des Gerichts ohne mündliche Verhandlung oder aufgrund freigestellter** (fakultativer) **mündlicher Verhandlung** oder – obwohl aufgrund einer notwendigen mündlichen Verhandlung ergehend – kraft **ausdrücklicher gesetzlicher Vorschrift** als Beschluss (so zB der Beweisbeschluss, § 358). Rechtsmittel ist die sofortige Beschwerde, falls überhaupt eine Anfechtungsmöglichkeit besteht (s. § 567). 602

3. Verfügungen

Verfügungen sind **Anordnungen des Vorsitzenden oder eines sonstigen Richters, meist prozessleitender Art** (zB Terminsbestimmung oder Fristsetzung) oder von rein **interner Bedeutung** (zB Anordnung der Wiedervorlage der Akten). Diese sind meist nicht anfechtbar (Einzelheiten s. § 329). 603

Hinweis: Die **einstweilige Verfügung** (→ Rn. 7) ist keine »Verfügung«, sondern Urteil, wenn eine mündliche Verhandlung stattgefunden hat, anderenfalls Beschluss (§§ 936, 922 I 1). Danach bestimmt sich auch das jeweils statthafte Rechtsmittel.

II. Urteilsarten

Urteile tragen unterschiedliche Bezeichnungen, je nachdem, welches Kriterium maßgeblich ist. 604

1. Unterscheidung nach dem Inhalt

Inhaltlich ist zwischen Sach- und Prozessurteil zu unterscheiden. In **Sachurteilen** wird über das Klagebegehren, also »in der Sache« entschieden, sei es, dass die Klage begründet, sei es, dass sie unbegründet ist (jeweils ganz oder teilweise). Die der Klage stattgebenden Urteile können Leistungs-, Feststellungs- oder Gestaltungsurteile sein (→ Rn. 4). Ergeht ein Sachurteil aufgrund einer beiderseitigen streitigen Verhandlung, ist es ein streitiges **(kontradiktorisches)** Urteil. Wird es aufgrund der Säumnis einer Partei erlassen, stellt es ein **Versäumnisurteil** dar (→ Rn. 480ff.). Anerkennt der Be- 605 klagte den Klageanspruch, ergeht ein **Anerkenntnisurteil** (→ Rn. 407ff.), verzichtet der Kläger, kommt es zu einem **Verzichtsurteil** (→ Rn. 413).

606 Weist das Gericht die Klage als unzulässig wegen Fehlens einer Prozessvoraussetzung ab, ergeht ein **Prozessurteil** (= mangels »Zulässigkeit der Klage«; → Rn. 382).

2. Unterscheidung nach der Wirkung auf die Instanz

607 Je nachdem, ob das Urteil die Instanz beendet oder nicht, handelt es sich um End- oder Zwischenurteile. **Endurteile** (→ Rn. 609) beenden den Rechtsstreit für die Instanz, entweder ganz (Vollendurteile, § 300) oder nur über einen Teil (Teilurteil, § 301, → Rn. 611). **Zwischenurteile** hingegen beenden die Instanz nicht, sondern entscheiden über einen Zwischenstreit (→ Rn. 618). Die Urteile, die nach Teil- oder Zwischenurteil die Sache in der Instanz (ganz) abschließen, heißen Schlussurteile.

3. Unterscheidung nach Bedingtheit

608 Das **unbedingte Urteil** ist die Regel. Das Gericht kann aber auch ein bedingtes Urteil **(Vorbehaltsurteil)** fällen, so bei der Aufrechnung mit einer Gegenforderung (→ Rn. 405) oder im Urkunden- und Wechselprozess (→ Rn. 793ff.).

B. Anforderungen an die Urteilsarten

I. Das Endurteil

609 Das Endurteil beendet den Prozess für die Instanz, wobei es gleichgültig ist, ob es sich um ein Sach- oder ein Prozessurteil, ein streitiges oder ein Versäumnisurteil handelt. Es hat dann zu ergehen, **wenn »der Rechtsstreit zur Endentscheidung reif«** ist (§ 300 I). Wann dies der Fall ist, regelt die ZPO nicht. Entscheidungsreife ist dann anzunehmen, wenn eine weitere **Klärung des Sachverhalts nicht erforderlich** (der Sachverhalt ist unstreitig oder steht zur Überzeugung des Gerichts fest), nicht möglich (es sind keine weiteren Beweismittel angeboten) oder rechtlich nicht zulässig ist (verspäteter Beweisantritt, dem das Gericht nicht nachgehen darf; vor allem § 296 I).

610 Kommen zugunsten des Klägers **mehrere Anspruchsgrundlagen** in Betracht, hat das klagestattgebende Endurteil dann zu ergehen, wenn feststeht, dass die Voraussetzungen einer Anspruchsgrundlage erfüllt sind. Ob außerdem eine weitere Anspruchsgrundlage eingreift, ist unerheblich. Entsprechendes gilt für die Klageabweisung: Steht etwa fest, dass die Klageforderung verjährt ist und hat der Beklagte die Verjährungseinrede erhoben, hat das Gericht die Klage auch dann sofort abzuweisen, wenn etwa das Entstehen der Klageforderung noch unklar ist. Insbesondere ist es unerheblich, dass materiell-rechtlich nur eine bestehende Forderung verjähren kann. Dies zwingt das Gericht nicht etwa dazu, zunächst zu klären, ob die Forderung entstanden ist. Eine Besonderheit gilt freilich dann, wenn die Reichweite der **Rechtskraft** je nach dem Abweisungsgrund unterschiedlich ist.

> **Beispiel** (in Anlehnung an BGHZ 143, 169 = NJW 2000, 590): Der Kläger klagt Arzthonorar ein. Der beklagte Patient verteidigt sich damit, dass es zum einen an einer den Anforderungen genügenden Rechnung fehle und zum anderen die Forderung verjährt sei. Weist das Gericht die Klage wegen Verjährung ab, steht endgültig fest, dass der Kläger keinen Erfolg hat. Da-

gegen ist der Abweisungsgrund der nicht ordnungsgemäßen Rechnung reparabel (die Rechnung kann noch ausgestellt werden, womit eine erneute Klage zulässig wäre). Der Beklagte kann deswegen verlangen, dass das Gericht vorrangig wegen Verjährung abweist und nur dann auf das Fehlen der Rechnung abstellt, wenn es die Verjährung verneint. Umgekehrt kann der Kläger ein mit der Verjährung begründetes klageabweisendes Urteil mit dem Ziel anfechten, den Abweisungsgrund auszuwechseln.

II. Teilurteil

Das Teilurteil ist ebenfalls ein Endurteil, auch wenn nur über einen »Teil« des Streitgegenstands (§ 301 I) entschieden wird. Es ist daher selbstständig mit den gegen ein Endurteil statthaften **Rechtsmitteln anfechtbar.** Das Urteil, das nach Erlass eines Teilurteils über den darin noch nicht erledigten Teil ergeht, nennt man **Schlussurteil.** 611

1. Teilbarkeit

Nach § 301 I 1 setzt ein Teilurteil zunächst voraus, dass ein solcher Teil des anhängigen Rechtsstreits zur Entscheidung reif ist, der auch selbstständig zum Gegenstand einer Klage gemacht werden könnte, weil er einen vom übrigen Streitstoff **abtrennbaren Streitgegenstand** (→ Rn. 316) hat. Eine solche Teilbarkeit lässt sich bereits bejahen, wenn einer von mehreren Ansprüchen (objektive Klagehäufung, Beispiel → Rn. 338: Klage auf Lieferung als Erfüllung und auf Ersatz des Verzugsschadens) oder ein abtrennbarer Teil eines Anspruchs (zB Anspruch auf Miete zum einen in Höhe des unstreitigen Teils und zum anderen in Höhe des Teils, in dem sich Mieter auf Minderung beruft) entscheidungsreif ist, weiter wenn bei Klage und Widerklage (→ Rn. 319) oder bei einfacher Streitgenossenschaft (Beispiel → Rn. 342: Klage zugleich gegen Hauptschuldner und Bürgen) eine der Klagen entscheidungsreif ist. Aufgrund von § 301 I 1 ist ein Teilurteil freilich ausgeschlossen, soweit eine Klage nur mehrfach rechtlich begründet wurde (→ Rn. 335), zB aus Vertrag und unerlaubter Handlung (Kein Teilurteil: »Die Klage aus Vertrag wird abgewiesen.«). 612

Bei einer **eventuellen Klagehäufung** (Haupt- und Hilfsantrag, → Rn. 339) ist wie bei jeder Klagehäufung Teilbarkeit zu bejahen. Daher kommt ein Teilurteil über den Hauptantrag in Betracht;[1] die Entscheidung über den Hilfsantrag ist dann dem Schlussurteil vorbehalten. Umgekehrt kann der Hilfsantrag nicht im Teilurteil vorgezogen werden, da über diesen erst entschieden werden darf, wenn feststeht, dass der Hauptantrag keinen Erfolg hat.

2. Keine Gefahr von Widersprüchen

Angesichts der leicht zu bejahenden Teilbarkeit kommt es in der Praxis vielfach zu Teilurteilen. Allerdings sind diese meist verfahrensfehlerhaft. Denn es ist heute anerkannt, dass Teilurteile nur zulässig sind, wenn rechtlich keine Gefahr besteht, dass Teil- und Schlussurteil – gegebenenfalls infolge abweichender Beurteilung durch Eingangs- und Rechtsmittelgericht – einander widersprechen. Diese Gefahr besteht schon dann, wenn das Teilurteil auf der Entscheidung irgendeiner Frage (tatsächlicher oder rechtlicher Art) beruht, die sich dem Gericht **im weiteren Verfahren über andere Ansprüche oder Anspruchsteile noch einmal stellt** oder stellen kann. Es geht also kei- 613

1 BGHZ 56, 79 = NJW 1971, 1316; BGH NJW 1995, 2361.

nesfalls nur um die Vermeidung widersprüchlicher Urteilsaussprüche, wie sie in Rechtskraft erwachsen, sondern auch darum, eine unterschiedliche Beurteilung von bloßen Urteilselementen auszuschließen.[2]

614 Dieses Erfordernis kommt in § 301 I 2 nur unvollkommen dahingehend zum Ausdruck, dass bei Ansprüchen, die hinsichtlich Grund und Höhe umstritten sind, ein Teilurteil über einen Teil des Anspruchs nur zulässig ist, wenn zugleich ein **Zwischenurteil über den Grund** (§ 304, → Rn. 621) ergeht. Zum Beispiel kann ein Gericht einen nach § 287 geschätzten Mindestschaden durch Teilurteil nur dann aburteilen und Beweis über einen darüber hinausgehenden weiteren Schaden erheben,[3] wenn über den Rest des Anspruchs ein Grundurteil nach § 304 I ergeht (§ 301 I 2). Die Voraussetzung, dass keine Gefahr eines logischen Widerspruchs bestehen darf, ist aber auf alle anderen Sachlagen teilbarer Streitgegenstände auszudehnen.

Beispiele: Der Beklagte versorgt den Kläger mit Gas. Der Beklagte erhöhte jährlich auf Grundlage einer Regelung in seinen allgemeinen Vertragsbedingungen das Entgelt. Der Kläger hat Klage auf Feststellung dahingehend erhoben, dass die Gaspreiserhöhungen der Jahre 2005, 2006 und 2007 unwirksam seien. Es handelt sich damit um drei unterschiedliche, mithin teilbare Streitgegenstände. Da alle aber davon abhängen, ob die Klausel in den Vertragsbedingungen des Beklagten wirksam ist, drohen bei getrennter Entscheidung sich widersprechende Urteile. Daher ist es unzulässig, durch Teilurteil über einzelne der Feststellungsanträge zu entscheiden.[4]
Die Kläger als Mieter und die Beklagten als Vermieter schlossen einen Mietvertrag über eine Markthalle. Die Kläger bemängelten unzureichenden Brandschutz, nach mehreren Abmahnungen kündigten sie den Mietvertrag fristlos. Sie erheben Klage auf Feststellung, dass ihre Kündigung das Mietverhältnis beendet hat. Die Beklagten machen widerklagend Ansprüche auf rückständige Miete geltend. Weil das Gericht den Brandschutz nicht für hinreichend hält, hat es der Feststellungsklage durch Teilurteil stattgegeben. Dieses Teilurteil ist unzulässig, weil die Gefahr eines Widerspruchs besteht. Denn die Entscheidung über die die Miete betreffende Widerklage hängt ebenfalls davon ab, ob der Brandschutz hinreichend war oder die insoweit bestehenden Mängel eine Minderung rechtfertigten.[5]
Werden im Arzthaftungsprozess vom klagenden Patienten als beklagte Streitgenossen Arzt und Krankenhausträger in Anspruch genommen, scheidet gegen einen der beiden Streitgenossen grundsätzlich ein Teilurteil aus, weil sonst die Gefahr widersprechender Entscheidungen besteht.[6]

615 Diese Voraussetzung für den Erlass eines Teilurteils ist in jedem Stadium des Verfahrens **von Amts wegen** zu berücksichtigen.[7] Daher darf zB der BGH auf eine Revision gegen ein Teilurteil, das an diesem Zulässigkeitsmangel leidet, nicht über die Sache entscheiden, sondern hat das Teilurteil aus formalen Gründen aufzuheben und zur Verhandlung der gesamten Streitsache an das Berufungsgericht zurückzuverweisen.

---

2 BGHZ 189, 356 Rn. 13 = NJW 2011, 2736; BGH NJW-RR 2014, 23 Rn. 12.
3 BGH NJW 1996, 1478.
4 BGHZ 189, 356 Rn. 14 = NJW 2011, 2736.
5 BGH NJW 2009, 1824 Rn. 8.
6 BGH NJW 2004, 1452.
7 BGHZ 189, 356 Rn. 19ff. = NJW 2011, 2736; BGH NJW 2011, 2800 Rn. 31.

3. Ermessen

Liegen die dargestellten Voraussetzungen vor, steht es im Ermessen des Gerichts, ob es ein Teilurteil erlassen oder abwarten will, bis der ganze Rechtsstreit zur Entscheidung reif ist (§ 301 II). 616

Da das **Teilurteil selbstständig angefochten** werden kann, empfiehlt es sich häufig, von der Möglichkeit eines Teilurteils keinen Gebrauch zu machen. Denn rein praktisch kann das Verfahren in der unteren Instanz zunächst nicht weitergeführt werden, da die Prozessakten an das Rechtsmittelgericht gehen (s. §§ 541 I, 565).

4. Entscheidung

Eine **Kostenentscheidung** kann beim Teilurteil idR deswegen nicht ergehen, weil noch nicht feststeht, wie das Verfahren insgesamt ausgeht. Kostenrechtlich wird es nicht etwa in zwei selbstständige Verfahren mit jeweils einem Teil des Streitwerts des Gesamtverfahrens aufgespalten. Die Kosten berechnen sich vielmehr nach dem **Gesamtstreitwert.** Eben deshalb kann bei Erlass des Teilurteils noch nicht gesagt werden, wie hoch die Kostentragungspflicht der im Teilurteil unterlegenen Partei ist. Infolgedessen muss die Kostenentscheidung dem Schlussurteil vorbehalten bleiben. 617

Das Teil- und das Schlussurteil können jeweils **selbstständig** mit Rechtsmitteln angefochten **werden.** Dabei müssen bei jedem von ihnen die Zulässigkeitsvoraussetzungen für das Rechtsmittel erfüllt sein (zB muss die Beschwerdesumme nach § 511 II Nr. 1, → Rn. 658ff., gegeben sein).[8]

III. Das Zwischenurteil

Das Zwischenurteil beendet die Instanz nicht. Vielmehr wird in ihm der Streit über bestimmte **Vorfragen** überwiegend prozessualer Art entschieden. Welche Fragen zum Gegenstand eines solchen Zwischenstreits und -urteils gemacht werden können, legt die ZPO abschließend fest. Stets soll der Zwischenstreit der Prozessökonomie dadurch dienen, dass Vorfragen (zB Zulässigkeit der Klage) **abschließend behandelt** werden, bevor sich das Gericht mit den logisch nachrangigen Fragen (zB Begründetheit der Klage) befasst, deren Entscheidung es unter Umständen nicht mehr bedarf. Die abschließende Behandlung der Vorfrage wird erstens dadurch gewährleistet, dass das Zwischenurteil das erkennende Gericht bindet (§ 318).[9] Zweitens darf ein späteres Rechtsmittel gegen das auf das Zwischenurteil folgende Schlussurteil nicht auf die Fehlerhaftigkeit des Zwischenurteils gestützt werden. Denn das Zwischenurteil erwächst in Rechtskraft, weil es entweder mit den gegen ein Endurteil statthaften Rechtsmitteln (§§ 280 II, 304 II) bzw. mit der sofortigen Beschwerde (§§ 71 II, 387 III) nur befristet angreifbar ist oder weil die Entscheidung über den Zwischenstreit überhaupt nicht anfechtbar ist (zB § 268). Es sind drei Arten von Vorfragen zu unterscheiden, die zum Gegenstand eines Zwischenurteils gemacht werden können: 618

8 BGH NJW 1989, 2757; 1996, 3216.

9 S. BGH NJW 2011, 3242 Rn. 16; vgl. aber BGHZ 182, 10 = NJW 2009, 3164 Rn. 20: Ausnahme bei Verkennung der Immunität (→ Rn. 855).

1. Zwischenurteil über die Zulässigkeit

619 § 280 erlaubt über Sachurteilsvoraussetzungen, deren Vorliegen in Streit steht, durch Zwischenurteil **über die Zulässigkeit** der Klage zu entscheiden (→ Rn. 383). Der Erlass eines solchen Zwischenurteils kann sich als **prozessökonomisch** erweisen. Es soll zunächst abschließend (gegebenenfalls nach Durchlaufen des Rechtsmittelverfahrens, § 280 II) über die umstrittenen Sachurteilsvoraussetzungen entschieden werden, bevor das Gericht in die Sachprüfung einsteigt.[10] In der Praxis wird freilich dafür nur selten ein Bedürfnis gesehen.

2. Einzelne prozessuale Zwischenstreitigkeiten

620 Das Gericht kann ein **Zwischenstreiturteil** (§ 303) über einen im Verlauf des Prozesses entstehenden Streit zwischen den Parteien oder einer Partei und einem Dritten **über eine prozessuale Frage** fällen. Ungeachtet des insoweit missverständlichen Wortlauts von § 303 geht es nicht auch um materiell-rechtliche Fragen wie etwa das Eigentum an einer herausverlangten Sache.

Beispiele: Zulässig sind Zwischenurteile über die Zulässigkeit einer Klageänderung (→ Rn. 307 ff.), über die Wirksamkeit eines Prozessvergleichs (→ Rn. 440 ff.), über die Zulässigkeit einer Nebenintervention (→ Rn. 358 ff.), über ein Zeugnisverweigerungsrecht (→ Rn. 570 ff.).

3. Grundurteil

621 Soweit eine in der Begründetheit zu prüfende materiell-rechtliche Frage betroffen ist, erlaubt allein § 304 ein Zwischenurteil **über den Grund des Anspruchs.** Davon macht die Praxis aus Gründen der Prozessökonomie vielfach Gebrauch.

Beispiel: K klagt gegen B aus einem Verkehrsunfall. Ob B den Unfall verschuldet hat, ist ebenso umstritten wie die Frage, in welcher Form K einen Schaden aufgrund des Unfalls erlitten hat. Es ist dann wenig sinnvoll, Beweis über die geltend gemachten Schadensposten zu erheben, solange die Kernfrage des Verschuldens nicht rechtskräftig entschieden ist. Daher kann das Gericht über das Bestehen des Schadensersatzanspruchs dem Grunde nach »vorab« entscheiden, sog. Grundurteil.

a) Voraussetzungen

622 Voraussetzung für den Erlass eines Grundurteils ist, dass

(1) der Anspruch nach Grund und Betrag streitig ist, dass es sich

(2) um einen Zahlungsanspruch oder einen Anspruch auf eine andere vertretbare Sache handelt[11] und dass

(3) der Grund des Anspruchs zur Entscheidung reif ist (§ 304 I). Das Gericht ist zum Grundurteil nicht verpflichtet. Es handelt sich um eine Ermessensfrage, die sich nach der Prozessökonomie beantwortet. Würde ein Grundurteil, statt zu einer Vorabentscheidung zu führen, den Prozess verzögern oder verteuern, ist es daher grundsätzlich unzulässig.[12]

10 BGHZ 182, 10 Rn. 18 = NJW 2009, 3164.

11 BGH NJW-RR 2013, 363 Rn. 15: kein Schadensersatzanspruch auf Herausgabe oder Abgabe einer Willenserklärung.

12 BGH NJW 2016, 3244 Rn. 26.

Das Grundurteil ergeht **immer zumindest teilweise zugunsten des Klägers.** Verneint das Gericht nämlich schon den Grund des Anspruchs, ist die Klage endgültig abweisungsreif, ohne dass es noch auf die Höhe des Anspruchs ankommt.

b) Rechtsfolge

Ist das Grundurteil erlassen, ist das **Gericht** aus § 318 daran **gebunden.**[13] 623

Urteilstenor: »Die Klage ist dem Grund nach (zur Hälfte, ganz) gerechtfertigt.«
[Keine Entscheidung über Kosten und Vollstreckbarkeit.]

Das Grundurteil ist **selbstständig anfechtbar** (§ 304 II). Die Anfechtung (Berufung) hindert rechtlich die Weiterverhandlung über den Betrag in der ersten Instanz nicht. Indes ist diese nicht zweckmäßig (und in der Praxis idR schon deshalb gar nicht möglich, weil sich die Akten beim Rechtsmittelgericht befinden). Denn der Vorteil des Grundurteils besteht gerade darin, dass der Anspruchsgrund rechtskräftig feststehen soll, bevor über die Anspruchshöhe entschieden wird.

Ergeht vor Rechtskraft des Grundurteils gleichwohl das Schlussurteil über den Betrag, entfällt dieses mit Aufhebung des Grundurteils automatisch, und zwar auch dann, wenn das Betragsurteil seinerseits schon rechtskräftig geworden war;[14] die Aufhebung des Grundurteils stellt eine auflösende Bedingung für das Schlussurteil dar.

c) Aufteilung von Grund und Betrag

Was in das Verfahren über den Grund des Anspruchs gehört, kann man sich mit einer 624
Faustregel merken: Im Verfahren über den Grund des Anspruchs sind alle diejenigen materiell-rechtlichen und prozessualen Umstände zu prüfen, die das Gericht zu prüfen hätte, wenn über den Betrag (also zB über die Höhe des Schadens) kein Streit bestünde, also zB die Sachurteilsvoraussetzungen, Kausalität, Rechtswidrigkeit, Verschulden, Aufrechnung, aber auch, ob überhaupt ein Schaden entstanden ist.[15]

Die Schwierigkeit der Abgrenzung lässt sich exemplarisch am **Mitverschuldenseinwand** (§ 254 BGB) verdeutlichen. Der Einwand kann sich auf die Schadensentstehung (§ 254 I BGB) oder auf den Schadensverlauf (§ 254 II BGB) beziehen. Im ersten Fall, wenn sich das Mitverschulden allein auf das (im Grundurteil) einheitlich zu würdigende Schadensereignis ausgewirkt hat, muss es im Grundverfahren berücksichtigt werden; im **Nachverfahren** (= sog. Betragsverfahren) kann es indes berücksichtigt werden, wenn es sich im Schadensverlauf ausgewirkt hat.[16] Teilweise wird indes – dogmatisch nicht unzweifelhaft – auch zugelassen, die Behandlung des Mitverschuldens (oder anderer Aspekte) im Grundurteil ausdrücklich dem Nachverfahren vorzubehalten.[17]

13 BGH NJW 2011, 3242 Rn. 16.

14 BGH NJW 2006, 3496 (3497); WM 2007, 1901 Rn. 16.

15 BGH NJW-RR 2012, 880 Rn. 13: Schaden muss zumindest »wahrscheinlich« sein, woran es bei fehlender Schlüssigkeit des Vortrags zum Schaden freilich fehlt, BGH NJW-RR 2008, 1397 Rn. 10.

16 BGH NJW 2013, 1948 Rn. 11.

17 BGHZ 79, 45 = NJW 1981, 1369.

d) Nachverfahren

625 Im Nachverfahren wird über die Höhe des »Betrags« (§ 304 I) verhandelt und entschieden.

> **Beispiel:** Mögliche **Inhalte des Schlussurteils** (wenn das Grundurteil den Klageanspruch dem Grunde nach voll bejaht hat und die Klagesumme 15.000 EUR beträgt):
> **Gestaltung 1:** K erhält voll Recht:
> »1. Der Beklagte wird verurteilt, an den Kläger 15.000 EUR zu zahlen.
> 2. [Kostenentscheidung].
> 3. [Entscheidung über die vorläufige Vollstreckbarkeit].«
>
> **Gestaltung 2:** K erhält nur zu 2/3 Recht, weil die Schadensposten nur in dieser Höhe nachgewiesen wurden:
> »1. Der Beklagte wird verurteilt, an den Kläger 10.000 EUR zu zahlen.
> 2. Im Übrigen wird die Klage abgewiesen.
> 3. [Kostenentscheidung].
> 4. [Entscheidung über die vorläufige Vollstreckbarkeit].«
>
> **Gestaltung 3:** Die Klage wird abgewiesen (trotz des Grundurteils), zB weil sich jetzt erst herausgestellt hat, dass kein Schaden entstanden ist:
> »1. Die Klage wird abgewiesen.
> 2. [Kostenentscheidung].
> 3. [Entscheidung über die vorläufige Vollstreckbarkeit].«
>
> Das Grundurteil braucht nicht aufgehoben zu werden; eine Klarstellung im Tenor oder in den Gründen schadet aber nicht.

C. Erlass und Inhalt des Urteils

I. Beratung – Abfassung – Verkündung

1. Unmittelbarkeit

626 Das Urteil darf nur von **denjenigen Richtern** gefällt werden, die bei der letzten **mündlichen Verhandlung anwesend** waren (§ 309; → Rn. 147ff.). Die Verkündung des Urteils kann freilich auch durch andere Richter erfolgen.

Hat die Besetzung des Gerichts nach dem letzten Verhandlungstermin, aber vor Fällung des Urteils gewechselt, muss die **Verhandlung wieder eröffnet** (dh ein neuer Verhandlungstermin bestimmt) werden (§ 156 II Nr. 3). Das bedeutet freilich nicht, dass der ganze Prozess noch einmal »bei null« beginnt. Bereits erfolgte Zwischenschritte auf dem Weg zum Urteil bleiben bestehen (zB Beweisaufnahme, Geständnisse, gerichtliche Hinweise nach § 139).

2. Beratung

627 In Kollegialgerichten ist eine Beratung und Abstimmung unter den beteiligten Richtern erforderlich (§§ 192ff. GVG). Diese ist geheim (vgl. § 193 GVG). Bis zur Verkündung ist das beschlossene, abgefasste und unterschriebene Urteil nur ein – jederzeit abänderbarer – Entwurf.

3. Verkündung

Erst mit der Verkündung im **Verkündungstermin** (§ 310 I) ist das Urteil »erlassen« (vgl. den Wortlaut des § 318). Auch wenn das Gericht ohne mündliche Verhandlung entschieden hat (§ 128 II, sog. schriftliches Verfahren, → Rn. 135), ist das Urteil zu verkünden (§ 128 II 2). Das **entscheidende Gericht** ist daran **gebunden** (§ 318), kann das Urteil also auch dann nicht mehr abändern oder aufheben, wenn es merkt, dass es einen **Fehler** begangen hat. Eine Ausnahme gilt allerdings bei Verletzung des Anspruchs auf Gewährung rechtlichen Gehörs, sog. Gehörsrüge (§ 321 a; → Rn. 174). 628

Es genügt die **Verkündung der Urteilsformel** (= des Tenors; § 311 II, IV; s. aber § 310 II).[18] Die Verkündung ist in das **Protokoll** aufzunehmen (§ 160 III Nr. 6). Die Anwesenheit der Parteien ist hierzu nicht erforderlich (§ 312 I 1). Ist ihnen der Termin der Verlautbarung nicht bekannt gegeben worden, ist ihnen das Urteil trotz Verlesens nicht verkündet worden. Gleichwohl stellt es kein Scheinurteil dar, sondern muss mit Rechtsmitteln angegriffen werden.[19]

Zusätzlich zur Verkündung erfolgt die **Zustellung des Urteils von Amts wegen** (§§ 317 I 1, 166 II). Nach ihr bemisst sich der **Lauf der Rechtsmittel- und Einspruchsfrist;** auch ist sie für den **Beginn der Zwangsvollstreckung** erforderlich (§ 750). Der Vorsitzende kann die Zustellung verkündeter Urteile gem. § 317 I 3 hinausschieben, damit die Parteien Zeit für Vergleichsgespräche haben.

II. Inhalt des Urteils

1. Schema

Aus §§ 311 I, 313, 315 ergibt sich folgendes Schema, das im Gesetz zwar nicht so vorgeschrieben ist, sich in der Praxis aber eingebürgert hat. 629

1. **»Im Namen des Volkes«** [§ 311 I].
2. **»Bezeichnung des Urteils«** [also etwa Urteil, Anerkenntnisurteil, Versäumnisurteil, oder Ähnliches]
3. **»Rubrum«:**
   a) Bezeichnung der Parteien [Einzelheiten § 313 I Nr. 1].
   b) Tag, an dem die mündliche Verhandlung geschlossen wurde [§ 313 I Nr. 3].
   c) Bezeichnung des Gerichts und der an der Entscheidung mitwirkenden Richter [§ 313 I Nr. 2].
4. **Tenor** (Urteilsformel): § 313 I Nr. 4. Reihenfolge: Ausspruch des Gerichts zur Sache, zu den Kosten und zur vorläufigen Vollstreckbarkeit.
5. **Tatbestand:** § 313 I Nr. 5, II. Reihenfolge:
   a) Unstreitiger Sachverhalt.
   b) Streitiger tatsächlicher Vortrag des Klägers.
   c) Prozessgeschichte I, soweit sie für das Verständnis der Anträge wichtig ist, also zB Erlass eines Versäumnisurteils, gegen das Einspruch eingelegt wurde.

18 Dazu BGH NJW 1988, 2046.
19 BGHZ 14, 39 = NJW 1954, 2181.

d) Antrag des Klägers (aber nicht zu den Kosten und der vorläufigen Vollstreckbarkeit, weil darüber das Gericht von Amts wegen zu entscheiden hat, → Rn. 303).
e) Antrag des Beklagten (eventuell hier auch ein Vollstreckungsschutzantrag nach § 712).
f) Streitiger tatsächlicher Vortrag des Beklagten.
g) Prozessgeschichte II, soweit sie für das Urteil wichtig ist: also zB Zustellung der Klage an den Beklagten, wenn der Kläger Zinsen »seit Rechtshängigkeit« beantragt hat.
h) Hinweis auf eine erfolgte Beweisaufnahme.

6. **Entscheidungsgründe:** § 313 I Nr. 6; III.
7. **Unterschriften der Richter:** § 315 I.

Ein abgekürztes Urteil ergeht bei Säumnis, Anerkenntnis oder Verzicht nach § 313b. Hier bedarf es weder eines Tatbestandes noch der Entscheidungsgründe (§ 313b I 1). Ein Verzicht der Parteien auf Tatbestand und Entscheidungsgründe ist unter den Voraussetzungen des § 313a I 2 möglich, in der Praxis aber unüblich.

2. Tatbestand

630 Bei der Abfassung des Tatbestands hat sich das Gericht (der Referendar) um eine konzentrierte und strukturierte Darstellung zu bemühen.

631 a) Das **Parteivorbringen** ist entsprechend dem Schema getrennt nach streitigem und unstreitigem darzustellen, keinesfalls darf das Parteivorbringen einschließlich der Rechtsausführungen ungeordnet in der Reihenfolge der Schriftsätze abgeschrieben werden.

632 b) Von den **Anträgen** sind nur die nach § 308 I maßgeblichen Sachanträge, nicht aber die zu Kosten und vorläufiger Vollstreckbarkeit wiederzugeben, weil das Gericht insoweit ohnehin von Amts wegen entscheidet (→ Rn. 303).

633 c) Die Darstellung der **Prozessgeschichte** hat sich auf das Wesentliche zu konzentrieren (zB keine Darstellung erfolgloser Vergleichsverhandlungen). Zwar erbringt der Tatbestand nach § 314 Beweis für das mündliche Parteivorbringen.[20] Eine **Bezugnahme** auf Schriftsätze, Sitzungsprotokolle, insbesondere auf Beweisaufnahmeprotokolle, ist aber zulässig (§ 313 II 2, § 314 S. 2) und üblich. Es ist daher untunlich, aus dem Beweisaufnahmeprotokoll abzuschreiben. Ein schwerer Fehler ist es schließlich, bereits im Tatbestand die Beweise zu würdigen, was den Entscheidungsgründen vorbehalten ist.

3. Entscheidungsgründe

634 Der Aufbau der Entscheidungsgründe ist zwar gesetzlich ebenfalls nicht vorgegeben, sollte aber einer über lange Zeit hinweg geübten richterlichen Praxis entsprechen:

635 a) Zunächst kommt es zu Ausführungen zu den **Sachurteilsvoraussetzungen,** also die Voraussetzungen der Zulässigkeit der Klage (zB Zuständigkeit), aber nur falls zweifelhaft.

20 Dazu BGH NJW 2013, 2361 Rn. 11.

b) Sodann hat ein knappes, vorweggenommenes **Prozessergebnis** mit den dieses Ergebnis tragenden Rechtssätzen zu erfolgen. 636

Formulierungsbeispiele: »Der Klage fehlt das Rechtsschutzbedürfnis (§ 256); sie ist daher unzulässig.«
»Der Anspruch des Klägers auf Bezahlung des Kaufpreises ist nach § 433 II BGB begründet.«
»Der Schadensersatzanspruch des Klägers ist unbegründet, da das nach § 823 I BGB notwendige Verschulden des Beklagten nicht festgestellt werden konnte.«

c) Dann folgt die **Feststellung der Tatsachen** einschließlich der **Beweiswürdigung,** 637
und zwar sowohl für die »Klägerstation« wie die »Beklagtenstation« und Subsumtion der Tatsachen unter die Rechtssätze.

Formulierungsbeispiel: »Aus der Aussage des Zeugen S hat sich zwar ergeben, dass der Beklagte den Kläger leicht fahrlässig verletzt hat, weil er … Das mitwirkende Verschulden des Beklagten ist aber – wie aus den Aussagen der Zeugen Y, Z folgt – weit überwiegend; denn …«

d) Zum Schluss steht die rechtliche Begründung der Entscheidung zu **Nebenansprü-** 638
chen (zB Zinsen) und der sog. Nebenentscheidungen über die Verfahrenskosten und die vorläufige Vollstreckbarkeit des Urteils.

Formulierungsbeispiel: »Die verlangten Zinsen sind in Höhe von fünf Prozentpunkten über dem jeweiligen Basiszinssatz nach §§ 288, 291 BGB gerechtfertigt.
Die Kostenentscheidung folgt aus § 91, die vorläufige Vollstreckbarkeit aus § 708 Nr. 11.«

D. Wirkungen des Urteils

Das Urteil wird mit Verkündung **existent** (→ Rn. 628). Sobald das Urteil nicht oder 639
nicht mehr anfechtbar ist, erlangt es **formelle Rechtskraft** (§ 705, → Rn. 738 ff.). An beide Zeitpunkte knüpfen sich Wirkungen des Urteils.

Beispiel: K hat von B nach § 985 BGB Herausgabe eines Gemäldes verlangt. Das LG hat ein Urteil verkündet, das B zur Herausgabe an K verurteilt. Das Gericht kann dieses Urteil nicht mehr abändern (innerprozessuale Bindungswirkung, § 318). B versäumt die Berufungsfrist; das Urteil ist jetzt formell rechtskräftig (§ 705). K verlangt in einem zweiten Prozess Schadensersatz wegen Beschädigung des Bildes nach §§ 990, 989 BGB. Es steht für diesen zweiten Prozess fest, dass K Eigentümer ist (materielle Rechtskraft). K vollstreckt das Herausgabeurteil, sei es, dass dieses für vorläufig vollstreckbar erklärt ist, sei es, dass es formell rechtskräftig ist (Vollstreckbarkeit, § 704). K kann aber auch von der Vollstreckung zunächst absehen. Der rechtskräftig titulierte Herausgabeanspruch verjährt erst in 30 Jahren ab Eintritt der Rechtskraft, §§ 197 I Nr. 3, 201 BGB (Tatbestandswirkung).

Zur Interventionswirkung → Rn. 367, 373.

I. Bindung des (erkennenden) Gerichts

Das entscheidende Gericht ist an das von ihm erlassene Urteil gebunden (§ 318). Diese 640
Wirkung tritt mit Existenz des Urteils, grundsätzlich also **Verkündung** ein (→ Rn. 628); der Unanfechtbarkeit (formelle Rechtskraft) bedarf es nicht. Diese Wir-

kung wird **innerprozessuale Bindungswirkung** oder Selbstbindung des Gerichts genannt.

1. Negative Bindung

641 Diese Bindung beinhaltet einerseits negativ, dass das Gericht sein erlassenes (also verkündetes) Urteil **nicht mehr ändern kann,** auch wenn es »entdeckt«, dass das Urteil aus tatsächlichen oder rechtlichen Gründen falsch ist. Eine Aufhebung oder Abänderung des Urteils kann allenfalls im Rechtsmittelweg durch ein übergeordnetes Gericht erfolgen.

Eine **Durchbrechung** dieses Grundsatzes ist in § 319 (Schreib- oder Rechenfehler), § 320 (unrichtiger Tatbestand), § 321 (übersehener, nicht beschiedener Anspruch, zB Zinsanspruch oder Kostenentscheidung) sowie § 321 a (Gehörsrüge, → Rn. 174) vorgesehen.

2. Positive Bindung

642 Das Gericht hat als positive Wirkung dieser Bindung das erlassene (Zwischen-)Urteil einem anderen in derselben Instanz noch ergehenden (Schluss-)Urteil zugrunde zu legen.

Beispiele: Das Gericht hat durch Zwischenurteil (§ 303) entschieden, dass die Nebenintervention des N zulässig ist; es kann später den N nicht mehr zurückweisen. – Das Gericht hat durch Grundurteil (§ 304 I; → Rn. 621) die Schadensersatzklage des K dem Grunde nach für gerechtfertigt erklärt; es kann später die Klage nicht mit der Begründung abweisen, ein Verschulden des B sei doch nicht erwiesen. – Das Gericht hat in einem Vorbehaltsurteil (§ 302; → Rn. 405) die Aufrechnung mit einer Gegenforderung zwar für zulässig erklärt, die Entscheidung über den Bestand der Gegenforderung aber vorbehalten; es kann im Nachverfahren nicht die Zulässigkeit der Aufrechnung verneinen.[21] Erst Recht ist das Gericht beim Vorbehaltsurteil natürlich daran gebunden, dass die Klageforderung, der gegenüber der Beklagte aufgerechnet hat, besteht.

II. Materielle Rechtskraft

643 Die materielle Rechtskraft setzt formelle Rechtskraft voraus. Sie bewirkt die **Verbindlichkeit des Urteilsausspruchs zwischen den Parteien** des Rechtsstreits. Nur so kann der Prozess seine Aufgabe erfüllen, einen Streit zwischen den Parteien endgültig zu bereinigen. Die Wirkungen der materiellen Rechtskraft äußern sich in einem erneuten Verfahren zwischen den Parteien. Hat das zweite Verfahren denselben Streitgegenstand greift die Rechtskraftsperre als Verbot, über denselben Streitgegenstand ein zweites Verfahren zu führen **(ne bis in idem).** Das Gericht hat die neuerliche Klage als unzulässig abzuweisen. Hat das zweite Verfahren einen abweichenden Streitgegenstand, kann die Rechtskraft Bindungswirkung äußern. Soweit die Entscheidung des zweiten Verfahrens von der des ersten abhängt, muss das Gericht das Ergebnis des ersten Verfahrens dem zweiten zugrunde legen **(Präjudizialität),** → Rn. 746 ff.

21 BGHZ 35, 248 = NJW 1961, 1721.

III. Gestaltungswirkung

Gestaltungsurteilen, die nur auf Gestaltungsklage (→ Rn. 289ff.) hin ergehen können, kommt Gestaltungswirkung zu. Diese beinhaltet die **konstitutive Änderung der materiellen Rechtslage.** Diese Wirkung tritt nicht schon mit Erlass, sondern erst mit formeller Rechtskraft ein. Zum Beispiel wird der Hauptversammlungsbeschluss einer AG vernichtet, wenn ein formell rechtskräftiges Urteil auf eine Anfechtungsklage diesen Beschluss für nichtig erklärt (§ 248 AktG). **644**

IV. Vollstreckbarkeit

Leistungsurteile sind der Vollstreckung fähig, damit der Kläger sein Rechtsschutzziel tatsächlich auch herbeiführen kann. Die Vollstreckbarkeit eines Leistungsurteils tritt spätestens mit der **formellen Rechtskraft** oder zuvor mit der Erklärung des Gerichts über die **vorläufige Vollstreckbarkeit** (§ 704 I) ein. **645**

V. Tatbestandswirkung

Die unter dem Begriff der **Tatbestandswirkung** zusammengefassten möglichen Auswirkungen eines Urteils sind eigentlich keine Urteilswirkungen. Denn es wirkt gerade nicht das Urteil, sondern die **eintretenden Rechtsfolgen beruhen auf Gesetz oder Vertrag.** Vertrag oder Gesetz machen den Eintritt ihrer Rechtsfolgen dann aber vom Erlass eines Urteils abhängig. Beispiele für gesetzliche Regelungen, zu deren tatbestandlichen Voraussetzungen ein Urteil zählt, sind: § 197 I Nr. 3 BGB (Verlängerung der Verjährungsfrist nach rechtskräftiger Feststellung des Anspruchs), § 775 I Nr. 4 BGB (Befreiungsanspruch des Bürgen), § 864 II BGB (Erlöschen von Besitzschutzansprüchen), § 1991 III BGB (Begründung der Dürftigkeitseinrede). **646**

Literatur: *Stein,* Aufbau und Inhalt der Entscheidungsgründe im Zivilurteil – Ein Überblick, JuS 2014, 320.

Übersicht 15 Die gerichtlichen Entscheidungen

Arten	Urteile		Beschlüsse	Verfügungen
Kennzeichen	Entscheidungen aufgrund notwendiger mündlicher Verhandlung		Entscheidungen ohne notwendige mündliche Verhandlung, zB Bewilligung der Prozesskostenhilfe – einstweilige Einstellung der Zwangsvollstreckung	prozessleitend (meist des Vorsitzenden, zB Terminsbestimmung, § 216 II)
Unterscheidung nach dem Inhalt	**Sachurteile** Leistungs-, Feststellungs-, Gestaltungsurteile; Sachurteile sind auch Versäumnis-, Anerkenntnis-, Verzichtsurteile	**Prozessurteile** Klageabweisung als unzulässig wegen Fehlens einer Prozessvoraussetzung		
Unterscheidung nach der Prozessbeendigung für die Instanz	prozessbeendigend: **Endurteile:** 1. Voll-Endurteil (§ 300) 2. Teilurteil (§ 301): selbstständig anfechtbar und vollstreckbar 3. Vorbehaltsurteil a) Aufrechnung, auch Eventualaufrechnung b) § 599 (im Urkundenprozess)	nicht prozessbeendigend: **Zwischenurteil** 1. nach § 280 2. Zwischenurteil nach § 303 (zB über die Zulässigkeit einer Klageänderung) 3. Zwischenurteil über den Grund des Anspruchs (§ 304)		
Inhalt	»Rubrum« (§ 313 I Nr. 1 und 2) – »Tenor« (Urteilsformel, § 313 I Nr. 4) Tatbestand (§ 313 I Nr. 5) Entscheidungsgründe (§ 313 I Nr. 6)		nicht formalisiert	
Verkündung	§ 311 II (davon zu unterscheiden: Zustellung, § 317 I)		s. § 329 I	§ 329 entsprechend
Wirkungen	1. **Bindung** des entscheidenden Gerichts an sein verkündetes Urteil (§ 318) (Ausnahmen: §§ 319–321 a)		nur eingeschränkt (s. § 572 I)	keine Bindung
	2. **formelle Rechtskraft** = Nichtmehranfechtbarkeit im Instanzenzug (§ 705)		nur ausnahmsweise zB §§ 699 f.	keine formelle Rechtskraft
	3. **materielle Rechtskraft** = a) ne bis in idem b) Präjudizialität		nur ausnahmsweise zB §§ 699 f.	keine materielle Rechtskraft
	4. **Vollstreckbarkeit:** nur von Leistungsurteilen		nur ausnahmsweise zB § 699	keine Vollstreckbarkeit

16. Kapitel. Rechtsmittel

Die ZPO stellt den Parteien **drei Rechtsmittel** zur Verfügung: in erster Linie die **Berufung** gegen Endurteile der ersten Instanz (§ 511) und die **Revision** gegen Berufungsurteile (§ 542), ferner die **Beschwerde** (sofortige Beschwerde, Rechtsbeschwerde, §§ 567ff.). Die Rechtsmittel kennzeichnet, dass ihnen **Suspensiveffekt** (Hemmung des Eintritts der Rechtskraft, § 705 S. 2) und **Devolutiveffekt** (Befassung einer höheren Instanz) zukommt. Daneben kennt die ZPO noch Rechtsbehelfe, denen es wie insbesondere dem Einspruch (§ 338, → Rn. 500ff.) und der Gehörsrüge (§ 321a, → Rn. 174) am Devolutiveffekt mangelt. 647

Kein Rechtsmittel ist die **Verfassungsbeschwerde** an das BVerfG (Art. 93 I Nr. 4a GG, §§ 90ff. BVerfGG). Denn sie äußert weder Devolutiv- noch Suspensiveffekt. Sie kann sich nicht nur gegen gerichtliche Entscheidungen, sondern gegen jedes grundrechtsbelastende Handeln der öffentlichen Gewalt wenden. Wenn eine Urteilsverfassungsbeschwerde gegen eine gerichtliche Entscheidung erhoben wird, dann nicht mit der allgemeinen Behauptung, die angegriffene Entscheidung sei »falsch«, sondern nur wegen eines **Verstoßes gegen ein Grundrecht** oder gegen die weiteren in Art. 93 I Nr. 4a GG genannten Rechte (vor allem prozessuale Grundrechte; → Rn. 1, 26, 170). Deshalb entscheidet das BVerfG nicht in der Sache selbst, sondern hebt – wenn es der Verfassungsbeschwerde stattgibt – die Entscheidung auf und verweist die Sache an ein zuständiges Gericht zurück (§ 95 II BVerfGG). Das BVerfG hat also nur die Befugnis zur **Kassation** (= Vernichtung) der angegriffenen gerichtlichen Entscheidung. Das BVerfG kann freilich in der Regel erst **nach Erschöpfung des Rechtswegs** angerufen werden (vgl. § 90 II BVerfGG), was die Bedeutung der Urteilsverfassungsbeschwerde deutlich erhöht.

Rechtsmittel eröffnen die Möglichkeit zur abermaligen Überprüfung einer Entscheidung und sollen daher in Übereinstimmung mit dem allgemeinen Verfahrenszweck (→ Rn. 13) die **Einzelfallgerechtigkeit** und das **Vertrauen in die Rechtspflege** stärken. Insbesondere Revisionsverfahren zu Fragen grundsätzlicher Bedeutung dienen der **Bewährung** und **einheitlichen Auslegung des Rechts.** Im Folgenden werden zunächst gemeinsame Grundsätze vorgestellt, um dann Berufung, Revision und Beschwerde näher in den Blick zu nehmen. 648

A. Gemeinsame Grundsätze

I. Zulässigkeit und Begründetheit

Ein Rechtsmittel hat – ebenso wie eine Klage – nur Erfolg, wenn es **zulässig und begründet** ist. Das Rechtsmittelgericht hat die Zulässigkeit des Rechtsmittels von Amts wegen zu überprüfen. Fehlt es an dieser, braucht es auf die Begründetheit des Rechtsmittels nicht mehr einzugehen. Das Gericht hat vielmehr das Rechtsmittel als **unzulässig zu verwerfen** (für die Berufung § 522 I 2, für die Revision § 552 I 2, für die Beschwerde § 572 II 2). Diese Entscheidung *kann* für Berufung und Revision und *hat* 649 für die Beschwerde als Beschluss zu ergehen (§§ 522 I 3, 552 II, 572 IV). Zuvor muss dem Rechtsmittelführer jedoch **rechtliches Gehör** gewährt werden.[1]

650 **Zulässigkeitsfragen der ersten Instanz** sind in der Rechtsmittelinstanz in aller Regel im Bereich der **Begründetheit des Rechtsmittels** zu erörtern.

> **Beispiel:** Hat etwa das LG die Klage wegen Fehlens der Prozessführungsbefugnis durch Prozessurteil als unzulässig abgewiesen und hat der Kläger dagegen Berufung eingelegt, ist die Frage, ob die Prozessführungsbefugnis gegeben ist, durch das OLG bei der Begründetheit des Rechtsmittels zu prüfen: »Die zulässige Berufung des Klägers ist begründet, weil die Klage zulässig und begründet war.«

Die **Zuständigkeit** des Gerichts ist allerdings teilweise von der Überprüfung durch das Rechtsmittelgericht **ausgenommen** (§§ 513 II, 545 II zur sachlichen und örtlichen Zuständigkeit; § 17a V GVG zur Rechtswegzuständigkeit; → Rn. 176); zur Überprüfung der internationalen Zuständigkeit → Rn. 869.

II. Zulässigkeitsvoraussetzungen

651 Die ZPO enthält **keinen allgemeinen Teil** für die Zulässigkeitsvoraussetzungen von Rechtsmitteln. Indes verweist für die Revision § 565 auf die Vorschriften der Berufung, sodass allgemeine Grundsätze der Zulässigkeit gemeinsam dargestellt werden können:

1. Statthaftigkeit

652 So muss jedes Rechtsmittel »an sich statthaft« sein (vgl. den Wortlaut von §§ 522 I 1, 552 I 1, 572 II 1). Statthaft ist ein Rechtsmittel, wenn gegen die angefochtene Entscheidung das eingelegte Rechtsmittel **überhaupt möglich** ist.

> **Beispiele:** Gegen ein erstes Versäumnisurteil ist nicht die Berufung (§ 514), sondern der Einspruch (§ 338) statthaft.
> Gegen einen Kostenbeschluss nach § 91 a ist sofortige Beschwerde zu erheben (§ 91 a II 2).

2. Frist

653 Zur **Fristwahrung** sind die Fristen zur Einlegung und zur Begründung eines Rechtsmittels zu unterscheiden. Die Frist zur **Einlegung** des Rechtsmittels beginnt mit der Zustellung des Urteils, die von Amts wegen erfolgt (§§ 317 I 1, 166 II). Spätestens endet sie mit dem Ablauf von fünf Monaten nach Urteilsverkündung (§§ 517, 548, 569 I). Davon zu unterscheiden ist die Frist zur **Begründung** des Rechtsmittels (§§ 522 I, 552 I). Auch das Verstreichen dieser Frist führt dazu, dass das Rechtsmittel als unzulässig zu verwerfen ist.

3. Form

654 Die gesetzlich vorgeschriebene Form ist sowohl bei Einlegung des Rechtsmittels (§§ 519, 549, 569) als auch bei seiner Begründung (§§ 520 III, 551 III) zu beachten. Nach § 130a ist zur Wahrung der vorgeschriebenen **Schriftform** ein elektronisches Dokument ausreichend.

---

1 BGH NJW-RR 2013, 255 Rn. 5.

4. Beschwer

Weitere (ungeschriebene) Voraussetzung ist das Vorliegen einer Beschwer für den Rechtsmittelkläger. So kann eine Partei nur dann ein berechtigtes Interesse an einem Rechtsmittel haben, wenn sie durch die angefochtene Entscheidung **belastet** ist. Nur wenn dies der Fall ist, besteht für das Rechtsmittel ein **Rechtsschutzbedürfnis** (→ Rn. 280).[2] 655

Beispiel: K hat seine Klage auf vorsätzliche Körperverletzung durch B gestützt (§ 823 I BGB). Das Gericht hat nur eine fahrlässige Körperverletzung angenommen, der Klage aber in vollem Umfang entsprochen. K ist nicht »beschwert«; → Rn. 755.

Die **Kriterien,** um zu entscheiden, ob eine Beschwer vorliegt, unterscheiden sich nach Kläger- und Beklagtenseite. Der **Kläger** ist beschwert, wenn der Tenor des angefochtenen Urteils von seinem Antrag zu seinen Ungunsten abweicht **(formelle Beschwer).** Die Beschwer wird also »formell« durch Vergleich zwischen Antrag in der Vorinstanz und Urteil der Vorinstanz bestimmt. 656

Beispiele: K hat 8.000 EUR eingeklagt; nur 3.000 EUR werden ihm zugesprochen; K ist in Höhe von 5.000 EUR beschwert.
K hat gegen B auf Übereignung einer gekauften Maschine geklagt, hilfsweise auf Rückzahlung der geleisteten Anzahlung. Dem Hilfsantrag wird stattgegeben, da das Gericht den Kaufvertrag für unwirksam hält. K ist wegen der Abweisung seines Hauptantrags beschwert.
K hat beantragt, die Hauptsache für erledigt zu erklären. Stattdessen weist das Gericht die Klage ab. K ist beschwert.[3]
K hat unbeschränkte Verurteilung des B beantragt. Das Urteil lautet auf Verurteilung Zug um Zug. K ist beschwert.[4]

Der **Beklagte** ist nicht nur dann beschwert, wenn das Urteil von seinem in der Vorinstanz gestellten Antrag abweicht, sondern auch dann, wenn er durch das Urteil überhaupt in seiner materiellen Rechtsstellung beeinträchtigt ist **(materielle Beschwer).**[5] Die Rechtsprechung begründet dies damit, dass der Beklagte keinen (Klageabweisungs-)Antrag zu stellen brauche und es daher nicht auf die formelle Abweichung zwischen Antrag und Tenor ankommen könne. Stellt der Beklagte einen Antrag, kann seine Beschwer freilich auch formell zu bestimmen sein. 657

Beispiele: B hat Klageabweisung beantragt; er ist zu 800 EUR verurteilt worden. Also ist B formell beschwert.
B hat Abweisung der Klage als unbegründet beantragt, hilfsweise mit einer Gegenforderung aufgerechnet (→ Rn. 395 ff.). Das Gericht hat die Klage als Folge der Aufrechnung abgewiesen.[6] B ist formell beschwert, weil er mit seinem Hauptantrag nicht durchgedrungen ist, überdies materiell, weil er die Klage nur unter Verlust seiner Gegenforderung abwehren konnte.
B hat endgültige Klageabweisung beantragt; mangels Fälligkeit der Forderung ist die Klage nur als zurzeit unbegründet abgewiesen worden.[7] B ist zwar nicht materiell, aber formell beschwert, weil sein Antrag auf endgültige Abweisung keinen Erfolg hatte.

---

2 BGH NJW 1955, 545.
3 BGHZ 57, 224 = NJW 1972, 112.
4 BGH NJW 1982, 1048.
5 BGH NJW 1955, 545.
6 BGHZ 48, 212 = NJW 1967, 2162; BGHZ 57, 301 = NJW 1972, 257.
7 BGHZ 144, 242 = NJW 2000, 2988.

5. Wert des Beschwerdegegenstandes

658 Der Beschwerdegegenstand muss namentlich bei der Berufung einen **Mindestwert** erreichen. Anderenfalls kann die Entscheidung nicht angefochten werden. Dadurch sollen die Rechtsmittelgerichte von »Kleinkram« entlastet werden. **Rechtspolitisch** ist das **nicht unbedenklich** (Beschneidung der Parteien, die Prozesse über geringere Werte führen). Der Beschwerdegegenstand bei der Berufung muss **600 EUR** übersteigen, wenn die die Berufung nicht nach § 511 II Nr. 2 **zugelassen** ist.

> **Beispiele:** K hat 800 EUR gegen B eingeklagt. Das Urteil gibt der Klage in Höhe von 350 EUR statt. Im Übrigen (dh in Höhe von 450 EUR) wird die Klage abgewiesen. Hier ist die Berufungssumme weder für K (450 EUR), noch für B (350 EUR) erreicht. Keiner der beiden kann Berufung einlegen.
> Hat K auf Zahlung von 4.500 EUR geklagt und obsiegt er mit 2.250 EUR, können sowohl K als auch B Berufung einlegen.

659 Die Höhe der Beschwer bestimmt allerdings nur den **Höchstrahmen** des Beschwerdegegenstandes. Zusätzlich ist auf den Antrag des Rechtsmittelklägers in der Rechtsmittelinstanz abzustellen: Verlangt er weniger als er verlangen könnte, ist dieses Verlangen für die Fixierung des **Werts des Beschwerdegegenstands** maßgebend.

> **Beispiel:** Legt K Berufung ein, verlangt er aber nur 500 EUR (statt, wie er angesichts der Höhe seiner Beschwer könnte, 2.250 EUR), ist die Berufungssumme des § 511 II Nr. 1 nicht erreicht. Sofern die Berufung in dem angefochtenen Urteil nicht nach Nr. 2 zugelassen worden ist, ist sie unzulässig.

660 Da die Beschwer aber den Rahmen für den Wert des Beschwerdegegenstands festlegt, kann der Rechtsmittelkläger das Rechtsmittel nicht dadurch »erschleichen«, dass er in der Rechtsmittelinstanz seinen **Antrag erweitert.**

> **Beispiel:** K sind 350 EUR abgesprochen worden. Er legt Berufung ein und verlangt jetzt insgesamt noch 1.800 EUR. Die Berufung ist unzulässig.[8]

Davon ist der Fall zu unterscheiden, dass der Kläger eine **zulässige Berufung** eingelegt hat, jetzt aber den **Klageantrag erweitert.** Das ist zulässig, wenn der Gegner einwilligt oder das Berufungsgericht dies für sachdienlich erachtet (§ 263, → Rn. 309), und überdies die Klageänderung auf Tatsachen gestützt werden kann, die das Berufungsgericht seiner Verhandlung und Entscheidung ohnehin zugrunde legen muss (§ 533). Schließlich verlangt eine Klageänderung in der Berufungsinstanz noch, dass der Berufungskläger seinen erstinstanzlichen Antrag in der Berufungsinstanz zumindest hilfsweise weiterverfolgt.[9] Zur Verfolgung eines neuen Streitgegenstands soll die Berufung nicht taugen.

III. Verschlechterungsverbot – Anschlussrechtsmittel

1. Verschlechterungsverbot

661 Der Rechtsmittelkläger erwartet, dass sich seine Rechtsstellung durch das Urteil der Rechtsmittelinstanz verbessert, jedenfalls aber nicht verschlechtert. Dieser berechtigten Erwartung entspricht das Gesetz durch das Verbot der Schlechterstellung des

8 BGH NJW-RR 2009, 853 Rn. 7.
9 BGHZ 155, 21 (26) = NJW 2003, 2172; BGH NJW-RR 2006, 442; 2002, 1435.

Rechtsmittelklägers (**Verbot der reformatio in peius,** mitunter auch »Verböserung«, § 528 S. 2). Weiter folgt aus der Dispositionsmaxime (→ Rn. 84ff.), dass das Gericht an den Antrag der Parteien gebunden ist und somit das Rechtsmittelgericht nicht zum Nachteil vom Antrag abweichen darf.

Beispiel: K hat aus einem Unfall gegen B 7.000 EUR eingeklagt. Das LG hat ihm 2.000 EUR zugesprochen, im Übrigen die Klage abgewiesen. K legt Berufung ein mit dem Antrag, das Urteil dahin abzuändern, dass B zur Zahlung von weiteren 5.000 EUR verurteilt wird. Erkennt das LG, dass B überhaupt nicht hätte verurteilt werden dürfen (zB weil die Voraussetzungen des § 823 I BGB nicht vorliegen), kann es doch nur die Berufung als unbegründet zurückweisen, nicht aber die Klage ganz abweisen.
K hat B auf Kaufpreiszahlung verklagt. In erster Instanz hat B hilfsweise mit einer Gegenforderung aufgerechnet. Der Kläger hat Berufung eingelegt, der Beklagte nicht. Das Berufungsgericht kann nur über den Gegenanspruch, mit dem der Beklagte aufgerechnet hat, urteilen. Den Anspruch des Klägers muss es als rechtskräftig bestehend behandeln. Denn es sind mit Forderung und Gegenforderung zwei selbstständige Ansprüche anhängig gewesen. Sofern der Beklagte es versäumt hat, in Berufung zu gehen, würde es gegen das Verschlechterungsverbot verstoßen, nunmehr auch über die Forderung des Klägers neu zu entscheiden.[10]

Die Situation ändert sich freilich dann, wenn auch die **andere Partei** Berufung einlegt **662**
und Änderung des Urteils zu ihren Gunsten verlangt.

Beispiel: Im letzten Beispiel legt nunmehr auch B Berufung ein mit dem Antrag, das Urteil des LG aufzuheben und die Klage insgesamt abzuweisen. Jetzt heben sich sozusagen die Verbote der Schlechterstellung gegenseitig auf. Das OLG ist in seiner Entscheidung frei.

Es fehlt an einem Vertrauen des Rechtsmittelklägers, wenn er in erster Instanz noch **keine rechtliche Position** erlangt hatte.

Beispiel: Die Klage des K ist in erster Instanz als unzulässig abgewiesen worden. Die Berufung des K wird als unbegründet zurückgewiesen. Die Rechtskraft des Sachurteils hindert den Kläger an erneuter Klageerhebung, weshalb die Berufung seine rechtliche Situation verschlechtert hat. Dennoch liegt keine reformatio in peius vor, da das erstinstanzliche Gericht sich mit der Begründetheit noch nicht beschäftigt hatte.

Streitig ist, ob in **zweiter Instanz eine Klage als unzulässig abgewiesen** werden kann **663**
oder dies gegen das Verschlechterungsverbot verstößt, sofern der Rechtsmittelkläger in erster Instanz zumindest teilweise obsiegt hatte.

Beispiel: K hat gegen B 7.500 EUR eingeklagt und das LG ihm 5.000 EUR zugesprochen. K legt Berufung ein. Das OLG weist die Klage in einem Prozessurteil als unzulässig ab.

Nach der Rechtsprechung handelt es sich hierbei **nicht** um einen **Verstoß gegen das Verschlechterungsverbot.**[11] Ein Gericht müsse in jedem Stadium des Prozesses **von Amts wegen** seine Zuständigkeit überprüfen. Fehle es hieran, habe der Rechtsmittelkläger kein schützenswertes Vertrauen entwickeln können. Dieser Grundsatz ist einzuschränken. Vielmehr ist die verletzte Verfahrensvorschrift mit dem Verschlechterungsverbot im Einzelfall abzuwägen. Hierbei gehen Verstöße gegen Normen, die das Urteil unwirksam machen, dem Grundsatz des Verschlechterungsverbots vor. Nur dann kann kein schützenswertes Vertrauen der das Rechtsmittel einlegenden Partei

10 BGHZ 109, 179 = NJW 1990, 447; BGH NJW-RR 1995, 240.
11 BGH NJW 1986, 1494 (1495).

entstehen, so etwa wenn es im Beispiel bereits an der deutschen Gerichtsbarkeit fehlte oder ein anderer Rechtsweg hätte beschritten werden müssen.

2. Anschlussrechtsmittel

664 Aufgrund des für den Rechtsmittelkläger geltenden Verschlechterungsverbots führt ein erfolgloses Rechtsmittel zu einer gleichbleibenden, ein erfolgreiches Rechtsmittel zu einer verbesserten Stellung des Rechtsmittelklägers. Dies bedeutet im Umkehrschluss aber auch, dass sich die Situation des Rechtsmittelbeklagten verschlechtern kann. Dem Rechtsmittelbeklagten helfen indessen **Anschlussrechtsmittel** (Anschlussberufung, § 524 – Anschlussrevision, § 554 – Anschlussbeschwerde, § 567 III). Deren Grundgedanke ist, dass nach Einlegung eines Rechtsmittels durch eine Partei auch die andere Partei die Möglichkeit haben muss, eine Abänderung des Urteils zu ihren Gunsten zu erreichen. Sie soll nicht gezwungen sein, auch ihrerseits das Rechtsmittel einzulegen (was sie möglicherweise gar nicht mehr könnte, weil für sie die Frist abgelaufen ist). Sie kann sich vielmehr dem Rechtsmittel der Gegenpartei anschließen.

Beispiel: K hat gegen B 6.000 EUR eingeklagt. Das Urteil erster Instanz hat 4.000 EUR zugesprochen. B legt am letzten Tag der Frist Berufung ein. K könnte jetzt wegen Ablaufs der Berufungsfrist (§ 517) nicht mehr eine »eigene« Berufung einlegen. Er kann sich aber der Berufung des B anschließen und den Antrag stellen, den B zu weiteren 2.000 EUR zu verurteilen.

665 Der Anschlussrechtsmittelführer ist von der Frist für das Rechtsmittel befreit, indessen setzt § 524 II 2 ihm eine **spezifische Frist** für das Anschlussrechtsmittel. Auch ein Rechtsmittelverzicht schadet nicht (§ 524 II 1; → Rn. 668). Weiter braucht der **Wert des Beschwerdegegenstands** (§ 511 II Nr. 1) **nicht** erreicht zu sein.[12] Allerdings ist das Anschlussrechtsmittel **vom Hauptrechtsmittel abhängig:** Nimmt der Rechtsmittelkläger sein Rechtsmittel zurück, wird es als unzulässig verworfen oder als unbegründet zurückgewiesen (nur Zurückweisungsbeschluss nach § 522 II, → Rn. 692), verliert die Anschließung ihre Wirkung (§§ 524 IV, 554 IV, 567 III 2, 574 IV 3). Weil der Anschlussrechtsmittelführer sich mit dem Urteil bereits abgefunden hatte, kann er eine Überprüfung nun nur noch verlangen, wenn das Gericht wegen des Hauptrechtsmittels ohnehin zur Sache verhandelt. Wirkungslos wird in analoger Anwendung der genannten Vorschriften auch die zweitinstanzlich erhobene Widerklage.[13]

3. Abgrenzung zum selbstständigen Rechtsmittel

666 Wer durch ein Urteil beschwert wird, kann also ein selbstständiges Rechtsmittel einlegen oder zunächst abwarten und sich dann für ein Anschlussrechtsmittel entscheiden, wenn der Gegner das Urteil mittels eines Hauptrechtsmittels angreift. Üblicherweise ergeben sich keine Auslegungsschwierigkeiten, ob die Partei ein Haupt- oder Anschlussrechtsmittel verfolgt. Während der Rechtsmittelfrist hat meist der Gegner noch kein Rechtsmittel erhoben, sodass nur ein Hauptrechtsmittel in Betracht kommt. Nach Ablauf der Rechtsmittelfrist ist allein noch ein Anschlussrechtsmittel zulässig. In Einzelfällen reicht allerdings der Rechtsmittelbeklagte noch während der Rechtsmittelfrist ein eigenes Rechtsmittel ein. Dann ist diese Erklärung daraufhin **auszulegen,** ob ein selbstständiges Rechtsmittel oder ein – vom Hauptrechtsmittel abhängiges – An-

12 BGH NJW 2011, 1455 Rn. 12.
13 BGH NJW 2014, 151 Rn. 19ff.

schlussrechtsmittel gewollt ist. Dafür ist zunächst auf die **gewählte Bezeichnung** abzustellen. Ergeben aber die Umstände einen anderen Willen, kommt auch eine andere Deutung in Betracht.[14]

IV. Rechtsmittelrücknahme – Rechtsmittelverzicht

1. Rechtsmittelrücknahme

Ein Kläger kann seine Klage zurücknehmen, wenn er nicht mehr um Rechtsschutz 667 nachsuchen möchte (§ 269; → Rn. 422 ff.). Ebenso gestattet das Gesetz (§§ 516, 565) die **Zurücknahme des Rechtsmittels.** Gemäß § 516 II kann ein Rechtsmittel in der mündlichen Verhandlung oder durch Schriftsatz zurückgenommen werden. Anders als eine Klage (§ 269 I) kann ein Rechtsmittel **jederzeit bis zum Beginn der Verkündung des Rechtsmittelurteils** zurückgenommen werden (§ 516 I).[15] Der Rechtsmittelbeklagte braucht **nicht zuzustimmen.** Der Rechtsmittelkläger kann sein Rechtsmittel also etwa auch dann ohne Weiteres zurücknehmen, wenn er nach Durchführung der mündlichen Verhandlung den Eindruck hat, dass er keinen Erfolg haben wird. Dies ist deswegen sachgerecht, weil bei der Rechtsmittelrücknahme in Gestalt des **angefochtenen Urteils,** das bei Rechtsmittelrücknahme **rechtskräftig** wird, eine verbindliche Entscheidung über das mit der Klage geltend gemachte Recht vorliegt. Es besteht also nicht wie bei der Klagerücknahme die Gefahr, dass es zu einem neuen Prozess über dasselbe Recht kommt. Über die Folgen der Rechtsmittelrücknahme ist von Amts wegen durch Beschluss zu entscheiden (§ 516 III 2). Die **Kosten** des zurückgenommenen Rechtsmittels hat der Rechtsmittelkläger zu tragen (§ 516 III 1).

2. Rechtsmittelverzicht

Verzichtet der Kläger auf den geltend gemachten Anspruch, kann der Beklagte ein Ver- 668 zichtsurteil beantragen (§ 306; → Rn. 413). Hingegen führt der Rechtsmittelverzicht (§§ 515, 565) zum **Verlust der Rechtsmittelbefugnis.** Ein dennoch eingelegtes Rechtsmittel ist daher unzulässig (Zulässigkeitsvoraussetzung). Verzichten beide Parteien, wird das Urteil damit rechtskräftig. Der Rechtsmittelverzicht kann auf **einen Teil des anfechtbaren Urteils beschränkt** werden. Das Rechtsmittel bleibt dann hinsichtlich des anderen Teils zulässig. Der Verzicht ist der Auslegung fähig.

> **Beispiel:** K hat beantragt, B zu verurteilen, »es zu unterlassen, 1. ihren Hund anzuleiten, seine Notdurft auf den Gemüsebeeten […] zu verrichten, 2. wahrheitswidrig zu behaupten, K würde keine Miete zahlen.« K beschränkt die Berufung auf den 2. Klageantrag. Darin liegt **kein** konkludenter Rechtsmittelverzicht hinsichtlich des anderen Klageantrags, da nicht »in der Rechtsmitteleinlegungsschrift klar und eindeutig der Wille zum Ausdruck gebracht wird, das Urteil (teilweise) endgültig hinzunehmen und es (insoweit) nicht anfechten zu wollen«[16].

Der Rechtsmittelverzicht kann **vor oder nach Erlass des Urteils erklärt** werden. 669 Empfänger ist entweder das Gericht (in diesem Fall besteht im Rahmen von § 78 Anwaltszwang) oder der Prozessgegner (ohne Anwaltszwang). Eine Form ist für den

14 BGH NJW 2011, 1455 Rn. 11: Auslegung einer »Anschlussberufung« als Berufung, weil es den Rechtsmittelführer erkennbar darauf ankam, die Berufungsfrist zu wahren.
15 BGHZ 190, 197 = NJW 2011, 2662.
16 BGH NJW 1990, 1118.

Rechtsmittelverzicht nicht vorgeschrieben, weshalb auch ein mündlich erklärter Verzicht wirksam ist. Bei Erklärung des Verzichts in der mündlichen Verhandlung muss dieser im Protokoll festgehalten werden (§ 160 III Nr. 9). Das Protokoll dient aber allein Beweiszwecken, ohne dass die Wirksamkeit des erklärten Verzichts davon abhängt.[17] Ist der Verzicht der anderen Partei gegenüber erklärt worden, muss diese ihn einredeweise geltend machen.[18] Ein trotz des Verzichts eingelegtes Rechtsmittel ist als **unzulässig** zu verwerfen.[19]

V. Rechtsmittel gegen inkorrekte Entscheidungen

670 Selten wählt ein Gericht eine der **Art nach falsche Entscheidung,** beispielsweise wenn es den säumigen Beklagten durch Beschluss statt durch Urteil verurteilt oder eine Kostenentscheidung bei übereinstimmender Erledigung der Hauptsache nach § 91 a durch Urteil statt durch Beschluss trifft. Der durch die Entscheidung Beschwerte kann nach dem **Prinzip der Meistbegünstigung** sowohl das Rechtsmittel einlegen, das gegen die vom Gericht gewählte Entscheidungsart zulässig ist, als auch das Rechtsmittel, das zulässig gewesen wäre, wenn das Gericht in der richtigen Entscheidungsart entschieden hätte (im Versäumnisfall Beschwerde oder Einspruch, im Erledigungsfall Berufung oder sofortige Beschwerde).[20] Der Rechtsmittelrichter muss die mangelhafte Entscheidung einschließlich des Verfahrens (§§ 538 II Nr. 1, 562 II) aufheben, um damit die Möglichkeit der neuen richtigen Entscheidung durch das Untergericht zu eröffnen. Die Anwendung des Meistbegünstigungsprinzips setzt freilich voraus, dass das Gericht eine der Form nach inkorrekte Entscheidung gefällt hat. Nicht eröffnet es gegen eine inhaltlich falsche Entscheidung ein weiteres Rechtsmittel.

Beispiel: Die Prozessbevollmächtigten der Parteien haben im Termin vor dem LG nach Erörterung der Sach- und Rechtslage die schriftsätzlich angekündigten Anträge gestellt. Danach hat der Anwalt des Klägers erklärt, er trete nun nicht mehr auf. Auf Antrag des Prozessbevollmächtigten des Beklagten hat das LG die Klage durch ein ›Versäumnisurteil‹ abgewiesen, das weder Tatbestand noch Entscheidungsgründe enthält. Hier dringt der Kläger nicht mit der Berufung durch. Er muss Einspruch gegen das Versäumnisurteil einlegen, da er nicht säumig gewesen ist (zum Versäumnisurteil → Rn. 480 ff.).[21]

B. Die Berufung

671 Die Berufung dient der **Kontrolle der erstinstanzlichen Entscheidung.** Das angefochtene Urteil wird in erster Linie daraufhin überprüft, ob das **erstinstanzliche Gericht** eine **Rechtsverletzung** begangen hat (§ 513 I). Der Rechtsstreit wird nicht »von neuem verhandelt« (so noch § 525 aF). Das Berufungsverfahren ist also **keine Wiederholung,** sondern eine **Fortsetzung des Verfahrens erster Instanz.** So verliert zB ein in erster Instanz gemachtes Geständnis nicht seine Wirkung (§ 535). Auch eine erstinstanzliche Beweisaufnahme wirkt fort (zur Frage einer eventuellen Wiederholung der Beweisaufnahme → Rn. 688 f.). Hat eine Partei einen im erstinstanzlichen Verfahren

17 BGH NJW-RR 2007, 1451 Rn. 6.
18 BGH NJW 1968, 794.
19 BGHZ 27, 60 = NJW 1958, 868.
20 BGHZ 98, 362 = NJW 1987, 442; BGH NJW 1997, 1448; MDR 2009, 1000 Rn. 17.
21 BGH NJW 1994, 665 f.

unterlaufenen verzichtbaren Verfahrensfehler (§ 295) nicht gerügt, kann die Rüge in der Berufungsinstanz nicht mehr nachgeholt werden (§ 534).

I. Zulässigkeitsvoraussetzungen

Das Berufungsgericht befasst sich mit der Berufung in der Sache erst, wenn die folgenden Zulässigkeitsvoraussetzungen gegeben sind. **Fehlen** die Voraussetzungen, **verwirft** das Berufungsgericht die **Berufung als unzulässig** (→ Rn. 691). 672

1. Statthaftigkeit

Die Berufung ist nach § 511 »an sich statthaft« gegen **Endurteile der ersten Instanz,** also des AG (an das LG, § 72 GVG) und des LG (an das OLG, § 119 I Nr. 2 GVG). Endurteilen **gleichgestellt** sind bestimmte Zwischenurteile (§§ 280 II 1, 304 II; → Rn. 618 ff.) und Vorbehaltsurteile (§§ 302 III [Aufrechnung], 599 III [Urkundsprozess]; → Rn. 405, 793 ff.). Berufung gegen ein Versäumnisurteil kann nach § 514 II nur eingelegt werden mit der Begründung, es habe keine schuldhafte Säumnis vorgelegen. 673

2. Einlegungs- und Begründungsfrist

Die **Einlegungsfrist** beträgt gem. § 517 einen Monat. Sie beginnt mit Zustellung des vollständigen Urteils, spätestens aber fünf Monate nach Verkündung des Urteils zu laufen. Zur gleichen Zeit setzt der Lauf der **Begründungsfrist** ein, deren Länge aber auf zwei Monate bemessen ist (§ 520 II 1). Die Begründung braucht also keinesfalls schon in der Berufungsschrift enthalten zu sein. 674

Beispiel: Das Urteil ist den Parteien am 2.7. zugestellt worden. Das Ende der Berufungsfrist fällt damit auf den 2.8. (§ 222 ZPO iVm §§ 187 I, 188 II BGB). Ist der 2.8. ein Samstag oder Sonntag, verlängert sich die Frist nach § 222 II, sodass sie am 3.8. bzw. 4.8. abläuft. Ungeachtet dessen und auch unabhängig davon, wann die Partei Berufung eingelegt hat, endet die Berufungsbegründungsfrist starr am 2.9., sofern dieser Tag nicht selbst die Voraussetzungen von § 222 II erfüllt.

Die Begründungsfrist kann **verlängert** werden (§ 520 II 2, 3), nicht dagegen die Einlegungsfrist. Wird diese versäumt, kommt allenfalls eine Wiedereinsetzung in den vorigen Stand in Betracht (→ Rn. 474 ff.). Die Verlängerung der Begründungsfrist ist auch noch nach deren Ablauf möglich,[22] wobei der Verlängerungsantrag aber schon vor Ablauf der Frist gestellt worden sein muss[23].

3. Form

Die Berufung ist einzulegen beim Berufungsgericht, § 519 I (beim **»iudex ad quem«**), also nicht beim erstinstanzlichen Gericht (dem **»iudex a quo«**). Eine dort eingelegte Berufung ist unzulässig, es sei denn, sie gelangt noch innerhalb der Berufungsfrist durch Weiterleitung seitens des Untergerichts an das Berufungsgericht. 675

Der **Inhalt** der **Berufungsschrift** richtet sich nach § 519 II–IV. Diese muss nach § 519 II die Bezeichnung des Urteils, gegen das die Berufung gerichtet wird (Nr. 1)

22 BGHZ 83, 217 = NJW 1982, 1651.
23 BGHZ 116, 337.

und die Erklärung, dass gegen dieses Urteil Berufung eingelegt werde (Nr. 2) enthalten. Die Erklärung ist im Zweifel auszulegen.[24] Nach § 519 III soll der Berufungskläger eine Kopie des angefochtenen Urteils beilegen. Bei Einlegung der Berufung kann der Berufungskläger freilich noch offen lassen, in welchem Umfang das erstinstanzliche Urteil angefochten werden soll.

Beispiel: B legt Berufung ein, wobei er gem. § 519 III eine Kopie des angefochtenen Urteils der Berufungsschrift beigelegt hat. Er hat sich indes verschrieben, indem er Berufungsklage gegen den Vorstand, statt gegen die klagende AG erhoben hat. Diesen hatte er in einem anderen Verfahren verklagt, in dem er auch in Berufung gegangen war. Wegen des beigelegten Urteils ist zweifelsfrei das Verfahren bestimmbar, in dem B Berufung einlegen möchte. Daran ändert auch nichts, dass er in einem zweiten Verfahren tatsächlich den Vorstand verklagt hatte. Denn in diesem war er, wie allen Beteiligten bewusst war, ebenfalls in Berufung gegangen.[25]

Der **Inhalt** der **Berufungsbegründungsschrift** ist in § 520 III–V bestimmt. Insbesondere muss die Berufungsbegründung einen **Berufungsantrag** enthalten, aus dem sich ergibt, inwieweit das angefochtene Urteil abgeändert werden soll (§ 520 III 2 Nr. 1). Weiter sind anzugeben die Bezeichnung der Umstände, aus denen sich die Rechtsverletzung und deren Erheblichkeit für die angefochtene Entscheidung ergibt (Nr. 2), wobei es unerheblich ist, ob die Ausführungen in sich schlüssig oder rechtlich haltbar sind,[26] sowie die Bezeichnung konkreter Anhaltspunkte, die Zweifel an der Richtigkeit oder Vollständigkeit der Tatsachenfeststellungen im angefochtenen Urteil begründen und deshalb eine erneute Feststellung gebieten (Nr. 3) und die Bezeichnung der **neuen Angriffs- und Verteidigungsmittel** sowie der Tatsachen, aufgrund derer die neuen Angriffs- und Verteidigungsmittel nach § 531 II zuzulassen sind (Nr. 4).

4. Beschwer

676 Der Berufungskläger muss **beschwert** sein, damit die Berufung zulässig ist (→ Rn. 655). Weiter muss der Wert des Beschwerdegegenstandes entweder 600 EUR übersteigen (§ 511 II Nr. 1, → Rn. 658 ff.) oder das erstinstanzliche Gericht muss die Berufung wegen der grundsätzlichen Bedeutung der Sache oder zur Fortbildung des Rechts bzw. der Sicherung einer einheitlichen Rechtsprechung in dem angefochtenen Urteil **zugelassen** haben (§ 511 II Nr. 2, IV).

II. Das Verfahren in der Berufungsinstanz

677 Das Verfahren der Berufungsinstanz richtet sich nach den **Vorschriften für den ersten Rechtszug** (§ 525 S. 1), soweit nicht die **Sonderbestimmungen** der §§ 511 ff. anzuwenden sind. Das bedeutet zB auch die Möglichkeit eines Versäumnis- (s. § 539), Anerkenntnis- oder eines Teilurteils.

1. Bindung an Anträge

678 Ähnlich wie die Klage den Streitgegenstand bestimmt (→ Rn. 314 ff.), fixieren die **Berufungsanträge** des Berufungsklägers den Gegenstand und Umfang des Berufungsver-

24 BGH NJW 2002, 1352.
25 BGH NJW-RR 2007, 413.
26 BGHZ 204, 251 Rn. 8 = NJW 2015, 1458.

fahrens (§ 520 III 2 Nr. 1). Der **Berufungsbeklagte** kann den Antrag stellen, die Berufung zu verwerfen oder zurückzuweisen, aber er kann – wegen des Verbots der reformatio in peius – nicht mehr beantragen, als er in erster Instanz erreicht hatte.

Beispiel: K hatte gegen B 5.000 EUR eingeklagt und in Höhe von 2.000 EUR obsiegt. Er legt Berufung ein mit dem Antrag, »unter Abänderung des erstinstanzlichen Urteils den B zur Zahlung von weiteren 3.000 EUR zu verurteilen.«
B kann nur beantragen, »die Berufung zurückzuweisen«.

Will der Berufungsbeklagte eine Abänderung des erstinstanzlichen Urteils zu seinen Gunsten erreichen, muss auch er **Berufung oder Anschlussberufung** einlegen (→ Rn. 664).

Beispiel: Der Beklagte B ist aufgrund eines Hilfsantrags des Klägers K verurteilt worden. Geht B gegen die Verurteilung im Wege der Berufung vor, muss K selbst Berufung oder Anschlussberufung einlegen, um die Abweisung seines Hauptantrags überprüfen zu lassen.[27]

2. Gegenstand der neuen Verhandlung

Was Gegenstand der »neuen Verhandlung« ist, wird am besten klar, wenn man sich 679
vergegenwärtigt, dass das Berufungsverfahren eine **Fortsetzung der ersten Instanz** ist. Daher bleibt zum einen der Inhalt des bisherigen Verfahrens weiterhin Entscheidungsgrundlage. Zum anderen wird aber zusätzlich alles das maßgeblich, was bis zur **»letzten mündlichen Verhandlung«** der Berufungsinstanz vorgetragen wird. Einbezogen sind damit auch die »vorbereitenden Schriftsätze« der Parteien, auf die in der mündlichen Verhandlung jeweils Bezug genommen worden ist (§§ 137 III, 297).

Beispiele: Hat der Beklagte in erster Instanz bestritten, mit dem Kläger einen Kaufvertrag geschlossen zu haben, gibt er diese Tatsache in der Verhandlung vor dem Berufungsgericht dagegen zu, ist dieses Geständnis maßgebend. – Äußert sich der Beklagte dagegen vor dem Berufungsgericht zum Abschluss des Kaufvertrags nicht, wirkt sein erstinstanzliches Bestreiten in der Berufungsinstanz fort, dh das Berufungsgericht darf den Vertragsschluss seiner Entscheidung nicht etwa nach § 138 III als nicht bestritten zugrunde legen.
Eine Klage des K gegen B ist in erster Instanz erfolglos gewesen. Deshalb brauchte das erstinstanzliche Gericht nicht auf einen von B angebotenen Gegenbeweis (→ Rn. 523) einzugehen. Das Berufungsgericht hat K sein Begehren zugesprochen, ohne zuvor den von B in erster Instanz angetretenen Beweis zu erheben. Darin lag ein Verfahrensfehler, weil der Beweisantritt des B in zweiter Instanz fortgewirkt hat.[28]

3. Tatsachenstoff im Berufungsverfahren

Der Tatsachenvortrag in der Berufungsinstanz unterliegt der Beschränkung durch 680
§ 529. Das ist Ausdruck dessen, dass diese Instanz keine volle Tatsacheninstanz ist, sondern vorrangig **Rechtskontrollinstanz.** Die Parteien sind gehalten, die Tatsachen schon in erster Instanz vorzutragen. Im Einzelnen gilt:

a) In erster Instanz vorgetragene Tatsachen sind insoweit **Gegenstand des Be-** 681
rufungsverfahrens, als sie vom erstinstanzlichen Gericht festgestellt worden sind, § 529 I Nr. 1 (zu Zweifeln an der Richtigkeit der Feststellung → Rn. 689). Zwar vorgetragene, aber nicht festgestellte Tatsachen können insoweit im Berufungsverfahren

27 BGHZ 41, 38 = NJW 1964, 772.
28 BGHZ 175, 86 (93 f.) = BeckRS 2008, 03948.

weiterverfolgt werden, als die entscheidungserheblichen Feststellungen unvollständig sind (weil das Gericht zB die rechtliche Bedeutung der Tatsache verkannt und deswegen keine Feststellung getroffen hat).

682 b) **In erster Instanz nicht vorgetragene Tatsachen** (»neue Tatsachen«, wobei es begrifflich keine Rolle spielt, ob die Tatsache erst nach Abschluss der ersten Instanz entstanden ist oder schon davor vorlag) sind grundsätzlich nur unter den **Voraussetzungen der §§ 529 I Nr. 2, 531 II 1** zuzulassen.

683 **aa)** Dies ist zunächst dann der Fall, wenn das erstinstanzliche **Gericht** einen Gesichtspunkt **übersehen** oder für unerheblich gehalten hat und die Partei deshalb keinen Anlass zu einem Tatsachenvortrag gesehen hat (§ 531 II 1 Nr. 1). Weiter ist eine neue Tatsache dann zuzulassen, wenn sie im ersten Rechtszug **wegen eines Verfahrensmangels** nicht vorgetragen wurde (§ 531 II 1 Nr. 2). So, wenn etwa das Gericht einen nach § 139 gebotenen Hinweis unterlassen hat.[29]

684 Schließlich muss eine neue Tatsache dann zugelassen werden, wenn ihr Vortrag in erster Instanz **ohne Nachlässigkeit der Partei** unterblieben ist (§ 531 II 1 Nr. 3). Schon leichte Fahrlässigkeit der Partei (oder ihres Anwalts, § 85 II) steht der Zulassung des Tatsachenvortrags zwingend entgegen. Dabei spielt es auch keine Rolle, ob der Partei in erster Instanz für den Vortrag vom Gericht eine Frist gesetzt worden war, oder ob die Partei lediglich ihrer allgemeinen Prozessförderungspflicht (§ 282 I) nicht nachgekommen ist. Indes ist der Partei Nachlässigkeit nicht vorzuwerfen, wenn die Tatsache erst nach Schluss der mündlichen Verhandlung erster Instanz entstanden ist. Denn die Präklusionsregel in § 531 II soll die Parteien dazu anhalten, rechtzeitig zu bereits vorliegenden und relevanten Tatsachen vorzutragen.[30] Das setzt aber voraus, dass diese Tatsachen im ersten Rechtszug bereits bestanden haben.

Beispiel: Der K verklagt den B auf Kaufpreiszahlung und obsiegt in erster Instanz. B geht in Berufung und erklärt erstmals den Widerruf des Kaufvertrags. Der Widerruf ist nicht gem. § 531 II 1 Nr. 3 präkludiert, da es sich bei diesem Vortrag um neue Tatsachen handelt. Die Präklusionsregel dient nämlich nicht dazu, die Parteien zu einer beschleunigten Veränderung der materiellen Rechtslage zu bewegen. Sie soll nicht hindern, die Fristen des materiellen Rechts auszunutzen.[31]

685 **bb)** Die engen Grenzen, die § 531 II für den Vortrag neuer Tatsachen und Beweismittel zieht, können dazu führen, dass das Berufungsgericht gezwungen ist, ein Urteil zu erlassen, von dem es aufgrund des neuen Vortrags entweder genau weiß, dass es der materiellen Rechtslage nicht entspricht, oder dessen Richtigkeit doch zumindest zweifelhaft ist. Dies nimmt ein Gericht nur ungern in Kauf, woraus sich erklärt, dass in der Rechtsprechung eine klare Tendenz erkennbar ist, den ungeliebten § 531 II zu entschärfen. So wird **unstreitiger neuer Tatsachenvortrag** über den Wortlaut von § 531 II hinaus immer berücksichtigt, und zwar auch dann, wenn dadurch hinsichtlich einer anderen Tatsache eine Beweisaufnahme erforderlich wird, womit sich die Erledigung des Rechtsstreits verzögert.[32] Hat das Berufungsgericht unter Verstoß gegen § 531 II neues Vorbringen zugelassen, kann dies ferner im Revisionsverfahren nicht

29 BGHZ 158, 295 = NJW 2004, 2152; BGH NJW 2005, 2624; NJW-RR 2012, 341 Rn. 20.
30 BGHZ 220, 77 = NJW 2019, 80 Rn. 25; BGH NJW-RR 2012, 110 Rn. 12.
31 BGHZ 220, 77 = NJW 2019, 80 Rn. 25ff.
32 BGHZ 161, 138 (141ff.) = NJW 2005, 291; BGH NJW 2009, 2532 Rn. 15.

zur Aufhebung des Urteils führen. Der neue Tatsachenvortrag ist also endgültig Gegenstand des Verfahrens geworden und damit der Entscheidung zugrunde zu legen.[33]

c) **In erster Instanz als verspätet zurückgewiesene Tatsachen** bleiben im Berufungsverfahren ausgeschlossen, sofern die **Zurückweisung zu Recht** erfolgt ist (§ 531 I). Dies hat das Berufungsgericht anhand von § 296 I und II zu klären (→ Rn. 164ff.). Ist die Zurückweisung zu Recht erfolgt, ist die Tatsache im Berufungsverfahren zwingend ausgeschlossen, ohne dass das Berufungsgericht insoweit einen Ermessensspielraum hat. Dagegen muss eine zu Unrecht zurückgewiesene Tatsache im Berufungsverfahren zugelassen werden. **686**

d) Soweit eine neue Tatsache **im Berufungsverfahren** grundsätzlich zuzulassen ist, muss sie dort **rechtzeitig vorgetragen** werden, nämlich entweder in der Berufungsbegründung (§ 520 III 2 Nr. 4) oder innerhalb einer der Partei vom Berufungsgericht gesetzten Frist (§ 521 II). Geschieht dies nicht, ist der Vortrag nach § 296 I und IV (→ Rn. 164ff.) als verspätet zurückzuweisen. **687**

4. Beweisaufnahme

Das Berufungsgericht führt nur eine **eingeschränkte** Beweisaufnahme durch. Das Interesse an der **Wahrheitsfindung** ist gegen das Interesse an einem **effizienten Verfahren** abzuwägen. Soweit das erstinstanzliche Gericht eine Tatsache festgestellt hat, ist diese grundsätzlich in der Verhandlung und der Entscheidung des Berufungsverfahrens zugrunde zu legen (§ 529 I Nr. 1). Die Beweisaufnahme braucht **nicht wiederholt** zu werden. **688**

Etwas anderes gilt nur dann, wenn konkrete Anhaltspunkte **Zweifel an der Richtigkeit oder Vollständigkeit der Feststellungen** begründen und deshalb eine erneute Feststellung geboten ist (§ 529 I Nr. 1).[34] Auch hat das Berufungsgericht Beweis zu erheben, wenn das erstinstanzliche Gericht dies unterlassen hat.[35] Die Anhaltspunkte, aus denen sich die Zweifel ergeben, müssen vom Berufungskläger in der Berufungsbegründung bezeichnet werden (§ 520 III 2 Nr. 3). Dies kann etwa dadurch geschehen, dass der Berufungskläger rügt, das Gericht habe einem Beweisantrag nicht stattgegeben oder Anhaltspunkte dafür aufzeigt, dass die vom Gericht vorgenommene Beweiswürdigung fehlerhaft ist. Für das Berufungsgericht bedeutet dies, dass es eine in erster Instanz erfolgte Beweisaufnahme zumindest insoweit vorweg würdigen muss, als es darum geht, ob die in erster Instanz erfolgte Würdigung nicht wenigstens zu Zweifeln Anlass gibt. **689**

Hat das Berufungsgericht eine neue Beweiserhebung durchgeführt, obwohl die **Voraussetzungen des § 529 I Nr. 1 nicht vorlagen,** das Gericht also an die im angefochtenen Urteil festgestellten Tatsachen gebunden war, ist im weiteren Verfahren gleichwohl das Ergebnis der Beweisaufnahme vor dem Berufungsgericht zugrunde zu legen. Die Revision kann nicht auf die Verletzung des § 529 I Nr. 1 gestützt werden.[36] Das Berufungsgericht soll nicht dazu gezwungen sein, sehenden Auges eine Fehlentscheidung treffen zu müssen (→ Rn. 681ff.).

33 BGH NJW 2004, 1458.
34 S. dazu und zur Folge der Verletzung des rechtlichen Gehörs BGH NJW-RR 2015, 1200 Rn. 10ff.
35 Vgl. BGH NJW 2014, 550.
36 BGHZ 162, 313 = NJW 2005, 1583.

III. Die Entscheidung des Berufungsgerichts

690 Die Berufung kann **unzulässig, zulässig, aber unbegründet** oder **zulässig und begründet** sein. Der Inhalt eines dann ergehenden Berufungsurteils ist abweichend von § 313 in § 540 geregelt.

1. Verwerfung als unzulässig

691 Liegen die Zulässigkeitsvoraussetzungen nicht vor, ist die Berufung von Amts wegen als unzulässig zu verwerfen (§ 522 I 2). Dies geschieht **ohne mündliche Verhandlung** durch Beschluss (§ 522 I 3), **nach mündlicher Verhandlung** durch Urteil. Gegen ein Verwerfungsurteil kann der Berufungskläger unter den Voraussetzungen der §§ 543, 544 mit der Revision vorgehen. Bei Verwerfungsbeschluss kann er Rechtsbeschwerde nach §§ 522 I 4, 574 einlegen.

2. Zurückweisung durch Beschluss

692 Ist die Berufung zwar zulässig, hat sie aber nach einstimmiger Auffassung des Berufungsgerichts **keine Aussicht auf Erfolg,** und kommt der Rechtssache auch keine grundsätzliche Bedeutung zu, soll die Berufung unverzüglich durch einstimmigen Beschluss als unbegründet zurückgewiesen werden (§ 522 II 1). Vor dieser Entscheidung ist dem Berufungskläger **Gelegenheit zur Stellungnahme** zu geben, § 522 II 2. Gegen den Zurückweisungsbeschluss kann der Berufungskläger **Nichtzulassungsbeschwerde** einreichen (§§ 522 III, 544; → Rn. 700f.), sofern der Beschwerdewert 20.000 EUR übersteigt (§ 544 Abs. 2 Nr. 1).

3. Zurückweisung durch Urteil

693 Das Gericht kann die Zurückweisung der Berufung als unbegründet durch Urteil aussprechen.

> **Formulierungsbeispiel:** Der Tenor lautet dann:
> »1. Die Berufung des Beklagten gegen das Urteil der 2. Zivilkammer des LG Bielefeld vom ... wird zurückgewiesen.
> 2. Der Beklagte trägt die Kosten des Berufungsverfahrens [§ 97 I].
> 3. Das Urteil ist vorläufig vollstreckbar [§ 708 Nr. 10].«

Folglich kann der Kläger jetzt das Urteil erster Instanz ohne Sicherheitsleistung vollstrecken, selbst wenn dieses Urteil nur gegen Sicherheitsleistung (§ 709 S. 1) für vorläufig vollstreckbar erklärt war.

> Allerdings ist nach § 711 unter 3. fortzufahren: »Der Beklagte kann die Zwangsvollstreckung durch Sicherheitsleistung in Höhe von 110% des aufgrund des Urteils vollstreckbaren Betrags abwenden, sofern nicht der Kläger vor der Vollstreckung in Höhe von 110% des jeweils zu vollstreckenden Betrags Sicherheit leistet.«

Liegen die Voraussetzungen für die Statthaftigkeit einer Revision (mangels Zulassung, → Rn. 698) oder der Nichtzulassungsbeschwerde (mangels ausreichender Beschwer,

§ 544 II Nr. 1) allerdings unzweifelhaft nicht vor, unterbleibt die Anordnung nach § 711 (§ 713).

4. Erfolgreiche Berufung

Wenn das Berufungsgericht die Berufung ganz oder teilweise für begründet hält, hebt es das erstinstanzliche Urteil insoweit auf, ändert es also ab, und **entscheidet selbst in der Sache** (§ 538 I). Nur ausnahmsweise sieht § 538 II unter Aufhebung des erstinstanzlichen Urteils im Ganzen eine **Zurückverweisung** in die erste Instanz vor (praktisch selten). 694

Beispiel: K hat gegen B vor dem LG ein obsiegendes Urteil in Höhe von 12.000 EUR erstritten. B hat Berufung eingelegt.
Gestaltung 1: Das OLG hält die Berufung für ganz begründet und tenoriert:
»1. Auf die Berufung des Beklagten wird das Urteil der 2. Zivilkammer des LG Bielefeld vom ... aufgehoben.
2. Die Klage wird abgewiesen.
3. Der Kläger trägt die Kosten beider Rechtszüge.
4. [Entscheidung über die vorläufige Vollstreckbarkeit, beachte § 708 Nr. 10, § 711, § 713].«

Gestaltung 2: Das OLG hält die Berufung für zur Hälfte begründet und tenoriert:
»Auf die Berufung des Beklagten wird das Urteil der 2. Zivilkammer des LG Bielefeld vom ... wie folgt abgeändert:
1. Der Beklagte wird verurteilt, an den Kläger 6.000 EUR zu bezahlen. Im Übrigen wird die Klage abgewiesen.
2. Im Übrigen wird die Berufung des Beklagten zurückgewiesen.
3. In beiden Rechtszügen trägt jede Partei ihre eigenen Kosten und die Hälfte der Gerichtskosten.
4. [Entscheidung über die vorläufige Vollstreckbarkeit, beachte § 708 Nr. 10, § 711, § 713].«

5. Versäumnisurteil

Das Versäumnisverfahren entspricht dem erstinstanzlichen Versäumnisverfahren (§ 539; → Rn. 480 ff.) mit der Besonderheit, das maßgeblich nicht die Stellung als Kläger oder Beklagter, sondern die als Berufungskläger bzw. -beklagter ist. 695

C. Die Revision

Die Revision eröffnet eine dritte Instanz. In ihr wird der Rechtsstreit grundsätzlich nur in **rechtlicher Hinsicht neu verhandelt und entschieden** (§§ 545, 546). Die tatsächliche Grundlage ist durch das Urteil des Berufungsgerichts bindend fixiert (§ 559). Das Revisionsgericht ist also »Rechtsrügegericht« und damit **»Rechtskontrollinstanz«.** Revisionsgericht ist der BGH (§ 133 GVG) mit Sitz in Karlsruhe (§ 123 GVG). 696

I. Zulassungsrevision

Die Revision ist reine Zulassungsrevision. Ihre Zulässigkeit hängt nicht von der Höhe des Streitwerts, von der Beschwer oder von der Höhe des Beschwerdegegenstands ab, sondern allein davon, dass sie zugelassen wurde (§ 543) – entweder durch das Be- 697 rufungsgericht oder das Revisionsgericht auf Nichtzulassungsbeschwerde. Die **Zulassungsgründe** sind in § 543 II 1 abschließend geregelt. Demnach dient die Revision jedenfalls auch dem öffentlichen Interesse an einer **einheitlichen Rechtsprechung und Fortbildung des Rechts.** Das Verfahren findet dessen ungeachtet aber keinesfalls von Amts wegen statt, sondern erfordert eine Partei, die das Revisionsverfahren – meist motiviert durch ihr eigenes Interesse an Einzelfallgerechtigkeit – durchführt. Insbesondere scheitert eine im öffentlichen Interesse liegende Klärung der Rechtslage, wenn der Revisionskläger die Revision zurücknimmt (§§ 565, 516 I); gelegentlich kommt es zur Rücknahme gerade aus dem Motiv heraus, eine missliebige Klärung der Rechtslage durch den BGH zu verhindern.

1. Zulassungsgründe

698 Zulassungsgründe sind die grundsätzliche Bedeutung der Rechtssache sowie das Erfordernis einer Fortbildung des Rechts oder der Sicherung einer einheitlichen Rechtsprechung (§ 543 II). **Grundsätzliche Bedeutung** hat eine Sache nur dann, wenn die zu entscheidende Rechtsfrage über den Einzelfall hinausreicht und sich auch in anderen Fällen immer wieder stellen kann. Hier ist es angebracht, eine BGH-Entscheidung zu ermöglichen, die für künftige Fälle eine Art Leitbildfunktion hat. Ähnliches gilt für die Zulassung zwecks **Fortbildung des Rechts oder der Sicherung einer einheitlichen Rechtsprechung.** Wenn § 543 II 1 auch nicht ausdrücklich vorschreibt, dass die Revision dann zugelassen werden muss, wenn das Berufungsgericht von einer vorliegenden höchstrichterlichen Rechtsprechung abweicht – anders § 72 II Nr. 2 ArbGG für das arbeitsgerichtliche Verfahren, sog. Divergenzzulassung – ergibt sich die Verpflichtung zur Revisionszulassung hier doch daraus, dass anderenfalls nicht mehr von einer einheitlichen Rechtsprechung die Rede sein könnte.

2. Zulassung durch Berufungsgericht

699 Liegt ein Zulassungsgrund vor, **muss** das Berufungsgericht die Zulassung aussprechen, ohne dass ein entsprechender Antrag der Partei erforderlich ist. An eine vom Berufungsgericht ausgesprochene Zulassung ist das **Revisionsgericht gebunden** (§ 543 II). Es kann die Revision also nicht deswegen als unzulässig ansehen, weil es meint, die Sache habe entgegen dem Berufungsgericht keine grundsätzliche Bedeutung. Dies gilt sogar dann, wenn es auf die Rechtsfrage, zu deren Klärung das Berufungsgericht die Zulassung ausgesprochen hat, nach Auffassung des Revisionsgerichts gar nicht ankommt. Hier muss über die Revision auch dann in der Sache entschieden werden, wenn es allein um Rechtsfragen geht, die eine Zulassung der Revision nicht hätten rechtfertigen können.

3. Zulassung durch das Revisionsgericht

700 Hat das Berufungsgericht die Revision nicht zugelassen (sei es, dass es die Zulassung ausdrücklich abgelehnt oder sich dazu nicht geäußert hat), kann die unterlegene Partei dagegen beim Revisionsgericht sog. **Nichtzulassungsbeschwerde** einlegen (§ 544 I 1), mit der sie rügt, dass entgegen der Auffassung des Berufungsgerichts einer der Zulassungsgründe des § 543 I 1 vorliegt. Durch die Einlegung der Nichtzulassungsbeschwerde wird der Eintritt der **Rechtskraft** des Berufungsurteils **gehemmt** (§ 544 VII 1). Es handelt sich bei der Nichtzulassungsbeschwerde demnach um ein

echtes (wenn auch inhaltlich eng begrenztes) **Rechtsmittel.** Hat die Nichtzulassungsbeschwerde Erfolg, so lässt das Revisionsgericht die Revision zu (§ 543 I Nr. 2). Das Verfahren wird dann als Revisionsverfahren fortgesetzt (Näheres s. § 544 VIII).

Bei der Zulassung der Revision spielt die Höhe des **Beschwerdewerts** keine Rolle. Insoweit kommt es allein auf das Vorliegen eines der Zulassungsgründe nach § 543 II 1 an. Demgegenüber verlangt die Nichtzulassungsbeschwerde, dass der mit der Revision geltend zu machende Wert der Beschwer (dh der Beschwerdewert) 20.000 EUR übersteigt (§ 544 II Nr. 1 ZPO). Unterhalb dieses Beschwerdewertes hat die vor dem Berufungsgericht unterlegene Partei also einstweilen keine Möglichkeit, die Nichtzulassung der Revision durch das Revisionsgericht korrigieren zu lassen. Dadurch soll der BGH vor einer drohenden Flut von Nichtzulassungsbeschwerden geschützt werden. 701

II. Zulässigkeitsvoraussetzungen

1. Statthaftigkeit

Die Revision ist »an sich statthaft« nur gegen **Endurteile in der Berufungsinstanz** (§ 542), gleich ob es sich um solche des LG oder des OLG handelt. 702

Ist der in erster Instanz ermittelte Sachverhalt zwischen den Parteien unstreitig, wollen sie aber eine Rechtsfrage geklärt wissen, kann es prozessökonomisch sinnvoll sein, die Berufung auszulassen und die Rechtsfrage unmittelbar vom BGH klären zu lassen. Diese **Sprungrevision** gegen erstinstanzliche Urteile ermöglicht § 566. Voraussetzung sind die form- und fristgerechte Einreichung eines Schriftsatzes bei dem Revisionsgericht und nach § 566 I 1 Nr. 1 auch die Zustimmung der gegnerischen Partei. Das Revisionsgericht entscheidet zunächst, ob Revisionsgründe vorliegen und die Revision daher zuzulassen ist (§ 566 I 1 Nr. 2). Lässt das Revisionsgericht die **Revision nicht zu,** ist auch die **Berufung ausgeschlossen** (§ 566 I 2).

2. Frist und Form

Die Revision ist **einzulegen beim BGH** (§ 549 I 1). Die **Einlegungsfrist** beträgt nach § 548 einen Monat, ihr Lauf beginnt nach Zustellung des vollständigen Urteils, spätestens fünf Monate nach Verkündung des Urteils. Zum gleichen Zeitpunkt beginnt die **Begründungsfrist** zu laufen. Sie beträgt zwei Monate, ist aber verlängerbar (§ 551 II). Den erforderlichen **Inhalt** der Revisionsschrift bestimmt § 549 I 2, den der Revisionsbegründungsschrift § 551 III 1. 703

3. Beschwer

Schließlich muss der Revisionskläger **beschwert** sein. 704

III. Das Verfahren in der Revisionsinstanz

Die **Revisionsanträge** des Revisionsklägers (oder der Revisionskläger) bestimmen den **Gegenstand des Verfahrens** (§§ 551 III 1 Nr. 1, 557 I). Das Verfahren vor dem Rechtsmittelgericht richtet sich nach den für das erstinstanzliche Verfahren vor den LG geltenden Vorschriften, soweit nicht die §§ 542ff. etwas anderes bestimmen (§ 555 I 1). 705

Für das Verfahren sind hinsichtlich der zugrunde zu legenden Tatsachen die **Ausschluss- und die Bindungsfunktion** kennzeichnend.

1. Ausschlussfunktion

706 Die Ausschlussfunktion besagt, dass das Gericht **keine neuen Tatsachen** und Beweismittel berücksichtigen darf (§ 559 I). Eine Ausnahme besteht nach dem Gesetz nur, soweit die Begründung eines vom Revisionskläger gerügten Verfahrensverstoßes auf neue Tatsachen gestützt wird (§ 559 I 2 iVm § 551 III 1 Nr. 2b).

> **Beispiele:** Der Revisionskläger rügt, das Berufungsgericht sei nicht ordnungsgemäß besetzt gewesen, habe eine beantragte Beweisaufnahme nicht durchgeführt oder dem Revisionskläger das rechtliche Gehör nicht gewährt.

Zudem hat das Revisionsgericht die Zulässigkeit der Revision zu ermitteln, etwa dahingehend, ob die Revision form- und fristgerecht eingelegt worden[37] oder der Revisionskläger beschwert ist[38]. Weiter hat der BGH von Amts wegen zu beachtende Prozessvoraussetzungen zu überprüfen (**Zulässigkeitsvoraussetzungen** der Klage),[39] etwa dass der Revisionskläger nicht prozessfähig ist.[40]

2. Bindungsfunktion

707 Die Bindungsfunktion beschreibt, dass der BGH an die tatsächlichen Feststellungen des Berufungsgerichts gebunden ist (§ 559 II). Eine **Ausnahme** besteht freilich, wenn die Feststellung selbst in einer Weise erfolgt ist, dass sie der Prüfung durch das Revisionsgericht nicht standhält.

IV. Die Prüfung des Revisionsgerichts

708 Die **Prüfung** des BGH erstreckt sich nur darauf, ob die Entscheidung des Berufungsgerichts auf der **Verletzung eines Gesetzes beruht** (§ 545 I). Dabei ist der BGH bei nicht auf Rechtsrügen des Rechtsmittelklägers in der Rechtsmittelbegründung beschränkt, es sei denn, dass es sich um nicht von Amts wegen zu beachtende Verfahrensverstöße handelt (§ 557 III 2).

> **Beispiel:** Hat der Revisionskläger die Verletzung des § 437 BGB gerügt, kann der BGH auch die Anwendbarkeit des Werkvertragsrechts (§ 634 BGB) prüfen.

1. »Gesetz«

709 »Gesetz« ist gem. § 12 EGZPO jede Rechtsnorm, insbesondere Gesetze im formellen Sinn, Rechtsverordnungen und Gewohnheitsrecht. Aus der Aufgabe der Revision, unter anderem die Rechtseinheit zu wahren, erklärt sich auch, dass Klauseln in Allgemeinen Geschäftsbedingungen als Gesetz im Sinne des Revisionsrechts angesehen werden.[41] Darüber hinaus sind auch Erfahrungssätze und Auslegungsregeln als

37 BGHZ 7, 280 – NJW 1953, 504.
38 BGHZ 22, 370 = NJW 1957, 543.
39 BGHZ 31, 279 = NJW 1960, 523; BGHZ 85, 288 (290) = NJW 1983, 867.
40 BGH JuS 1986, 567.
41 BGHZ 163, 321.

Rechtsnorm aufzufassen. Diese müssen sich aber im Einzelfall auf die Anwendung des Rechts, also auf die Rechtsfrage beziehen.[42]

2. Verletzung

Das Gesetz ist nach § 546 verletzt, »wenn eine **Rechtsnorm nicht oder nicht richtig** 710
angewendet worden ist«. Mithin ist zwischen den nachprüfbaren Rechts- und den nicht nachprüfbaren Tatsachenfragen zu unterscheiden. Um eine **Rechtsfrage** handelt es sich etwa, wenn das Berufungsgericht § 823 I BGB auf die Verletzung von Forderungsrechten angewendet hat (Forderungen sind kein »sonstiges Recht«). Weiterhin handelt es sich um Rechtsfragen, wenn der **Inhalt von Rechtsbegriffen** wie etwa der guten Sitten (§ 138 BGB), Treu und Glauben (§ 242), Vorsatz und Fahrlässigkeit (§ 276 BGB), Billigkeit, Angemessenheit, Zumutbarkeit durch Gesetzesauslegung bestimmt wird. Nicht überprüfbar sind hingegen **Tatsachenfragen,** also Fragen bezüglich des Sachverhalts, den das Gericht unter die Norm subsumiert. So handelt es sich etwa um eine Tatsachenfrage, ob im Einzelfall ein bestimmtes Verhalten »zumutbar« ist.

Beispiel: Der Geschädigte hat nach § 254 II BGB eine Obliegenheit zur Schadensminderung. Dies kann ihn dazu verpflichten, eine ihm zumutbare Tätigkeit aufzunehmen. Maßgeblich für die Frage im Einzelfall sind etwa die Art der bisher ausgeübten Tätigkeit, Alter und Vorbildung des Verletzten, Schwierigkeiten beim Finden einer neuen Stelle.[43] Diese Fragen sind tatsächlicher Art und können vom Revisionsgericht nicht ermittelt werden, wohl aber, was Inhalt der »Zumutbarkeit« selbst ist und ob das Berufungsgericht die Tatsachen unter den Rechtsbegriff nach allgemeinen Regeln richtig subsumiert hat.

Schwierig ist die Abgrenzung auch bei der **Auslegung einer Willenserklärung.** Der 711
BGH bejaht das Vorliegen einer Rechtsfrage, soweit es sich um die Anwendung der Auslegungsregeln (§§ 133, 157 BGB) oder von allgemeinen Denkgesetzen und Erfahrungssätzen handelt. Nachprüfbar ist schließlich die Auslegung von Prozesshandlungen.[44]

3. Beruhen

Die angefochtene Entscheidung muss auf einer Gesetzesverletzung beruhen, die **Ge-** 712
setzesverletzung muss also **ursächlich für das Urteil** sein. Das ist nur, aber auch immer dann der Fall, wenn bei richtiger Gesetzesanwendung das Urteil anders ausgefallen wäre. Fehlt es an dieser Voraussetzung, ist die Revision trotz Vorliegens einer Gesetzesverletzung zurückzuweisen (§ 561). Dies ist bei materiell-rechtlichen Verstößen leicht festzustellen, nicht aber bei prozessualen (hätte zB das Urteil einen anderen Inhalt gehabt, wenn das nicht richtig besetzte erkennende Gericht vorschriftsmäßig besetzt gewesen wäre?). Um diese Schwierigkeiten zu beheben, nennt das Gesetz in § 547 **absolute Revisionsgründe,** bei deren Vorliegen die **Kausalität unwiderleglich vermutet** wird. Bei anderen, in § 547 nicht genannten Verfahrensverstößen genügt die bloße Möglichkeit, dass eine Entscheidung anderen Inhalts erlassen worden wäre.

Ein absoluter Revisionsgrund ist gegeben, wenn das erkennende Gericht **nicht vorschriftsmäßig besetzt** gewesen ist (Nr. 1; → Rn. 24), ein Richter an der Entscheidung mitgewirkt hat, der kraft Gesetzes **ausgeschlossen oder befangen** gewesen ist (Nr. 2 und 3; → Rn. 31 ff.), eine Partei **nicht ordnungsgemäß**

42 *Schilken* ZivilProzR Rn. 946.
43 MüKoBGB/*Oetker* § 254 Rn. 84.
44 BGHZ 4, 328 = NJW 1952, 545; BGH NJW 2001, 2550 (2551).

vertreten gewesen ist, sofern sie dies nicht zumindest konkludent genehmigt hat (Nr. 4; → Rn. 244f.), wenn in der mündlichen Verhandlung gegen den **Öffentlichkeitsgrundsatz** verstoßen worden ist (Nr. 5; → Rn. 150f.).

713 Von besonderer Bedeutung ist der absolute Revisionsgrund des **Fehlens von Entscheidungsgründen,** § 547 Nr. 6 (→ Rn. 634ff.). Fehlen sie, kann das Revisionsgericht die **Rechtsanwendung** durch das Berufungsgericht **nicht überprüfen.** Ein Verstoß liegt nicht nur vor, wenn die Entscheidungsgründe ganz fehlen. Vielmehr kommt es darauf an, dass die Gründe den maßgeblichen Sachverhalt, über den entschieden wird, wiedergeben und den Streitgegenstand sowie die Anträge der Parteien erkennen lassen.[45] In zeitlicher Hinsicht wird ein Fehlen in Anlehnung an die Revisionsfrist angenommen, wenn fünf Monate nach Verkündung des Urteils noch kein Urteil mit Entscheidungsgründen zugestellt worden ist.[46] Anschließend sei wegen der nachlassenden Erinnerung der beteiligten Richter nicht mehr sichergestellt, dass die schriftlichen Entscheidungsgründe mit den in der Urteilsberatung maßgeblichen Erwägungen übereinstimmen.

V. Die Entscheidung des Revisionsgerichts

1. Verwerfung als unzulässig

714 Ist die Revision unzulässig, lautet die Entscheidung auf Verwerfung der Revision (§ 552 I 2).

2. Zurückweisung als unbegründet

715 Ist sie unbegründet, entscheidet das Revisionsgericht auf Zurückweisung der Revision. Dies bedeutet nicht notwendigerweise, dass das angefochtene Urteil keinen Fehler enthält, sondern nur, dass sich ein eventueller **Fehler auf das Ergebnis nicht ausgewirkt** hat (§ 561). § 552a eröffnet auch die Möglichkeit der Zurückverweisung durch einstimmigen Beschluss, falls die Sache nicht nur keine Aussicht auf Erfolg hat, sondern auch kein Zulassungsgrund gegeben ist.

3. Zurückverweisung an das Berufungsgericht

716 Hält der BGH die Revision für **begründet,** ist das angefochtene Urteil **aufzuheben** (§ 562) und – in der Regel – die Sache zur Verhandlung und Entscheidung **an das Berufungsgericht zurückzuverweisen** (§ 563 I). Es kann an einen **anderen Spruchkörper** zurückverwiesen werden (§ 563 I 2).

Formulierungsbeispiel: Der Tenor lautet dann:

»1. Auf die Revision des Beklagten wird das Urteil des 27. Zivilsenats des OLG Hamm vom ... aufgehoben und die Sache zur anderweitigen Verhandlung und Entscheidung an das OLG zurückverwiesen.

2. Das Urteil ist vorläufig vollstreckbar [§ 708 Nr. 10].«

Ein zurückverweisendes Revisionsurteil enthält keine Kostenentscheidung.

45 BGH NJW 2008, 1670 Rn. 4.

46 GmS-OGB NJW 1993, 2603; BGH NJW 1984, 2828.

Grund für die Zurückweisung ist, dass regelmäßig eine neue **Beweisaufnahme nötig sein** wird, die vom Revisionsgericht als einer reinen Rechtskontrollinstanz nicht geleistet werden kann. Aufgrund der Erkenntnisse einer solchen Beweisaufnahme kann der erfolgreiche Revisionskläger den Prozess freilich doch verlieren. Das **Berufungsgericht** ist bei seiner neuen Entscheidung allerdings an die **Rechtsauffassung des BGH gebunden** (§ 563 II). 717

Hat das Berufungsgericht entsprechend der in § 563 II angeordneten Bindung an die Rechtsauffassung des BGH den Rechtsstreit erneut entschieden und wird gegen dieses Urteil wiederum Revision eingelegt, ist auch der **BGH an seine frühere Rechtsauffassung** gebunden.[47]

4. Aufhebung und eigene Entscheidung

Ausnahmsweise kann der BGH **selbst** endgültig **entscheiden,** wenn keine weitere Sachverhaltsklärung erforderlich ist (§ 563 III). 718

Beispiel: K hat seine Klage über 10.000 EUR gegen B auf Auswahl- und Überwachungsverschulden nach § 831 BGB gestützt und beim LG und OLG Recht bekommen. Der BGH kommt zu der Auffassung, dass § 831 BGB gar nicht anwendbar ist. Hier hebt der BGH das Urteil des OLG auf und weist die Klage ab.

5. Säumnis

Ist die Revision **unzulässig,** ist sie auch bei **Säumnis einer Partei** durch unechtes Versäumnisurteil zu verwerfen.[48] Ist sie hingegen **zulässig,** ist sie bei Säumnis des **Klägers** durch Versäumnisurteil analog § 330 zurückzuweisen. Bei Säumnis des **Beklagten** kann es auf die Tatsachenfiktion des § 331 nicht ankommen, da das Berufungsurteil nur in rechtlicher Hinsicht überprüft werden kann. Vielmehr ist ihr bei begründeter Revision durch Versäumnisurteil stattzugeben, ansonsten ist sie durch unechtes Versäumnisurteil zurückzuweisen.[49] 719

D. Die Beschwerde

Die Beschwerde ist das Rechtsmittel **gegen Beschlüsse und Verfügungen** des Gerichts. Da im Zivilprozess die wichtigsten Entscheidungen auf notwendige mündliche Verhandlung hin durch Urteil ergehen (→ Rn. 124), spielt die Beschwerde im **Erkenntnisverfahren** keine so große Rolle wie im **Zwangsvollstreckungsverfahren** und vor allem in der **freiwilligen Gerichtsbarkeit** (die keine Urteile und damit keine Berufung und Revision kennt, s. § 38 FamFG). Im Zivilprozess ist die sofortige Beschwerde gegen den Beschluss, der die **Prozesskostenhilfe verweigert,** recht häufig (§ 127 II 2). 720

Es sind die sofortige Beschwerde und die Rechtsbeschwerde zu unterscheiden. Die **sofortige Beschwerde** nach § 567 ist Beschwerde gegen im ersten Rechtszug ergangene Entscheidungen. Sie eröffnet eine zweite Tatsacheninstanz. Die **Rechtsbeschwerde** gem. § 574 hat bei Beschlüssen die Funktion, die bei Urteilen der Revision zukommt, dh sie kann nur auf eine Rechtsverletzung gestützt werden (§ 576 I). 721

47 BGHZ 25, 200 (203) = NJW 1958, 59; BGHZ 51, 131 (135) = NJW 1969, 1253.
48 BGH NJW 1961, 829.
49 *Schilken* ZivilProzR Rn. 964.

722 Die sofortige Beschwerde zeitigt die typischen Wirkungen von Rechtsmitteln, nämlich **Devolutiv- und Suspensiveffekt** nur eingeschränkt: Bei der sofortigen Beschwerde entscheidet das höhere Gericht nur dann, wenn das erstinstanzliche Gericht ihr nicht abgeholfen hat (§ 572 I 1). Auch hat eine Beschwerde nach § 570 I nur dann aufschiebende Wirkung, wenn sie die Festsetzung eines Ordnungs- oder Zwangsmittels zum Gegenstand hat. § 570 I gilt bei der Rechtsbeschwerde entsprechend (§ 575 V). Die Beschwerde kann auf **neue Angriffs- und Verteidigungsmittel** gestützt werden (§ 571 II 1). Insbesondere können neue Tatsachen vorgetragen und neue Beweismittel angeboten werden. Insoweit gelten, anders als bei der Berufung (→ Rn. 680ff.), keine Einschränkungen. Eine mündliche Verhandlung ist nicht notwendig (§§ 572 IV, 128 IV). Freilich ist dem Beschwerdegegner rechtliches Gehör zu gewähren.

I. Sofortige Beschwerde

1. Zulässigkeitsvoraussetzungen

723 »**An sich statthaft**« ist die Beschwerde in den Fällen, in denen das Gesetz sie ausdrücklich **zulässt** (zB §§ 46 II Hs. 2, 91a II 1, 127 II 2, 380 III). Ferner ist sie zulässig gegen Entscheidungen, die eine **mündliche Verhandlung nicht voraussetzen,** wenn durch sie ein das Verfahren betreffendes Gesuch zurückgewiesen wurde (§ 567 I).

724 Die **Einlegungsfrist** beträgt zwei Wochen ab Zustellung der anzufechtenden Entscheidung, spätestens beginnt die Frist aber fünf Monate nach Verkündung der Entscheidung zu laufen (§ 569 I 1 und 2). Dagegen gibt es keine Begründungsfrist; die Beschwerde soll zwar, muss aber nicht begründet werden (§ 571 I). Zur **Formwahrung** ist die Einreichung einer Beschwerdeschrift beim Gericht, dessen Entscheidung angefochten wird, oder beim Beschwerdegericht (§ 569 I 1) notwendig. Die Beschwerde ist bei LG und OLG durch einen Anwalt einzureichen (§ 569 III). In § 567 III ist ausdrücklich die Zulässigkeit einer unselbstständigen Anschlussbeschwerde vorgesehen.

725 Der Beschwerdeführer muss **beschwert** sein (→ Rn. 655ff.). Eine Beschwerdesumme ist nur bei Entscheidungen über Kosten erforderlich. Der Beschwerdegegenstand (→ Rn. 658) muss dann 200 EUR übersteigen (§ 567 II).

2. Die Beschwerdeentscheidung

726 Liegen die Zulässigkeitsvoraussetzungen nicht vor, ist die Beschwerde durch Beschluss als **unzulässig zu verwerfen** (§ 572 II 2). Ist die Beschwerde **unbegründet,** weist das Gericht sie zurück. Im Falle der **Begründetheit** ergeht eine eigene Entscheidung des Beschwerdegerichts. Das Beschwerdegericht kann die Sache auch an das untere Gericht mit Anweisungen zurückgeben (§ 572 III). Analog § 563 II ist das Untergericht an eine Rechtsansicht des Beschwerdegerichts gebunden.

II. Rechtsbeschwerde

1. Zulässigkeit

Die Rechtsbeschwerde ist **statthaft**, wenn dies im **Gesetz** ausdrücklich bestimmt ist (§ 574 I 1 Nr. 1, zB §§ 522 I 4, 1065 I 1) oder wenn sie in dem anzufechtenden Beschluss **zugelassen** worden ist (§ 574 I 1 Nr. 2). Zwar muss die Zulassung nicht ausdrücklich im Ausspruch des Beschlusses aufgenommen werden, sondern kann sich aus den Gründen der Beschwerdeentscheidung ergeben, die bloße Beifügung einer Rechtsmittelbelehrung kann dies jedoch nicht erfüllen.[50] Die Zulassungsgründe entsprechen dabei denen bei der Revision (§ 574 II, → Rn. 698). Anders als bei der Revision (→ Rn. 696 ff.) ist der Partei bei Nichtzulassung aber keine Nichtzulassungsbeschwerde eröffnet. 727

Die Rechtsbeschwerde ist beim **Rechtsbeschwerdegericht** nach § 575 I 1 selbst einzulegen. Anders als bei der sofortigen Beschwerde besteht also nicht die Möglichkeit des Ausgangsgerichts abzuhelfen. Die Rechtsbeschwerde muss innerhalb einer **Notfrist** von einem Monat ab Zustellung der Entscheidung eingelegt werden (§ 575 I 1). In gleicher Frist ist die Rechtsbeschwerde zu **begründen** (§ 575 II, III). 728

2. Verfahren

Das Rechtsbeschwerdegericht prüft die vorgelegte Entscheidung auf **Rechtsfehler.** Hierbei ist es an die Anträge der Parteien gebunden (§ 577 II 1, 575 III Nr. 1), nicht aber an die von diesen geltend gemachten Rechtsbeschwerdegründe (§ 577 II 2). Indes werden Verfahrensmängel nur überprüft, wenn sie in der Begründungsschrift gerügt worden sind (§ 577 II 3). Die Rechtsbeschwerde ist nach § 576 I **begründet,** wenn die Entscheidung auf der Verletzung des Bundesrechts oder einer Vorschrift beruht, deren Geltungsbereich sich über den Bezirk eines OLG hinaus erstreckt. Diese Einschränkung dient der Wahrung der Rechtseinheit. Sie ist nicht begründet, wenn sich die Entscheidung aus anderen Gründen als richtig erweist (§ 577 III). 729

3. Entscheidung

Das Rechtsbeschwerdegericht entscheidet nach § 577 VI 1 durch **Beschluss.** Liegen die Zulässigkeitsvoraussetzungen nicht vor, ist die Rechtsbeschwerde als unzulässig zu verwerfen (§ 577 I 2). Wenn die Rechtsbeschwerde begründet ist, wird die Entscheidung **aufgehoben** und in der Regel an das Ausgangsgericht nach § 577 IV 1 **zurückverwiesen.** Bei einem Verfahrensmangel hat das Rechtsbeschwerdegericht das Verfahren, soweit es mangelhaft ist, gem. §§ 577 IV 2, 562 II aufzuheben. Eine eigene Entscheidung hat es hingegen zu treffen, wenn der Sachverhalt feststeht und die Sache entscheidungsreif ist (§ 577 V). 730

50 BGH NJW-RR 2014, 639 Rn. 7 f.

E. Anhang: Sicherstellung einheitlicher Entscheidungen

731 Der Richter der Zivilgerichtsbarkeit hat verschiedene **Vorlagepflichten** zu gewärtigen, die zum einen der einheitlichen Rechtsanwendung dienen, zum anderen der Entscheidung spezifischer Rechtsfragen durch einen eigens dazu berufenen Spruchkörper.

I. Vermeidung divergierender Entscheidungen

732 Die Revision dient insbesondere der **Rechtsprechungseinheit.** Es muss daher verhindert werden, dass die Senate des BGH verschiedene Auffassungen zu einer Rechtsfrage vertreten. Diesem Ziel dient die Einrichtung der **Großen Senate** (für Zivil- und Strafsachen) und der **Vereinigten Großen Senate.** Sie entscheiden auf Vorlage hin die Rechtsfrage, und zwar bindend für den in der Sache erkennenden Senat (§§ 132, 138 GVG).

733 Die Rechtsprechungseinheit kann auch durch divergierende Entscheidungen der Obersten Gerichtshöfe des Bundes (BGH, BAG, BVerwG, BSG, BFH) gefährdet sein. Dies soll der **Gemeinsame Senat der Obersten Gerichtshöfe** verhindern (§ 2 RsprEinhG).[51]

II. Vorlage an das Bundesverfassungsgericht

734 Jedes Gericht kann und muss selbst prüfen, ob ein Gesetz mit der Verfassung vereinbar ist. Kommt es dabei zu der Überzeugung, dass ein **nachkonstitutionelles Gesetz** mit dem **GG nicht vereinbar** ist, hat es sein Verfahren **auszusetzen** und die Entscheidung des **BVerfG** einzuholen (Art. 100 I GG, §§ 13 Nr. 11, 80ff. BVerfGG). Diese Pflicht gilt für jedes Gericht, also nicht erst für das Revisionsgericht (während die Verfassungsbeschwerde grundsätzlich erst »nach Erschöpfung des Rechtswegs« erhoben werden kann, § 90 II BVerfGG, → Rn. 647).

III. Vorlage an den Gerichtshof der Europäischen Gemeinschaft (EuGH)

735 Nach Art. 267 AEUV ist jedes **letztinstanzliche Gericht** (also regelmäßig, aber nicht zwingend, der BGH) **verpflichtet,** den EuGH anzurufen, wenn es bei seiner Entscheidung auf die Auslegung oder die Gültigkeit von Gemeinschaftsrecht ankommt (→ Rn. 27). Auch ein **nicht-letztinstanzliches Gericht** ist dazu **berechtigt,** aber nicht verpflichtet (Art. 267 IV AUEV).

Literatur: *Hein,* Die sofortige Beschwerde in der zivilrechtlichen Assessorklausur, JuS 2018, 33; *Huber,* Grundwissen – Zivilprozessrecht: Rechtsbehelfsbelehrung (§ 232 ZPO), JuS 2014, 972; *Längsfeld,* Grundfälle zur Berufung in der ZPO – Teil I: Zulässigkeit, JA 2013, 289; – Teil II: Begründetheit, JA 2013, 362.

51 ZB BGHZ 187, 105 = NJW 2011, 1211 zur Rechtswegzuständigkeit bei einer Klage aus Insolvenzanfechtung (§ 143 InsO).

Übersicht 16 Die Rechtsmittel

Arten	Berufung (gegen erstinstanzliche Urteile)	Revision (gegen Berufungsurteile)	Beschwerde (gegen Beschlüsse)
Zulässigkeitsvoraussetzungen	1. Statthaftigkeit: Beschwerdewert oder Zulassung (§ 511 II) 2. Einhaltung von Frist (§ 517) und Form (§§ 519, 520)	1. Statthaftigkeit: Zulassung durch Berufungsgericht oder Revisionsgericht (§ 543 I) 2. Einhaltung von Frist (§ 548) und Form (§§ 549, 551)	**Arten:** 1. sofortige Beschwerde (§ 567) 2. Rechtsbeschwerde (§ 574)
Wirkungen der Einlegung	1. Devolutiveffekt (Entscheidung durch höhere Instanz) 2. Suspensiveffekt (Hemmung der Rechtskraft, aber nicht der Vollstreckbarkeit), § 705 S. 2	1. Devolutiveffekt 2. Suspensiveffekt	1. Devolutiveffekt (bei sofortiger Beschwerde nur eingeschränkt, § 572 I) 2. Regelmäßig kein Suspensiveffekt (§§ 570 I, 575 V)
Umfang der Nachprüfbarkeit	1. nur im Rahmen der Berufungsanträge (§ 528) 2. weitgehende Bindung des Berufungsgerichts an die in erster Instanz festgestellten Tatsachen (§§ 529 I, 531 II)	1. nur im Rahmen der Revisionsanträge (§ 557 I) 2. nur rechtliche Nachprüfung (§ 545 I); keine neuen Tatsachen (§ 559)	volle Nachprüfung in tatsächlicher (§ 571 II 1) und rechtlicher Hinsicht
Mögliche Entscheidungen	1. Verwerfung als unzulässig (§ 522 I) 2. Zurückweisung als unbegründet durch Urteil oder einstimmigen Beschluss (§ 522 II) 3. Aufhebung des angefochtenen Urteils und eigene Sachentscheidung (§ 538 I); ausnahmsweise Zurückverweisung (§ 538 II)	1. Verwerfung als unzulässig (§ 552) 2. Zurückweisung als unbegründet durch Urteil oder einstimmigen Beschluss (§ 552 a) 3. Aufhebung des angefochtenen Urteils und Zurückverweisung (§§ 562, 563 I); ausnahmsweise eigene Sachentscheidung (§ 563 III)	1. Verwerfung als unzulässig (§ 572 II) 2. Zurückweisung als unbegründet 3. Aufhebung des angefochtenen Beschlusses und eigene Entscheidung (beachte die Möglichkeit des § 572 I) 4. Rechtsbeschwerde: Zurückweisung oder eigene Sachentscheidung (§ 577 III, IV)
Sonderformen	Anschlussberufung (§ 524)	Anschlussrevision (§ 554) Sprungrevision (§ 566)	Anschlussbeschwerde (§ 567 III)

17. Kapitel. Die (materielle) Rechtskraft

Schon bei Vorstellung der Entscheidungswirkungen wurden die beiden Arten der Rechtskraft unterschieden (→ Rn. 639, 643): Ist ein Verfahren abgeschlossen, bezeichnet die **formelle Rechtskraft** den **äußeren Bestand** der Entscheidung: Formell rechtskräftige Entscheidungen sind endgültig, können in dem Verfahren, in dem sie ergangen sind, nicht mehr abgeändert werden. Die **materielle Rechtskraft** sichert den **inneren Bestand** der Entscheidung in Folgeverfahren. Die materielle Rechtskraft setzt die formelle Rechtskraft voraus. 736

A. Voraussetzungen der materiellen Rechtskraft

Neben dem Eintritt der **formellen Rechtskraft** setzt die materielle Rechtskraft voraus, dass die ergangene Entscheidung ihrer Art nach **rechtskraftfähig** ist. 737

I. Die formelle Rechtskraft

Die formelle Rechtskraft bezeichnet die **Bestandskraft einer Entscheidung.** Sie liegt vor, wenn die Entscheidung nicht mehr durch **Rechtsbehelfe** (abgesehen von der Möglichkeit eines Wiederaufnahmeverfahrens; → Rn. 771 ff.) angegriffen werden kann. Die formelle Rechtskraft kann auf verschiedenen Gründen beruhen: 738

1. Keine Rechtsmittel statthaft

Eine Entscheidung ist formell rechtskräftig, wenn gegen sie ein Rechtsmittel überhaupt nicht statthaft ist. Das gilt insbesondere, wenn mit einem Revisionsurteil des BGH der **Rechtsweg erschöpft** ist. 739

Bei **Urteilen des AG** soll wegen der Statthaftigkeit der Berufung Rechtskraft erst mit **Verstreichen der Berufungsfrist** (§ 517) eintreten, selbst wenn der Streitwert unterhalb des erforderlichen Beschwerdegegenstands von 600 EUR liegt und die Berufung nicht zugelassen (§ 511 II) worden ist.[1] **Berufungsurteile** werden erst formell rechtskräftig, wenn entweder die **Revisionsfrist abgelaufen** ist (§ 548) oder der BGH die **Revision verworfen oder zurückgewiesen** bzw. die **Nichtzulassungsbeschwerde abgelehnt** hat (§ 544 VII 3). Auch dafür kommt es nicht darauf an, ob das Berufungsgericht die Revision zugelassen hat. Denn es besteht jedenfalls die Möglichkeit einer Nichtzulassungsbeschwerde (§ 544).

2. Ablauf der Rechtsbehelfsfrist

Auch ist ein Rechtsbehelf nicht (mehr) zulässig, wenn die **Rechtsmittelfrist** oder die **Einspruchsfrist** abgelaufen ist (§ 705 S. 1). 740

1 Zöller/*Seibel* ZPO § 705 Rn. 5.

3. Verzicht

741 Haben **beide Parteien** dem Gericht gegenüber auf ein Rechtsmittel verzichtet, tritt ebenfalls formelle Rechtskraft ein (§§ 515, 565; → Rn. 668 f.). Der Verzicht nur **einer Partei** soll auch dann nicht ausreichen, wenn der Gegner nicht beschwert ist und deswegen kein zulässiges Rechtsmittel einlegen kann.[2]

II. Der Rechtskraft fähige Entscheidungen

1. Endurteile

742 Endurteile sind der Rechtskraft fähig; das gilt auch für **Teilurteile,** deren Rechtskraft freilich auf den entschiedenen Teil beschränkt ist. Bei **Gestaltungsurteilen** dominiert die Gestaltungswirkung, durch die die Rechtslage verändert wird (→ Rn. 289 ff.). Darüber hinaus äußern diese Urteile aber auch dahingehend materielle Rechtskraft, ob die Gestaltungslage gegeben war oder nicht.[3] Zu **Feststellungsurteilen** → Rn. 287; zur Anerkennung ausländischer Urteile → Rn. 875 f.

743 **Prozessurteile** bewirken Rechtskraft nur im Rahmen ihrer Aussage, also nicht über den materiell-rechtlichen Streitgegenstand. Die **Rechtskraft entfällt,** wenn in einem zweiten Prozess der **prozessuale Mangel ausgeräumt** ist.[4] Ist etwa die Klage wegen fehlender Prozessfähigkeit einer Partei als unzulässig abgewiesen worden (→ Rn. 238 ff.), steht das einer erneuten Klageerhebung dann nicht entgegen, wenn die Partei inzwischen prozessfähig geworden ist. Genau genommen handelt es sich dabei freilich um keine Besonderheit des Prozessurteils, sondern um die allgemeinen Grundsätze der zeitlichen Wirkungen der Rechtskraft, die immer nur für den **Zeitpunkt des Urteilserlasses** etwas besagen kann und für eine neue Klage dann kein Hindernis ist, wenn sich die Rechtslage inzwischen verändert hat (→ Rn. 763 ff.).

Ein Urteil ist fehlerhaft, wenn es die **Zulässigkeit der Klage dahinstehen lässt** und die **Klage als unbegründet abweist** (→ Rn. 384). Ungeachtet dessen erwächst dieses Sachurteil in Rechtskraft, als habe es die Zulässigkeit bejaht. Denn es macht keinen Unterschied, ob das Gericht die Zulässigkeit fehlerhaft bejaht oder fehlerhaft nicht geprüft hat. In Rechtskraft erwächst stets der Ausspruch des Gerichts zur Sache.[5]

744 **Keine Endurteile** sind Vorbehaltsurteile (§ 302; → Rn. 405 und § 599; → Rn. 794), Grundurteile (→ Rn. 621) und zurückverweisende Berufungs- und Revisionsurteile (→ Rn. 690 ff., 714 ff.). Sie werden **nicht materiell rechtskräftig.** Sie wirken sich freilich auf das dann zu fällende Endurteil über die Bindungswirkung von § 318 und § 563 II aus.

2. Beschlüsse

745 Beschlüsse sind der materiellen Rechtskraft fähig, sofern sie formell rechtskräftig geworden sind und streitentscheidenden Charakter haben, so – besonders wichtig – der **Vollstreckungsbescheid** (→ Rn. 789 ff.), der **Kostenfestsetzungsbeschluss** (§ 104;

---

2 OLG Karlsruhe NJW 1971, 664.
3 *Rosenberg/Schwab/Gottwald* ZivilProzR § 92 Rn. 16.
4 BGH NJW 1981, 1962; 1985, 2535.
5 BGH NJW 2008, 1227 Rn. 17.

→ Rn. 827f.) sowie die durch Beschluss erlassenen **Arreste** und **einstweiligen Verfügungen** (§§ 922, 936; → Rn. 7).

B. Wirkungen der materiellen Rechtskraft

Materielle Rechtskraft bedeutet die **Maßgeblichkeit des formell rechtskräftigen Urteils** für einen **zweiten Prozess** entweder über **denselben Streitgegenstand** oder bei der Beurteilung einer **bereits entschiedenen Vorfrage.** Im Unterschied zur formellen Rechtskraft sichert die materielle Rechtskraft die obsiegende Partei nicht dagegen, dass das ihr günstige Urteil im Rechtsmittelweg aufgehoben wird. Kennzeichen der materiellen Rechtskraft ist es vielmehr, dass nicht in einem zweiten Prozess ein neues Urteil ergehen kann, das mit dem ersten möglicherweise in **Widerspruch** steht. Erst dadurch wird der Prozessgewinn für die obsiegende Partei endgültig abgesichert. 746

I. Zweiter Prozess über denselben Streitgegenstand

Ist der **Streitgegenstand** (→ Rn. 88, 314ff.) eines neuen Verfahrens **identisch** mit dem eines schon rechtskräftig entschiedenen, ist die **Klage als unzulässig abzuweisen.**[6] Ein Sachurteil darf nicht ergehen. Die bereits materiell rechtskräftig ergangene Entscheidung bedeutet – wie die Rechtshängigkeitssperre (→ Rn. 306) – eine von Amts wegen zu beachtende[7] **negative Prozessvoraussetzung** (→ Rn. 375): **»ne bis in idem«.**[8] Mit der materiellen Rechtskraft einer Entscheidung steht auch das **kontradiktorische Gegenteil** der Entscheidung fest.[9] 747

Beispiele: Hat K gegen B auf Feststellung seines Eigentums an einem Grundstück geklagt und rechtskräftig obsiegt, steht damit zugleich fest, dass B nicht Eigentümer ist. Seine (die des B) auf Feststellung seines Eigentums gerichtete spätere Klage ist unzulässig, und zwar auch dann, wenn er behauptet, im Vorprozess sei ein wesentlicher tatsächlicher oder rechtlicher Gesichtspunkt übersehen worden. (Zur Rechtskraftwirkung des eine negative Feststellungsklage abweisenden Urteils → Rn. 287).

Der Kläger V ist Vermieter und verlangt von seinem Mieter, dem Beklagten M, Zustimmung dazu, dass der Gasherd gegen einen Elektroherd ausgetauscht wird. Im ersten Verfahren wurde seine Klage auf die Regelungen über die Modernisierung (§ 555d BGB) gestützt. Die neue Klage stützt V darauf, dass die Maßnahme eine Erhaltungsmaßnahme (§ 555a BGB) sei. Damit macht V erneut denselben Streitgegenstand geltend, weil Antrag und Lebenssachverhalt (die begehrte Austauschmaßnahme) identisch sind.[10]

Nach rechtskräftiger Verurteilung des Erben zur Erfüllung eines Vermächtnisses auf Übereignung eines Grundstücks steht die Rechtskraft einer späteren Klage des Erben entgegen, mit der dieser deswegen Rückübereignung verlangt, weil der Erblasser das Grundstück schon zu seinen Lebzeiten auf den späteren Erben übertragen habe; dass diese Übertragung im ersten Prozess nicht zur Sprache gekommen ist, berührt den Umfang der Rechtskraft nicht.[11]

6 Etwa BGHZ 157, 47 (50) = NJW 2004, 1252; BGH ZIP 2013, 2281 Rn. 13.
7 BGH NJW 2008, 1227 Rn. 9.
8 Zu den Rechtskrafttheorien s. *Rosenberg/Schwab/Gottwald* ZivilProzR § 152 Rn. 3ff.
9 BGHZ 123, 137 = NJW 1993, 2684.
10 BGH WuM 2011, 527 Rn. 9.
11 BGH NJW 1995, 967.

II. Maßgeblichkeit des ersten Urteils für Vorfrage im zweiten Prozess

748 Die zweite Auswirkung der materiellen Rechtskraft ist von erheblicher praktischer Bedeutung. Das Urteil eines Vorprozesses bindet den Richter des nachfolgenden Prozesses, wenn das erste Urteil ein Element **(eine Vorfrage)** des nunmehr zu entscheidenden **zweiten Streitgegenstands** rechtskräftig entschieden hat, das erste Urteil also für das jetzt zu erlassende **präjudiziell** ist.[12]

> **Beispiele:** Der Beklagte ist im Vorprozess rechtskräftig zur Räumung eines Grundstücks verurteilt worden. Im jetzigen Prozess verlangt der Kläger Schadensersatz, weil der Beklagte nicht fristgerecht geräumt habe. Vorfrage dieser zweiten Entscheidung ist, ob der Beklagte zur Räumung verpflichtet war. Diese Vorfrage muss der zweite Richter wegen der materiellen Rechtskraft des Urteils im Vorprozess bejahen.[13]
> Der Kläger hat einen auf Vertrag gestützten Unterlassungsanspruch im Vorprozess rechtskräftig durchgesetzt. Nunmehr klagt er auf Schadensersatz wegen Verletzung der Unterlassungsverpflichtung. Für diesen zweiten Prozess steht die vertragliche Unterlassungsverpflichtung als Vorfrage des Schadensersatzanspruchs rechtskräftig fest.[14] Dies bedeutet freilich nicht, dass der Beklagte diesen Prozess verlieren muss. Denn es kann sein, dass das Gericht das Verschulden des Beklagten oder einen Schaden des Klägers verneint.
> B hat sich K gegenüber berühmt, ein auf K im Grundbuch eingetragenes Grundstück sei sein (des B) Eigentum. K hat Klage auf Feststellung seines Eigentums erhoben und damit obsiegt. Verlangt B in einem zweiten Prozess Berichtigung des Grundbuchs (§ 894 BGB), wird die Klage als unbegründet abgewiesen. Denn das zweite Gericht ist an die Entscheidung des ersten Gerichts über die Eigentumslage – sie ist jetzt Vorfrage – gebunden.

Dagegen ist der Richter des nachfolgenden Prozesses nicht an die Entscheidung des ersten Richters über **präjudizielle Rechts- und Tatfragen jenes ersten Prozesses selbst** gebunden (→ Rn. 754).

C. Der sachliche (objektive) Umfang der materiellen Rechtskraft

749 Gemäß § 322 I erwächst das Urteil des Vorprozesses **nicht** in seinem **gesamten Umfang –** also allem, was der Richter in tatsächlicher oder rechtlicher Hinsicht in diesem Urteil festgestellt hat – in Rechtskraft. Vielmehr wird nur das materiell rechtskräftig, was das Gericht des Vorprozesses zur **»Kernfrage«**, also zum Streitgegenstand gesagt hat. Dies lässt sich in drei **Faustregeln** zusammenfassen:

750 (1) Die materielle Rechtskraft erfasst nur den Ausspruch des Gerichts über den Streitgegenstand in der Formel (= dem **»Tenor«**) des Urteils.
(2) Sie erfasst nicht die Feststellung über präjudizielle Rechtsverhältnisse **(»Vorfragen«)**, über die dem Anspruch zugrunde liegenden Rechtsnormen und Tatsachen, über Einreden und Einwendungen des Beklagten.
(3) Die materielle Rechtskraft wirkt nur, wenn **die Parteien** des Vorprozesses und die des zweiten Prozesses **dieselben** sind **(eadem res inter easdem partes;** → Rn. 760).

751 Der **Grund für die enge Umgrenzung der Rechtskraft** liegt darin, den Rechtsstreit nicht unnötig aufzublähen. Wird etwa wegen einer geringfügigen Beeinträchtigung

12 BGH NJW 2008, 1227 Rn. 9.
13 BGH NJW 1969, 1064.
14 BGHZ 42, 340 = NJW 1965, 688.

des Eigentums aus § 1004 BGB geklagt, kann der Klage zwar nur stattgegeben werden, wenn der Kläger Eigentümer ist, dh das Gericht muss diese Frage klären. Dies soll jedoch nur im Hinblick auf den eingeklagten Beseitigungsanspruch geschehen. Würde das Ergebnis auch für andere aus dem Eigentum folgende Ansprüche maßgeblich sein (zB §§ 823 I, 985, 894 BGB), würde jedes Verfahren, in dem die Eigentumsfrage geklärt werden muss, die Tragweite einer Feststellungsklage über das Eigentum erhalten. Wenn einer der Parteien an einer so weit gehenden Aussage liegt, steht es ihr frei, eine entsprechende **Feststellungsklage** zu erheben (eventuell als Zwischenfeststellungsklage nach § 256 II; → Rn. 288).

I. Gegenstand der Rechtskraft

Der objektive Umfang der Rechtskraft richtet sich nach dem Streitgegenstand des Verfahrens, der sich aus Klageantrag und Lebenssachverhalt zusammensetzt (→ Rn. 316). Beim Urteil tritt an die Stelle des Antrags der **Tenor.** Dieser bedarf allerdings der **Auslegung mittels Tatbestand und Entscheidungsgründen** des Urteils.[15] Das gilt zunächst insbesondere bei klageabweisenden Urteilen, um dann die vom Gericht verneinte Rechtsfolge zu bestimmen. Zum anderen ist der dazugehörige Lebenssachverhalt zu ermitteln. **752**

II. Keine Rechtskraft hinsichtlich der Entscheidungsgrundlagen

Wird ein anderer Streitgegenstand geltend gemacht, kann aus der Rechtskraft keine Bindungswirkung folgen, auch dann nicht, wenn sich die wirtschaftlichen Ziele einer neuen Klage mit der vorherigen decken und sich Tatsachen überschneiden.[16] Denn im **Unterschied** insbesondere **zur Interventionswirkung** (→ Rn. 368) erstreckt sich die Rechtskraft nicht auf folgende Grundlagen der Entscheidung: **753**

1. Präjudizielle Rechtsverhältnisse

Feststellungen über präjudizielle Rechtsverhältnisse (Vorfragen) werden nicht materiell-rechtskräftig.[17] Es besteht aber die Möglichkeit, sie durch **Zwischenfeststellungsklage** in die Rechtskraft einzubeziehen (§ 256 II; Beispiel → Rn. 288). **754**

Beispiele: K hat gegen B die Miete für Januar 2019 eingeklagt. B bestreitet den Abschluss eines Mietvertrags. B wird verurteilt. Dazu war die Feststellung des Gerichts nötig, dass ein Mietvertrag abgeschlossen worden war. Aber diese Feststellung betrifft eben nur eine Vorfrage. Denn der Streit geht allein um die Miete für Januar 2019. Es könnte also sein, dass der Richter, bei dem später die Miete für Februar 2019 eingeklagt wird, ungeachtet der materiell-rechtlich zwingenden Sinnzusammenhänge zur Verneinung eines Mietverhältnisses kommt.[18] Um dieses Ergebnis zu vermeiden, erhebt K Zwischenfeststellungsklage mit dem Antrag festzustellen, dass zwischen den Parteien ein Mietverhältnis besteht. Auch der Beklagte kann die Initiative ergreifen mit dem Zwischenfeststellungsantrag, dass kein Mietverhältnis bestehe. Damit wird der Bestand des Mietverhältnisses insgesamt zum Streitgegenstand gemacht.

15 BGH GRUR 2015, 269 Rn. 19 mwN.
16 BGH NJW 2017, 3438 Rn. 11; 2017, 893 Rn. 18.
17 BGH NJW 2019, 1527 Rn. 45; 2017, 893 Rn. 14; 2012, 3577 Rn. 36; 2008, 2922 Rn. 22.
18 Vgl. BGH NJW 2003, 3058 (3059).

Klagt K gegen B einen Anspruch auf Zahlung rückständiger Miete ein und weist das Gericht die Klage ab, weil die Miete aufgrund eines Mangels gemindert war, § 536 I BGB, erwächst nur der Ausspruch, dass dem K kein Zahlungsanspruch aus § 535 II BGB für den in der Klage benannten Zeitraum zusteht. Die für die Minderung notwendige Feststellung von Mängeln der Mietsache ist von der Rechtskraft nicht umfasst.[19]
Wird ein Anspruch aus dem Eigentum an einer Sache geltend gemacht, umfasst die Rechtskraft nur diesen Anspruch, nicht dagegen auch das Eigentum. Wird also etwa einer Klage aus § 894 BGB (Grundbuchberichtigungsanspruch) stattgegeben, so steht damit nicht rechtskräftig fest, dass der Kläger Eigentümer des Grundstücks ist.[20]

2. Tatsachen und Rechtsverhältnisse

755 Die materielle Rechtskraft erfasst nicht die Feststellung über Tatsachen und Rechtsverhältnisse.

Beispiele: Hat das OLG Vorsatz des Beklagten bei der Schadenszufügung angenommen, erwächst diese Feststellung nicht in Rechtskraft. Wegen der erweiterten Vollstreckungsmöglichkeit bei einer Forderung aus vorsätzlich begangener unerlaubter Handlung (§ 850f II) kann der Geschädigte jedoch Feststellung begehren, dass sich die Forderung aus vorsätzlich begangener unerlaubter Handlung ergebe.[21]
Das erste Gericht hat B zur Leistung von Schadensersatz an K aus § 823 I BGB verurteilt. Macht K in einem zweiten Prozess weitere Schadensposten gegen B geltend, hat diese Klage einen abweichenden Streitgegenstand.[22] Bei der Entscheidung über diesen Streitgegenstand ist das zweite Gericht nicht an die rechtliche Würdigung des ersten Gerichts gebunden.[23] Es kann die zweite Klage also etwa mit der Begründung abweisen, B habe gar keine unerlaubte Handlung begangen.
Das Gericht kann einen Antrag des Klägers, die Ersatzpflicht des Beklagten für zukünftige Schäden festzustellen, nicht mit der Begründung abweisen, dass einem bezifferten Schadensersatzantrag in derselben Klage für bereits entstandene Schäden stattgegeben wurde.[24] Denn der Feststellungsantrag hat einen anderen Streitgegenstand als der Zahlungsantrag.

3. Einwendungen und Einreden

756 Auch besteht keine materielle Rechtskraft der Entscheidung über Einwendungen und Einreden des Beklagten mit der wichtigen **Ausnahme** des **Einwands der Aufrechnung,** § 322 II (→ Rn. 395 ff.).[25]

Beispiel: K hat gegen B Kaufpreisklage erhoben. Die Klage wurde abgewiesen, weil B mit Erfolg die (rechtshindernde) Einwendung (→ Rn. 391) der wirksamen Anfechtung wegen arglistiger Täuschung erhoben hatte. Diese Feststellung ist für eine nachfolgende Schadensersatzklage des B gegen K nach § 823 II BGB mit § 263 StGB nicht maßgeblich.[26]

Freilich versuchen die Gerichte in der Praxis widersprechende Entscheidungen nach Möglichkeit zu vermeiden. Das zweite Gericht **zieht die Akten des Vorprozesses bei,**

19 BGH NJW 2019, 2308 Rn. 30 f.
20 BGH NJW 2019, 71 Rn. 15.
21 BGHZ 152, 166 = NJW 2003, 515.
22 Der Sache nach war die erste Klage eine verdeckte Teilklage (→ Rn. 759), weil nur ein Teil des Schadens geltend gemacht wurde.
23 BGH NJW 2017, 3438 Rn. 11.
24 BGH NJW 2019, 1527 Rn. 44 f.
25 BGH NJW 2016, 3158 Rn. 19.
26 BGH NJW 2017, 893 Rn. 20.

um die Entscheidungsgründe des ersten Gerichts (nebst den Grundlagen dafür) genau kennen zu lernen. Wo immer möglich, wird sich das Gericht daran halten **(faktische Bindung).**

Für andere Einreden des Beklagten als die Aufrechnung gilt § 322 II nicht, und zwar 757
auch nicht entsprechend. Insbesondere ist die Vorschrift auf ein **Zurückbehaltungsrecht** nicht anzuwenden. Ist der Klage des K auf unbedingte Leistung also wegen eines Zurückbehaltungsrechts des B nur Zug um Zug stattgegeben worden (§§ 274 I, 322 I BGB), steht damit nicht etwa rechtskräftig fest, dass dem B das von ihm geltend gemachte Gegenrecht zusteht.[27]

III. Insbesondere: Urteil über eine Teilklage

Der beschränkte Umfang der materiellen Rechtskraft zeigt sich besonders deutlich an- 758
hand von Endurteilen über in der Praxis häufig anzutreffende Teilklagen. Es handelt sich also keinesfalls um ein Teilurteil über eine Klage, sondern um ein (volles) **Endurteil** über eine Klage, die nur einen **Anspruchsteil** geltend macht.

> **Beispiel:** K hat nach seiner Auffassung von B Schadensersatz in Höhe von 20.000 EUR zu fordern. Er klagt davon 12.000 EUR ein und wird abgewiesen, weil das Gericht einen Schadensersatzanspruch schon dem Grunde nach nicht für gegeben hält. Kann er jetzt die restlichen 8.000 EUR noch einklagen?

Das Gericht kann auch eine Teilklage nur dann umfassend abweisen, wenn es zu der 759
Überzeugung gelangt ist, dass dem Kläger kein Anspruch gegen den Beklagten zusteht. Ungeachtet dessen erfasst die materielle Rechtskraft aber nur den vom Kläger geltend gemachten Anspruchsteil (zur gleichfalls eingeschränkten Verjährungshemmung → Rn. 313).[28] Denn in Rechtskraft erwächst nur der **Urteilsausspruch.** Da der Antrag nur auf einen Anspruchsteil lautete, beschränkt sich auch der Urteilsausspruch auf diesen. Die Feststellung, dass dem Kläger gar kein Anspruch zusteht, betrifft eine Vorfrage. Solche Feststellungen erwachsen nicht in Rechtskraft, selbst wenn dadurch materiell-rechtlich zwingende Sinnzusammenhänge unberücksichtigt bleiben (→ Rn. 754). Folglich kommt es auch nicht darauf an, ob der Kläger offengelegt hat, dass es sich nur um eine Teilklage handelt **(offene Teilklage)** oder nicht (sog. **verdeckte Teilklage**). Dieses Ergebnis ist auch Ausdruck der prozessualen Chancengleichheit. Wie der Kläger nur über den eingeklagten Anspruchsteil ein Urteil zu seinen Gunsten erlangen kann, darf dem Kläger darüber hinaus ebenfalls kein Anspruch aberkannt werden. Dem Beklagten ist das Ergebnis zumutbar. Eine Entscheidung über die gesamte Forderung kann er erreichen, indem er negative Feststellungsklage erhebt, dass dem Kläger gar kein Anspruch zusteht.

Im Beispiel ist der Kläger also nicht gehindert, die restlichen 8.000 EUR einzuklagen. Kommt das Gericht zu der Erkenntnis, dass ein Schadensersatz dem Grunde nach besteht, kann es der Klage aber nur stattgeben, soweit eine über 12.000 EUR hinausgehende Forderung seiner Meinung nach besteht.

Bei einem im ersten Verfahren klagestattgebenden Urteil gilt Entsprechendes: Die Rechtskraft beschränkt sich auf den eingeklagten Forderungsteil. Im zweiten Verfah-

27 BGHZ 117, 1 (2f.) = NJW 1992, 1172.
28 BGHZ 135, 178 (181f.) = NJW 1997, 1990; BGHZ 173, 374 Rn. 15 = NJW 2008, 373; aA Musielak/Voit/*Musielak* ZPO § 322 Rn. 73.

ren kann sich der Kläger also nicht insofern auf das ihm günstige erste Urteil berufen, dass ihm jedenfalls ein Anspruch dem Grunde nach zustehe.

D. Der persönliche (subjektive) Umfang der materiellen Rechtskraft

I. Parteien

760 Die Rechtskraft in allen ihren Auswirkungen wirkt **nur** für und gegen **die Parteien** des Vorprozesses (§ 325 I). Denn nur sie konnten den **Prozessablauf beeinflussen.** Eine Erstreckung der Rechtskraft auf dritte, an dem Prozess nicht beteiligte Personen würde deren verfassungsrechtlich garantierten Anspruch auf **Gewährung rechtlichen Gehörs** (→ Rn. 170ff.) verletzen. Auch bei einem sog. **Musterprozess** tritt keine Rechtskrafterstreckung ein. Vertraglich können die Beteiligten allerdings regeln, den Ausgang des Musterprozesses als verbindlich zu übernehmen. Dies hat aber nichts mit einer Erstreckung der Rechtskraft zu tun, sondern ergibt sich aus der allgemeinen Vertragsfreiheit.

Das Urteil, das die Klage des Gläubigers gegen den Hauptschuldner abgewiesen hat, wirkt aus materiell-rechtlichen Gründen **zugunsten des Bürgen.** Denn gem. § 768 I 1 BGB kann der Bürge die dem Hauptschuldner zustehenden Einreden selbst geltend machen (Tatbestandswirkung, → Rn. 646). Jedoch wirkt umgekehrt ein stattgebendes Urteil gegen den Hauptschuldner **nicht zulasten des Bürgen.** Ein gegenüber dem Bürgen ergangenes Urteil wirkt unabhängig davon, ob es der Klage stattgegeben oder sie abgewiesen hat, nicht für bzw. gegen den Hauptschuldner.

Beispiel: K verklagt B1 und B2 auf Schadensersatz aus einem Unfall. Das Gericht verurteilt B1 und B2 wegen fahrlässigen Verhaltens als Gesamtschuldner nach §§ 823 I, 840 I BGB zur Zahlung von 4.000 EUR. B1 zahlt diesen Betrag an K und verklagt anschließend B2 auf Zahlung von 2.000 EUR aus dem Gesamtschuldverhältnis gem. § 426 I BGB. B2 kann sich in dem zweiten Prozess mit der Behauptung wehren, ihn habe kein Verschulden an der Entstehung des Unfalls getroffen, weshalb keine Gesamtschuld zwischen ihm und B1 bestehe. Das Gericht des zweiten Rechtsstreits muss dann feststellen, ob eine Gesamtschuld besteht, da das Urteil aus dem ersten Prozess mit K keine Rechtskraft gem. § 325 I zwischen B1 und B2 entfaltet.[29] Denn B2 war im Rechtstreit zwischen K und B1 Dritter, auch wenn die beiden Klagen des K aus Zweckmäßigkeit gemeinsam verhandelt wurden (→ Rn. 343ff.).

II. Rechtskrafterstreckung

1. Rechtsnachfolge

761 § 325 ordnet eine Rechtskrafterstreckung für die Fälle der Rechtsnachfolge an, die nach dem Eintritt der Rechtshängigkeit stattfindet (§ 325 I; → Rn. 310). Zur Vermeidung von Missverständnissen ist § 325 I wie folgt zu lesen: »Das rechtskräftige Urteil wirkt nur für und gegen die Parteien (Regel); ausnahmsweise auch für und gegen die Personen, die nach dem Eintritt der Rechtshängigkeit Rechtsnachfolger der Parteien geworden sind …«. Ab diesem Zeitpunkt muss der Erwerber des Rechts als **Einzelrechtsnach-**

29 BGH NJW 2019, 1751 Rn. 12.

folger damit rechnen, dass dieses in Wirklichkeit nicht besteht oder nicht durchsetzbar ist, womit es ihm im Interesse des Prozessgegners zugemutet werden kann, an das Urteil gebunden zu sein (→ Rn. 310f.). War er hinsichtlich des Prozesses allerdings gutgläubig, erstreckt sich die Rechtskraft dann nicht auf ihn, wenn und soweit der **gute Glaube** nach materiellem Recht geschützt wird (§ 325 II). Bei Erwerb einer **beweglichen Sache** ist der Erwerber also dann geschützt, wenn er in Bezug auf den Prozess nicht wenigstens grob fahrlässig war (§ 325 II ZPO iVm § 932 II BGB), während es bei Erwerb einer **Forderung** ebenso wenig wie im materiellen Recht einen Gutglaubensschutz gibt.

Rechtskrafterstreckung gilt – selbstverständlich – auch für die **Gesamtrechtsnachfolge,** also insbesondere für den Erbfall.[30]

Beispiel: K hat gegen B ein rechtskräftiges Urteil auf Zahlung von 5.000 EUR erstritten. Stirbt B und wird er von E beerbt, kann E nicht erneut klagen, etwa auf Feststellung, dass er dem K nichts schulde.

2. Weitere Fälle

Zur Rechtskrafterstreckung bei der Prozessstandschaft → Rn. 262: Wenn der Testamentsvollstrecker einen Prozess geführt hat, wirkt die Rechtskraft des Urteils auch gegen die Erben. Bei **gewillkürter Prozessstandschaft** wirkt das Urteil auch gegen den Rechtsinhaber.[31] Nach § 248 AktG hat ein Urteil über die **Anfechtung eines Hauptversammlungsbeschlusses einer AG** Rechtskraft gegenüber allen Aktionären → Rn. 360. 762

E. Der zeitliche Umfang der materiellen Rechtskraft

Mit der materiellen Rechtskraft verbunden ist die sog. **Präklusionswirkung.** Die Parteien sind mit allem Vorbringen ausgeschlossen, dessen Grundlage bereits im Zeitpunkt der **letzten mündlichen Tatsachenverhandlung des Vorprozesses** gegeben war, gleichgültig ob die Tatsachen oder Beweismittel den Parteien bekannt waren oder nicht. Die Präklusionswirkung hängt nicht davon ab, ob die Partei an der Unkenntnis der Tatsache oder des Beweismittels ein Verschulden traf. Eine **Ausnahme** bildet das **nachträgliche Auffinden einer Urkunde** (→ Rn. 774). 763

Beispiel: Die Schadensersatzklage des K gegen B nach § 823 I BGB ist abgewiesen worden, weil K das Verschulden des B nicht nachgewiesen habe. Nach Rechtskraft dieses Urteils meldet sich bei K ein Zeuge, der aussagen könnte, dass B zu weit links gefahren ist. Dennoch kann der Prozess nicht erneut aufgerollt werden.

I. Neue Tatsachen

1. Präklusion

Die Präklusion kann sich aber nicht auf solche **Tatsachen** beziehen, **die** erst **nach Schluss der letzten mündlichen Tatsachenverhandlung** eingetreten sind. Die materielle Rechtskraft ist also beschränkt auf die – den Parteien bekannte oder nicht be- 764

30 BGH NJW-RR 2018, 719 Rn. 9.
31 BGHZ 78, 1 (7) = NJW 1980, 2461.

kannte – Tatsachenbasis der letzten mündlichen Verhandlung. Tatsachen, die damals **noch nicht »existierten«**, können auch nicht in die Rechtskraft einbezogen sein.[32]

> **Beispiele:** B ist zur Leistung des Kaufpreises an K aus der Lieferung einer Maschine rechtskräftig verurteilt worden. Später liefert K ein für den Betrieb der Maschine notwendiges Ersatzteil nicht, obwohl er sich im Kaufvertrag dazu verpflichtet hatte. Dem Lieferungsanspruch (oder Schadensersatzanspruch oder Rücktritt) des B steht die Rechtskraft nicht im Wege. B könnte auch mit einer erst jetzt entstandenen Gegenforderung aufrechnen.
> K hat gegen B den Kaufpreis aus der Lieferung einer Maschine eingeklagt. B hätte den Vertrag wegen arglistiger Täuschung anfechten können, tut dies aber erst, nachdem das Urteil rechtskräftig geworden ist. Nach hM kommt es für die Präklusion auf den Zeitpunkt an, in dem die Anfechtungslage entstanden ist, nicht auf den, in dem die Anfechtungserklärung erfolgt ist.[33]

2. »Zur Zeit unbegründet«

765 Da nach dem Schluss der mündlichen Tatsachenverhandlung fast immer neue Tatsachen eintreten können, die bei Klageabweisung im ersten Prozess das dem Kläger aberkannte Recht nachträglich zur Entstehung bringen können (Ausnahme etwa: Abweisung der Klage wegen Verjährung oder im Herausgabeprozess wegen Untergangs der Sache), handelt es sich bei der Klageabweisung idR um eine **Abweisung als nur zurzeit unbegründet,** ohne dass dies in dem Urteil ausdrücklich zum Ausdruck gebracht werden muss. Die Einklagung einer derzeit noch nicht fälligen Forderung ist insoweit nicht anders einzuordnen als wenn die Klage aus § 985 BGB etwa wegen fehlenden Eigentums des Klägers abgewiesen worden ist. Auch wenn sich das Gericht keinerlei Gedanken darüber macht, ist es ja möglich, dass der Kläger später das Eigentum erwirbt.

> **Beispiel:** K errichtet für B einen Bau. Nach Fertigstellung klagt K gegen B auf Werklohn. Das Gericht weist die Klage aufgrund der mündlichen Verhandlung am 21.10.2013 mangels Abnahme (§ 641 I BGB) rechtskräftig als zurzeit unbegründet ab. Eine neue Klage kann K nur dann mit Aussicht auf Erfolg erheben, wenn er diese auf fälligkeitsbegründende Tatsachen (zB eine Abnahme) stützt, die nach dem Schluss der mündlichen Verhandlung im ersten Verfahren am 21.10.2013 entstanden sind.[34]

3. Versäumnisurteile

766 Problematisch ist die Bestimmung der zeitlichen Rechtskraftgrenzen bei Urteilen, die keine Begründung enthalten (insbesondere **Versäumnisurteilen,** § 313b I 1). Hier kann eine neu eingetretene Tatsache nicht an der Begründung des ersten Urteils gemessen und damit ermittelt werden, ob sich an der materiellen Rechtslage etwas geändert hat. Die Rechtsprechung schließt daraus, dass bei derartigen Urteilen eine **neue Klage immer unzulässig** ist, die im ersten Verfahren unterlegene Partei also keinerlei Möglichkeit hat, geltend zu machen, dass sich die Rechtslage inzwischen zu ihren Gunsten geändert hat.[35] Das Ergebnis ist deswegen wenig überzeugend, weil ein Versäumnisurteil damit »Ewigkeitswert« hätte und von der Weiterentwicklung der Rechtslage nicht berührt würde. Das Unbehagen an einem solchen Ergebnis ändert freilich nichts

32 BGH NJW 2017, 893 Rn. 17; NJW 1984, 126.
33 BGHZ 93, 29 = NJW 1985, 623; BGHZ 157, 47 = NJW 2004, 1252; aA *Rosenberg/Schwab/Gottwald* ZivilProzR § 156 Rn. 3f.
34 BGH NJW-RR 2011, 1528 Rn. 12f.
35 BGHZ 35, 338 = NJW 1961, 1969; BGHZ 153, 239 = NJW 2003, 1044 zum Versäumnisurteil.

daran, dass es dogmatisch kaum möglich ist, die Voraussetzungen für die Zulässigkeit einer neuen Klage bei derartigen Urteilen überzeugend zu bestimmen.

4. Abgrenzung zur rechtlichen Neubewertung

Von dem Eintritt neuer Tatsachen ist eine neue rechtliche Bewertung des unverändert gebliebenen Sachverhalts zu unterscheiden. Darauf kann eine **neue Klage nicht gestützt** werden. Auch wenn die Rechtsanwendung im ersten Urteil **offenkundig falsch** ist, steht die Rechtskraft einer neuen Klage entgegen. Damit muss eine Abgrenzung zwischen neuen Tatsachen und einer neuen rechtlichen Bewertung des alten Sachverhalts vorgenommen werden. 767

Beispiel: K klagt gegen seinen Nachbarn B auf Feststellung, dass ihm eine Dienstbarkeit zur Überquerung von dessen Grundstück zusteht, um Zugang zu einem öffentlichen Weg zu erhalten. Die Klage wird mit der Begründung abgewiesen, der Zugang zu dem Weg sei ebenfalls ein öffentlicher Weg, weshalb K auf keine Dienstbarkeit angewiesen sei. Später wird in einem verwaltungsgerichtlichen Verfahren rechtskräftig festgestellt, dass das Verbindungsstück doch kein öffentlicher Weg ist, woraufhin K erneut aus seiner vermeintlichen Dienstbarkeit klagt. Obwohl sich am Sachverhalt nichts geändert hat, hat der BGH die Auswirkungen der verwaltungsgerichtlichen Entscheidung auf die Rechtsstellung des K als neue Tatsache und damit die zweite Klage als zulässig angesehen.[36]

II. Geltendmachung

Greift die Präklusion nicht Platz, kann die Klage erhoben werden, die der neu eingetretenen Sachlage Rechnung trägt. Dies kann eine Leistungsklage (Beispiel → Rn. 765), aber auch eine Feststellungs- oder Gestaltungsklage sein. Für **besondere Fälle** hat das Gesetz die **Vollstreckungsabwehrklage** (§ 767) und die **Abänderungsklage** nach § 323 vorgesehen. 768

1. Vollstreckungsabwehrklage (§ 767)

Hat der Gläubiger ein vollstreckbares Leistungsurteil erlangt, kann der Schuldner seinerseits Klage erheben, die er auf **rechtsvernichtende oder rechtshemmende Einwendungen** (gegen den Anspruch des Gläubigers) stützt, deren Gründe **nach Schluss der letzten mündlichen Verhandlung im Vorprozess entstanden** sind (§ 767 II), also zB Erfüllung, Erlass, Vergleich, Stundung.

Beispiel: B ist zur Zahlung eines Kaufpreisrestes an K verurteilt worden. Als K die Zwangsvollstreckung einleitet, erhebt B Vollstreckungsabwehrklage mit der Begründung, K habe ihm nach Erlass des Urteils im Vorprozess gesagt, dass er ihm den Kaufpreisrest erlasse, wenn er (B) eine neue Maschine bei ihm bestelle. Diese Maschine habe er bestellt. Gelingt dem B der Nachweis dieses Erlasses, ergeht folgendes **Urteil:**

»1. Die Zwangsvollstreckung aus dem Urteil des LG Hamburg vom … wird für unzulässig erklärt [also nicht: »Das Urteil wird aufgehoben«].
2. Der Beklagte [K] trägt die Kosten des Verfahrens.
3. [Entscheidung über die vorläufige Vollstreckbarkeit].«

36 Nach BGH NJW 1995, 2993.

Die Vollstreckungsabwehrklage ist nicht nur gegen Urteile zulässig, sondern auch gegen **andere Vollstreckungstitel** gegeben, zB gegen den Vollstreckungsbescheid (§ 796 III), gegen vollstreckbare Urkunden (§ 797 IV, V) oder gegen einen Prozessvergleich (§ 795 iVm § 767).

2. Abänderungsklage (§ 323)

769 Die Abänderungsklage greift Platz bei Entscheidungen, die eine Verurteilung zu **künftig fällig werdenden wiederkehrenden Leistungen** aussprechen (§§ 258, 259; → Rn. 279), also insbesondere zu Renten aus gesetzlichem Unterhalt oder aus § 843 BGB. Da sich die zukünftige Entwicklung der Grundlagen eines solchen Urteils nicht voraussagen lässt (steigender Unterhaltsbedarf eines dauernd erkrankten Kindes, abnehmende finanzielle Leistungskraft des Unterhaltspflichtigen, schließlich allgemeine Inflation), ermöglicht das Gesetz (§ 323) bei wesentlicher Veränderung der Verhältnisse die Abänderungsklage. Sie ist eine **prozessuale Gestaltungsklage,** die das erste Urteil trotz dessen Rechtskraft abändert, und zwar gleichgültig, ob der Gläubiger mehr verlangt oder der Schuldner weniger leisten will.

770 Gegenüber den allgemeinen Grundsätzen zur zeitlichen Begrenzung der Rechtskraft enthält § 323 eine zweifache **Einschränkung** für die Geltendmachung der veränderten Rechtslage. Zum einen reicht nicht jede, sondern nur eine **wesentliche Änderung aus** (§ 323 I), dh geringfügige Änderungen muss die Partei ohne Abänderungsmöglichkeit hinnehmen (zB der Unterhaltsgläubiger einen Geldwertverlust von weniger als 10 %). Zum anderen kann die Abänderung nicht schon ab dem Zeitpunkt der Änderung der Rechtslage, sondern nur für die **Zeit nach Erhebung der Abänderungsklage** verlangt werden (§ 323 III).

Klageantrag: »Das Urteil des AG Lübeck vom ... wird dahin abgeändert, dass B an K ab 1.5. statt 250 EUR künftig 400 EUR monatliche Unterhaltsrente zu zahlen hat.«

F. Durchbrechungen der Rechtskraft

I. Die Wiederaufnahme des Verfahrens

771 Der mit der Rechtskraft verfolgte Zweck einer **endgültigen Klärung** der Rechtslage setzt einer Wiederaufnahme des Verfahrens enge Grenzen. Sie ist nur möglich bei **schwersten Verfahrensverstößen** (§ 579, Nichtigkeitsklage) und bei **schwerer Verfälschung der Urteilsgrundlage** (§ 580, Restitutionsklage).

1. Nichtigkeitsklage

772 Die Gründe für die Nichtigkeitsklage finden sich in § 579 I. Hervorzuheben sind die nicht vorschriftsmäßige Besetzung des Gerichts (Nr. 1), fehlende Partei- oder Prozessfähigkeit und nicht ordnungsgemäße gesetzliche Vertretung (Nr. 4). Allerdings ist nach § 579 II die Nichtigkeitsklage **subsidiär** gegenüber der Möglichkeit einer Geltendmachung des Mangels durch ein **Rechtsmittel.**

Die Nichtigkeitsklage soll auch dann möglich sein, wenn die Prozessfähigkeit in dem früheren Verfahren ausdrücklich geprüft und bejaht worden ist.[37] Dies erscheint sehr fraglich, weil gegen das Wiederaufnahmeurteil erneut Wiederaufnahmeklage erhoben werden könnte, was letztlich zu einer Art »ewiger« Wiederaufnahme führen kann.

2. Restitutionsklage

Die Gründe für die Restitutionsklage listet § 580 auf. Er unterscheidet drei Gruppen 773
von Gründen.

a) Strafbare Verfälschung der Urteilsgrundlage (§ 580 Nr. 1–5)

Die Restitutionsklage ist bei verfälschten Urteilsgrundlagen nur zulässig, wenn zuvor eine strafgerichtliche Verurteilung erfolgt ist (§ 581 I mit zwei ausdrücklich vorgesehenen Ausnahmen).

Daraus resultieren in der Praxis häufig Anzeigen gegen Zeugen wegen Meineids (§ 154 StGB) oder falscher uneidlicher Aussage (§ 153 StGB).

b) Auffinden von Urkunden und Urteilen (§ 580 Nr. 6 und 7)

Der praktisch bedeutsamste Fall ist das Auffinden von Urkunden (Nr. 7b)). Zu beach- 774
ten ist, dass die aufgefundene oder jetzt erst benutzbar gewordene Urkunde zu einer der Partei **günstigen Entscheidung** in dem **rechtskräftig abgeschlossenen Verfahren** geführt haben müsste. Dabei reicht es aus, dass das Auffinden der Urkunde die Partei veranlasst, eine im Vorprozess unstreitige Tatsache jetzt zu bestreiten.[38] Aus dem Erfordernis, dass die Urkunde zu einer der Partei günstigeren Entscheidung im Vorprozess geführt hätte, ergibt sich, dass es sich nur um Urkunden handeln kann, »die schon vor der letzten mündlichen Verhandlung in der Tatsacheninstanz (des Vorprozesses) errichtet waren und die dort hätten verwertet werden können«[39].

Beispiel: K hat gegen B ein rechtskräftiges Urteil auf Rückzahlung eines Darlehens erstritten. B hatte immer behauptet, er habe das Darlehen zurückbezahlt, findet aber jetzt erst die Quittung.[40]

c) Urteil des Europäischen Gerichtshofs für Menschenrechte (§ 580 Nr. 8)

Soweit der EGMR in einem Urteil eine Verletzung der Rechte aus der EMRK feststellt, 774a
führt dies nicht zur Nichtigkeit des Urteils. Jedoch wird durch § 580 Nr. 8 die Möglichkeit geschaffen, diese Rechtsverletzung im Wege der Restitutionsklage rückgängig zu machen.

Für die Restitutionsklage normiert § 582 deren **Subsidiarität** gegenüber der Möglichkeit einer Geltendmachung des Restitutionsgrundes in dem früheren Verfahren.

37 BGHZ 84, 24 = NJW 1982, 2449.
38 BGHZ 161, 1 = NJW 2005, 222.
39 BGHZ 46, 300 = NJW 1967, 630.
40 BGHZ 57, 211 = BeckRS 1971, 31381719.

3. Wiederaufnahmeverfahren

775 Im Wiederaufnahmeverfahren hat das Gericht zunächst die **Zulässigkeit** der Klage zu prüfen, insbesondere ob ein zulässiger Wiederaufnahmegrund behauptet wird und die in den Fällen des § 580 Nr. 1–5 notwendige strafgerichtliche Verurteilung vorliegt (§ 581 I). Ferner hat es der Frage nachzugehen, ob der Grund nicht schon im Vorprozess hätte geltend gemacht werden können (§§ 579 II, 582).

Im Rahmen der **Begründetheit** der Klage prüft das Gericht zB, ob die aufgefundene Urkunde zu einer anderen Entscheidung im Vorprozess geführt hätte.[41] Ist die Wiederaufnahmeklage begründet, wird das Urteil des Vorprozesses aufgehoben (durch Zwischenurteil oder in den Gründen des Endurteils). Sodann wird über die Sache **neu verhandelt und entschieden.**

Dies braucht nicht zu bedeuten, dass der Wiederaufnahmekläger nun den Prozess gewinnt. War zB das Gericht im Vorprozess nicht ordnungsgemäß besetzt und ist das Urteil deshalb auf Nichtigkeitsklage hin aufgehoben worden, kann sich gleichwohl ergeben, dass das neue Urteil denselben Inhalt wie das aufgehobene hat.

II. Durchbrechung der Rechtskraft nach § 826 BGB

776 Ob die Rechtskraft unter Berufung auf § 826 BGB durchbrochen werden kann, ist **umstritten.** Die Rechtsprechung hat die Frage in Fällen bejaht, in denen das **Urteil in sittenwidriger Weise erschlichen** wurde; darüber hinaus sogar auch dann, wenn die Partei ein unrichtiges Urteil in Kenntnis der Unrichtigkeit **sittenwidrig benutzt.**[42] Dabei soll es allerdings nicht ausreichen, dass das Urteil objektiv unrichtig ist und der vollstreckende Gläubiger dies weiß. Erforderlich sei vielmehr, dass weitere Umstände hinzutreten, die die **Ausnutzung des Urteils als unerträglich** erscheinen lassen.[43] Worin diese Umstände bestehen, lässt sich nicht generell sagen, sondern muss von **Fall zu Fall** bestimmt werden (zB Wahl des Mahnverfahrens, um eine Schlüssigkeitsprüfung zu vermeiden)[44]. Dagegen kann insbesondere sprechen, wenn der Schuldner die Titulierung durch **nachlässige Prozessführung** mitverursacht hat.[45] Die Literatur bekämpft diese Rechtsprechung, weil die bewusst eng gehaltenen **Wiederaufnahmegründe** auf diese Weise **unzulässig erweitert** würden (→ Rn. 792).[46]

Literatur: *Braun,* Rechtskraft und Rechtskraftbeschränkung im Zivilprozeß, JuS 1986, 364; *Eckardt,* Die »Teilklage« – Nachforderungsmöglichkeit und Rechtskraftbindung bei Klagen auf einmalige und wiederkehrende Leistungen, JURA 1996, 624; *Hau,* Zur Rechtskraftwirkung des klageabweisenden Versäumnisurteils – BGH, NJW 2003, 1044, JuS 2003, 1157; *Huber,* Rechtskrafterstreckung bei Urteilen über präjudizielle Rechtsverhältnisse, JuS 1972, 621; *Klados,* § 826 BGB – Ein legitimes Mittel zur Durchbrechung der Rechtskraft?, JuS 1997, 705; *Lindacher,* Konfliktregulierung durch Musterprozeß, JA 1984, 404; *Lindacher,* Zur Unangemessenheit von Musterprozeßklauseln in AGB, JR 1985, 151;

41 Dazu BGHZ 103, 121 = NJW 1988, 1914; BGHZ 161, 1 = NJW 2005, 222.

42 BGHZ 40, 130 = NJW 1964, 349; BGHZ 50, 115 = NJW 1968, 1275, je mwN.

43 BGHZ 40, 130 (132f.) = NJW 1964, 349; BGHZ 101, 380 (383ff.) = NJW 1987, 3256; BGHZ 151, 316 (327) = NJW 2002, 2940; BGH NJW 2005, 2991.

44 BGHZ 101, 380 (387f.) = NJW 1987, 3256.

45 BGH NJW-RR 2012, 304 Rn. 16.

46 Vgl. die Auseinandersetzung mit dieser Lit. in BGHZ 50, 115 = NJW 1968, 1275; BGHZ 101, 380 = NJW 1987, 3256.

K. Schmidt, Zivilprozessrecht: Vollstreckungsgegenklage – Rechtskrafterstreckung auf aberkannte Gegenforderungen, JuS 2015, 845; *K. Schmidt,* Zivilprozessrecht: Streitgegenstand und Rechtskraft, JuS 2014, 557; *Spellenberg,* Rechtskraft und Gerechtigkeit – LG Hannover, NJW 1979, 221, JuS 1979, 554.

Übersicht 17 Die Rechtskraft

Arten	**formelle Rechtskraft** = Nicht-mehr-Anfechtbarkeit des Urteils **materielle Rechtskraft** = Maßgeblichkeit des Urteils für einen künftigen Prozess	**Unterscheide:** 1. innerprozessuale Bindung (§ 318) 2. Vollstreckbarkeit 3. Gestaltungswirkung
Bedeutung der materiellen Rechtskraft:	1. ne bis in idem: Klageabweisung als unzulässig im zweiten Prozess über dieselbe Sache zwischen denselben Parteien. 2. Präjudizialität: Maßgeblichkeit des 1. Urteils für eine Vorfrage in einem zweiten Prozess.	
Rechtskraftfähige Entscheidungen:	**Endurteile:** (Vollend- wie Teilurteile) 1. Prozessurteile (beschränkt auf die entschiedene prozessuale Frage) 2. Sachurteile (auch Anerkenntnis-, Verzichts- und Versäumnisurteile) 3. Vollstreckungsbescheid (§ 700) 4. Schiedsspruch (§ 1055)	
Sachlicher Umfang der Rechtskraft:	**Faustregel:** nur der »Tenor«, nicht die Begründung (nicht: tatsächliche und rechtliche Ausführungen, nicht: präjudizielle Rechtsverhältnisse, § 322 I).	
	aber Ausnahmen: 1. § 322 II (Aufrechnung) 2. Auslegung des rechtskraftfähigen Inhalts des Urteils aus den Gründen (vor allem bei Klageabweisung).	
Persönlicher Umfang der Rechtskraft:	»eadem res **inter easdem partes**«: § 325 I. Aber: Rechtskrafterstreckung: 1. bei Rechtsnachfolge (§ 325, Gesamt- und Einzelrechtsnachfolge) 2. bei Prozessstandschaft (Beispiel: § 327) 3. bei Urteilen, die Rechtskraft inter omnes entfalten (zB §§ 249 I 1 AktG iVm 248 I 1 AktG; unterscheide die Gestaltungswirkung von Gestaltungsurteilen!)	
Zeitlicher Umfang der Rechtskraft:	maßgebend: letzte mündliche Tatsachenverhandlung des ersten Prozesses. Beachte: § 323 (Abänderungsklage bei Verurteilung zu künftig fällig werdenden wiederkehrenden Leistungen)	
Durchbrechungen der Rechtskraft:	1. Wiederaufnahme des Verfahrens: a) Nichtigkeitsklage (schwere Verfahrensmängel, § 579); b) Restitutionsklage (schwere Mängel der Urteilsgrundlagen, § 580) 2. Anwendung des § 826 BGB: Urteilserschleichung und sittenwidrige Verwertung eines unrichtigen Urteils	

18. Kapitel. Besondere Verfahrensarten

Die besonderen Verfahrensarten verbindet nur, dass die bisher erörterten Bestimmungen für den Regelzivilprozess hier lediglich in abgewandelter Form gelten. Die Gründe für diese Sonderregelungen sind mannigfaltig. Sie können im Bestreben nach Beschleunigung (**Mahnverfahren** und **Urkundenprozess**) oder in der Berücksichtigung der Prozessungewandtheit der nicht notwendig durch Anwälte vertretenen Parteien **(amtsgerichtlicher Prozess)** liegen. Eigener Art ist schließlich das **schiedsrichterliche Verfahren,** wenn die Beteiligten den Rechtsstreit der Entscheidung durch die staatlichen Gerichte entzogen haben. 777

A. Das Verfahren vor den Amtsgerichten (§§ 495–510b)

In den §§ 495–510b werden die allgemeinen Vorschriften für das Verfahren vor dem AG modifiziert. So sieht das Gesetz bedingt durch den **Wegfall des Anwaltszwangs** (§ 78) Erleichterungen für die Parteien vor. Die Klageerhebung (und sonstige Anträge und Erklärungen) können auch mündlich zu **Protokoll der Geschäftsstelle** abgegeben werden (Rechtsantragsstelle; § 496; § 129a I). Das Gesetz sieht eine kürzere **Ladungsfrist** vor (§§ 217, 497) und weitergehende **Hinweispflichten** auf mögliche Rechtsnachteile (§§ 499, 504, 510). 778

I. Verfahren bei Unzuständigkeit

Das **örtlich oder sachlich unzuständige Gericht** kann nach Maßgabe von § 39 zuständig werden, wenn der Beklagte sich auf die Sache einlässt, ohne die Unzuständigkeit des Gerichts zu rügen (→ Rn. 221). §§ 39 S. 2, 504 knüpfen diese Rechtsfolge an die **zusätzliche Voraussetzung,** dass das Gericht den Beklagten auf die Folgen der rügelosen Einlassung **hinweist.** Es kommt nicht darauf an, ob der Beklagte anwaltlich vertreten ist. Haben die Parteien ohne Hinweis zur Sache verhandelt, muss das Gericht den Hinweis nachholen. Wegen § 513 II kann die Berufung aber nicht darauf gestützt werden, dass der Hinweis zu Unrecht unterblieben ist. 779

Die Belehrungspflicht aus § 504 nimmt dem Gericht nicht die alternative Möglichkeit, den **Kläger** entsprechend § 139 auf die Unzuständigkeit hinzuweisen und einen **Verweisungsantrag** nach § 281 **anzuregen.** Es kann die Verweisung dann aussprechen, ohne vorher dem Beklagten die Möglichkeit zur rügelosen Einlassung geben zu müssen.[1] Es liegt also allein am Kläger, ob er den Verweisungsantrag stellt, ohne abzuwarten, ob der Beklagte die Zuständigkeit rügt.

Das AG kann nach § 506 sachlich unzuständig werden, wenn der Streitwert durch Klage oder Widerklage über die **Wertgrenze** des § 23 Nr. 1 GVG hinaus steigt (→ Rn. 202). Diese Bestimmung **durchbricht** die **perpetuatio fori** (→ Rn. 305), die sonst aus §§ 4 I, 261 III Nr. 2 folgen würde. Unter den Voraussetzungen von §§ 39, 780

1 BGH NJW-RR 2013, 1398 Rn. 9.

504 kann freilich auch dann das AG zuständig werden. Anderenfalls hat das Gericht den Rechtsstreit **auf Antrag,** der abweichend zu § 281 von beiden Parteien gestellt werden kann, an das LG zu **verweisen.** Wird der Antrag trotz Belehrung nach §§ 504, 139 nicht gestellt, ist die Klage durch **Prozessurteil** als unzulässig abzuweisen.

II. »Bagatellverfahren«

781 In Verfahren mit einem **Streitwert von nicht mehr als 600 EUR kann das Gericht das Verfahren nach billigem Ermessen** bestimmen (dh es wird weitgehend von der Befolgung der ZPO »freigestellt«, § 495 a S. 1). Auf jeden Fall muss den Parteien jedoch das **rechtliche Gehör** gewährt werden. Jede Partei kann auf Durchführung einer mündlichen Verhandlung bestehen (§ 495 a S. 2). Weiter muss das Urteil, sofern dagegen kein Rechtsmittel zulässig ist (dh, wenn der Streitwert 600 EUR nicht übersteigt und das AG die Berufung auch nicht zugelassen hat, § 511 II; → Rn. 676), keinen **Tatbestand** enthalten und die **Entscheidungsgründe** können ihrem wesentlichen Inhalt nach ins **Protokoll** aufgenommen werden (§ 313 a I).

III. Handlungsurteil

782 § 510b – der häufig übersehen wird – gestattet im Fall der **Verurteilung zur Vornahme einer Handlung gleichzeitig** die Verurteilung zu einer **Entschädigung** für den Fall, dass die Vornahme der Handlung nicht binnen einer vom Gericht zu bestimmenden Frist vorgenommen wird.

Beispiel: K verlangt von B aus §§ 634 Nr. 1, 635 I BGB Reparatur einer mangelhaften Treppe in seinem Neubau. Das Urteil soll B eine Frist setzen und für den Fall, dass sie nicht eingehalten wird, zu einer Entschädigung (§§ 634 Nr. 4, 280 BGB) verurteilen. Vorteile: K braucht nicht das Handlungsurteil nach § 887 zu vollstrecken (s. auch § 888 a). Er benötigt auch keinen zweiten Prozess, um seinen Schadensersatzanspruch geltend zu machen.
Formulierung eines Urteils nach § 510 b:

»1. Der Beklagte wird verurteilt, die Unebenheiten auf der zweiten und dritten Stufe der Kellertreppe im Haus des Klägers, Dresden, Elbchaussee 17, zu beseitigen.
2. Für die Vornahme der Arbeiten wird dem Beklagten eine Frist bis zum 15.7.2013 gesetzt.
3. Sind die Unebenheiten bis zum 15.7.2013 nicht beseitigt, wird der Beklagte dazu verurteilt, an den Kläger 500 EUR zu zahlen.
4. Der Beklagte trägt die Kosten des Verfahrens.
5. [Entscheidung über die vorläufige Vollstreckbarkeit, §§ 708 Nr. 11, 711 S. 1].«

Im Verfahren vor dem **LG** kann in einem **»Handlungsurteil«** eine Verurteilung zur Schadensersatzleistung für den Fall der Nichtvornahme der Handlung innerhalb einer bestimmten Frist **nicht** erfolgen. Das erscheint deswegen wenig sinnvoll, weil kein Grund erkennbar ist, hier danach zu differenzieren, ob das Amts- oder das Landgericht zuständig ist.

B. Das Mahnverfahren

Das Mahnverfahren hat den Zweck, dem Gläubiger (= Antragsteller) **ohne Klage, mündliche Verhandlung und Urteil** einen **Vollstreckungstitel** zu verschaffen. Gedacht ist vor allem an unstreitige Ansprüche, die der Schuldner bisher nicht freiwillig erfüllt hat. Aber die Unstreitigkeit des Anspruchs ist nicht Voraussetzung des Mahnverfahrens. Vielmehr kann jeder **auf Euro gerichtete,** von einer **Gegenleistung unabhängige Anspruch,** im Mahnverfahren durchgesetzt werden (§ 688). Der Schuldner (= Antragsgegner) wird dadurch geschützt, dass er zweimal Gelegenheit hat, den Übergang des Mahnverfahrens in den **ordentlichen Prozess** zu veranlassen, um dort seine Einwendungen und Einreden vorzubringen; das Mahnverfahren ist dann Vorstufe des ordentlichen Prozesses. 783

Ansprüche eines Kreditgebers gegen den Kreditnehmer können allerdings dann nicht im Mahnverfahren geltend gemacht werden, wenn der nach den §§ 492, 502 BGB anzugebende effektive Jahreszins den bei Vertragsschluss geltenden Basiszinssatz um mehr als zwölf Prozentpunkte übersteigt (§ 688 II Nr. 1). Dadurch soll sichergestellt werden, dass **»sittenwidrigkeitsverdächtige« Verbraucherkreditverträge** auf ihre rechtliche Wirksamkeit überprüft und nicht einfach im Mahnverfahren, wo **keine Schlüssigkeitsprüfung** erfolgt, durchgesetzt werden. Um beurteilen zu können, ob es sich um einen mahnverfahrensfähigen Kreditvertrag handelt, müssen Haupt- und Nebenforderungen im Mahnantrag gesondert ausgewiesen werden (§ 690 I Nr. 3). 784

Zum alternativ eröffneten Europäischen Mahnverfahren nach der EuMahnVO → Rn. 853.

I. Mahnantrag

Das Mahnverfahren beginnt mit dem Antrag des Antragstellers, der stets **ohne Rücksicht auf die Höhe des Streitwerts** an das zuständige AG zu richten ist (§ 689 I 1). Ausschließlich zuständig ist das AG des **allgemeinen Gerichtsstandes des Antragstellers,** und nicht etwa das des Antragsgegners (§ 689 II 1). Der Inhalt des Mahnantrags wird von § 690 vorgegeben. § 703c schreibt die Nutzung von **Formularen** vor. Ein **Anwaltszwang** besteht freilich **nicht.** 785

Die Mahnanträge werden maschinell bearbeitet (vgl. §§ 689 I 2, 696 II, III, 703b, 703c). Zur Vereinfachung sind die Landesregierungen ermächtigt, die **Zuständigkeit** für mehrere Amtsgerichtsbezirke bei einem AG zu **konzentrieren** (§ 689 III). In NRW etwa sind dies das AG Euskirchen für den OLG-Bezirk Köln und das AG Hagen für die OLG-Bezirke Düsseldorf und Hamm.

Durch die Zustellung des Mahnbescheids wird die Verjährung gehemmt (§ 204 I Nr. 3 BGB). Daraus erklärt sich die Häufung von Mahnanträgen gegen Jahresende hin: Bei der regelmäßigen Verjährungsfrist beginnt die Frist erst mit Jahresschluss zu laufen (§ 199 I BGB), weshalb sie auch erst mit Jahresschluss endet. Erfolgt die Zustellung des Mahnbescheids »demnächst«, bewirkt schon die **Einreichung des Mahnantrags die Verjährungshemmung** (§ 167). Voraussetzung für die Hemmung der Verjährung ist jedoch, dass der geltend gemachte Anspruch so exakt bezeichnet ist, dass er von anderen denkbaren Ansprüchen unterschieden werden kann und der Schuldner in der 786

Lage ist zu erkennen, welcher Anspruch gegen ihn geltend gemacht wird.[2] Das ist deswegen manchmal schwierig, weil der Mahnantrag keine Sachverhaltsangaben enthält, weshalb sich bei mehreren Ansprüchen, die sich von ihrem Inhalt her nicht unterscheiden (zB mehrere Kaufpreisansprüche), Unklarheiten ergeben können. Auch der von einem Prozessstandschafter gestellte Mahnantrag unterbricht die Verjährung.[3]

II. Mahnbescheid

787 Das AG erlässt auf den Antrag den Mahnbescheid. **Funktionell** zuständig ist der **Rechtspfleger** (§ 20 I Nr. 1 RPflG). Der Mahnbescheid stellt die **Aufforderung an den Antragsgegner** dar, binnen **zweier Wochen** nach Zustellung des Mahnbescheids entweder **zu zahlen oder Widerspruch** einzulegen (§ 692 I Nr. 3). Der Rechtspfleger hat vor Erlass des Mahnbescheids anhand des Antrags lediglich zu prüfen, ob die in § 691 I genannten Voraussetzungen vorliegen. Dagegen hat er **nicht** zu prüfen, ob der Anspruch besteht oder auch nur **schlüssig** begründet ist (§ 692 I Nr. 2). Eine dahingehende Prüfung ist dem Rechtspfleger schon deshalb gar nicht möglich, weil im Mahnantrag keine Sachverhaltsangaben enthalten sind (s. § 690 I), die für eine Schlüssigkeitsprüfung jedoch erforderlich wären. Nach Erlass des Mahnbescheids bestehen für den weiteren Verfahrensablauf zwei Möglichkeiten: Entweder erhebt der Antragsgegner **Widerspruch oder** der Antragsteller erwirkt bei Untätigkeit des Antragsgegners den **Vollstreckungsbescheid.**

III. Widerspruch des Antragsgegners

788 Nach Widerspruch des Antragsgegners kann das Mahnverfahren in das **ordentliche Streitverfahren überführt** werden. Das setzt aber den **Antrag** einer der beiden Parteien voraus (§ 696 I 1, 2). Auf einen solchen Antrag prüft der Rechtspfleger zunächst, ob sein Gericht für das streitige Verfahren sachlich und örtlich zuständig ist. Ist dies nicht der Fall, gibt er den Rechtsstreit von Amts wegen an das im Mahnantrag bezeichnete Gericht (§ 690 I Nr. 5) ab (§ 696 I 1). Sind **mehrere Gerichte zuständig,** weshalb der Kläger unter ihnen wählen könnte (§ 35), kann der Antragsteller im Mahnantrag nach seiner Wahl eines von ihnen angeben. Dies braucht nicht notwendigerweise das Wohnsitzgericht des Schuldners zu sein. Ist das vom Antragsteller angegebene Gericht nicht zuständig, hat dieses die Sache auf Antrag nach § 281 zu verweisen (§ 696 V). Die Abgabe der Sache durch den Rechtspfleger bindet das Empfängergericht also nicht. Ist die Zuständigkeitsfrage geklärt, wird der **Gläubiger** aufgefordert, seinen Anspruch innerhalb von zwei Wochen entsprechend einer Klageschrift **zu begründen** (§ 697 I).[4] Damit geht der Rechtsstreit in das normale Verfahren über (§ 697 II, III). Nach § 696 III tritt **Rechtshängigkeit rückwirkend** auf die Zustellung des Mahnbescheids ein, wenn nach Widerspruch des Antragsgegners die Sache alsbald an das zuständige Gericht (oder an die zuständige Abteilung desselben Gerichts, § 698) abgegeben wird.

Der Antragsgegner kann seinen **Widerspruch** ganz oder teilweise **zurücknehmen,** auch wenn die Sache schon an das zuständige Gericht abgegeben oder verwiesen wor-

2 BGH NJW 2013, 3509 Rn. 14 ff.; 2008, 1220 Rn. 12.
3 BGH NJW 1999, 3707.
4 BGHZ 84, 136 = NJW 1982, 2002.

den ist, jedoch nur bis zum Beginn der mündlichen Verhandlung des Antragsgegners und nicht nach Erlass eines Versäumnisurteils (§ 697 IV 1).

IV. Vollstreckungsbescheid

Erhebt der Antragsgegner **keinen Widerspruch,** wird auf Antrag des Antragstellers, der Vollstreckungsbescheid erlassen (§ 699 I 1). Der Antrag darf erst nach Ablauf der zweiwöchigen **Widerspruchsfrist** (§ 692 I Nr. 3) gestellt werden (§ 699 I 2). Die Widerspruchsfrist ist allerdings **keine Ausschlussfrist.** Solange der Vollstreckungsbescheid noch nicht verfügt ist, kann der Antragsgegner auch noch nach Ablauf der Widerspruchsfrist Widerspruch einlegen. Dann darf das Gericht nicht den Vollstreckungsbescheid erlassen, sondern muss nach Antrag in das streitige Verfahren übergehen. 789

1. Charakter

Der Vollstreckungsbescheid steht einem für vorläufig vollstreckbar erklärten Versäumnisurteil gleich (§ 700 I). Er ist daher **Vollstreckungstitel,** und zwar **ohne Sicherheitsleistung** durch den Antragsteller (§ 700 I mit § 708 Nr. 2). Die Wirkungen der Rechtshängigkeit werden auf den Zeitpunkt der Zustellung des Mahnbescheids zurückbezogen (§ 700 II). 790

2. Einspruch

Gegen den Vollstreckungsbescheid kann der Antragsgegner **wie gegen ein Versäumnisurteil** Einspruch mit der Konsequenz einlegen, dass mündliche Verhandlung anberaumt und zur **Hauptsache verhandelt** wird (§ 700 III, → Rn. 500ff.). Legt der Antragsgegner erst nach Erlass des Vollstreckungsbescheids **verspätet Widerspruch** gegen den Mahnbescheid ein, wird der Widerspruch ebenfalls als Einspruch gegen den Vollstreckungsbescheid mit der Folge des § 700 III behandelt (§ 694 II 1). Es muss also in dem dann auf die mündliche Verhandlung ergehenden Urteil der Vollstreckungsbescheid entweder aufrechterhalten oder aufgehoben werden (→ Rn. 507), während § 709 S. 3 die Tenorierung zur vorläufigen Vollstreckbarkeit (→ Rn. 507) vorgibt. Ist der Antragsgegner in der mündlichen Verhandlung **säumig,** wird der Einspruch durch Versäumnisurteil verworfen, gegen das dann **kein weiterer Einspruch** statthaft ist (§ 345). Voraussetzung dafür ist allerdings, dass der Antragsteller seinen Anspruch inzwischen **schlüssig begründet** hat (§ 700 VI iVm § 331 I; → Rn. 509). Anderenfalls ist der Vollstreckungsbescheid aufzuheben (§ 700 VI Hs. 2). 791

Formulierungsbeispiel: Der Tenor lautet bei einem schlüssig begründeten Anspruch:

»1. Der Einspruch des Beklagten gegen den Vollstreckungsbescheid des AG Hagen vom 19.10. wird verworfen.
2. Der Beklagte trägt auch die weiteren Kosten des Verfahrens.
3. Das Urteil ist vorläufig vollstreckbar [§ 708 Nr. 2].«

3. Rechtskraft

Legt der Antragsgegner nicht oder verspätet Einspruch ein, wird der Vollstreckungsbescheid **formell und materiell** rechtskräftig. Dieser hat also dieselbe rechtliche Qua- 792 lität wie ein Urteil. Die Urteilsqualität des Vollstreckungsbescheids bedeutet auch die Anwendung der §§ 325, 326 (Rechtsnachfolge; → Rn. 761 f.) und des § 727 (»Umschreibung« für und gegen den Rechtsnachfolger). Weiter gelten hinsichtlich der zeitlichen Grenzen der Rechtskraft dieselben Grundsätze wie bei einem Urteil (→ Rn. 763 ff.).

Die Rechtsprechung bejaht die materielle Rechtskraft, aber mit **»Durchbrechungsmöglichkeit« gem. § 826 BGB** (→ Rn. 776).[5] Der besondere Umstand, der die Durchbrechung der Rechtskraft nach § 826 BGB ermöglicht, kann dabei vor allem darin liegen, dass der Antragsteller das Mahnverfahren gewählt hat, bei dem er darauf vertrauen durfte, dass es zunächst zu keiner Schlüssigkeitsprüfung kommt (wichtig bei sittenwidrigen Kreditverträgen). Allein daraus, dass der Gläubiger aus einem materiell falschen Vollstreckungsbescheid schon mehr erhalten hat, als ihm nach der materiellen Rechtslage zusteht, folgt jedoch noch nicht die Anwendbarkeit von § 826 BGB.[6] § 826 BGB kann insoweit also auch beim Vollstreckungsbescheid nicht dazu führen, eine uneingeschränkte Überprüfung des Titels zu ermöglichen.

C. Der Urkundenprozess

793 Kann der Kläger seinen auf Geld (oder Duldung der Zwangsvollstreckung aus einem Grundpfandrecht) gerichteten Anspruch **vollständig durch Urkunden nachweisen** und diese auch vorlegen, kann er »im Urkundenprozess« klagen (§§ 592, 593 I). Er kann dadurch schnell ein **ohne Sicherheitsleistung vorläufig vollstreckbares Urteil** (§ 708 Nr. 4) erhalten. Denn auch der Beklagte ist gezwungen, seine Einwendungen oder Einreden durch Urkunden (→ Rn. 585 ff.) oder Parteivernehmung (→ Rn. 593 ff.) zu beweisen (§ 595 II).[7]

794 Freilich kann diese **Beschränkung der Verteidigung nicht endgültig** sein: Hat der Beklagte dem Anspruch widersprochen, wird er zwar verurteilt, aber es wird ihm die Ausführung seiner **Rechte im Nachverfahren vorbehalten** (§ 599 I). Das Vorbehaltsurteil ist selbstständig anfechtbar und vollstreckbar (§ 599 III), aber es ist auflösend bedingt durch das im Nachverfahren ergehende Urteil. Das Vorbehaltsurteil im Urkundenprozess ist vergleichbar dem Vorbehaltsurteil bei Aufrechnung (→ Rn. 405 f.). Hat der Kläger das Vorbehaltsurteil vollstreckt, wird er dem Beklagten schadensersatzpflichtig, wenn das Vorbehaltsurteil im Nachverfahren aufgehoben wird (§ 600 II mit § 302 IV 2–4).

Eine besondere Form des Urkundenprozesses ist der **Wechsel- und Scheckprozess** (§§ 602–605 a).

I. Voraussetzungen

1. Ansprüche

795 Eine Klage im Urkundenprozess ist nur bei **Geldforderungen** (einschließlich der in § 592 S. 2 gleichgestellten Ansprüche) sowie bei Forderungen auf **Leistung** einer bestimmten Menge **vertretbarer Sachen oder Wertpapiere** (§ 592 S. 1) möglich. Auf die Anspruchsgrundlage (Kaufpreis-, Schadensersatz-, Bereicherungsforderung usw.) kommt es dabei nicht an.[8] Für andere Ansprüche (Herausgabe, Vornahme oder Unter-

5 BGHZ 101, 380 = NJW 1987, 3256; BGHZ 103, 44 = NJW 1988, 971.
6 BGHZ 112, 54 = NJW 1991, 30.
7 BGHZ 50, 112 = NJW 1968, 1379.
8 S. BGH NJW 2005, 2701; 2009, 3099: Mietzinsforderung bei Wohnraummiete.

lassung einer Handlung) steht der Urkundenprozess dagegen nicht zur Verfügung. Ebenso ist er nicht statthaft für Feststellungs- und Gestaltungsklagen. Hier kann der Gläubiger nur im normalen Verfahren klagen und die Urkunde dort als Beweismittel verwenden.

Bei einer **Bürgschaft auf erstes Anfordern** verneint der BGH für den Rückforderungsprozess des Bürgen gegen den Gläubiger die Statthaftigkeit des Urkundenprozesses.[9] Dem ist deshalb zuzustimmen, weil der Zweck einer solchen Bürgschaft gerade darin liegt, dem Gläubiger sofortige Liquidität zu verschaffen, ohne zunächst das Bestehen der Hauptforderung nachweisen zu müssen.

2. Urkunde

Die Möglichkeit der erleichterten Erlangung eines vollstreckbaren Urteils im Urkundenprozess rechtfertigt sich mit der **besonderen Beweiskraft** des Urkundenbeweises (→ Rn. 589ff.). An dieser besonderen Beweiskraft fehlt es, wenn eine Urkunde lediglich den Inhalt eines anderen Beweismittels wiedergibt, wie etwa ein in einem selbstständigen Beweisverfahren eingeholtes schriftliches Sachverständigengutachten oder ein gerichtliches Protokoll über eine Zeugenvernehmung. Derartige Urkunden stellen im Urkundenprozess kein zulässiges Beweismittel dar.[10] Es gilt allerdings der Grundsatz der **freien richterlichen Beweiswürdigung** (§ 286) auch im Urkundenprozess, zunächst für die Frage, ob die Urkunde einen bestimmten Beweis erbringt. Deshalb bedarf es ferner nicht der Vorlage einer Urkunde über **unstreitige, zugestandene oder offenkundige Tatsachen.**[11] Schließlich kann folglich eine sog. **Indizurkunde** ausreichend sein, aus der sich nicht unmittelbar die beweisbedürftige Tatsache ergibt (etwa ein Lieferschein, der nur als Indiz für den Abschluss eines Kaufvertrags dienen mag). 796

II. Vorbehalts- und Endurteil

Soweit die Voraussetzungen eines Urkundenprozesses **nicht** gegeben sind, ist die Klage **»als im Urkundenprozess unstatthaft« abzuweisen.** Dieses Urteil steht einer erneuten Klageerhebung im normalen Verfahren nicht entgegen. Ist eine im Urkundenprozess erhobene Klage indes **zulässig und begründet,** ergeht ein Vorbehaltsurteil (§ 599). 797

Formulierungsbeispiel für Vorbehaltsurteil auf Klage über 20.000 EUR:

»1. Der Beklagte wird verurteilt, an den Kläger 20.000 EUR zu zahlen.
2. Der Beklagte trägt die Kosten des Rechtsstreits.
3. Das Urteil ist vorläufig vollstreckbar [§ 708 Nr. 4].
4. Dem Beklagten wird die Ausführung seiner Rechte im Nachverfahren vorbehalten.«

Das Urteil ist mit der Berufung anfechtbar und vollstreckbar (§ 599 III). Im Nachverfahren sind alle Beweismittel zulässig. Allerdings ist nach hM für das Nachverfahren gem. § 318 dasjenige für das Gericht **bindend** (→ Rn. 744), was es im Vorbehaltsurteil festgestellt hat, soweit diese **Feststellungen** nicht auf der **»eigentümlichen Beschrän-** 798

9 BGHZ 148, 283 = NJW 2001, 3549.
10 BGH NJW 2008, 523 für Gutachten aus selbstständigem Beweisverfahren.
11 BGHZ 62, 286 (292) = NJW 1974, 1199.

kung der Beweismittel im Urkundenprozess« beruhen.[12] Ist etwa nach § 598 eine Einwendung des Beklagten im Urkundenprozess als unstatthaft zurückgewiesen worden, kann sie im Nachverfahren keine Bindungswirkung entfalten. Ist hingegen etwa das Beklagtenvorbringen im Urkundenverfahren als unerheblich zurückgewiesen worden, bindet dies das Gericht im Nachverfahren, da es nicht auf der Beweisbeschränkung auf Urkunden beruht. Dem Beklagten wird dieses Vorbringen für das Nachverfahren dann abgeschnitten. Ist sich der Beklagte darüber im Klaren, dass er seine Einwendungen mit keinem im Urkundenprozess zulässigen Beweismittel beweisen kann und deswegen auf jeden Fall gegen ihn ein Vorbehaltsurteil ergehen wird, kann er den Anspruch mit der Wirkung anerkennen, dass das Vorbehaltsurteil als **Anerkenntnisurteil** ergeht.[13] Dieses zeitigt für das Nachverfahren, wenn unbeschränkt anerkannt, keine Bindungswirkung. Dann kann der Beklagte seine Einwendungen mit allen Beweismitteln beweisen. Obsiegt der Kläger auch im Nachverfahren, ergeht ein **Endurteil.**

Formulierungsbeispiel für Tenor eines Endurteils:
»1. Das Vorbehaltsurteil wird für vorbehaltslos erklärt.
2. Der Beklagte trägt auch die Kosten des Nachverfahrens.
3. Das Urteil ist vorläufig vollstreckbar [§ 708 Nr. 5].«

D. Das schiedsrichterliche Verfahren

799 § 1030 I gestattet den Parteien, die Entscheidung eines Rechtsstreits durch eine sog. **Schiedsvereinbarung** der staatlichen Gerichtsbarkeit zu entziehen und einem oder mehreren **privaten Schiedsrichtern** zu übertragen. Es handelt sich dabei um eine **private Gerichtsbarkeit,** die auf einen **Schiedsspruch** (§§ 1051 ff.) abzielt. Die staatliche Rechtsordnung übt dabei nur insofern einen Einfluss aus, als sie an den **Abschluss der Schiedsvereinbarung gewisse Anforderungen** stellt (§§ 1030, 1031), ferner die **Zwangsvollstreckung** aus einem Schiedsspruch nur gestattet, wenn er durch das staatliche Gericht für vollstreckbar erklärt worden ist (§ 1060 I) und schließlich unter gewissen Voraussetzungen eine **Aufhebungsklage** gegen den Schiedsspruch zulässt (§ 1059). Allerdings bezieht sich die Kontrolle im Aufhebungsverfahren nicht auf die materielle Richtigkeit des Schiedsspruchs (→ Rn. 814).

800 Das schiedsrichterliche Verfahren ist im zehnten Buch der ZPO geregelt (§§ 1025–1066). Das Verfahren lehnt sich an das sog. **UNCITRAL-Modellgesetz** der Kommission der Vereinten Nationen für Internationales Handelsrecht an. Die §§ 1025 ff. gelten dabei für alle schiedsrichterlichen Verfahren, bei denen der Schiedsort in Deutschland liegt (§ 1025 I). Ob dies der Fall ist oder ob der Schiedsort im Ausland liegt, können die Parteien frei vereinbaren (§ 1043 I 1).

12 BGHZ 158, 69 (72) = NJW 2004, 1159.
13 MüKoZPO/*Braun* § 599 Rn. 4.

I. Bedeutung und Abgrenzung

1. Bedeutung

Schiedsgerichte sind **in der Praxis** vor allem im Wirtschaftsleben **häufig.** Man unterscheidet **ad hoc-Schiedsgerichte** (für eine oder mehrere Streitigkeiten aus einem Rechtsverhältnis vereinbart) und **institutionelle Schiedsgerichte,** die häufig in der Satzung eines Vereins oder Verbands vorgesehen sind (zB bei Sportverbänden). Von diesen als Schiedsgericht zu qualifizierenden Gerichten, etwa dem CAS[14], sind sog. einfache Vereinsgerichte zu unterscheiden, Letztere sind gerade keine Schiedsgerichte iSd §§ 1025 ff.[15] Im internationalen Handelsverkehr wird häufig die Zuständigkeit eines institutionellen Schiedsgerichts vereinbart (zB das Schiedsgericht der Internationalen Handelskammer in Paris). 801

Die **Vorteile** einer Entscheidung durch ein Schiedsgericht sind erheblich. Zu nennen sind insbesondere eine **schnelle** Entscheidung und **Kostenersparnis** (weil in der Regel nur eine Instanz), **besondere Sachkunde** der von den Parteien ausgewählten Schiedsrichter (vor allem auch in außerrechtlichen Gebieten, wie Handelsgebräuchen, Warenkunde oder auf technischem Gebiet) sowie **fehlende Öffentlichkeit** des Verfahrens (wichtig bei Geschäftsgeheimnissen). Als **Nachteil** steht dem vor allem die fehlende Garantie für **Objektivität und Rechtskenntnis** der Schiedsrichter gegenüber. Daraus erklärt sich, dass in sozial besonders anfälligen Bereichen eine Schiedsvereinbarung verschiedentlich **ausgeschlossen** ist (Wohnraummiete, § 1030 II; arbeitsrechtliche Streitigkeiten, § 101 III ArbGG). 802

2. Abgrenzung

Vom Schiedsrichter ist **der Schiedsgutachter** zu unterscheiden. Die Schiedsvereinbarung hat die Entscheidung des Rechtsstreits zum Ziel, wohingegen der Schiedsgutachtervertrag auf die **Feststellung von einzelnen Tatbestandselementen** für die Entscheidung gerichtet ist (zB der Mangel einer Sache oder der Umfang eines Schadens). Anders als eine Schiedsvereinbarung entzieht der Schiedsgutachtenvertrag den Rechtsstreit nicht der staatlichen Gerichtsbarkeit. Er bewirkt lediglich, dass das staatliche Gericht die vom Schiedsgutachter festgestellte Tatsache seiner Entscheidung zugrunde legen muss und sie nicht selbst feststellen darf. Die sachliche Richtigkeit des Schiedsspruchs ist grundsätzlich nicht angreifbar, während das Schiedsgutachten in der Anwendung des billigen Ermessens einer sachlichen Nachprüfung durch das Gericht unterliegt (§ 319 BGB).[16] Eine in Allgemeinen Geschäftsbedingungen enthaltene Schiedsgutachterklausel kann wegen unangemessener Benachteiligung des Kunden nach § 307 BGB unwirksam sein.[17] 803

---

14 Vgl. BGH NJW 2016, 2266 Rn 23 zur Verfahrensordnung des CAS sowie zu Fragen der Vereinbarkeit von zwingenden Sportgerichtsbarkeiten mit dem Justizgewährungsanspruch sowie der Berufsfreiheit.

15 Stein/Jonas/*Schlosser* vor § 1025 Rn. 11.

16 BGHZ 48, 25 (30) = NJW 1967, 1804; BGH NJW 1982, 1878; 1996, 452.

17 BGHZ 115, 329 = NJW 1992, 433.

II. Die Schiedsvereinbarung

804 Die Schiedsvereinbarung (häufig auch als **Schiedsvertrag** bezeichnet) verlagert die Kompetenz, einen Rechtsstreit zu entscheiden, von den staatlichen Gerichten auf private Schiedsrichter. Dieser **Prozessvertrag**[18] ist von dem **materiell-rechtlichen Vertrag** zu unterscheiden, auf dem das im Schiedsverfahren zu klärende Rechtsverhältnis beruht.

1. Voraussetzungen

805 **Gegenstand** einer Schiedsvereinbarung kann jeder vermögensrechtliche Anspruch sein, während bei einem nicht-vermögensrechtlichen Anspruch hinzukommen muss, dass die Parteien darüber einen Vergleich abschließen können (§ 1030 I). Erforderlich ist, dass sich die Vereinbarung auf ein **»bestimmtes Rechtsverhältnis«** bezieht (§ 1029 I). Unwirksam ist also eine Schiedsvereinbarung über »alle Streitigkeiten aus unserer Geschäftsbeziehung«. Die Vereinbarung unterliegt einem **abgeschwächten Schriftformerfordernis** (Einzelheiten s. § 1031), wobei der Formmangel aber durch Einlassung zur Hauptsache im Schiedsgerichtsverfahren geheilt wird (§ 1031 VI). Die Schiedsklausel kann auch in einer letztwilligen Verfügung oder in der Satzung einer juristischen Person enthalten sein (§ 1066).

Ein Schiedsvertrag ist nicht deshalb unwirksam, weil er einer Partei insbesondere bei der Ernennung oder Ablehnung der Schiedsrichter ein Übergewicht einräumt. In diesem Fall kann die benachteiligte Partei nur noch innerhalb von zwei Wochen nach Kenntniserlangung über die **Zusammensetzung des Schiedsgerichts** beim staatlichen Gericht beantragen, dass dieses andere Schiedsrichter bestellt (§ 1034 II). Zuständig ist dabei das OLG (§ 1062 I Nr. 1). Wird ein solcher Antrag nicht gestellt, kann später nicht mehr Aufhebung des Schiedsspruchs wegen Fehlens einer gültigen Schiedsvereinbarung verlangt werden. Dadurch wird erreicht, dass die benachteiligte Partei ihre Einwände frühzeitig geltend machen muss und sich das Schiedsverfahren nicht erst nach seinem Abschluss als unwirksam entpuppt.

2. Kompetenz-Kompetenz des Schiedsgerichts

806 Das Schiedsgericht kann über die **Gültigkeit der Schiedsvereinbarung** und damit über **seine eigene Zuständigkeit** entscheiden, § 1040 I (sog. **Kompetenz-Kompetenz**). Bejaht das Schiedsgericht seine **Zuständigkeit,** spricht es dies in der Regel in einer **Zwischenentscheidung** aus, gegen die jede Partei eine Entscheidung beim staatlichen Gericht (zuständig ist das OLG, § 1062 I Nr. 2) beantragen kann (§ 1040 III 1 und 2).[19] Die Möglichkeit, das staatliche Gericht anrufen zu können, ist zwingend und kann nicht durch eine zusätzliche Schiedsvereinbarung ausgeschlossen werden.[20] Hält sich das Schiedsgericht dagegen für **nicht zuständig,** kann es die Schiedsklage durch Schiedsspruch als **unzulässig abweisen.** Dagegen kann der Schiedskläger einen Aufhebungsantrag nach § 1059 stellen, der aber nur auf die in § 1059 II genannten Aufhebungsgründe gestützt werden kann.[21]

18 BGHZ 99, 143 (147) = NJW 1987, 651.
19 Vgl. dazu BGH NJW 2017, 488 Rn. 6.
20 BGHZ 162, 9 = NJW 2005, 1125; krit. dazu *Wagner/Quinke* JZ 2005, 932.
21 BGHZ 151, 79 = NJW 2002, 3031.

3. Unzulässigkeitsrüge im staatlichen Prozess

Besteht eine Schiedsvereinbarung, kann der Beklagte bei Klageerhebung vor dem **ordentlichen Gericht** die **Rüge der Unzulässigkeit der Klage** erheben (§ 1032 I). Die Klage ist dann als unzulässig abzuweisen (vorausgesetzt, das Gericht bejaht das Vorliegen einer wirksamen Schiedsvereinbarung). Im Einzelfall kann die Erhebung der Einrede der Schiedsvereinbarung allerdings **treuwidrig** sein.[22] Beruft sich der Beklagte nicht auf die Schiedsvereinbarung, ist das ordentliche Gericht zuständig und muss in der Sache entscheiden. Eine **Verweisung** des Rechtsstreits vom ordentlichen Gericht an das Schiedsgericht (oder umgekehrt von diesem an das ordentliche Gericht) ist **nicht möglich.** 807

4. Schiedsrichtervertrag

Von der Schiedsvereinbarung ist der Schiedsrichtervertrag zu unterscheiden. Dabei handelt es sich um den Vertrag zwischen den Parteien und dem Schiedsrichter, in dem dieser sich verpflichtet, als Schiedsrichter tätig zu werden, während die Parteien dem Schiedsrichter eine Vergütung zusagen. Der Schiedsrichtervertrag ist ein **Dienstvertrag mit Geschäftsbesorgungscharakter.** Der Schiedsrichter haftet den Parteien grundsätzlich nach dem schuldrechtlichen Leistungsstörungsrecht (vor allem aus § 280 I BGB), doch gilt das für den staatlichen Richter in § 839 II BGB enthaltene Haftungsprivileg in der Regel als stillschweigend mitvereinbart.[23] 808

III. Verfahren und Entscheidung des Schiedsgerichts

1. Besetzung

Die Schiedsrichter werden **von den Parteien** bestellt, sofern nicht ein ständiges Schiedsgericht vereinbart ist. Besondere persönliche Voraussetzungen für die Fähigkeit, das Schiedsrichteramt zu bekleiden, bestehen nicht. Insbesondere muss ein Schiedsrichter keine juristische Ausbildung absolviert haben. Die **Einzelheiten** zur Bestellung regelt § 1035. Als Normalfall sieht § 1034 I 2 eine Besetzung des Schiedsgerichts mit **drei Schiedsrichtern** vor. In diesem Fall bestellt jede Partei einen Schiedsrichter, die ihrerseits den dritten Schiedsrichter bestellen, der als Vorsitzender des Schiedsgerichts fungiert (§ 1035 III 2). Bei **Zweifeln an seiner Unparteilichkeit** oder Unabhängigkeit kann ein Schiedsrichter abgelehnt werden (§ 1036 II 1), wobei jeder Schiedsrichter von sich aus alle Umstände offen legen muss, die zu Zweifeln an seiner Unparteilichkeit oder Unabhängigkeit führen können (§ 1036 I). Bleibt die Ablehnung erfolglos, kann die Partei beim **staatlichen Gericht** (OLG, § 1062 I Nr. 1) eine Entscheidung über die Ablehnung beantragen (§ 1037 III 1). 809

22 BGHZ 102, 199 = NJW 1988, 1215: Der Beklagte hat nicht die notwendigen Mittel, um den im Schiedsverfahren erforderlichen Kostenvorschuss zu zahlen; BGHZ 145, 116 = NJW 2000, 3720: Unbegründetheit der Schiedseinrede, wenn der Kläger wegen Mittellosigkeit das Schiedsverfahren nicht durchführen kann.

23 BGHZ 42, 313 (316) = NJW 1965, 298.

2. Verfahren

810 Das Schiedsgericht bestimmt sein Verfahren nach **freiem Ermessen,** soweit die Parteien nichts anderes vereinbaren (§ 1042 IV 1). Gewisse Mindestanforderungen sind freilich zwingend vorgeschrieben. Zu nennen sind die **Gleichbehandlung** der Parteien und die Gewährung **rechtlichen Gehörs** (§ 1042 I) sowie die Zulassung von **Rechtsanwälten** als Verfahrensbevollmächtigten (§ 1042 II). Weitere Verfahrensregeln, die für die Parteien jedoch dispositiv sind, enthalten die §§ 1043ff.

Gemäß § 1041 kann das Schiedsgericht (vorbehaltlich einer anderen Vereinbarung der Parteien) **Maßnahmen des einstweiligen Rechtsschutzes** anordnen (Arrest, einstweilige Verfügung). Das Schiedsgericht ist für derartige Maßnahmen jedoch nicht ausschließlich zuständig. Nach § 1033 kann auch das staatliche Gericht solche Maßnahmen anordnen, und zwar auch dann, wenn das Schiedsverfahren schon begonnen hat. Die Zuständigkeit des staatlichen Gerichts kann zumindest dann nicht abbedungen werden, wenn das Schiedsgericht noch nicht gebildet ist. Hingegen bestehen bei einem institutionellen Schiedsgericht keine Bedenken dagegen, dass in der Schiedsordnung oder Satzung (bei juristischen Personen) die Zuständigkeit für Maßnahmen des einstweiligen Rechtsschutzes ausschließlich auf das Schiedsgericht beschränkt wird.

811 Das Schiedsgericht kann **Zeugen und Sachverständige** vernehmen (§ 1042 IV 2). Ihm stehen allerdings **keine Zwangsmaßnahmen** zur Verfügung (Zwang zum Erscheinen bzw. zur Aussage). Sofern derartige Maßnahmen erforderlich sind, werden sie auf Antrag vom **staatlichen Gericht** vorgenommen (§ 1050). Gleiches gilt für die **Beeidigung** eines Zeugen oder eines Sachverständigen oder einer Partei bei Parteivernehmung. Hält das Schiedsgericht eine Beeidigung für geboten, kann es sie zwar beschließen, die Abnahme des Eides hat dagegen vor dem staatlichen Gericht (hier: das AG, § 1062 IV) zu erfolgen.

3. Entscheidung

812 Die Entscheidung des Rechtsstreits erfolgt durch **Schiedsspruch** (§§ 1051ff.). Das Schiedsgericht ist an das **materielle Recht** gebunden, sofern die Parteien nicht eine Entscheidung nach Billigkeit vereinbart haben (§ 1051 III). Einzelheiten zu **Form und Inhalt des Schiedsspruchs** folgen aus § 1054. Der Schiedsspruch hat unter den Parteien die Wirkungen eines rechtskräftigen gerichtlichen Urteils (§ 1055). Die Rechtskraftgrenzen sind dabei dieselben wie bei einem Urteil (→ Rn. 749ff.).

Die Parteien können im Schiedsverfahren auch einen **Vergleich** schließen. Gemäß § 1053 hält das Schiedsgericht den Vergleich auf Antrag der Parteien in der Form eines **Schiedsspruchs mit vereinbartem Wortlaut** fest. Der Vergleich bestimmt damit den Schiedsspruch zwar inhaltlich, doch wird das Verfahren nicht durch den Vergleich, sondern erst durch den Schiedsspruch beendet, der dieselbe Wirkung wie jeder andere Schiedsspruch hat (§ 1053 II 2). Insbesondere kann der **Schiedsspruch** nach §§ 1060 I, 1062 I Nr. 4 vom OLG für **vollstreckbar erklärt** werden.[24]

24 Beispiel: BGHZ 145, 376 = NJW 2001, 373 – keine Vollstreckbarerklärung, wenn der Vergleichsgläubiger den Schuldner bei Abschluss des Vergleichs arglistig getäuscht hat.

IV. Verfahren vor dem staatlichen Gericht

1. Vollstreckbarerklärung

Da dem Schiedsgericht keinerlei Zwangsbefugnis zusteht, kann der Schiedsspruch nur **durch staatliche Organe vollstreckt** werden. Dazu muss er zunächst für vollstreckbar erklärt werden (§ 1060 I), wofür das OLG zuständig ist (§ 1062 I Nr. 4). Dem Antrag ist nur dann nicht stattzugeben, wenn einer der in § 1059 II bezeichneten **Aufhebungsgründe** (→ Rn. 814) vorliegt (§ 1060 II). Das OLG hat den Schiedsspruch also nicht etwa auf seine sachliche Richtigkeit hin zu überprüfen, es sei denn, dass er einen Verstoß gegen den ordre public enthält (§ 1059 II Nr. 2b). Die Entscheidung des OLG erfolgt durch Beschluss, der ohne mündliche Verhandlung ergehen kann (§§ 1063 I 1, 128 IV). 813

2. Aufhebung

Die unterlegene Partei kann vor dem OLG (§ 1062 I Nr. 4) einen **Antrag auf Aufhebung des Schiedsspruchs** stellen (§ 1059). Damit können jedoch nur die in § 1059 II abschließend aufgeführten **Aufhebungsgründe** geltend gemacht werden (vor allem Ungültigkeit der Schiedsvereinbarung, fehlende Möglichkeit zur Geltendmachung von Angriffs- oder Verteidigungsmitteln, fehlende Bildung des Schiedsgerichts oder Verfahrensfehler sowie Verstoß gegen den ordre public). Der Aufhebungsantrag muss dabei innerhalb von drei Monaten nach dem Empfang des Schiedsspruchs gestellt werden (§ 1059 III 1 und 2). War bereits die **Vollstreckbarkeitserklärung** erfolgt, kann der Aufhebungsantrag nicht mehr gestellt werden (§ 1059 III 4). Dadurch soll die Partei gezwungen werden, den Aufhebungsgrund nach § 1060 II schon im Verfahren auf Vollstreckbarerklärung geltend zu machen. Hat der Antrag Erfolg, ist der Schiedsspruch durch **Beschluss** (§ 1063 I 1) **aufzuheben.** Damit lebt die Schiedsvereinbarung wieder auf (vorausgesetzt, die Aufhebung erfolgt nicht deswegen, weil es an einer wirksamen Schiedsvereinbarung fehlte), § 1059 V. Der Kläger muss also **erneut ein Schiedsverfahren** einleiten und kann nicht etwa vor dem ordentlichen Gericht Klage erheben. Der Beschluss des OLG ist nach § 1065 beim BGH mittels Rechtsbeschwerde anfechtbar. 814

E. Mediation

Zum Zwecke der **Mediation** schalten die Parteien einen unabhängigen und neutralen Dritten als Mediator ein. Im Unterschied zu Richter und Schiedsrichter ist Aufgabe des Mediators aber nicht, die Streitigkeit zu entscheiden (vgl. § 41 Nr. 8). Vielmehr soll dieser den Parteien **Lösungsvorschläge** unterbreiten oder diese mit den Parteien erarbeiten. Ob sich die Parteien auf einen derartigen Vorschlag einlassen, steht ihnen frei. Bejahendenfalls kommt es zu einer entsprechenden vertraglichen Vereinbarung (in der Regel in Gestalt eines außergerichtlichen Vergleichs nach § 779 BGB). In die ZPO hat die Mediation Eingang gefunden durch das Gesetz zur Förderung der Mediation und anderer Verfahren der außergerichtlichen Konfliktbeilegung vom 21.7.2012.[25] Nunmehr kann das Gericht das **Ruhen des Verfahrens** anordnen, um den Parteien die Ge- 815

25 BGBl. 2012 I 1577.

legenheit zur Durchführung eines Mediationsverfahrens zu ermöglichen (§ 278 a). Der Kläger hat in der **Klage** anzugeben, ob ein Mediationsversuch durchgeführt wurde und ob Gründe gegen die Durchführung eines solchen Verfahrens bestehen, § 253 III Nr. 1 (→ Rn. 297). Nach § 278 V kann das Gericht die Parteien für die Güteverhandlung an einen **Güterichter** verweisen, der nicht entscheidungsbefugt ist, sondern die Mediation oder andere Methoden der Streitbeilegung zur Konfliktlösung einsetzen soll (→ Rn. 68).

Literatur: *Becker,* Aus der Praxis: Verjährungshemmung in letzter Minute, JuS 2008, 1080; *Conrad,* Das zivilprozessuale Mahnverfahren (§§ 678 ff. ZPO), JuS 2009, 12; *Hövelberndt,* Grundzüge des Urkunden-, Wechsel- und Scheckprozesses, JuS 2003, 1105; *Lepczyk,* Das Urkundenverfahren, JuS 2010, 30; *Schreiber,* Das Mahnverfahren der ZPO, JURA 2013, 680; *Schwab,* BGB AT: Hemmung der Verjährung bei Wechsel der Schadensberechnung während des Rechtsstreits, JuS 2015, 261; *Wolff,* Grundzüge des Schiedsverfahrensrechts, JuS 2008, 108.

19. Kapitel. Prozesskosten und Prozesskostenhilfe

Im Kostenrecht sind drei Rechtsbeziehungen auseinander zu halten. Die Kosten aus dem **Verhältnis zwischen dem Staat (Gericht) und den Parteien** richten sich nach dem Gerichtskostengesetz (GKG). Aus dem Verhältnis zwischen dem **Rechtsanwalt und seiner Partei** folgt die zu fordernde Vergütung des Rechtsanwalts, die nach dem Rechtsanwaltsvergütungsgesetz (RVG) bestimmt wird. Aus dem Verhältnis **zwischen Kläger und Beklagtem** folgt, wer die Kosten des Rechtsstreits zu tragen hat. Dies regeln §§ 91ff., auf denen die **Kostengrundentscheidung** im Urteil (Beschluss) beruht. 816

A. Die Gerichtskosten

Die **Gebühren** des Gerichts bestimmen sich nach § 3 II GKG iVm der Anlage zum GKG (= Kostenverzeichnis) Nr. 1100ff. Danach fallen in einem normalen Prozess in erster Instanz drei Gebühren (Kostenverzeichnis Nr. 1210) an. Die Höhe einer Gebühr wird nach dem Streitwert in der Tabelle Anl. 2 zum GKG abgelesen. Für die **Wertberechnung** gelten §§ 39ff. GKG, hilfsweise (§ 48 II 1 GKG) §§ 3–9. In nichtvermögensrechtlichen Streitigkeiten ergeht die Festsetzung nach dem Ermessen des Gerichts. Sie beträgt jedoch höchstens eine Million EUR (§ 48 II GKG). 817

Beispiel: Bei einem Streitwert von 5.000 EUR beträgt die in erster Instanz nach Nr. 1210 Kostenverzeichnis anfallende dreifache Gerichtsgebühr 438 EUR, bei einem Streitwert von 50.000 EUR 1.638 EUR und bei einem Streitwert von einer halben Million schließlich 10.608 EUR.

Zu den Gerichtskosten zählen neben den Gebühren auch die **Auslagen** des Gerichts. Diese bestimmen sich nach Nr. 9000ff. des Kostenverzeichnisses. 818

Beispiel: 5 EUR für eine auf Antrag erteilte Abschrift von zehn Seiten.

Schuldner der Gerichtskosten ist der **Antragsteller** (zB der Kläger), § 22 I 1 GKG. Sind aber in der gerichtlichen Entscheidung die Kosten der anderen Partei auferlegt worden, wird diese andere Partei primärer Kostenschuldner (§ 29 Nr. 1 GKG iVm § 31 II 1 GKG). Mehrere Kostenschuldner haften als Gesamtschuldner (§ 31 I GKG). Der Kläger hat die Verfahrensgebühr im Voraus zu entrichten **(Vorschuss).** Erst wenn dies geschehen ist, wird die Klage dem Beklagten zugestellt (§ 12 I 1 GKG) und die Sache damit rechtshängig (→ Rn. 296). 819

B. Die Vergütung des Rechtsanwalts (Anwaltskosten)

Die Vergütung des Rechtsanwalts setzt sich aus Gebühren und Auslagenersatz zusammen. Die **Gebühren** berechnen sich nicht nach dem Zeitaufwand des Rechtsanwalts, sondern werden durch das RVG »**pauschaliert**«. Durch diese Pauschalierung wird vermieden, dass der Anwalt ein wirtschaftliches Interesse daran hat, den Prozess künstlich aufzublähen (zB durch unnötig lange Schriftsätze) und in die Länge zu ziehen. Berechnungsfaktoren für die Gebühr sind die Zahl der Gebühren und die Gebührenhöhe. 820

821 Die **Anzahl der Gebühren** bestimmt das Vergütungsverzeichnis (Anl. 1 zu § 2 II RVG, kurz: VV) unter Anknüpfung an bestimmte Verrichtungen, die der Rechtsanwalt in bestimmten **Verfahrensabschnitten** vornehmen muss. So fallen in einem normalen Prozess 1,3 **Verfahrensgebühr** (VV Nr. 3100) für das Betreiben des Prozesses sowie 1,2 **Terminsgebühr** (VV Nr. 3104) für die Teilnahme an der mündlichen Verhandlung an. Es kommt nicht darauf an, wie viele Verhandlungstermine stattgefunden haben. Ob eine Beweiserhebung erfolgt ist, berührt die Höhe der Anwaltsgebühren ebenfalls nicht. Eine weitere Gebühr (sog. **Einigungsgebühr**) erhält der Anwalt für seine Mitwirkung an einem Vertrag, durch den der Streit beigelegt wird (VV Nr. 1000 bzw. 1003). Dies braucht kein Prozessvergleich zu sein. Die Vergleichsgebühr entsteht vielmehr auch bei Abschluss eines außergerichtlichen Vergleichs. In diesem Fall beträgt die Vergleichsgebühr fünfzehn Zehntel der vollen Gebühr (VV Nr. 1002). Durch die Einigungsgebühr soll das Interesse des Anwalts an einer vergleichsweisen Beilegung des Streits gefördert werden. Rechtspolitisch ist das deshalb nicht ganz unbedenklich, weil die Partei nicht immer erkennen kann, ob das Zuraten des Anwalts zum Abschluss eines Vergleichs sachgerecht ist oder bei einer Entscheidung durch Urteil nicht doch vielleicht mehr herauskommt.

822 Die Höhe einer Gebühr, bis zu einem Gegenstandswert von 500.000 EUR, wird nach dem Streitwert in der Anlage 2 zu § 13 RVG abgelesen.

Beispiel: Streitwert 6.000 EUR. 2,5 Gebühren (1,3 Verfahrensgebühr plus 1,2 Terminsgebühr) zu 354 EUR = 885 EUR. Streitwert 60.000 EUR pro Gebühr 1248 EUR = 3120 EUR. Streitwert 600.000 EUR pro Gebühr 3.513 EUR = 8782,50 EUR (ergibt sich aus dem Wert aus Anlage 2 für einen Gegenstandswert von 500.000 EUR zzgl. dem Wert aus § 13 I 2 RVG). Das Verhältnis der Gebühr zum Streitwert ist also degressiv ausgestaltet, was dazu führt, dass bei geringen Streitwerten die Gebühren den gesamten Streitwert »auffressen« können; s. weiter das Beispiel unter → Rn. 827.

823 **Gebührenvereinbarungen** sind im Rahmen des § 4 RVG zulässig, wirken aber nicht gegenüber dem Gegner.

Hat zB der Kläger mit seinem Anwalt jeweils die doppelte Gebühr (doppelte Verfahrensgebühr usw) vereinbart und wird der Beklagte zur Tragung der Kosten verurteilt, hat er dem Kläger nur die »normale« einfache Gebühr zu erstatten.

In der Praxis wichtig sind Gebührenvereinbarungen auf der Basis eines **Stundensatzes** (vor allem bei außerprozessualer Beratung). Nach § 49b I BRAO können keine niedrigeren als die im RVG vorgesehenen Gebühren vereinbart werden. **Erfolgshonorare** (insbesondere in Gestalt eines Anteils am Prozesserfolg, sog. quota litis) werden von § 49b II BRAO, § 4a I 1 RVG nur ganz eingeschränkt erlaubt (→ Rn. 58).

824 Die **Auslagen** richten sich nach VV Nr. 7000 ff. (zB Schreibauslagen, notwendige Reisen).

C. Prozessuale Kostenerstattung (Kostenentscheidung – Kostenfestsetzung)

Aufgrund der Prozessführung entsteht zwischen den Parteien ein prozessualer Kostenerstattungsanspruch, der grundsätzlich von materiell-rechtlichen Ansprüchen wie zB aus Verzug (§§ 280 I, II, 286 BGB) unabhängig ist. Im Unterschied zu solchen materiell-rechtlichen Ansprüchen ist der prozessuale Kostenerstattungsanspruch nicht eigenständig geltend zu machen. Vielmehr entscheidet das Gericht in der **Kostengrundentscheidung** darüber, wem ein solcher Anspruch zusteht. Daraufhin klärt der Rechtspfleger im **Kostenfestsetzungsverfahren** den Umfang des Anspruchs und schafft gleichzeitig einen Vollstreckungstitel. 825

Der Kostenerstattungsanspruch entsteht **aufschiebend** bedingt mit der Rechtshängigkeit – **auflösend** bedingt mit der vorläufigen Vollstreckbarkeit der Kostengrundentscheidung und **unbedingt** mit deren Rechtskraft.[1]

I. Kostengrundentscheidung

Die Kostenentscheidung erfolgt **von Amts wegen** (§ 308 II) **in der Entscheidung** des Gerichts (also meist im Urteil). 826

Die **Kostenentscheidung** im Urteil lautet zB:
»Der Beklagte trägt die Kosten des Verfahrens.«

Wer die Kosten im Verhältnis zwischen Kläger und Beklagtem zu tragen hat, bestimmt sich nach §§ 91–101. Die **Grundregel** lautet: Die unterliegende Partei hat die Kosten zu tragen (§ 91), freilich nur »soweit sie zur zweckentsprechenden Rechtsverfolgung oder Rechtsverteidigung notwendig waren« (§ 91 I 1). Ob der Ausgang des Verfahrens schon vor dessen Einleitung vorhersehbar war, ist unerheblich. Die Kostentragungspflicht knüpft nicht an ein Verschulden der unterlegenen Partei an, sondern stellt eine Art reiner Erfolgshaftung dar.

In **Räumungsprozessen** bei Wohnraum können die Kosten ausnahmsweise ganz oder teilweise der siegreichen Partei auferlegt werden (§ 93 b).

II. Kostenfestsetzungsbeschluss

Auf Grundlage der Kostengrundentscheidung ist der **Kostenerstattungsanspruch** im Kostenfestsetzungsverfahren geltend zu machen (also nicht etwa einzuklagen). Der Rechtspfleger (§ 21 I Nr. 1 RPflG) bestimmt dessen Höhe im **Kostenfestsetzungsbeschluss** (§ 104). Die zu erstattenden Kosten setzen sich zusammen aus den bezahlten Gerichtskosten (Gebühren und Auslagen, § 1 I GKG), aus den an den Rechtsanwalt bezahlten Gebühren und Auslagen (§ 1 I 1 RVG) sowie den eigenen notwendigen Auslagen der Partei selbst (zB Fahrtkosten zum Verhandlungstermin). Hier wirken sich insbesondere die in § 91 I 1 genannten einschränkenden Kriterien der Notwendigkeit und der Zweckentsprechung (→ Rn. 826) aus. 827

1 BGH NJW 1988, 3204.

Beispiel: Prozess über 5.000 EUR. Laut Urteil hat der Beklagte die Kosten des Verfahrens zu tragen. Auf Antrag des Klägers setzt der Rechtspfleger die Kosten wie folgt fest:

1. Vom Kläger verauslagte (dh vorgeschossene) Verfahrensgebühr des Gerichts	EUR 438
2. Vom Gericht beim Kläger angeforderte Auslagen (angenommen)	EUR 25
3. 1,3 Verfahrens- und 1,2 Terminsgebühr des Rechtsanwalts des Klägers (ohne Mehrwertsteuer)	EUR 757,50
4. Auslagen (zB Reisekosten des Anwalts, des Klägers)	EUR 200
=	EUR 1.420,50

Der Beklagte hat dem Kläger also 1.420,50 EUR zu erstatten. Zu beachten ist, dass dazu noch die eigenen Kosten des Beklagten kommen, nämlich die Kosten und Auslagen des eigenen Anwalts:

1. 2.5 Gebühren	EUR 757,50
2. Auslagen (angenommen)	EUR 200
=	EUR 957,50

Die Kosten des Prozesses betragen für den Beklagten in einer Instanz bei einem Streitwert von 5.000 EUR in unserem Fall also:

EUR 1.420,50
EUR 957,50
EUR 2.378,00

Damit fressen die Kosten fast die Hälfte des Streitwerts auf. Wird Berufung eingelegt, beläuft sich das gesamte Kostenrisiko auf mehr als 5.000 EUR, übersteigt also den Streitwert. Daraus folgt, wie wichtig es ist, sich vor Einleitung eines Prozesses über das Kostenrisiko Klarheit zu verschaffen.

828 Der Kostenfestsetzungsbeschluss ist mit der **sofortigen Beschwerde** anfechtbar (§ 104 III 1). Voraussetzung dafür ist freilich, dass der Wert des Beschwerdegegenstandes 200 EUR übersteigt (§ 567 II). Ist dies nicht der Fall, ist gegen die Entscheidung des Rechtspflegers die sog. Erinnerung gegeben (§ 11 II 5 RPflG). Dieser kann der Rechtspfleger abhelfen, dh ihr stattgeben. Tut er dies nicht, hat er die Erinnerung dem Richter zur Entscheidung vorzulegen (§ 11 II 6 RPflG).

III. Vollstreckung

829 Der Kostenfestsetzungsbeschluss des Rechtspflegers ist **Vollstreckungstitel** (§ 794 I Nr. 2). Die Frage, ob der Kostenfestsetzungsbeschluss ohne oder nur gegen Sicherheitsleistung vorläufig vollstreckbar ist, richtet sich nach dem Ausspruch hierüber im Urteil. Sagt also zB das Urteil, dass es nur gegen eine Sicherheitsleistung des Klägers von 4.000 EUR vorläufig vollstreckbar ist, ist auch der Kostenfestsetzungsbeschluss nur vollstreckbar, wenn diese Sicherheit geleistet ist.

IV. Materiell-rechtlicher Kostenerstattungsanspruch

830 Neben dem prozessualen kann auch ein **materiell-rechtlicher Kostenerstattungsanspruch** bestehen.

1. Gläubiger

Obsiegt der Kläger, wird ihm vielfach ein Schadensersatzanspruch – jedenfalls aus Verzug (§§ 280 I, II, 286 BGB) – zustehen. Auf diese Anspruchsgrundlage kann die Partei insbesondere zurückgreifen, um den Ersatz solcher Aufwendungen zu verlangen, die sie unabhängig vom Prozess machen musste. 831

Beispiel: Musste der Kläger ein Darlehen mit hohen Zinsen in Anspruch nehmen, weil der Beklagte nicht rechtzeitig bezahlt hat, hat der Beklagte diese Zinsaufwendungen aus dem Gesichtspunkt des Verzugsschadens zu ersetzen (§§ 280 I, II, 286 BGB). Sie sind als gesonderter Posten einzuklagen und haben mit einer prozessualen Kostenerstattungspflicht nichts zu tun.

Indessen kann der Kläger **Aufwendungen,** die aus Anlass des Prozesses gemacht wurden, grundsätzlich nicht aus **materiell-rechtlichem** Grund ersetzt verlangen, wenn das Kostenrecht des Prozesses sie nicht berücksichtigt. Die Beschränkung des § 91 I 1, dass die Aufwendungen für eine zweckmäßige Rechtsverfolgung notwendig waren (→ Rn. 826), setzt sich im materiellen Recht ebenfalls durch.[2] 832

Beispiel: Hält man die Kosten einer Partei für ein Rechtsgutachten nicht für erstattungsfähig iSd § 91 I,[3] kann die Partei diese Kosten auch nicht aus dem Gesichtspunkt des Verzugs ersetzt verlangen.

2. Schuldner

Problematisch ist die Rechtslage, wenn ein vermeintlicher Schuldner zur Abwehr des geltend gemachten Anspruchs Kosten aufwendet (insbesondere durch Einschaltung eines Anwalts) und der Gläubiger seinen Anspruch anschließend nicht einklagt. Da es hier zu keinem gerichtlichen Verfahren kommt, ist § 91 nicht anwendbar. Materiellrechtlich besteht nicht ohne Weiteres ein Anspruch auf Ersatz der Abwehrkosten. Denkbar ist allenfalls ein Anspruch aus Vertragsverletzung, culpa in contrahendo (§§ 280 I, 241 II, 311 II BGB) oder Deliktsrecht.[4] 833

3. Extreme Aufwendungen

Übrig bleiben Fälle, in denen eine Partei zur Rechtsverfolgung oder Rechtsverteidigung extreme Aufwendungen machen musste[5] oder zwar im Hauptprozess obsiegt, aber zuvor im einstweiligen Verfügungsverfahren unterlegen war[6] oder durch eine unberechtigte Klageerhebung (auch Stellung eines Insolvenzantrags) Schäden erlitten hatte, die weit über die Prozesskosten hinausgehen[7]. Die Rechtsprechung verneint im Allgemeinen eine Erstattungspflicht. 834

2 BGHZ 111, 168 (177) = NJW 1990, 2060.
3 BVerfG NJW 1993, 2793.
4 BGH NJW 2007, 1458 Rn. 8; 2008, 1147 Rn. 10f.
5 ZB RGZ 150, 37.
6 ZB RGZ 130, 217; BGHZ 45, 251 = NJW 1966, 1513.
7 ZB BGHZ 20, 169 = NJW 1956, 787; BGHZ 36, 18 = NJW 1961, 2254.

D. Die Prozesskostenhilfe

835 Die Prozesskostenhilfe (PKH) soll einer wirtschaftlich schlecht gestellten Partei die **Rechtsverfolgung** oder die **Rechtsverteidigung** ermöglichen. Sie dient somit der Realisierung des Justizgewährungsanspruchs (→ Rn. 1) und der »Waffengleichheit der Parteien im Prozess«. Sie ist eine Ausprägung des **Sozialstaatsprinzips** (Art. 20 GG)[8] und des **Rechtsstaatsgrundsatzes**[9]. Keine PKH wird allerdings für das PKH-Verfahren selbst gewährt.[10]

I. Voraussetzungen

1. Wirtschaftliche Verhältnisse

836 Eine Partei hat Anspruch auf PKH, wenn sie »nach ihren persönlichen und wirtschaftlichen Verhältnissen die Kosten der Prozessführung nicht, nur zum Teil oder nur in Raten aufbringen kann« (§ 114 S. 1). Maßgebend sind das monatliche **Nettoeinkommen** und das **Vermögen** der Partei. Das maßgebliche **Nettoeinkommen** nach Abzug eines Betrags für den Lebensunterhalt der Partei und ihrer Unterhaltsgläubiger ist aus einer in § 115 I eingearbeiteten Tabelle abzulesen. Je nach der Höhe des von der Partei für die Prozesskosten einzusetzenden Einkommens ist die Prozesskostenhilfe gegen monatliche Raten zu gewähren, die an die Staatskasse zu entrichten sind. Die Höchstzahl der Monatsraten ist 48 (§ 115 II). Nach § 115 IV ist PKH bei geringen Kosten zu versagen. **Das Vermögen** ist im Rahmen der Zumutbarkeit »einzusetzen« (§ 115 III unter Hinweis auf § 90 SGB XII). Zum Vermögen gehören auch Unterhaltsansprüche (zB eines minderjährigen Abkömmlings nach § 1610 BGB, eines Ehegatten nach § 1360a IV BGB). Auch Ansprüche gegen eine Rechtsschutzversicherung auf Übernahme der Prozesskosten schließen die Gewährung von PKH idR aus.[11]

Auch **juristischen Personen** kann unter den Voraussetzungen des § 116 S. 1 Nr. 2 PKH gewährt werden. Gleiches gilt für **eine Partei kraft Amtes** (§ 116 S. 1 Nr. 1). Große praktische Bedeutung hat insbesondere die Frage, unter welchen Voraussetzungen dem Insolvenzverwalter bei einem für die Masse zu führenden Prozess PKH zu gewähren ist. Entscheidend ist dann, inwieweit es Großgläubigern als den wirtschaftlich Beteiligten zumutbar ist, die Kosten aufzubringen.[12] Eine Sonderregelung für **Ausländer besteht nicht,** sodass diese wie Parteien deutscher Staatsangehörigkeit zu behandeln sind.

2. Erfolgsaussicht

837 Die Rechtsverfolgung oder Rechtsverteidigung muss **hinreichende** Aussicht auf Erfolg bieten (§ 114). Obwohl diese Einschränkungen die unbemittelte Partei schlechter stellen als eine »reiche« Partei, die ja auf eigene Kosten auch in aussichtslosen Sachen prozessieren kann, sind sie verfassungsrechtlich unbedenklich.[13]

---

8 BGH NJW 1975, 1559 (1561).
9 BVerfGE 81, 347 = NJW 1991, 413; BVerfGE 92, 122 (124) = NJW 1995, 1415.
10 BGHZ 91, 311 = NJW 1984, 2106.
11 BGH NJW 1991, 109.
12 BGHZ 119, 372 (376ff.) = NJW 1993, 135.
13 BVerfGE 81, 347 (357) = NJW 1991, 413.

Für die »Erfolgsaussicht« ist die **Schlüssigkeit** der Klage und der **Einwendungen** des Beklagten exakt, die **Beweisbarkeit** pauschal zu prüfen. Komplizierte **Rechtsfragen** sind auszuklammern.[14] Es besteht die Möglichkeit von Erhebungen durch das Gericht (§ 118 II 2, III) oder den beauftragten Rechtspfleger (§ 20 I Nr. 4a RPflG). Ist die Erfolgsaussicht nur für einen Teil der Rechtsverfolgung bzw. -verteidigung zu bejahen, ist PKH nur mit der entsprechenden Einschränkung zu gewähren. 838

3. Keine Mutwilligkeit

Auch braucht der Staat keine »mutwilligen Prozesse« zu finanzieren. Mutwilligkeit ist gegeben, wenn eine vernünftige Partei, die den Prozess selbst finanzieren müsste, von einer Klage absehen würde. Dies ist namentlich gegeben, wenn ein billigerer Weg offen steht (zB Mahnverfahren) oder wenn der Beklagte bisher keine Veranlassung zur Klageerhebung gegeben hat. 839

Beispiel: Der Antragsteller will einen – juristisch aussichtsreichen – Prozess gegen eine Partei führen, die notorisch und auf Dauer vermögenslos ist, bei der also auch durch Zwangsvollstreckung nichts zu holen ist.

II. Verfahren

1. Antrag

Die PKH begehrende Partei hat zunächst einen Antrag mit **Darlegung der Einkommens- und Vermögensverhältnisse** an das Prozessgericht (§ 117) zu stellen. Die Angabe der Verhältnisse unterliegt einem **Formularzwang** (§ 117 IV iVm der Prozesskostenhilfeformularverordnung). Das Gesetz fordert in § 117 I 2 eine Darstellung des Streitverhältnisses sowie die Angabe der Beweismittel. In der Praxis geschieht dies bei einem vom Kläger gestellten Antrag meist durch Beifügung eines Entwurfs der beabsichtigten Klage. Damit ist auch die Schlüssigkeit der Klage durch das Gericht überprüfbar (→ Rn. 837 f.). 840

2. Gelegenheit zur Stellungnahme

Das Gericht muss dem Gegner Gelegenheit zur Stellungnahme geben, es sei denn, dies erscheint aus besonderen Gründen (zB beim **einstweiligen Rechtsschutz,** wo der Gegner nicht gewarnt werden soll) unzweckmäßig (§ 118 I 1).[15] Eine Ladung zur mündlichen Erörterung ist möglich (§ 118 I 3). Dann findet eine Prüfung der Voraussetzungen statt. Gegebenenfalls kommt es zu Erhebungen (§ 118 II 2). 841

Auch im PKH-Verfahren besteht eine Vergleichsmöglichkeit in § 118 I 3. Der **Vergleich** kann auch – ohne Rücksicht auf die Höhe des Streitwerts und ohne Anwaltszwang – vor dem beauftragten Rechtspfleger (§ 20 I Nr. 4a RPflG) geschlossen werden und ist ein Prozessvergleich (→ Rn. 443 ff.). Er beendet also das PKH-Verfahren und ist nach § 794 I Nr. 1 Vollstreckungstitel.

14 BGH NJW 1982, 1104; BVerfGE 81, 347 = NJW 1991, 413.
15 Dazu BGHZ 89, 65 = NJW 1984, 740.

3. Entscheidung

842 Die Entscheidung des Gerichts ergeht ohne mündliche Verhandlung und damit stets durch Beschluss (§ 127 I 1). Im Falle einer **Bewilligung** müssen gleichzeitig von Amts wegen die Monatsraten festgesetzt werden, die der Antragsteller an die Staatskasse zu leisten hat (§ 120 I 1; → Rn. 836). Die Bewilligung ist **anfechtbar** unter den Voraussetzungen des § 127 III. Beschwerdeberechtigt ist dabei nur die Staatskasse, nicht dagegen auch der Gegner der Partei. Dieser hat kein schutzwürdiges Interesse daran, dass der Partei die Prozessführung ohne Einsatz eigener Mittel versagt wird. Die Bewilligung kann rückwirkend erfolgen.[16] Bei nachträglicher Änderung der persönlichen oder wirtschaftlichen Verhältnisse der Partei kann das Gericht die Modalitäten der Rückzahlung ändern (§ 120a).

Eine **Verweigerung** der PKH ist hingegen zu begründen. Gegen den die PKH verweigernden Beschluss steht der Partei die **sofortige Beschwerde** offen (§ 127 II 2).

4. Instanz

843 Über die Bewilligung der PKH ist für jede Instanz gesondert zu entscheiden (§ 119 I 1), wobei aber im Rechtsmittelverfahren die Partei, die den Prozess in der Vorinstanz gewonnen hat, dadurch begünstigt wird, dass die Erfolgsaussicht ihrer Verteidigung gegen das Rechtsmittel nicht geprüft wird (§ 119 I 2). Dadurch, dass das Gericht der unteren Instanz der bedürftigen Partei Recht gegeben hat, ist die Erfolgsaussicht hinreichend nachgewiesen.

III. Wirkungen der Bewilligung

1. Befreiung von den Gerichtskosten

844 Zunächst hat die Bewilligung die Befreiung von den Gerichtskosten (vor allem von der **Vorschusspflicht** für die Verfahrensgebühr des Gerichts, § 14 Nr. 1 GKG) zur Folge, wobei sich die Einzelheiten nach § 122 I Nr. 1 richten.

2. Beiordnung eines Anwalts

845 Daneben ist nach Wahl der Partei dieser ein Rechtsanwalt beizuordnen. Dies gilt stets im Verfahren mit Anwaltszwang, sonst unter den Voraussetzungen des § 121 II, III. Der beigeordnete Anwalt hat keinen **Honoraranspruch** gegen die Partei (§ 122 I Nr. 3), sondern nur **gegen die Staatskasse** (§ 45 I RVG).

Von einem Streitwert ab 4.000 EUR ist dieser Anspruch jedoch geringer als sonst (§ 49 RVG).

> **Beispiel:** Bei einem Streitwert von 3.000 EUR beträgt eine Gebühr bei Gewährung von PKH ebenso wie sonst 201 EUR. Bei einem Streitwert von 5.000 EUR ist die normale Gebühr dagegen 303 EUR, die des nach § 121 I beigeordneten Anwalts jedoch nur 257 EUR.

Obsiegt jedoch die Partei im Prozess, der PKH bewilligt worden ist, kann ihr beigeordneter Anwalt die **vollen Gebühren beim Gegner** beitreiben (§ 126 I), freilich ab-

16 BGH NJW 1982, 446.

züglich der Vorschüsse, die er aus der Staatskasse erhalten hat. Soweit die Staatskasse ihn bezahlt hat, geht der Kostenerstattungsanspruch auf sie über (§ 59 I RVG).

3. Kostenrisiko bei Prozessverlust

Wenn die Partei, die PKH erhalten hat, den Prozess **verliert,** kann der siegreiche Geg- 846
ner die ihm entstandenen Kosten erstattet verlangen (§ 123). Die PKH ist also ein zweischneidiges Schwert und stellt für die Partei keineswegs sicher, dass sie den Prozess ohne Kostenrisiko führen kann.

Beispiel: K hat mit PKH 12.000 EUR gegen B eingeklagt und den Prozess vor dem LG rechtskräftig verloren. Angenommen, B (bzw. seinem Anwalt) stehen 2,5 Gebühren (2,5 × 604 = 1.510 EUR) und 100 EUR Auslagen zu, müsste K an B 1.610 EUR zahlen. Hat K schon sechs Monatsraten à 75 EUR (zur Ratenhöhe: § 115 II) = 450 EUR an die Landeskasse bezahlt, ist auch dieser Betrag »verloren«. K muss auch die künftigen Raten bis zur Tilgung seiner Gebührenschuld bezahlen (höchstens jedoch 48 Monatsraten: § 115 II).

4. Erleichterungen für Prozessgegner

Die Bewilligung der PKH wirkt sich auch auf den Prozessgegner aus. Denn auch er 847
wird einstweilen von der Zahlung der Gerichtsgebühren und Auslagen befreit (Näheres in § 122 II). Dies geschieht freilich nur einstweilen. Unterliegt er, hat er nachzuzahlen (§ 125 II), und zwar auch die Beträge, die der PKH-Partei gestundet waren (§ 125 I).

5. Aufhebung

Die **PKH-Bewilligung** kann nach Maßgabe des § 124 aufgehoben werden.

IV. Die Beratungshilfe

Die Beratungshilfe dient als Ergänzung der PKH. Sie richtet sich nach dem Gesetz 848
über Rechtsberatung und Vertretung für Bürger mit geringem Einkommen (BerHG). Dieses eröffnet eine **rechtliche Beratung und Vertretung einkommensschwacher Bürger außerhalb gerichtlicher Verfahren.** In der Regel findet diese durch Rechtsanwälte statt. Der Honoraranspruch des Anwalts beträgt 15 EUR gegen den Ratsuchenden, 35 EUR gegen die Landeskasse (Einzelheiten s. VV Nr. 2500 ff.), und zwar ohne Rücksicht auf die Höhe des Streitwerts. Über die Gewährung der Beratungshilfe entscheidet das AG (§ 4 I BerHG). Mit dem dann erteilten **Berechtigungsschein** kann sich der Ratsuchende dann an den Rechtsanwalt seiner Wahl wenden. Er kann ihn auch unmittelbar aufsuchen, nur muss er dann nachträglich die Inanspruchnahme durch das AG sanktionieren lassen oder deren Berechtigung anderweit nachweisen.

Literatur: *Fischer,* Materieller und prozessualer Kostenerstattungsanspruch, JuS 2013, 694.

20. Kapitel. Internationales Zivilprozessrecht

Die folgenden Ausführungen wollen einen Überblick über grenzüberschreitende Bezüge eines Zivilverfahrens geben. Für eine vertiefte Befassung bedarf es freilich einschlägiger Spezialliteratur. 849

A. Grundlagen

I. Begriff und Bedeutung

Das internationale Zivilverfahrensrecht umfasst nicht nur kollisionsrechtliche Regelungen, sondern auch auslandsbezogene Sachnormen. Es handelt sich also um die Gesamtheit aller **(inländischen) Normen,** die sich auf **Prozessrechtsverhältnisse mit ausländischen Elementen** beziehen. Zu den Sachnormen zählen Regelungen zB über die internationale Zuständigkeit, über die Anwendung ausländischen Sachrechts, über Ausländer als Parteien, über Beweis und Zustellung im Ausland sowie über Anerkennung und Vollstreckung ausländischer Urteile. 850

Das **internationale Privatrecht** enthält indes vor allem **kollisionsrechtliche Regelungen.** Diese bestimmen in materiell-rechtlicher Hinsicht für einen Sachverhalt mit Auslandsberührung, welche nationale Rechtsordnung auf diesen Anwendung findet. Die einschlägigen deutschen Kollisionsnormen enthalten das **EGBGB** und – nach Art. 3 EGBGB vorrangig – **völkerrechtliche Verträge** sowie insbesondere die **Verordnungen,** die unionsweites Einheitsrecht schaffen. Bislang in Kraft getreten sind die in Art. 3 Nr. 1 EGBGB ausdrücklich in Bezug genommenen Verordnungen Rom II zu außervertraglichen Schuldverhältnissen (VO (EG) Nr. 864/2007), Rom I zu vertraglichen Schuldverhältnissen (VO (EG) Nr. 593/2008) und Rom III zur Ehescheidung (Verordnung [EU] Nr. 1259/2010). Auf dem Gebiet des Erbrechts enthält die Verordnung (EU) Nr. 650/2012 (EuErbVO) sowohl materiell-rechtliche Kollisionsnormen als auch Regelungen des internationalen Verfahrensrechts. Entsprechend liegt es im Güterstandsrecht mit den VO (EU) Nr. 1103/2016 (EheGüVO) und VO (EU) Nr. 1104/2016 (PartGüVO). 851

Das Kollisionsrecht des **internationalen Zivilverfahrensrechts** folgt der Rechtsanwendungsregel **lex fori:** Das angerufene Gericht verfährt nach dem an seinem Gerichtsort geltenden Prozessrecht. Nur ganz vereinzelt bedarf es darüber hinaus verfahrensrechtlicher Kollisionsregeln (zB Art. 7 I EuZVO, Art. 10 II, III EuBVO). Nach der lex fori hat das angerufene Gericht auch zu bestimmen, welches Sachrecht für den Streitfall gilt. Es entscheidet also den Rechtsstreit nach dem materiellen Recht, das nach dem am Gerichtsort geltenden Kollisionsrecht anwendbar ist. Folglich wenden deutsche Gerichte nicht nur deutsches Verfahrensrecht, sondern auch das deutsche internationale Privatrecht (→ Rn. 851) an. Dementsprechend wird mit der internationalen Zuständigkeit zugleich über das anzuwendende Verfahrens- und Kollisionsrecht entschieden. Die Anwendung des am Gerichtsort geltenden Kollisionsrechts kann freilich dazu führen, dass das Gericht den Rechtsstreit materiell-rechtlich nach einer fremden Rechtsordnung zu entscheiden hat (→ Rn. 873). 852

853 Das **unionsweite Einheitsrecht** auf dem Gebiet des internationalen Zivilverfahrensrecht betrifft ganz überwiegend nur einzelne **Verfahrensaspekte mit Auslandsbezug** (vgl. Aufzählung → Rn. 850). In zwei Verordnungen werden indes eigenständige Verfahren geschaffen, die die nationalen Verfahrensregelungen nicht ergänzen, sondern in ihrem (schmalen) Anwendungsbereich nationale Regelungen entbehrlich machen. Die VO (EG) Nr. 861/2007 (EuGFVO) sieht ein Verfahren zur Durchsetzung geringfügiger Forderungen vor und die Verordnung (EG) Nr. 1896/2006 (EuMahnVO) ein europäisches Mahnverfahren, das neben die nationalstaatlichen Verfahren (zum deutschen Mahnverfahren nach § 688 → Rn. 783 ff.) tritt. Die Regelungen der Verordnungen werden freilich noch durch nationalstaatliche Regelungen ergänzt, s. zum einen §§ 1097–1109, zum anderen §§ 1087–1096[1].

II. Völkerrechtliche Grundlagen

854 Gerichtstätigkeit ist hoheitliches Handeln, Ausübung sog. **Gerichtsgewalt.** Diese kann das Gericht eines Staates nur auf dessen Hoheitsgebiet ausüben. **Im Ausland** besteht für die Gerichtsorgane **keine Handlungsbefugnis.** Das betrifft nicht nur Akte, bei denen der hoheitliche Charakter deutlich zu Tage tritt. Ein deutscher Gerichtsvollzieher darf einen Titel nicht im Ausland **vollstrecken.** Auch Akte wie **Beweisaufnahme** und **Zustellung** sind hoheitliche Akte, sodass es auch in diesem Bereich der Koordination staatlicher Einrichtungen verschiedener Länder im Wege der internationalen Rechtshilfe bedarf (zur nationalen Rechtshilfe → Rn. 41).

> **Beispiel:** Kläger und Beklagter streiten vor einem deutschen Gericht über den Zustand eines Hauses, das der Kläger im Auftrag des Beklagten jenseits der deutschen Grenze, aber unweit vom Gerichtsort errichtet hat. Das Gericht möchte das Haus in Augenschein nehmen. Grundsätzlich ist eine solche Beweisaufnahme im Ausland ausgeschlossen. Innerhalb der EU kann das Gericht allerdings aufgrund von Art. 17 EuBVO ein Ersuchen an die im Ausland zuständige Stelle richten, ihm eine unmittelbare Beweisaufnahme zu erlauben.

855 Aber auch im Inland gibt es Grenzen zulässiger Gerichtstätigkeit. So ist nach dem Territorialitätsgrundsatz zwar jede in Deutschland befindliche Person der **deutschen Gerichtsbarkeit** unterworfen. Es gibt aber Ausnahmen. So nehmen §§ 18–20 GVG Diplomaten und andere Repräsentanten anderer Länder von der deutschen Gerichtsbarkeit aus. Ferner beinhaltet die **Staatenimmunität,** dass ausländische Staaten wegen ihres Hoheitshandelns nicht der Gerichtsbarkeit eines anderen Staates unterworfen sind.

> **Beispiel:** NS-Opfer haben die Bundesrepublik Deutschland vor griechischen und italienischen Gerichten erfolgreich auf Entschädigungszahlungen in Anspruch genommen und vollstrecken diese Leistungsurteile in Italien. Daraufhin hat die Bundesrepublik Deutschland gegen Italien Klage auf Feststellung der Missachtung ihrer Immunität vor dem Internationalen Gerichtshof (IGH), dem Rechtsprechungsorgan der UN, erhoben. Der IGH hat sowohl die Verurteilungen der Bundesrepublik Deutschland als auch die Vollstreckung in Vermögen der Bundesrepublik Deutschland in Italien für einen Verstoß gegen das Völkerrecht erklärt. Die Staatenimmunität ist auch bei schweren Menschenrechtsverstößen (jedenfalls wenn sie so lange zurückliegen) nicht eingeschränkt.[2]

1 Zu Fragen des Verhältnisses von europäischem zu nationalem Recht EuGH IPRax 2017, 277.
2 IGH Urt. v. 3.2.2012 (Jurisdictional Immunities of the State: Germany v. Italy: Greece Intervening); vgl. auch EuGH EuZW 2007, 252.

III. Rechtsquellen

Das deutsche internationale Verfahrensrecht ist wie das internationale Privatrecht vorrangig in Verordnungen der EU geregelt. Für **Zivil- und Handelssachen** enthält die Brüssel Ia-VO Regelungen über die internationale Zuständigkeit sowie über die Anerkennung und Vollstreckung von Entscheidungen. Weitere Bestimmungen für Zivil- und Handelssachen enthalten die VO (EG) Nr. 1206/2001 (EuBVO) zur grenzüberschreitenden Beweisaufnahme und die VO (EG) Nr. 1393/2007 (EuZVO) zu grenzüberschreitenden Zustellungen, schließlich schafft die VO (EG) Nr. 805/2004 (EuVTVO) die Grundlage für einen spezifischen europäischen Vollstreckungstitel über unbestrittene Forderungen. 856

Die Regelungen der Verordnungen werden im deutschen Recht ergänzt durch **Ausführungsregelungen** im AVAG und in §§ 1067ff. Parallelabkommen zu den Verordnungen stellen die Geltung inhaltsgleicher Verfahrensregelungen im Verhältnis zu Dänemark sicher (s. zur Brüssel Ia-VO ABl. 2013 L 79, 4). Im Verhältnis der EU-Staaten zu den EFTA-Staaten Norwegen, Schweiz und Island enthält das Luganer Übereinkommen[3] Regelungen zur internationalen Zuständigkeit sowie zur Anerkennung und Vollstreckung von Entscheidungen, die denen der Brüssel I-VO entsprechen; es besteht also insoweit noch Anpassungsbedarf an die Brüssel Ia-VO. Zu Verfahren in Familiensachen enthalten die VO (EG) Nr. 2201/2003 (Brüssel IIa-VO = EuEheVO) und die VO (EG) Nr. 4/2009 (EuUnthVO) in ihrem jeweiligen Anwendungsbereich Regelungen ebenfalls insbesondere zur internationalen Zuständigkeit sowie zur Anerkennung und Vollstreckung von Urteilen. Zu den eigenständigen Verfahren der VO (EG) Nr. 861/2007 (EuGFVO) und der VO (EG) Nr. 1896/2006 (EuMahnVO) → Rn. 853.

Soweit keine einschlägigen Verordnungen der EU und keine Staatsverträge Anwendung finden, gilt das **autonome deutsche Recht,** vornehmlich die ZPO, die an ganz unterschiedlichen Stellen Regelungen zum Verfahren mit Auslandsbezug aufweist. Zu diesen Bestimmungen gehören insbesondere auch §§ 12ff., denen eine Doppelfunktion zukommt, weil sie nicht nur die **örtliche,** sondern auch die **internationale Zuständigkeit** umfassen.[4] 857

Beispiel: Im Beispiel → Rn. 209 haben die Parteien mit der vertraglichen Bestimmung des Erfüllungsorts mittels der Klausel »DDP Cologne« über § 29 nicht nur den Gerichtsstand Köln, sondern auch die internationale Zuständigkeit der deutschen Gerichte bestimmt.[5]

Zu den weiteren Regelungen zählen § 55 (Prozessfähigkeit von Ausländern), § 110 (Prozesskostensicherheit eines Ausländers), § 274 III 2 (Einlassungsfrist bei Zustellung der Klage im Ausland), § 293 (Anwendung fremden Rechts), § 328 (Anerkennung ausländischer Urteile), § 339 II (Einspruchsfrist bei Zustellung im Ausland), §§ 722f. (Vollstreckbarkeit ausländischer Urteile). 858

3 LugÜ, ABl. 2009 L 147, 5, berichtigt in ABl. 2009 L 147, 44, ABl. 2011 L 115, 31, ABl. 2011 L 138, 1, ABl. 2014 L 18, 70; geändert durch ÄndÜbk. v. 3.3.2017, ABl. 2017 L 57, 63.

4 BGHZ 188, 85 Rn. 13 = NJW 2011, 2056.

5 BGHZ 195, 243 Rn. 26 = BeckRS 2012, 24430.

B. Internationale Zuständigkeit

859 Angesichts der Auswirkungen der Lex-fori-Regel (→ Rn. 852) kommt der internationalen Zuständigkeit hohe Bedeutung zu. Der folgende Überblick setzt die Anwendbarkeit der Brüssel Ia-VO vor deutschen Gerichten (zum Anwendungsbereich Art. 1 Brüssel Ia-VO) voraus.

I. Allgemeiner Gerichtsstand

860 Im Grundsatz sind nach Art. 4 Brüssel Ia-VO international die Gerichte des Staates zuständig, in dem der Beklagte seinen **Wohnsitz** hat. Dabei bestimmt sich der Wohnsitz natürlicher Personen über Art. 62 Brüssel Ia-VO nach den Regelungen des nationalen Rechts am Sitz des angerufenen Gerichts. Wie nach § 13 sind in Deutschland also §§ 7ff. BGB einschlägig (→ Rn. 204). Hingegen enthält Art. 63 Brüssel Ia-VO zur Bestimmung des Wohnsitzes **juristischer Personen** eine eigenständige (sog. autonome) Definition, die auf Satzungssitz, Belegenheit der Hauptverwaltung und der Hauptniederlassung abstellt. Der Begriff der Hauptverwaltung entspricht dem Begriff nach Art. 54 AEUV.[6]

II. Besondere Gerichtsstände

1. Vertragsgerichtsstand

861 Art. 7 Nr. 1 Brüssel Ia-VO begründet einen Gerichtsstand für vertragliche Ansprüche. Mit der Formulierung »Gericht des Ortes« wird auf Rechtsfolgenseite nicht nur das international, sondern auch das örtlich zuständige Gericht bestimmt. Wann ein vertraglicher Anspruch in Rede steht, legt der EuGH autonom aus. Es komme darauf an, ob freiwillig übernommene Verpflichtungen in Rede stehen. Das hat er für Ansprüche aus der Verletzung vorvertraglicher Pflichten (§§ 280, 241 II, 311 II BGB) abgelehnt.[7] Es handele sich um deliktische Ansprüche. Für **Ansprüche aus Kauf beweglicher Sachen und Dienstvertrag** begründet Art. 7 Nr. 1 lit. b Brüssel Ia-VO einen **einheitlichen Vertragsgerichtsstand.** Im Unterschied zu § 29 können alle Streitigkeiten über vertragliche Ansprüche an dem Ort ausgetragen werden, an dem die vertragscharakteristische Leistung zu erbringen ist.[8] Für Kaufverträge, über deren Vorliegen autonom unter Anknüpfung an die Verbrauchsgüterkauf-Richtlinie zu entscheiden ist, kommt es auf den Lieferort an. Der Begriff des Dienstvertrags ist ebenfalls autonom und weit auszulegen und umfasst im Vergleich zum deutschen Recht insbesondere auch Werkverträge[9] sowie einen Darlehnsrückzahlungsanspruch[10]. Für diese Verträge kommt es auf den Ort der Leistungserbringung an. Die Gerichte des Ortes, die gem. Art. 7 Nr. 1 lit. a Brüssel Ia-VO aufgrund der Erfüllung des Primäranspruchs zuständig sind, sind

6 BAG NJW 2008, 2797 Rn. 16.
7 EuGH NJW 2002, 3159 – Tacconi.
8 EuGH NJW 2007, 1799 Rn. 39 – Color Drack; BGH NJW 2006, 1806 Rn. 14ff.; BGHZ 186, 81 Rn. 19 = NJW 2010, 3452.
9 Vgl. BGH NJW 2006, 1806 Rn. 12, der auch auf Art. 57 AEUV verweist.
10 OLG Hamm IPRax 2018, 57 (59).

auch für die Entscheidung über Sekundäransprüche aus einer verletzten Primärpflicht international zuständig.[11]

Beispiele: Der in Deutschland (Cottbus) ansässige Kläger verpflichtete sich, in laufender Geschäftsbeziehung für den Beklagten in Italien Autoteile zu fertigen und diese dorthin zu versenden. Nach einer vorzeitigen Kündigung des Vertrags durch den Beklagten erhob der Kläger in Cottbus Klage gegen den Beklagten auf Schadensersatz wegen Vertragsverletzung. Das Gericht war aber für die Klage nicht international zuständig. Nach dem EuGH ist Lieferort nach Art. 7 Nr. 1 lit. b Spiegelstrich 1 Brüssel Ia-VO beim Versendungskauf nicht der Versendungsort, an dem der Verkäufer die Ware losschickt, sondern der Zielort, an dem der Käufer diese in Empfang nimmt.[12]
Der Verkäufer verpflichtete sich, die von ihm verkaufte Ware jeweils dorthin zu liefern, wo der Käufer es ihm auftrug, weil dessen Abnehmer dort beliefert werden wollten. Bei Bestimmung des Lieferorts ist dann der mit Art. 7 Nr. 1 lit. b Brüssel Ia-VO verfolgte Zweck zu berücksichtigen, einen einheitlichen Vertragsgerichtsstand festzulegen. Wenn möglich, ist daher auf den Ort abzustellen, an den die nach wirtschaftlichen Kriterien zu bestimmende Hauptlieferung erfolgt. Ist das nicht möglich, liegen allerdings mehrere Lieferorte vor, zwischen denen der Kläger wählen kann. Das hat der EuGH zwar bislang nur für mehrere Lieferorte in einem Mitgliedsstaat entschieden,[13] muss aber auch gelten, wenn diese in verschiedenen Mitgliedsstaaten liegen.[14]

Für **sonstige vertragliche Ansprüche** greift subsidiär Art. 7 Nr. 1 lit. a Brüssel Ia-VO über lit. c ein. Einschlägig ist diese Regelung bei Verträgen, die wie Miet- und Leasingverträge oder Lizenzverträge[15] weder Kauf- noch Dienstvertrag sind, sowie bei solchen Verträgen, bei denen der nach lit. b zu bestimmende Liefer- oder Leistungsort nicht in einem Mitgliedsstaat liegt.[16] Im Unterschied zu lit. b begründet lit. a keinen einheitlichen Vertragsgerichtsstand. Vielmehr ist der Erfüllungsort für die Leistungsverpflichtungen beider Vertragsteile getrennt festzustellen. Dafür ist auf das nach dem IPR einschlägige Sachrecht abzustellen (sog. lex causae).[17] 862

2. Deliktsgerichtsstand

Art. 7 Nr. 2 Brüssel Ia-VO betrifft Ansprüche aus unerlaubter Handlung. Dieser Begriff ist autonom auszulegen und weit dahin zu verstehen, dass grundsätzlich **alle Schadenersatzansprüche** erfasst sind, die **nicht auf Vertrag** beruhen, ferner auch verschuldensunabhängige Beseitigungs- und Unterlassungsansprüche.[18] Für diese Ansprüche wird die örtliche und internationale Zuständigkeit der Gerichte an dem Ort begründet, an dem das schädigende Ereignis eingetreten ist. Auch die Bestimmung dieses Ortes hat autonom zu erfolgen. Fallen bei **Distanzdelikten** der Handlungsort, an dem der Schädiger die schädigende Handlung vorgenommen hat, und der Erfolgsort, an dem beim Geschädigten der Schaden eingetreten ist, auseinander, hat der Kläger die Wahl zwischen beiden Orten **(Ubiquitätsprinzip).** Allerdings sind Sinn und Zweck des Deliktsgerichtsstands nicht die Privilegierung des geschädigten Klägers, sondern die Begründung eines Ge- 863

11 BGH NJW 2016, 409 Rn. 6f.
12 EuGH NJW 2010, 1059 – Car Trim.
13 EuGH NJW 2007, 1799 Rn. 39 – Color Drack.
14 Zu mehreren Leistungsorten bei einem unter Art. 7 Nr. 1 lit. b Spiegelstrich 2 Brüssel Ia-VO fallenden Beförderungsvertrag (Flugreise) s. EuGH NJW 2009, 2801 – Rehder, → Rn. 208.
15 EuGH NJW 2009, 1865 – Falco Privatstiftung.
16 BGH NJW 2009, 2606 Rn. 22.
17 S. EuGH NJW 2009, 1865 – Falco Privatstiftung.
18 BGH NJW 2008, 3502 Rn. 11.

richtsstands an einem Ort, an dem wegen seiner Sachnähe sachgerecht verhandelt werden kann. Deswegen darf der Kreis der Erfolgsorte nicht zu weit gezogen werden. Daher kann der Geschädigte nicht allein deswegen an seinem Wohnsitz als Ort des Mittelpunkts seines Vermögens klagen, weil auch dort ein Vermögensschaden eintritt, wenn ihm durch Verlust von Vermögensbestandteilen in einem anderen Vertragsstaat ein finanzieller Schaden entsteht.[19] Auch ist der Prüfungsumfang des Gerichts im Deliktsgerichtsstand auf Ansprüche aus unerlaubter Handlung begrenzt.[20]

Beispiele: Die Klägerin stellt Kunstdünger in den Niederlanden her. Ein dafür benötigtes Ausgangsprodukt bezog sie von einem ebenfalls niederländischen Händler, der es wiederum bei der dieses Produkt in Belgien herstellenden Beklagten bezog. Die Klägerin holte das Produkt selbst bei der Beklagten in Belgien ab und verarbeitete es in den Niederlanden zu Kunstdünger. Wegen Mängeln des von der Beklagten hergestellten Ausgangsprodukts ist der Kunstdünger unbrauchbar. Die Klägerin macht nunmehr Produkthaftungsansprüche gegen die belgische Beklagte in den Niederlanden geltend. Die internationale Zuständigkeit ist gegeben, weil zwar der Handlungsort in Belgien liegt, der schädigende Erfolg aber erst in den Niederlanden bei der (gewöhnlichen und bestimmungsgemäßen) Verwendung des mangelhaften Ausgangsprodukts zur Herstellung von Kunstdünger eingetreten ist.[21]
Die Beklagte ist ein Presseunternehmen aus Österreich. Sie verbreitete mittels ihres von dort aus betriebenen Internetportals ehrverletzende Äußerungen über den deutschen Kläger. Eine Schadensersatz- oder/und Unterlassungsklage kann der Kläger dann jedenfalls am Ort der Niederlassung des Klägers als Handlungsort (Österreich) vornehmen. Darüber hinaus kommt als Erfolgsort jeder Mitgliedsstaat in Betracht, weil überall die ehrverletzenden Äußerungen zu empfangen sind. Allgemein bei Pressedelikten ist der Kläger aus Gründen der Sachnähe aber darauf beschränkt, in einem Mitgliedsstaat nur den Schaden geltend zu machen, der dort eingetreten ist (sog. **Mosaiktheorie**).[22] Bei Internetdelikten kann der geschädigte Kläger aber auch am Mittelpunkt seiner Interessen Klage auf den ganzen Schaden erheben. Daher kann der Kläger in Deutschland eine umfassende Unterlassungsklage erheben.[23]

3. Streitgenossenschaft, Widerklage, Aufrechnung

864 Die Brüssel Ia-VO enthält eine Reihe weiterer besonderer Gerichtsstände, die nur teilweise ihrer Art nach ein Gegenstück in den Gerichtsstandsregelungen der ZPO haben. Zum Beispiel kennt Art. 8 Brüssel Ia-VO nicht nur den aus § 33 bekannten Gerichtsstand der Widerklage in Nr. 3, sondern in Nr. 1 auch den für die Streitgenossenschaft (zur Erforderlichkeit der Gerichtsstandbestimmung nach § 36 I Nr. 3 → Rn. 348). In beiden Fällen bedarf es einer zwar autonom auszulegenden, auf die Verhinderung widersprechender Entscheidungen zielenden Konnexität beider Verfahren, ein Erfordernis, das der Art nach aus § 33 bekannt ist. Ist aufgrund der Konnexität zwischen Forderung und Gegenforderung eine Widerklage statthaft, ist erst recht auch eine Prozessaufrechnung zulässig.[24] Aber selbst wenn es an ihr fehlt, steht jedenfalls das Unionsrecht nicht der Prozessaufrechnung auch mit einer Forderung entgegen, für die das angerufene Gericht international nicht zuständig ist.[25]

19 EuGH NJW 2004, 2441 – Kronhofer; NZG 2016, 792 – Universal Music.
20 BGH NJW-RR 2005, 581 (583).
21 EuGH NJW 2009, 3501 – Zuid-Chemie.
22 EuGH EuZW 2017, 99; NJW 1995, 1881 – Shevill.
23 EuGH NJW 2012, 137 – eDate Advertising.
24 BGH NJW 2002, 2182 (2183).
25 EuGH NJW 1996, 42 – Danvaern; BGHZ 149, 120 = NJW 2002, 2182; BGHZ 186, 81 Rn. 17 = NJW 2010, 3452.

4. Verbrauchersachen

Teilweise zwingende Regelungen enthält die Brüssel Ia-VO zu **Versicherungs-** (Art. 10–16 Brüssel Ia-VO), **Verbraucher-** (Art. 17–19 Brüssel Ia-VO) und **Arbeitssachen** (Art. 20–23 Brüssel Ia-VO). So kann der Verbraucher immer vor seinem Wohnsitzgericht klagen (Art. 18 I Brüssel Ia-VO) und nur vor diesem verklagt werden (Art. 18 II Brüssel Ia-VO). Freilich ist der Anwendungsbereich dieser Verbraucherregelung beschränkt. Handelt es sich nicht um Ratenkauf oder Darlehen, muss der Vertragspartner als Unternehmer sein Geschäft in dem Mitgliedsstaat, in dem der Verbraucher seinen Wohnsitz hat, ausüben oder jedenfalls auf diesen ausrichten.[26] Diese Regelung enthält damit Parallelen zu § 29c, der in seinem Anwendungsbereich zwar enger (vgl. § 312b BGB), mit der RL 2011/83/EU (Verbraucherrechte-RL) aber ebenfalls europäischen Ursprungs ist. 865

5. Ausschließliche Gerichtsstände

In Art. 24 Brüssel Ia-VO sind ausschließliche Gerichtsstände vorgesehen. Dabei umfasst Art. 24 Nr. 1 Brüssel Ia-VO – gemessen an der ZPO – gleichzeitig den **dinglichen Gerichtsstand** (§ 24) sowie den Gerichtsstand bei **Miete oder Pacht unbeweglicher Räume** (§ 29a). Typisches Beispiel ist die Klage eines Grundschuldgläubigers auf Duldung der Zwangsvollstreckung gegen den Eigentümer aus §§ 1147, 1192 BGB.[27] 866

Für ausgewählte **gesellschaftsrechtliche Streitverfahren** bestimmt Art. 24 Nr. 2 Brüssel Ia-VO eine ausschließliche Zuständigkeit am Sitz der Gesellschaft, worüber nach dem jeweiligen IPR des angerufenen Gerichts zu entscheiden ist. In Deutschland wird das internationale Gesellschaftsrecht zwar weiterhin von der sog. Sitztheorie dominiert, sodass auf den tatsächlichen Verwaltungssitz abzustellen wäre. Aufgrund der Niederlassungsfreiheit (Art. 49, 54 AEUV) ist auf Gesellschaften, die in einem Mitgliedsstaat der EU gegründet wurden, aber die sog. Gründungstheorie anzuwenden,[28] sodass der Sitz nach dem Satzungssitz zu bestimmen ist.[29]

6. Zuständigkeit kraft Parteiverhaltens

Gerichtsstandsvereinbarungen kommen nach Maßgabe von Art. 25 Brüssel Ia-VO in Betracht. Sie sind allerdings nach Art. 25 IV Brüssel Ia-VO nicht nur bei Geltung einer ausschließlichen Zuständigkeit nach Art. 24 Brüssel Ia-VO ausgeschlossen, sondern auch bei Versicherungs- (Art. 15 Brüssel Ia-VO), Verbraucher- (Art. 19 Brüssel Ia-VO) und Arbeitssachen (Art. 23 Brüssel Ia-VO). Darüber hinaus muss die Vereinbarung Bezug zum Rechtsverhältnis[30] haben und die von Art. 25 Brüssel Ia-VO angeordneten Formerfordernisse wahren. 867

Art. 26 Brüssel Ia-VO begründet die Zuständigkeit des angerufenen Gerichts, wenn sich der **Beklagte rügelos einlässt.** Dafür genügt, anders als nach § 39, der eine Einlassung zur Hauptsache fordert, bereits eine rügelose Einlassung in der Klageerwide- 868

26 Zu diesem Merkmal EuGH NJW 2011, 505 – Pammer; NJW 2013, 3504 – Emrek.
27 BGH WM 2013, 2160 Rn. 15.
28 EuGH NJW 2002, 3614 – Überseering.
29 BGHZ 190, 242 Rn. 15ff. = NJW 2011, 3372.
30 Vgl. EuGH NJW 2019, 349 Rn. 22.

rung.[31] Diese Zuständigkeitsbegründung ist nur gesperrt, wenn ein ausschließlicher Gerichtsstand besteht. Erschwerungen für die weiteren von Art. 25 IV Brüssel Ia-VO in Bezug genommenen Gegenstände sind nicht vorgesehen. Das Gericht hatte den Beklagten nach Auffassung des EuGH bei der Vorgängerverordnung, Brüssel I-VO, nicht auf die Folgen der rügelosen Einlassung hinzuweisen.[32] Nunmehr ist in Art. 26 II Brüssel Ia-VO für einen bestimmten Kreis von Adressaten eine explizite Belehrungspflicht aufgenommen worden. Welche Rechtsfolgen an eine dennoch nicht erfolgte Belehrung seitens des Gerichts zu knüpfen sind, ist hingegen nicht normiert. In der Literatur wird für den Fall die Wirkung der rügelosen Einlassung verneint.[33]

III. Prüfung durch das Gericht

869 Die internationale Zuständigkeit ist **von Amts wegen** zu prüfen. Unter der Brüssel Ia-VO folgt die Prüfungspflicht im Falle ausschließlicher Zuständigkeit aus Art. 27, sonst aus Art. 28 I; insoweit hat das Gericht freilich gegebenenfalls die zuständigkeitsverändernde Wirkung einer rügelosen Einlassung nach Art. 26 Brüssel Ia-VO zu berücksichtigen. Diese Prüfungspflicht trifft auch die Rechtsmittelgerichte. Unter der Brüssel Ia-VO können §§ 513 II, 545 II (→ Rn. 178) schon wegen des Vorrangs der Brüssel Ia-VO nicht greifen. Aber auch unter der autonomen Geltung der ZPO hat der BGH die Anwendung von §§ 513 II, 545 II auf die internationale Zuständigkeit abgelehnt.[34] Erkennt das Gericht seine Unzuständigkeit, besteht **keine Verweisungsmöglichkeit.** Das angerufene Gericht hat die Klage als unzulässig abzuweisen.

IV. Anhängigkeit mehrerer Verfahren

870 Der gleichzeitigen Befassung verschiedener Gerichte mit demselben Streitgegenstand wirkt nach der ZPO die **Rechtshängigkeitssperre** (§ 261 III Nr. 1, → Rn. 306) entgegen. Art. 29 Brüssel Ia-VO enthält eine vergleichbare Sperre für den Fall, dass »wegen desselben Anspruchs« bei Gerichten verschiedener Mitgliedsstaaten geklagt wird. Der EuGH hält in autonomer Auslegung dieses Begriffs für maßgeblich, ob es im Kernpunkt beider Verfahren um dieselbe Frage geht.[35] Diese Sichtweise ist im Vergleich zum deutschen **Streitgegenstandsbegriff** (→ Rn. 316) deutlich **weiter.** Denn es sollen Parallelverfahren vermieden werden, die zu Entscheidungen führen, die miteinander unvereinbar sind und deshalb im anderen Staat nicht anerkannt werden (Art. 45 I Brüssel Ia-VO). Demnach hat ein Gericht, das als zweites wegen desselben Anspruchs angerufen wird (vgl. zur Frage wann ein Gericht als angerufen gilt Art. 32 Brüssel Ia-VO),[36] das Verfahren zunächst auszusetzen, bis die Zuständigkeit des zuerst angerufenen Gerichts geklärt ist (Art. 29 I Brüssel Ia-VO).[37] Ist hingegen die Zuständigkeit des

---

31 BGH NJW 2015, 2667 Rn. 17 zum insoweit wortgleichen Art. 24 Brüssel I-VO; zum Zeitpunkt der Rüge EuGH GRUR 2017, 1129.

32 EuGH EuZW 2010, 678 – ČPP.

33 MüKoZPO/*Gottwald* Brüssel Ia-VO Art. 26 Rn. 14; zweifelnd Musielak/Voit/*Stadler* Brüssel Ia-VO Art. 26 Rn. 7.

34 BGHZ 188, 85 Rn. 12 = NJW 2011, 2056.

35 EuGH NJW 1989, 665 – Gubisch; EuZW 1995, 309 – Tatry.

36 Dazu etwa OLG Stuttgart IPRax 2015, 430.

37 Vgl. zur Frage, wann die Zuständigkeit des zuerst angerufenen Gerichts feststeht, EuGH EuZW 2014, 340 = ZIP 2014, 1142 – Cartier parfums.

zuerst angerufenen Gerichts positiv geklärt, hat das später angerufene Gericht die Klage abzuweisen (Art. 29 III Brüssel Ia-VO). Ferner normiert Art. 29 II Brüssel Ia-VO nunmehr eine Pflicht eines angerufenen Gerichts, einem anderen ebenfalls angerufenen Gericht auf Antrag mitzuteilen, wann es gem. Art. 32 Brüssel Ia-VO angerufen wurde.

Beispiel: Das in Deutschland (Hamburg) belegene Grundstück der Beklagten ist mit einer Grundschuld zugunsten der Klägerin belastet. Die Klägerin nimmt die Beklagte auf Duldung der Zwangsvollstreckung vor dem LG Hamburg in Anspruch. Allerdings hatte bereits zuvor die Beklagte die Klägerin und eine weitere Streitgenossin in Italien (Mailand) auf Feststellung verklagt, dass die Grundschuld wegen Unwirksamkeit der Abtretung an die Beklagte dieser nicht zustehe. Zwar weisen beide Verfahren, schon weil die Anträge verschieden sind, nicht den gleichen Streitgegenstand nach § 261 III Nr. 1 auf. Zu Art. 29 Brüssel Ia-VO ist aber anerkannt, dass im Verhältnis zwischen negativer Feststellungs- und entsprechender Leistungsklage der Kernpunkt beider Klagen gleich ist, sodass derselbe Anspruch Gegenstand beider Verfahren ist.[38] Nach dem Grundsatz des Art. 29 I Brüssel Ia-VO wäre daher das LG Hamburg zur Aussetzung verpflichtet gewesen, sofern nicht ein Ausnahmetatbestand eingreift. Einen solchen Ausnahmetatbestand stellt es nicht allein dar, dass die erste Klage in einem Land, das für seine lange Verfahrensdauer bekannt ist, gerade aus dem Grund (sog. italienischer Torpedo) erhoben wird, das Verfahren zu verzögern.[39] Die Brüssel Ia-VO sieht in Art. 29 I, 31 II eine (ausdrückliche) Ausnahme von der Aussetzungspflicht des später angerufenen Gerichts (nur) für den Fall einer vereinbarten, also auf einer Gerichtsstandsvereinbarung beruhenden, ausschließlichen Zuständigkeit vor. Inzwischen hat der EuGH aber darüber hinaus als Ausnahmetatbestand auch die Verletzung einer ausschließlichen Zuständigkeit nach Art. 24 Brüssel Ia-VO anerkannt.[40] Denn wenn ein zuerst angerufenes Gericht bei seiner Sachentscheidung die ausschließliche Zuständigkeit eines anderen Gerichts nach Art. 24 Brüssel Ia-VO missachtet, ist seine Sachentscheidung nach Art. 45 I lit. e Brüssel Ia-VO nicht anerkennungsfähig. Da das LG Hamburg nach Art. 24 Nr. 1 Brüssel Ia-VO ausschließlich zuständig ist, kann es daher den Rechtstreit entscheiden, ohne nach Art. 29 I Brüssel Ia-VO zur Aussetzung verpflichtet zu sein.[41]

Art. 30 Brüssel Ia-VO ergänzt Art. 29 Brüssel Ia-VO im Bestreben, widersprüch- **871**
liche Entscheidungen zu verhindern. Nach dieser Bestimmung brauchen die beiden Verfahren nicht denselben Anspruch zu betreffen, eine gemeinsame Verhandlung und Entscheidung muss aber zur **Vermeidung widersprechender Urteile** geboten sein (Art. 30 III Brüssel Ia-VO). Dann kann das später angerufene Gericht ebenfalls aussetzen (Art. 30 I Brüssel Ia-VO) und sich in erster Instanz auf Antrag einer Partei für unzuständig erklären, um eine gemeinsame Verhandlung vor dem zuerst angerufenen Gericht zu ermöglichen. Dafür muss dieses Gericht freilich zuständig sein und das dort geltende Verfahrensrecht eine Verbindung zulassen (Art. 30 II Brüssel Ia-VO).

38 EuGH EuZW 1995, 309 Rn. 45 – Tatry.
39 EuGH EuZW 2004, 188 Rn. 53 – Gasser.
40 EuGH EuZW 2014, 469, Rn. 60 = ZIP 2014, 1248 – Weber, zur Brüssel I-VO.
41 BGH ZIP 2014, 1951.

C. Weitere Regelungsgegenstände

I. Zustellung

872 Die amtliche Zustellung ist **Hoheitsakt** (→ Rn. 854). Zur Zustellung im Ausland bedarf es deswegen der Rechtshilfe. Die VO (EG) Nr. 1393/2007 (EuZVO) lässt zwar die Möglichkeit unberührt, Schriftstücke auf konsularischem Weg zu übermitteln (Art. 12 EuZVO). Vor allem aber regelt sie den **direkten Rechtshilfeverkehr.** Die Zustellung erfolgt grundsätzlich nach dem Recht des Empfangsmitgliedsstaats (Art. 7 I EuZVO) und soll binnen eines Monats durchgeführt werden (Art. 7 II EuZVO). Dafür muss nach Art. 8 EuZVO das zuzustellende Schriftstück in einer Sprache verfasst sein, die der Empfänger versteht, oder in einer Amtssprache des Mitgliedsstaates, in dem die Zustellung erfolgen soll. Die Zustellung wird nach Maßgabe von Art. 10 EuZVO bescheinigt. Alternativ erlaubt Art. 14 EuZVO die Zustellung von Schriftstücken durch Postdienste über die Grenzen der Mitgliedsstaaten hinweg.

II. Ausländisches Recht

873 Das Gericht kann auf Grundlage des von ihm angewandten nationalen Kollisionsrechts zu dem Ergebnis kommen, ausländisches Recht anwenden zu müssen (→ Rn. 852). Insoweit greift der Grundsatz »iura novit curia« nicht. Das Gericht kann daher zwar, braucht aber das ausländische Recht nicht durch **eigene Nachforschungen** zu ermitteln, sondern kann sich auch Gutachten durch **Sachverständige** oder im Wege der **Rechtshilfe** erlangter Auskünfte bedienen. Das ausländische Recht unterliegt also der **Amtsermittlung,** das Gericht ist aber – anders als bei der Tatsachenfeststellung (→ Rn. 516ff.) – nicht an den Strengbeweis gebunden, sondern kann **frei** ermitteln. Jedenfalls nach Auffassung des BGH trifft diese Pflicht aber nicht den BGH als Revisionsgericht. Die **Revision** soll nicht darauf gestützt werden können, das Berufungsgericht hätte ausländisches Recht fehlerhaft angewendet.[42]

Beispiel: Die Kläger und der Beklagte hatten einen Kaufvertrag über ein Grundstück in Spanien geschlossen. Auf den Vertrag ist spanisches Recht anwendbar. Die Kläger erheben nunmehr Klage auf Rückzahlung des Kaufpreises. Zur Begründung tragen sie den Sachverhalt vor und berufen sich darauf, dass der Kaufvertrag nach spanischem Recht formnichtig sei. Da der Beklagte im Termin ausbleibt, überlegt das Gericht, wie weit die Geständnisfiktion des § 331 I 1 (→ Rn. 490ff.) reicht. Jedoch erfasst diese Fiktion nur Tatsachen, erstreckt sich nicht auf den Inhalt des von Amts wegen festzustellenden ausländischen Rechts. Das Gericht könnte daher nur dann ein Versäumnisurteil erlassen, wenn es sich von den Voraussetzungen der Formnichtigkeit nach spanischem Recht selbst eine Überzeugung gebildet hat.[43]

III. Beweis

874 Die Beweisaufnahme ist Ausübung von Gerichtsgewalt (→ Rn. 854). Soll sie im Ausland erfolgen (zB Inaugenscheinnahme im Ausland, Zeugnispflicht im Ausland wohnender Ausländer), bedarf es der Rechtshilfe. Innerhalb der EU schafft die VO (EG)

42 BGHZ 198, 14 Rn. 15ff. = NJW 2013, 3656.
43 Stein/Jonas/*Thole* ZPO § 293 Rn. 62 gegen OLG München NJW 1976, 489.

Nr. 1206/2001 (EuBVO) die Grundlagen für den **unmittelbaren Geschäftsverkehr zwischen den Gerichten** (Art. 2 EuBVO); es bedarf also nicht des Umwegs über den diplomatischen Verkehr. Das ersuchte Gericht führt die Beweisaufnahme nach seiner lex fori durch (Art. 10 II EuBVO). Dem Ersuchen hat es binnen 90 Tagen nachzukommen (Art. 10 I EuBVO), Ablehnungsgründe sieht Art. 14 EuBVO vor. Eine besondere Möglichkeit eröffnet Art. 17 EuBVO mit der Beweiserhebung durch das ersuchende Gericht selbst (→ Rn. 854).

IV. Anerkennung

Gerichtliche Entscheidungen sind als Hoheitsakte des Gerichtsstaats hinsichtlich ihrer Wirkung grundsätzlich auf dessen **Hoheitsgebiet beschränkt.** Urteile können an sich nur im Erlassstaat vollstreckt werden. Urteile aus anderen Staaten bedürfen im Vollstreckungsstaat grundsätzlich der Anerkennung (**Geltungserstreckung,** § 328) und der **Vollstreckbarerklärung** (Exequatur, § 722). Von diesem Erfordernis machen mittlerweile innerhalb der EU Art. 19 EuMahnVO, Art. 20 EuGFVO, Art. 20 EuVTVO Ausnahmen. Diese Entwicklung setzt die Brüssel Ia-VO in Art. 39 fort. 875

Der Brüssel Ia-VO liegt (ebenso § 328) das Prinzip **automatischer Anerkennung** zugrunde. Zur Erstreckung der Wirkungen des Urteils in anderen Mitgliedsstaaten als dem Erlassstaat kommt es, sofern kein Anerkennungshindernis (Art. 45 I Brüssel Ia-VO, → Rn. 870) greift. Folge der automatischen Anerkennung ist, dass die bloße Frage der Anerkennung grundsätzlich nicht den Gegenstand eines Rechtsstreits bildet. Ausnahmsweise kann allerdings das auf der Anerkennung beruhende Rechtsverhältnis zum Gegenstand einer Feststellungsklage gemacht werden (Art. 45 II Brüssel Ia-VO). Die Brüssel Ia-VO verzichtet darüber hinaus im Unterschied zur Vorgänger-VO auf das Erfordernis der Vollstreckbarerklärung (Art. 39–44). Art. 42 Brüssel Ia-VO lässt genügen, dass der Titelgläubiger eine vom Ursprungsgericht ausgestellte Bescheinigung nach Art. 53 Brüssel Ia-VO iVm Anhang 1 vorlegen kann.[44] Dem Titelschuldner bleibt dann nur, die Versagung der Vollstreckung nach Art. 46, 45 Brüssel Ia-VO zu beantragen und gegebenenfalls zugleich einstweilige vollstreckungsbeschränkende Anordnungen nach Art. 44 Brüssel Ia-VO zu begehren. 876

Beispiel: G erwirkte vor einem Gericht in Tschechien (Prag) ein vollstreckbares Urteil gegen S, dass S an G 600.000 Kronen nebst Zinsen zu zahlen hat. Dieses Urteil wäre in Tschechien vollstreckbar, sodass es gem. Art. 39 Brüssel Ia-VO auch in Deutschland vollstreckbar ist, ohne dass es einer Vollstreckungsklausel bedarf (§ 1112). S will die Vollstreckung versagen lassen und beantragt dies gem. Art. 46 Brüssel Ia-VO, § 1115 vor dem LG am Wohnsitz des S in Deutschland. Dafür stützt S sich darauf, dass G die titulierte Forderung an Z abgetreten habe, sodass G nicht mehr materiell berechtigt sei und G daher auch kein vollstreckbarer Titel gebühre. Jedoch lässt Art. 46 Brüssel Ia-VO die Überprüfung der Vollstreckbarerklärung nur dahingehend zu, ob Anerkennungshindernisse (Art. 45 Brüssel Ia-VO) bestehen.[45] Dem ist auch der BGH jedenfalls im Hinblick auf Einwendungen, deren Voraussetzungen weder zugestanden noch liquide sind, gefolgt.[46] Der Antrag auf Versagung der Vollstreckung in Deutschland

44 Zu Fragen im Zusammenhang mit dieser Bescheinigung und Fragen der vorläufigen Vollstreckbarkeit vgl. das Vorabentscheidungsersuchen des BGH an den EuGH, WM 2018, 383.
45 EuGH NJW 2011, 3506 – Prism, zur Brüssel I-VO.
46 BGH NJW 2012, 2663 Rn. 13, ebenfalls zur Brüssel I-VO.

ist daher zurückzuweisen. Auf die Abtretung kann S sich als Einwendung nur in Tschechien nach den dort geltenden Regelungen berufen.

Literatur: *Antomo/Burgschat,* Das Internationale Zivilverfahrensrecht in der juristischen Ausbildung und die revidierte EuGVVO, JURA 2015, 1143; *Staudinger/Steinrötter,* Europäisches Internationales Zivilverfahrensrecht: Alles »Brüssel«, oder was?, JA 2012, 241; *Staudinger/Steinrötter,* Das neue Zuständigkeitsregime bei zivilrechtlichen Auslandssachverhalten, JuS 2015, 1.

Stichwortverzeichnis

Die Zahlen bezeichnen die Randziffern. Die Hauptfundstellen sind fett gedruckt. Der Buchstabe Ü steht für die Übersichten am Ende der Kapitel, s. das Verzeichnis der Übersichten S. XXXI.